Jean-Denis Godet · Bäume und Sträucher

Bäume und Sträucher

Einheimische und eingeführte Baum- und Straucharten

Fürnehmliche Erinnerung

Es würde unnütz sein
dass man die Art der Bäume mit soviel
Sorge und Arbeit untersuchte und soviel Unterweisung gäbe
sie wohl aufzubringen
wo ich nicht beschlösse mit einer Erinnerung
welche meines Erachtens die fürnehmste und wichtigste
unter allen ist.
Und so ich dieses Werk nicht endigte mit dieser Wahrheit:
dass es unmöglich ist
gute Pflanzen oder gehörige Bäume zu haben
wo man dieselben nicht liebte.
Denn es ist nicht allein die Gütigkeit der Erde
noch die Mannigfaltigkeit des Mistes
noch die vorteilhafte Gelegenheit des Ortes
welche die Bäume wohl wachsen machet:
sondern die Liebe und Zuneigung des Meisters
die sie schön, lebhaftig und stark machet.

Aus «Verständige Garten-Meister», 1703

Gehölzführer: Bäume und Sträucher

Vertrieb der deutschsprachigen Ausgabe (ausser in der Schweiz):	Mosaik Verlag GmbH, München, 1991 ISBN 3–576–10064–4
Französische Schweiz und Frankreich:	Delachaux & Niestlé, Lausanne, 1987
Dänemark:	Skarv, Host & Son, Kopenhagen, 1991
England:	Collins Publishers, London, 1987
Italien:	Patron Editore, Bologna, 1987
Spanien:	Plaza & Janes Editores S.A., Barcelona, 1987

Ektachrome–Entwicklung:	Colorlabor Zumstein, Bern
Fotolithos:	Schwitter AG, Basel
Furniervorlagen:	Stadlin und Moos AG, Cham
Gestaltung, Satz:	Copy–Quick, Flamatt
Druck und buchbinderische Verarbeitung:	Brepols Fabrieken N.V., Turnhout

Jean – Denis Godet

Meiner Mutter

Inhaltsverzeichnis

Vorwort

In meinem ersten Werk «Bäume Mitteleuropas in den 4 Jahreszeiten» wird die Vielfalt wichtiger freistehender Bäume gezeigt. Bei den beiden nachfolgenden Büchern, den Taschenführern «Knospen und Zweige» und «Blüten» wird die Möglichkeit gegeben, einheimische und eingeführte Gehölze vom Herbst bis in den Vorsommer zu bestimmen.
Das nun vorliegende 4. Werk soll allen, die sich berufsmässig oder aus Neigung mit unseren Baum- und Straucharten befassen, ein sicherer Begleiter für das Sommerhalbjahr sein.
Wie bei den Taschenführern, so sollte auch in diesem Buch der Einführung eine besondere Aufmerksamkeit geschenkt werden.
Im 2. Teil werden die wichtigsten Baumarten nicht nur in den 4 Jahreszeiten vorgestellt, sondern auch gezeigt, welche Bedeutung und welchen Einfluss sie in unserer Kultur gehabt haben.
Für die Bestimmung wurden nur Merkmale beigezogen, welche von blossem Auge oder mit einer guten Lupe sichtbar sind.
Damit bei den weiteren Ermittlungen die Übersicht nicht verloren geht, wurde die Kurzbeschreibung der zu bestimmenden Arten optisch durch eine graue Untergrundsfläche vom eigentlichen Schlüsseltext abgetrennt.
Im anschliessenden Hauptteil werden die über 260 Gehölzarten auf je zwei Seiten mit Bild und Text ausführlich beschrieben.
Ein deutsches und lateinisches Verzeichnis am Ende des Buches ermöglicht ein rasches Aufsuchen einer namentlich bekannten Baum- und Strauchart.
Für die zahlreichen Hinweise und Anregungen, die ich in den letzten 1½ Jahre während der Niederschrift dieses Buches erhalten habe, möchte ich allen Mitarbeitern der Botanischen Gärten Basel, Bern, Genf, Lausanne, Neuenburg, St. Gallen und Zürich recht herzlich danken.
Möge dieses Buch allen ein guter Ratgeber und treuer Begleiter sein und dazu beitragen, dass Schönheit und Vielfalt unserer Gehölze nicht in Vergessenheit geraten, denn sie sind es, die das Bild unserer Landschaft prägen und im Wald und in unseren eigenen vier Wänden das Gefühl der Geborgenheit und Wärme geben.

Jean-Denis Godet

1. Teil: Einführung

1.1. Einleitung

Für die Bestimmung einer Gehölzart während des Sommerhalbjahres, also zu einer Zeit, wo Blüten und Früchte wegfallen, können praktisch nur *Laubblätter oder Nadeln* beigezogen werden.
Ihre genaue Beschreibung ist Voraussetzung dafür, dass bei späteren Übungen keine Fehler auftreten. Damit dies erreicht werden kann, soll in diesem Buch nur mit denjenigen Merkmalen gearbeitet werden, die von blossem Auge oder mit einer guten Lupe zu erkennen sind.

1.2. Aufbau der Laubblätter

1.2.1. Blatt-Typen und Alter der Blätter

Die Laubblätter bestehen aus einer flächenförmigen und meist grünen *Spreite* (= Lamina) und vielfach einem stabförmigen Blattstiel (Abb. 1–3). An seiner Verwachsungsstelle mit dem Spross liegt der Blattgrund. Dieser kann bei einzelnen Arten verbreitert sein.
Beim Mäusedorn (Rúscus aculeátus) fehlt eine Blattspreite. Sie wird durch den blattartig verbreiterten Blattstiel (Abb. 5) ersetzt. Dass es sich bei ihm tatsächlich nicht um ein Blatt handelt, geht daraus hervor, dass er in den Achseln von Tragblättern steht und selber kleine schuppenförmige Blätter trägt, in deren Achseln Blüten entspringen (Abb. 6).
In vielen botanischen Lehrbüchern werden Blattspreite und Blattstiel zusammen als Oberblatt und der Blattgrund als Unterblatt bezeichnet. Bei ungestielten Blättern ist der Blattgrund direkt mit dem Spross verwachsen (Abb. 4).

Blatt mit Spreite, Stiel und Blattgrund | **Gestieltes Laubblatt** | **Gestieltes Laubblatt** | **Ungestieltes Laubblatt** | **Blattartig verbreiterter Blattstiel** | **Verbreiterter Blattstiel mit Blüte**

1 *Schematische Darstellung*
2 ***Prúnus ávium* Kirschbaum**
3 ***Cércis siliquástrum* Judasbaum**
4 ***Eucalýptus glóbulus* Blaugummibaum**
5 ***Rúscus aculeátus* Mäusedorn**
6 ***Rúscus aculeátus* Mäusedorn**

Am Spross können wir 3 Typen von Laubblättern unterscheiden:

1. Niederblätter	Es sind einfache Blätter, die bei Gehölzen in der Regel nur bei den Deckschuppen der Winterknospen zu finden sind.
2. Laubblätter	Sie bilden an einem Spross die Hauptmasse des Blattkleides.
3. Hochblätter	Diese einfachen Blätter liegen oberhalb der Laubblätter. Wir finden sie besonders häufig in der Blütenregion. Da sie sehr oft gefärbt sind, ähneln sie oft den Blütenblättern.

Die Lebensdauer der Laubblätter kann sehr unterschiedlich sein:

1jährig	Diese sommergrünen und meist krautartigen Blätter fallen nach Abschluss der 1. Vegetationsperiode ab.
Wintergrün	Erst beim Austrieb der neuen Blätter fallen die alten ab.
2jährig	Sie fallen erst am Ende der 2. Vegetationsperiode ab.
Immergrün	Erst nach mehreren Vegetationsperioden fallen die Blätter ab. Da sie nicht alle gleichzeitig absterben, erscheint der Baum oder Strauch immergrün.

1.2.2. Form der Blattspreite

Längliche Spreiten:

Bei den länglichen Spreiten sind die Enden abgerundet oder zugespitzt (Abb. 7–10):

Lineal(isch)
Länge zur Breite 10:1 oder mehr; Ränder parallel

7
Lédum palústre

Sumpfporst
(Oberseite)

Schmal-länglich
Länge zur Breite 4:1 oder mehr; Ränder parallel

8
Elaeágnus angustifólia
Ölweide
(Oberseite)

Länglich
Länge zur Breite 2:1; Ränder in der Mitte eine Strecke parallel

9
Prúnus dúlcis

Mandelbaum
(Oberseite)

Breit-länglich
Länge zur Breite 3:2; Ränder in der Mitte eine Strecke parallel

10
Citrus limon

Zitrone
(Oberseite)

Lanzettliche Spreiten:

Der grösste Durchmesser liegt immer unterhalb der Spreitenmitte. Die Basis ist meist rund, das obere Ende meist zugespitzt (Abb. 11–14):

Schmal lanzettlich
Länge zur Breite 6:1

11
Lédum groenlándicum
Labrador Porst
(Oberseite)

Lanzettlich
Länge zur Breite: 3:1

12
Eucalýptus glóbulus
Blaugummibaum
(Unterseite)

Schmal-eiförmig
Länge zur Breite: 2:1

13
Cárpinus bétulus

Weissbuche
(Oberseite)

Eiförmig
Länge zur Breite: 3:2

14
Fágus silvática

Rotbuche
(Unterseite)

Elliptische oder ovale Spreiten:

Der grösste Durchmesser liegt immer in der Spreitenmitte. Die beiden Enden sind meist spitzwinklig (Abb. 15–18):

Schmal-elliptisch
Länge zur Breite: 6:1 bis 3:1

15
Forsýthia viridíssima

Forsythie
(Unterseite)

Elliptisch = oval
Länge zur Breite: 2:1

16
Forsýthia viridíssima

Forsythie
(Oberseite)

Breit elliptisch
Länge zur Breite: 3:2

17
Prúnus doméstica ssp. insitítia
Haferpflaume
(Unterseite)

Rundlich
Länge zur Breite: 3:3

18
Pópulus trémula

Zitter-Pappel
(Oberseite)

Verkehrt-eiförmige Spreiten:

Der grösste Durchmesser liegt oberhalb der Spreitenmitte. Die Basis ist meist spitzwinklig, das Blattende hingegen abgerundet (Abb. 19–22):

Schmal verkehrt-lanzettlich
Länge zur Breite: 3:1

19
Myrica gále
Gagelstrauch
(Oberseite)

Schmal verkehrt-eiförmig
Länge zur Breite: 2:1

20
Sálix aurita
Ohrweide
(Unterseite)

Verkehrt-eiförmig
Länge zur Breite: 3:2

21
Sálix cáprea
Salweide
(Oberseite)

Breit verkehrt-eiförmig
Länge zur Breite: 6:5

22
Ålnus glutinósa
Schwarz-Erle
(Oberseite)

Besondere Spreitenformen:

Herzförmig

23
Tilia cordáta
Winter-Linde
(Oberseite)

Viereckig

24
Liriodéndron tulipifera
Tulpenbaum
(Oberseite)

Rautenförmig

25
Pópulus nigra
Schwarz-Pappel
(Oberseite)

Nierenförmig

26
Cércis siliquástrum
Judasbaum
(Oberseite)

1.2.3. Aderung (= Nervatur)

Parallel- oder streifenaderige Blätter*

27
Rúscus aculéatus
Mäusedorn

Die zahlreichen und gleich stark ausgebildeten Adern verlaufen vom Spreitengrund bis zur Spitze parallel oder bogig. Eine dominierende Mittelader fehlt. Diesen Typus von Aderung finden wir vor allem bei einkeimblättrigen Pflanzen (Abb. 27).

* Beim abgebildeten Beispiel wird ein verbreiterter Blattstiel abgebildet.

Netzaderige Blätter (= fiedernervig)

28
Sálix cáprea
Salweide
(Unterseite)

Die Aderung der meisten Laubblätter zweikeimblättriger Pflanzen wird durch das Dominieren einer Mittelader gekennzeichnet. Von ihr aus verlaufen Seitenadern 1. Ordnung zum Spreitenrand. Da sie untereinander durch kleinere Adern verbunden sind, entsteht ein geschlossenes Ader- oder Nervennetz (Abb. 28–40).

Netznervige Blätter

Randläufig

29
Schematisch

30
Óstrya carpinifólia
Hopfenbuche
(Unterseite)

Spitzläufig

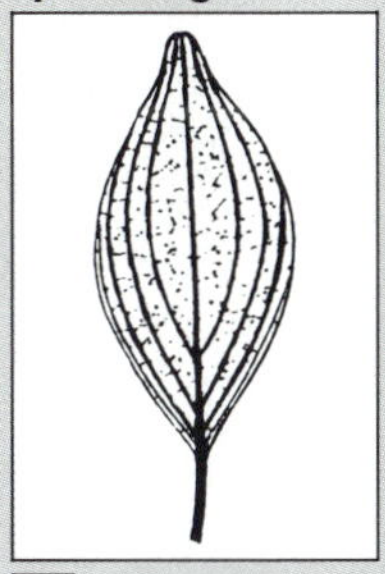

31
Schematisch

32
Córnus mas
Kornelkirsche
(Unterseite)

Netzläufig

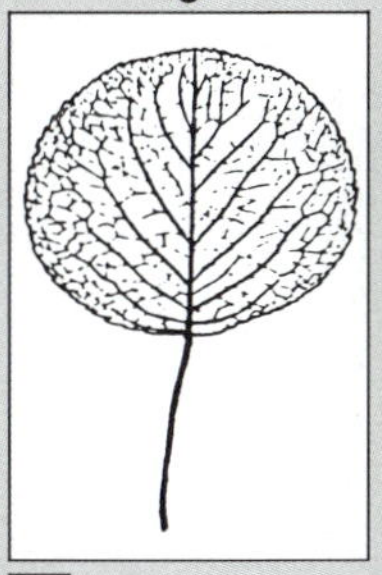

33
Schematisch

34
Sálix reticuláta
Netzweide
(Unterseite)

Bogenläufig

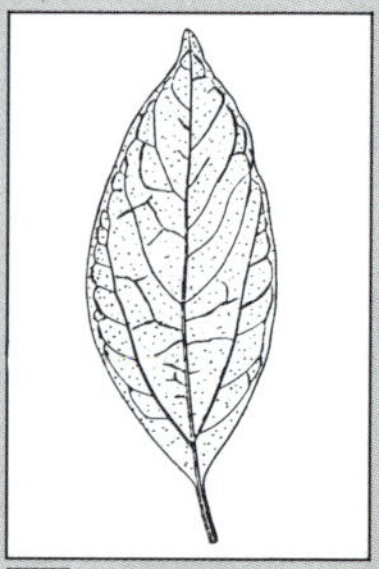

35

Schematisch

36

***Rhámnus alpinus* Alpenkreuzdorn**
(Unterseite)

Handförmig

37

Schematisch

38

***Ácer pseudoplátanus* Berg-Ahorn**
(Unterseite)

Ungleich fiedernervig

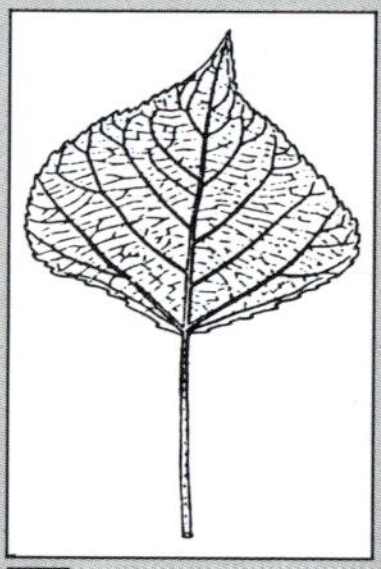

39

Schematisch

40

***Populus x canadénsis* Hybrid-Pappel**
(Unterseite)

Eine abgewandelte Fiederaderung stellt die *finger- oder handförmige* Aderung dar. Sie kommt dadurch zustande, dass mehrere kräftige Seitenadern von der Basis aus wie Finger einer Hand in die Spreitenfläche hineinführen (Abb. 37, 38).

1.2.4. Spreitenrand (= Blattrand)

Nach der Beschaffenheit des Blattrandes (ganzrandig oder Einschnitte geringe Tiefe zeigend) wird die Spreite ganzer Blätter oder die Fiederblätter zusammengesetzter Laubblätter wie folgt bezeichnet (Abb. 41–56):

Ganzrandig
Der Rand weist keine Einschnitte auf und ist völlig glatt.

41

***Magnólia soulangiána* Magnolie**

Gesägt
Die spitzen und meist nach der Blattspitze zu gekrümmten Zähne stossen im spitzen Winkel zusammen.

42

***Sambúcus racemósa* Roter Holunder**

Kerbig gesägt-gezähnt
Die abgerundeten Zähne sind untereinander durch spitze und stumpfe Einschnitte verbunden.

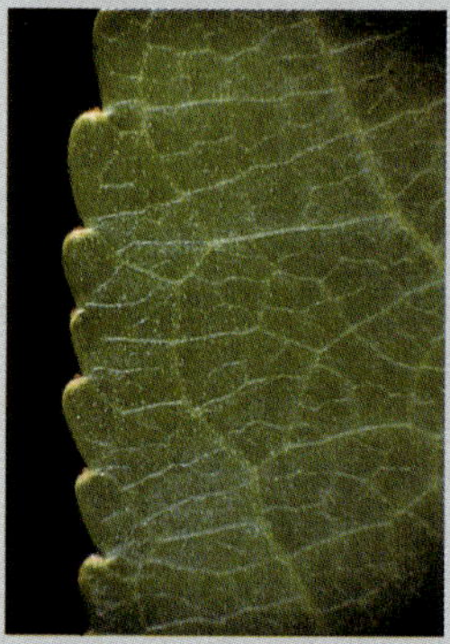

43

***Pópulus trichocárpa* Westl. Balsampappel**

Doppelt gesägt
Die grossen Zähne weisen kleine Zähne auf; überall sind die Einschnitte spitz.

44

***Bétula péndula* Hängebirke**

Doppelt gesägt und gezähnt
Die Einschnitte zwischen den grossen und kleinen zugespitzten Zähnen sind spitz, stumpf oder abgerundet

45

***Sórbus mougéotii* Berg-Mehlbeere**

Gezähnt
Die spitzen Zähne sind untereinander durch stumpfe oder abgerundete Einschnitte verbunden

46

***Vítis vinífera* Weinrebe**

Buchtig gezähnt
Die spitzen Zähne (hier mit Drüsen) werden durch abgerundete Einschnitte getrennt

47

***Sálix frágilis* Bruchweide**

Gebuchtet
Zähne und Einschnitte sind abgerundet

48

***Pópulus trémula* Zitterpappel**

Stachelig gezähnt

Lang zugespitzte Zähne durch abgerundete Einschnitte verbunden

49

Castánea sativa
Edelkastanie

Dornig gezähnt

Spitze und stechende Zähne durch ungleich grosse und abgerundete Einschnitte verbunden

50

Ilex aquifólium
Stechpalme (jüng. Blätter)

Wellig

Der Rand verläuft in einer Wellenlinie

51

Sálix cáprea
Salweide

Gekerbt

Die abgerundeten Zähne laufen in spitzen Einschnitten zusammen

52

Rhámnus alpínus
Alpenkreuzdorn

Gewimpert

Der Rand weist einzelne oder zahlreiche Haare auf.

53

Lonicera alpigena
Alpenheckenkirsche

Gelappt

Durch tiefe Einschnitte sind die Spreiten in Lappen geteilt, die ihrerseits stumpf, abgerundet oder zugespitzt sein können.

54

Ácer platanoídes
Spitzahorn

55

Quércus pubéscens
Flaumeiche

Eingerollt

Der Rand ist nach unten eingerollt.

56

Lédum palústre
Sumpfporst

1.2.5 Spreitenende (= Blattspitze)

Zugespitzt

Blattspitze unter einem spitzen Winkel unterbringend

57

Rhododéndron lúteum
Pontischer Rhod.

Fein zugespitzt

Kleine, feine, scharfe Spitze; nicht Endung der Mittelrippe darstellend

58

Andrómeda polifólia
Rosmarinheide

Stachelspitzig

Mittelrippe endet in einer feinen Spitze

59

Colutéa arboréscens
Gew. Blasenstrauch

Fein spitz

Spitze plötzlich und scharf konkav zusammengezogen

60

Citrus sinénsis
Orange

Lang zugespitzt

Spitze in einem sehr langen, spitzen Winkel auslaufend

61

Catálpa bignonioides
Trompetenbaum

Stumpf

Unter Spitze mind. ein rechter Winkel unterbringend

62

Parrótia pérsica
Parrotie

Abgerundet

Bildung eines Halbkreises

63

Vaccínium ulig.
Moorbeere

Ausgerandet

Der Einschnitt ist spitzwinklig und nicht sehr tief

64

Coronílla émerus
Kronwicke (Fiederbl.)

Eingedrückt

Der Einschnitt ist stumpfwinklig

65

Álnus glutinósa
Schwarz-Erle

Eingeschnitten oder gestutzt

Der Einschnitt ist deutlich tief

66

Liriodéndron tulip.
Tulpenbaum

1.2.6. Spreitenbasis

Bei gestielten Blättern liegt die Spreitenbasis gerade oberhalb des Blattstieles. Bei ungestielten Blättern bildet sie das hintere Ende des Blattes und ist direkt mit dem Spross verwachsen. Ihre Form kann wie folgt ausgebildet sein (Abb. 67–76):

Keilig (=keilförmig)
Blattränder gerade und gegen die Basis zu im spitzen Winkel zusammenlaufend

67
Prúnus doméstica
Zwetschge

Stumpf
Blattränder an der Basis einen rechten Winkel oder stumpfen Winkel bildend

68
Pópulus itálica
Pyramiden-Pappel

Gestutzt
Spreitengrund quer abgeschnitten

69
Pópulus álba
Silber-Pappel

Abgerundet
Blattränder beider Spreitenhälften bilden einen Halbkreis

70
Prúnus lusitánica
Lorbeer-Kirsche

Unsymmetrisch
Beide Spreitenhälften ungleich gross und sich nicht deckend

71
Úlmus láevis
Flatterulme

Schief
Eine der Spreitenhälfte reicht an der Basis tiefer herab; beide Blatthälften jedoch etwa gleich gross

72
Tília cordáta
Winter-Linde

Herzförmig
An der Basis Halbkreis mit tiefem Einschnitt

73
Tília cordáta
Winterlinde

Geöhrt
Spreitenhälften am Ende umgebogen

74
Quércus róbur
Stiel-Eiche

Verwachsen
Die einander gegenüberliegenden Blätter sind miteinander verwachsen

75
Lonicera caprifólium
Jelängerjelieber

Herablaufend
(bei Nadeln)

76
Táxus baccáta
Eibe

1.2.7. Blattstiel (= Petiolus)

Eingeschoben zwischen Blattgrund und Spreite weist der Blattstiel einen runden oder seitlich abgeflachten Querschnitt auf. Verschiedentlich kann er noch eine Rinne aufweisen. Ist seine Ausbildung unterdrückt, so sprechen wir von **sitzenden** Laubblättern.

1.2.8. Blattgrund

Als Blattgrund bezeichnen wir denjenigen Teil des Blattes, welcher mit der Sprossachse verwachsen ist. Bei ungestielten Laubblättern handelt es sich um den *Spreitengrund*, bei gestielten um den vorderen Teil des Blattstiels.

Bei vielen Pflanzenarten setzt sich der Blattgrund nicht scharf vom Blattstiel ab, sondern bildet an der Basis keine, oder nur eine schwache Verbreitung (Abb. 77). Im Gegensatz dazu finden wir bei Rosengewächsen und anderen Familien mächtig entwickelte Nebenblätter, welche während der gesamten Lebensdauer der Blätter erhalten bleiben (Abb. 78). Bei der Hainbuche, Haselnuss, Linde, Pappel u.a. Arten fallen sie frühzeitig ab und können damit nicht als Bestimmungsmerkmal verwendet werden. Bei der Robinie sind diese Nebenblätter als Dornen ausgebildet (Abb. 79).

77
Lonicera caerúlea
Blaue Heckenkirsche

78
Rósa canína
Hunds-Rose

79
Robínia pseudoacácia
Falsche Akazie

1.2.9. Behaarung der Blätter

Achsensprosse, wie auch Laubblätter, können behaart sein. Dem Grad nach sprechen wir von *zerstreuter, lockerer, dichter, seidiger, filziger* oder *wolliger* Behaarung. Oft sind nur Teile eines Organs mit Haaren besetzt, wie zum Beispiel die Blattadern, die Winkel zwischen den Blattnerven (= Achselbärte) oder eine der Oberflächen. Nicht selten verschwinden diese Haare im Verlaufe der Vegetationsperiode.

1.2.10. Gliederung der Laubblätter

Bei den Laubblättern lassen sich *einfache* oder *ganze* (= ungeteilte) und zusammengesetzte Formen unterscheiden (Abb. 80–92):

Ungeteilte Laubblätter

Der Blattstiel trägt nur eine einzige Blattspreite. Fehlt er, so setzt der Spreitengrund direkt am Spross an. Bedingt durch die unterschiedliche Tiefe von Einschnitten können folgende Formen unterschieden werden:

Ungeteilt
Ganzrandige oder mit sehr kleinen Einschnitten versehene Blätter

80
Cydónia oblónga
Quitte

Fiederspaltig *
Einschnitte gehen nicht bis zur Mitte der Spreitenhälfte

81
Sórbus torminális
Elsbeerbaum

Fiederteilig *
Einschnitte bis zur Mitte der Spreitenhälfte reichend

82
Crataégus monógyna
Eingriffliger Weissdorn
(Oberer Abschnitt)

Fiederschnittig *
Einschnitte bis auf die Mittelrippe reichend

83
Crataégus monógyna
Eingriffliger Weissdorn
(Unterer Abschnitt)

Tief gebuchtet *

84
Quércus pubéscens
Flaumeiche

3lappig *

85
Ácer monspessulánum
Franz. Ahorn

4lappig *

86
Liriodéndron tulipifera
Tulpenbaum

5lappig *

87
Ácer platanoides
Spitz-Ahorn

* Im Bestimmungsschlüssel bei den *gelappten Laubblättern* eingeteilt.

Zusammengesetzte Laubblätter:

Hier sind immer zwei oder mehrere «Spreiten» (= Teilblätter, Fiederblätter) an einer gemeinsamen Achse – dem Blattstiel – befestigt:

Unpaarig gefiedert

88
Robínia pseudoacácia
Robinie

Paarig gefiedert

89
Ceratónia siliqua
Johannisbrotbaum

3zählig

90
Labúrnum anagyroides
Goldregen

3zählig mit gestieltem Endblatt

91
Ácer griseum
Zimt-Ahorn

Handförmig geteilt

92
Áesculus hippocástanum
Rosskastanie

1.2.11. Heterophyllie

Bei einzelnen Gehölzen können Laubblätter der gleichen Pflanze in verschiedenen Höhen des Sprosses nicht nur verschieden gross sein, was als *Anisophyllie* bezeichnet wird, sondern auch eine verschiedenartige Gestalt aufweisen (Abb. 93 – 100):

Beispiel 1: Bergahorn

Keim-, Primär- und Folgeblätter weisen eine verschiedenartige Gestalt auf.

Keim- und 1. Folgeblattpaar

93

Ácer pseudoplátanus
Berg-Ahorn

1. + 2. Folgeblattpaar

94

Ácer pseudoplátanus
Berg-Ahorn

Späteres Laubblatt

95

Ácer pseudoplátanus
Berg-Ahorn

Beispiel 2: Gemeine Esche

Keimblätter und 1. + 2. Folgeblätter

96

Fráxinus excélsior
Esche

Beispiel 3: Blaugummibaum

Die Jugendblätter unterscheiden sich sehr stark von den erwachsenen Blättern.

Jugendblatt

97

Eucalýptus glóbulus
Blaugummibaum

Erwachsenes Blatt

98

Eucalýptus glóbulus
Blaugummibaum

Beispiel 4: Maulbeerbaum

Bei den erwachsenen Blättern kann die Blattspreite verschieden gestaltet sein.

Gelapptes und gezähntes Blatt

99

Mórus nigra
Maulbeerbaum

Nur gezähntes Blatt

100

Mórus nigra
Maulbeerbaum

1.3 Stellung der Blätter an der Sprossachse

Nach der Anordnung der Blätter am Spross können wir die folgenden Typen voneinander unterscheiden (Abb. 101 – 112):

Wechselständig

Blätter abwechselnd am Spross stehend

101

Schematisch

102

Prúnus ávium
Kirschbaum

Zweizeilig

Blätter stehen wechsel- oder gegenständig am Spross; Spreiten jedoch in einer Ebene liegend

103

Schematisch

104

Fágus sylvática
Buche

Büschelig

Blätter stehen zu mehreren oder vielen an einem Knoten

105

Schematisch

106

Cratáegus
Weissdorn

Gegenständig
Immer 2 Blätter stehen einander gegenüber.

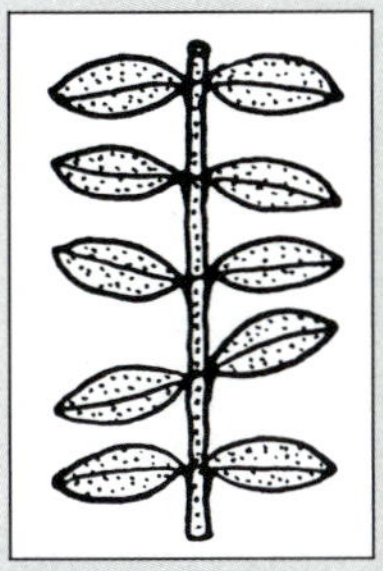

107
Schematisch

108
Lonicera xylósteum
Rotes Geissblatt

Kreuzgegenständig
Die Blattpaare stehen kreuzweise übereinander.

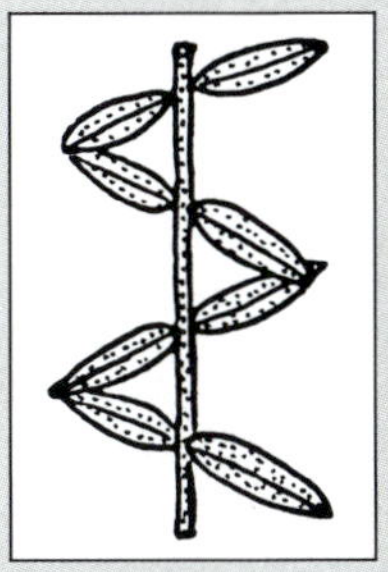

109
Schematisch

110
Ácer platanoídes
Spitz-Ahorn

Quirlständig
Drei oder mehrere Blätter stehen in einem Quirl beisammen.

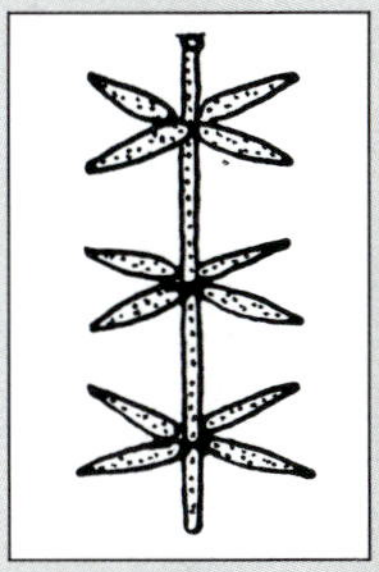

111
Schematisch

112
Émpetrum nigrum
Krähenbeere

1.4. Aufbau der Nadelblätter

Die Blätter der Nadelhölzer weichen in ihrem äusseren und inneren Bau sehr stark von demjenigen der Laubblätter ab. Neben flachen Ausbildungsformen mit einer Ober- und Unterseite finden wir häufig Nadeln mit einem dreieckigen, viereckigen oder rundlichen Querschnitt. Die meisten Nadeln sind mehrjährig, derb und xeromorph. Als Ausnahmen mit sommergrünen Nadeln werden in diesem Buch Lärchen, Sumpfzypresse und chinesisches Rotholz aufgeführt.
An den Zweigen sind die schuppen- oder nadelförmigen Blätter spiralig, gegenständig, quirlig oder dachziegelartig angeordnet.

Mehrjährige Nadeln

Zweige

113
Ábies álba
Weiss-Tanne

Einzelnadeln

114
Ábies álba
Weiss-Tanne

Zweige

115
Picea púngens
Blau-Fichte

1-jährige Nadeln
Zweig mit Nadeln an Kurztrieben

116
Lárix decidua
Lärche

Dachziegelig
Blätter klein, schuppenförmig, dicht stehend und einander überdeckend

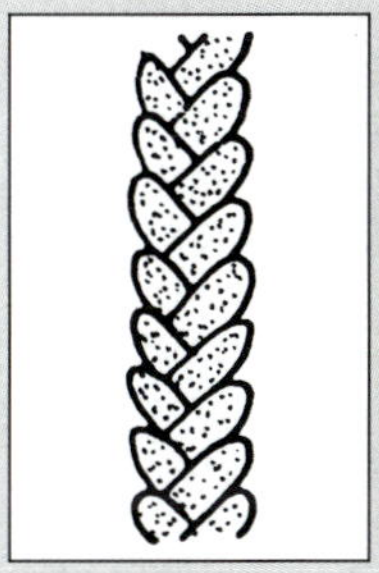

117
Schematische Darstellung

118
Thúja occidentális
Lebensbaum

1.5. Fächerförmige und gabeladerige Blätter

Der Ginkgo (Abb. 119–122) – als einziger heute noch lebender Vertreter der Gattung Ginkgo, die von der Trias bis zur Kreide eine grosse Formenfülle aufwies und weltweit verbreitet war – wurde in China und Japan als Kulturbaum gepflanzt und damit vor der Ausrottung bewahrt. Heute wird der Baum weltweit in Gärten und Parkanlagen gepflanzt.
Aus Keimlingen mit zwei Keimblättern wächst der Ginkgo zu stark verzweigten, sommergrünen und bis 40 m hohen Bäumen heran.
An den Langtrieben sind die Blätter wechselständig, an den Kurztrieben büschelig angeordnet. Sie sind im Umriss fächerförmig und besitzen die altertümliche streng dichotome (= gabelige) Aderung. Eine Mittelader fehlt dabei.

119
Laubblätter
Schematisch

120
Einzelblatt

121
Blätter an Langtrieben

122
Blätter an Kurztrieben

2. Freistehende Baumarten

Spitzahorn

Âcer platanoîdes L.
Érable plane
Acero riccio

Norway maple
Noordse esdoorn

Ahorngewächse
Aceràceae
Seiten 85, 150, 151

Der Spitzahorn erreicht eine Wuchshöhe von 20–30 m und ist damit ein mittelgrosser Baum. Sein Stamm ist schlank und gerade und der Durchmesser beträgt 1 m. Die dicht belaubte meist eiförmige Krone wird bei freiwachsenden Bäumen im Alter immer kugeliger. Der Wuchs ähnelt sehr stark demjenigen der Eiche; die Zweige sind jedoch kahl, glänzend braun, schlanker und gestreckter und lassen bei Verletzung einen weissen Milchsaft austreten. Er soll nur in absolutem Alkohol oder Äther löslich, sehr säurebeständig und mit zahlreichen Farbstoffen gut färbbar sein. Im Gegensatz zum Bergahorn wächst er viel schneller, erreicht aber nicht dessen Grösse. Auch im Höchstalter (Spitzahorn bis 200 jährig) unterscheiden sich beide Ahornarten.
Innerhalb der braunen bis schwärzlichen, längsrissigen und nicht abschuppenden Borke, die zuweilen als Lohe zum Gerben Verwendung findet, liegt ein gelblichweisses bis rötlichweisses, mässig hartes, elastisches, druckfestes, feinfaseriges, zähes, gut spaltbares und nur im trockenen Zustand dauerhaftes Holz. Das Raumgewicht des lufttrockenen Schnittholzes beträgt 500–650 kg/m^3. Wegen der starken Tendenz zum Reissen und Werfen, erfordert die Trocknung besondere Sorgfalt. Auch besteht hier, wie bei allen anderen Hölzern, die Gefahr der Verfärbung. Die üblichen Verbindungen mit Leim, Schrauben, Nägeln und Zapfen sind einfach herzustellen und halten gut.
Es ist aber nur im trockenen Zustand dauerhaft. Da es wenig schwindet und kaum arbeitet, eignet es sich vorzüglich für die Herstellung von Messerfurnieren, hellen Wohn- und Schlafzimmermöbeln, Stühlen, Tischen, Küchengeräten, Tischplatten und Musikinstrumenten. Doch auch der Wagner und Schnitzler schätzen dieses Holz. Als Möbelholz wird es jedoch geringer bewertet als das Bergahornholz.
Die Knospen sind meist dunkelrot bis rötlichbraun und kahl.
Die mehr oder weniger aufrecht stehenden und vielblütigen Doldentrauben erscheinen im April oder Mai, wenige Tage vor-, oder zusammen mit der Entfaltung des Laubes. Die Blüten können im Geschlecht männlich, weiblich oder zwittrig sein. Alle Blüten besitzen 5 gelbgrüne, 3–5 mm lange und miteinander nicht verwachsene Kelchblätter und 5 gelbgrüne, 5–6 mm lange, verkehrt-eiförmige und nicht verwachsene Kronblätter auf. Alle 8 Staubblätter sind kleiner als die Kronblätter und liegen am Aussenrand des Diskus.
Der Fruchtknoten, bestehend aus 2 miteinander verwachsenen Fruchtblättern, entwickelt sich zu einer Spaltfrucht mit 2 einsamigen Teilfrüchten. Diese sind flach, mit kaum gewölbter, auch innen kahler Fruchtschale und mehr oder weniger waagrecht abstehenden, bis 4 cm langen, starknervigen Flügeln.
Mit 15–20 Jahren beginnen die Bäume erstmals zu blühen.
Der Honigbiene dient der Spitzahorn als hervorragende Futterpflanze, denn er liefert erhebliche Mengen an Blüten- und Blatthonig.
Am Ende eines bis 15 cm langen Stiels liegt eine 10–20 cm lange und ebenso breite Spreite. Sie ist im Umriss rundlich oder breit-eiförmig und mit 3,5 oder 7 Lappen versehen. Diese besitzen mehrere, sehr schlanke und lang ausgezogene Zähne. Im Gegensatz zur dunkelgrünen und kahlen Oberseite weist die Unterseite eine hellgrüne Färbung auf und in den Adernwinkeln liegen kleine Bärtchen.
An den Zweigen sind die im Herbst goldgelb bis karminrot verfärbten Laubblätter kreuzgegenständig angeordnet.
Der Spitzahorn liebt vor allem tiefgründige, frische bis feuchte und kalkhaltige Böden in luftfeuchter Lage. Bezüglich Licht-, Wärme- und Nährstoffbedarf ist er aber viel genügsamer als der Bergahorn. Auch ist er gegen eine längere Überflutung weniger empfindlich.
Seine üppigste Entfaltung erreicht er nicht etwa zusammen mit dem Bergahorn, sondern in Lindenmischwäldern, wo Eichen, Linden und Ulmen dominieren. Diese Wälder sind heute nur noch in wenigen Gegenden zu finden, wie z.B. in südfranzösischen Gebirgen, in Alpentälern, wie dem Rhone- und Haslital, im Vierwaldstätterseegebiet, am Walensee und am Jurafuss. Nur im Turinermeister-Lindenmischwald dominiert er gelegentlich auf kleineren Flächen. Sonst finden wir ihn in verschiedenen Buchenwaldgesellschaften (wie z.B. im Ahorn-Schluchtwald, Ahorn-Eschenwald, Eschenwald) eingesprengt. Der Spitzahorn ist im grössten Teil Europas von den Nordspanischen Gebirgen und Pyrenäen durch Mittelfrankreich, Südbelgien, Deutschland, Dänemark, Norwegen, Schweden, Mittelfinnland und östlich bis zum Ural verbreitet. In England und Holland und den USA wurde die Art angepflanzt.
Heimisch ist diese Ahornart in der kollinen und montanen Stufe. In den Alpen fehlt sie über grössere Strecken, so z.B. im grössten Teil des Berner Oberlandes und des Mittel- und Oberwallis. Im Tessin ist diese Art angeblich nur angepflanzt; selten und vielfach nur gepflanzt im Appenzell, Graubünden, in Tirol und im adriatischen Küstenland.
In Eschen- und Bergahorn-Eschen-Beständen eignet sich der Spitzahorn dank bescheidener Lichtansprüche und guter Stockausschlagfähigkeit nicht nur zur Beimischung, sondern auch als Nebenbestand. Sein leicht abbaubares Laub fördert die biologische Aktivität.
Dank der Tatsache, dass dieser Baum auch an trockenen Standorten und auf leichten Böden wachsen kann, wäre es möglich, ihn vermehrt als Strassenbaum in Grossstädten zu verwenden.
Als Park- und Alleebaum sind sowohl Berg- wie auch Spitzahorn gleich beliebt; im Tiefland verdient der Spitzahorn gegenüber dem Bergahorn eher den Vorzug.
Nach dem überlieferten Volksglauben bietet der Ahorn einen wirksamen Schutz gegen Hexen. Deshalb werden zum Beispiel in Hinterpommern die Türen und Stuben mit Klon (Ahorn) geschmückt. In Mecklenburg werden die Hexen dadurch abgehalten, dass Zapfen aus Ahornholz in die Türen und Schwellen eingeschlagen werden.

Birkenlegendchen
Börries von Münchhausen

Birke, du schwankende, schlanke,
Wiegend am blassgrünen Hag,
Lieblicher Gottesgedanke
Vom dritten Schöpfungstag.

Gott stand und formte der Pflanzen
Endlos wuchernd Geschlecht,
Schuf die Eschen zu Lanzen,
Weiden zum Schildegeflecht.

Gott schuf die Nessel zum Leide,
Alraunenwurzeln zum Scherz,
Gott schuf die Rebe zur Freude,
Gott schuf die Distel zum Schmerz.

Mitten in Arbeit und Plage
Hat er leise gelacht,
Als an den sechsten der Tage,
Als er an Eva gedacht.

Fortsetzung Seite 28

123 Spitzahorn im Frühling

124 Aufrecht stehende und vielblütige Doldentrauben

125 Männliche Blüte mit je 5 Kron- und Kelchblättern, 8 Staubblättern und einem Diskus

126 Längsschnitt durch männliche Blüte

127 Spitzahorn im Sommer

128 Kreuzgegenständig angeordnete, 10–20 cm lange und gelappte Laubblätter

129 Laubblattoberseite dunkelgrün und kahl

130 Laubblattunterseite hellgrün und zu Beginn in den Aderwinkeln gebärtet

131 Spitzahorn im Herbst

132 Fruchtstände

133 Spaltfrucht mit 2 einsamigen Teilfrüchten

134 Weissliches, oft etwas rötlich gefärbtes, elastisches und druckfestes Holz

135 Spitzahorn im Winter

136 Breit-eiförmige, zugespitzte und die Seitenknospen überragende Endknospe

137 Schmal-eiförmige, seitliche, weinrote Endknospen

138 Gerader und zylindrischer Stamm mit längsrissiger und dunkelbrauner Borke

Berg-Ahorn

Ácer pseudoplátanus L.
Érable de montagne, E. sycomore
Acero di monte

Sycamore maple, Scots plane
Gewone esdoorn

Ahorngewächse
Aceráceae
Seiten 87, 154, 155

In Weiden der montanen und subalpinen Stufe auf den frischen bis sickerfeuchten, nährstoffreichen Böden und in einer luftfeuchten Lage entwickelt der Bergahorn eine mächtige, im Alter immer breiter werdende Krone. Im Bestand, wo der Baum mehr in die Höhe als in die Breite wächst, bleibt er mit seinem schlanken und geraden Schaft bis hoch hinauf unbeastet. Zusammen mit Eschen erreicht er in Schluchtwäldern eine maximale Wuchshöhe von 40 m.

Diese Ahornart, die sehr oft zusammen mit der Fichte und dem Vogelbeerbaum die Waldgrenze bildet, wird in der kollinen Stufe angepflanzt. Wir finden sie hier in Alleen, Parkanlagen und in Wäldern.

Die bei jungen Bäumen zuerst hellbräunlich erscheinende Rinde bildet später flache und oft nach unten deutlich zugespitzte Schuppen, die, einmal abgefallen, flächige Einbuchtungen von braunroter Tönung freilegen. Der Stamm wird dadurch vielfarbig. Im Alter kommt es zur Bildung einer stark fleckigen hell- und dunkelbraunen Borke.

Das Höchstalter eines Bergahorns beträgt ungefähr 500 Jahre.

Um ein naturweisses und damit erstklassiges Holz erhalten zu können, muss der Baum schon kurz nach der Winterfällung entrindet und unverzüglich eingeschnitten werden. Anschliessend werden die Bretter vom Sägemehl befreit und vertikal in einem Schuppen aufgestellt. Durch die durchziehende Luft wird das Holz gleichmässig und damit schonend getrocknet. Muss eine künstliche Trocknung vorgenommen werden, so darf diese nicht zu schnell erfolgen, ansonsten Risse und Farbfehler auftreten können.

Das Bergahornholz ist härter als Spitzahornholz, dicht, glänzend, ohne Kernfärbung, mässig schwindend, im Trokkenen sehr dauerhaft und bei guter Pflege blendend weiss. Das Raumgewicht des lufttrockenen Schnittholzes beträgt 650–750 kg/m^3.

Es lässt sich gut bearbeiten, polieren, drehen, schnitzen und vorzüglich beizen. Dank dieser hervorragenden Eigenschaften wird es als Möbel-, Furnier-, Drechsler- und Schnitzlerholz sehr geschätzt. Viele Küchengeräte, Billardstöcke, Tischplatten, Parkettböden und Teile von Musikinstrumenten werden aus diesem Holz hergestellt. Das eigenartig gewimmerte Holz, das sogenannte Ton- oder Resonanzholz, wird vom Geigenbauer hoch geschätzt.

Gegen Witterungseinflüsse ist es kaum resistent. Daher eignet es sich kaum als Bauholz. Seine hellen Markstrahlen erscheinen im Querschnitt als hellglänzende Linien, im Längsschnitt als dunkle Flecken oder Streifen.

Kurz vor der Blütezeit entfalten sich aus grossen, kreuzgegenständig angeordneten und grünen Knospen 5lappige Laubblätter. Im Sommer erreichen sie eine Länge von 15–30 cm und eine Breite von 10–16 cm. Die einzelnen Lappen sind tief eingeschnitten, grob gekerbt oder gezähnt und durch spitze Buchten voneinander getrennt. Im Herbst verfärben sie sich goldgelb.

Aus vielen endständigen Knospen erscheinen kurz nach dem Blattaustrieb 5–15 cm lange, überhängende und traubenförmige Rispen mit zahlreichen zwittrigen oder eingeschlechtigen Blüten. Die je 5 Kron- und Kelchblätter sind 2–6 mm lang, miteinander nicht verwachsen, auf der Innenseite anfangs behaart und auf der Aussenseite kahl. Am Innenrand des Diskus liegen 8 Staubblätter, deren Länge die 2- bis 3fache Grösse der Kronblätter haben können. Der oberständige und zottig behaarte Fruchtknoten besteht aus zwei miteinander verwachsenen Fruchtblättern. Nach dem Verblühen bilden sich an Ihnen zwei kleine Erhebungen, die im Laufe der Fruchtentwicklung zu grossen Samenflügeln auswachsen.

Die Früchte – aus zwei einsamigen Teilfrüchten bestehende Spaltfrüchte – geraten, bedingt durch ihren Bau, beim Abfallen in eine propellerartige Drehbewegung. Die dadurch verringerte Sinkgeschwindigkeit und vorhandene Luftbewegungen tragen die Früchte oft sehr weit von der Mutterpflanze weg.

Aus Ahorn – aus einer anderen Art als dem des Bergahorns – wurde das Trojanische Pferd (Troja: die durch Homer berühmte Stadt an der NW-Spitze Kleinasiens) gezimmert. Nach der Sage erbaute Epeios auf Rat des Odysseus und mit Hilfe der Göttin Athene ein hölzernes Pferd. In ihm versteckten die Griechen eine Schar auserwählter Helden. Dann wurde das riesige Holztier vor den Toren Trojas stehengelassen und das Heer segelte davon. Trotz der Warnungen Laokoons und Kassandras rissen die Trojaner einen Teil der Stadtmauer ein und brachten das Pferd auf die Burg. Nach der damaligen Auffassung sollte dieses weit sichtbare Tier die Stadt zur Herrin über Asien und Europa machen.

In der Nacht kehrte das griechische Heer zurück, die Helden drangen aus dem Pferd hervor, und nach kurzem Kampf wurde die bisher uneinnehmbare Stadt vollständig zerstört.

Der mächtige und kraftvolle Baum wurde nicht nur im Heidentum, sondern auch im christlichen Mittelalter stark verehrt. Musste zum Beispiel ein grosser Baum gefällt werden, so geschah dies barhäuptig und kniend unter «Anruf und Gelübden».

Der Ahorn gilt als antidämonisch. So sollen Zapfen aus Ahornholz in die Türen und Schwellen geschlagen, verhindern, dass Hexen in die Ställe eindringen. Der gleiche Effekt wird dann erzielt, wenn am 24. Juni an Türen und Fenstern Ahornzweige eingesteckt werden. Diese sollen gleichzeitig vor dem Blitzschlag schützen. Kartoffel- und Flachsfelder wurden im Ravensburgischen mit Ahornzweigen umstellt, um angeblich die Maulwürfe zu vertreiben. Im Elsass sollen Ahornzweige an Türen aufgesteckt, Fledermäuse vom Haus fernhalten.

In der Volksmedizin werden die am Johannis (24. Juni) gepflückten Ahornblätter getrocknet und später in kochendem Wasser erweicht. Sie gelten bei allen Wunden als heilkräftig. In Oberbayern zeigen recht fette Ahornblätter auf eine gute und ergiebige Ernte in den nächsten Monaten. Oft wurden die Wurzeln mit Wein begossen – damit sollte ein Wunsch in Erfüllung gehen.

Der für den Schweizer Kanton Graubünden berühmte Ahorn – der Bergahorn zu Trun – darf hier nicht vergessen werden. Unter seinem Vorfahren wurde am 16. Mai 1424 der obere oder graue Bund geschworen. 1750 besass der Baum einen Gesamtumfang von 16 m. 1824 standen von den ehemals drei Stämmen noch deren zwei. Als 1870 der beinahe 500jährige Ahorn durch einen Sturm geworfen wurde, einigte man sich darauf, an derselben Stelle einen jungen Bergahorn zu pflanzen – gezogen aus dem Samen des alten Baumes. Heute bereits über 100 Jahre alt, steht der Nachfolger in voller Kraft und Grösse da. Der Strunk des alten Baumes wurde 1890 anlässlich eines Sängerfestes in feierlichem Zuge in den Sitzungssaal des grossen Bundes überführt. Noch heute kann er im Museum Sursilvan in Trun besichtigt werden.

Viele Orts- und Flurnamen tragen die Bezeichnung «Ahorn». Im Oberwallis entspricht «Agarn» und im französischen Gebiet «Ayer» dem Wort «Ahorn».

139 Bergahorn im Frühling

140 Hängende Rispe mit zwittrigen, weiblichen und männlichen Blüten

141 Ältere zwittrige Blüte mit junger Spaltfrucht; Narben verblüht

142 Ältere zwittrige Blüte mit junger Spaltfrucht; Narben und Griffel nicht mehr vorhanden

143 Bergahorn im Sommer

144 Kreuzgegenständig angeordnete, 8–20 cm lange und gelappte Laubblätter

145 Laubblattoberseite dunkelgrün und kahl

146 Laubblattunterseite hell bläulichgrün und anfangs dicht behaart, später kahl

147 Bergahorn im Herbst

148 Fruchtstand

149 Spaltfrucht mit 2 einsamigen Teilfrüchten

150 Bei guter Pflege blendend weisses, dichtes und hartes Holz

151 Bergahorn im Winter

152 Spitz-eiförmige und die Seitenknospen überragende Endknospe mit frischer Narbe

153 Spitz-eiförmige, oft etwas abstehende und gelbgrüne bis grüne Seitenknospen

154 Graue Borke bröckelt in kleinen Schuppen ab; freie Felder meist bräunlich

Gemeine Rosskastanie

Äesculus hippocástanum L.
Marronnier d'Inde
Ippocastano

Horse chestnut
Gewone paardekastanje

Rosskastaniengewächse
Hippocastanáceae
Seiten 81, 144, 145

Die eine maximale Höhe von 30–35 m erreichende Rosskastanie, mit ihrem meist kurzen, kräftigen, vollholzigen und stets nach rechts drehwüchsigen Stamm, besitzt eine breit-eiförmige bis rundliche, knorrigästige und reichbelaubte Krone. Dank dem dichten Blattwerk spendet sie sehr viel Schatten. Sie wird aus diesem Grund sehr oft in Park- und Gartenanlagen, in Alleen, auf Friedhöfen und bei Gartenwirtschaften angepflanzt. Am Rande von Wäldern wachsend, dienen die im Herbst heruntergefallenen Früchte dem Rotwild als willkommene Spätherbst- und Winternahrung.
In der Jugend ist die Rinde hellgrau oder graubraun und glatt. Später wandelt sie sich zu einer mit grobrissigen Platten gefelderten, grauschwarzen Borke um. Die neuen Triebe sind sehr kräftig, fast fingerdick, sehr lang, hellbräunlich und mit hellen Lentizellen besetzt.
Unter der Borke liegt ein durchwegs farbiges, weisslichgelbes bis schwach rötliches, mit mattem Glanz versehenes, feines, weiches, biegsames und leicht spaltbares Holz. Sein lufttrockenes Raumgewicht beträgt 500–600 kg/m^3. Das Holz lässt sich gut messern, schälen, drehen und schnitzen. Da es sich leicht verfärbt, soll es nach der Fällung schnell getrocknet werden. Im trockenen Zustand schwindet es dann nur wenig, arbeitet kaum und bildet daher ein vorzügliches Blindholz für Möbel. Verwendet wird es für Schnitzlereien, Holzschuhe, Küchengeräte, Spielzeuge und beim Klavierbau. Wegen seiner geringen Festigkeit eignet es sich kaum als Bauholz.
Im April oder Mai entfalten sich aus bis 3 cm langen, olivbraunen, stark klebrigen und glänzenden Knospen handförmig geteilte und später im ausgewachsenen Zustand 10–30 cm lange Laubblätter. Ihre Stiele sind 5–15 cm lang und rinnig. Die 5 oder 7 Fiederblätter sind länglich verkehrt-eiförmig, mit der grössten Breite immer im oberen Drittel, 8–20 cm lang, einfach und stellenweise doppelt gesägt, am Ende kurz zugespitzt und an der Basis keilförmig verschmälert.
Nach der Blattentfaltung beginnen die aufrechten und vielblütigen Rispen heranzuwachsen. Sie werden bis 30 cm lang, 8–12 cm breit und weisen meist zwittrige Blüten auf. Der glockenförmige Kelch ist ungleich 5-lappig. Die 4 oder 5 eiförmig bis rundlich gestalteten, am Rande zurückgebogenen, 10–15 mm langen und weissen Kronblätter besitzen am herzförmigen Grund zunächst gelbe, später rote Saftmale. Nur Blüten mit gelbem Saftmal produzieren Nektar und werden von Bienen und Hummeln angeflogen. Der oberständige Fruchtknoten besteht aus drei miteinander verwachsenen Fruchtblättern.
Nach der Bestäubung der Narben durch Insekten und der Befruchtung der Samenanlagen entwickeln sich bis 6 cm dicke und weichstachelige Kapselfrüchte. Innerhalb der grünen Schale liegen 1–3 glänzend braunrot gefärbte Rosskastanien. Für die Schweinemast werden sie heute noch in zahlreichen ländlichen Gegenden gesammelt.
An Wirkstoffen enthält die Rinde Saponine, das fluoreszierende Glykosid Aesculin, Gerbsäure, Harz, fettes Öl und Stärke. Aesculin hat die Fähigkeit, ultraviolette Strahlung abzufangen und kann daher, in Salben enthaltend und eingerieben, vor Sonnenbrand schützen. In den Rosskastanien finden wir viel Stärke, fettes Öl und als Hauptwirkstoff Saponin.
Der Kastanienrindenextrakt kräftigt die Venen und beschleunigt die Blutströmung, so dass Blutstauungen beseitigt werden. Die Anwendung dieses Extraktes ist auch bei Venenerweiterung (Krampfadern), Venenentzündung und den Folgeerscheinungen der Krampfaderbildung (Blutstauungen, Hämorrhoiden, Unterschenkelgeschwüre) angezeigt. Sehr wirksam soll der Rosskastanien-Fluidextrakt sein, der in der Apotheke hergestellt werden kann.
Die Rosskastanie war vor der Eiszeit in ganz Mitteleuropa heimisch und hat auf dem Rückzug vor dem Eis nur in einem sehr kleinen Gebiet der Balkanhalbinsel in der montanen Stufe ein Refugium gefunden. Dieses Gebiet zeichnet sich durch einen sommerwarmen Feucht-Sommerwald aus, mit Julitemperaturen nur wenig über 20°C. Die Winter tragen einen kontinentalen Charakter, sind also kalt.
Das Hauptverbreitungsgebiet umfasst Südalbanien, sowie Nord- und Mittelgriechenland, zu beiden Seiten des Pindusgebirges, wo sie in der unteren Tannenstufe, wie auch im gemischten Laubwald von Epitus und in Meereshöhe auftritt.
Vergesellschaftet ist sie hier mit der Schwarzerle, dem Walnussbaum, der Esche und dem Spitzahorn – alles Bodenfeuchtigkeit liebende Holzpflanzen.
Eine zweite, aber bedeutend kleinere Verbreitungsinsel liegt in Nordostbulgarien auf der Nordseite des Kleinen Balkan südlich des Ortes Preslav. Während die griechischen Standorte alle in der Bergstufe liegen, weist das bulgarische Refugium eine bedeutend tiefere Lage auf. Zuerst vereinzelt bei etwa 300 m ü. M. im Blumeneschen-Laubmischwald auftretend, hat die Rosskastanie bei etwa 380 m bereits die Oberhand gewonnen, um jedoch schon bei etwa 500 m abrupt der Buche das Feld zu überlassen. Trotz des dichten Laubdaches ist reichlich Unterholz und eine artenreiche Krautschicht vorhanden.
Eine Rückkehr in die alten Siedlungsräume verhinderten in erster Linie 2 Faktoren: Erstens die Schwere der Früchte und zweitens die ausgedehnten Trockengebiete, zwischen dem Refugium des Baumes und Mitteleuropa, in denen die Rosskastanie nicht konkurrenzfähig ist.
Erst 1557 brachten die Türken die Baumart nach Konstantinopel. 1569 gelangte sie dann nach Italien, 1615 nach Frankreich und 1629 nach England. Nach Nordamerika wurde sie erst in der Mitte des 19. Jahrhunderts gebracht.
Herbstlicher Frucht- und Laubfall werden ihr oft angekreidet. Welche Freude herrscht aber heute noch wie einst unter den Kindern vor, wenn sie Gelegenheit haben, Rosskastanien zu sammeln. Dies allein sollte Grund genug sein, sie zu pflanzen. Am Waldrand angepflanzt, muss sie aber durch den Förster geschützt werden, denn der Rehbock liebt sie zum Fegen und der Hirsch zum Schlagen.

Schwarzschattende Kastanie

Conrad Ferdinand Meyer

Schwarzschattende Kastanie,
Mein windgeregtes Sommerzelt,
Du senkst zur Flut dein weit Geäst,
Dein Laub, es durstet und es trinkt,
Schwarzschattende Kastanie!
Im Porte badet junge Brut
Mit Hader oder Lustgeschrei,
Und Kinder schwimmen leuchtend weiss
Im Gitter deines Blätterwerks,
Schwarzschattende Kastanie!
Und dämmern See und Ufer ein
Und rauscht vorbei das Abendboot,
So zuckt aus roter Schiffslatern
Ein Blitz und wandert auf dem Schwung
Der Flut, gebrochnen Lettern gleich,
Bis unter deinem Laub erlischt
Die rätselhafte Flammenschrift.
Schwarzschattende Kastanie!

155 Rosskastanie im Frühling

156 Aufrechte oder schräg abstehende, 20–30 cm lange Rispen

157 Einzelne Rispe; Blüten zuerst mit gelbem, später rotem Saftmal

158 Zwei Blüten; durch Reduktion des einen Geschlechtes Blüten oft eingeschlechtig

159 Rosskastanie im Sommer

160 Laubblätter 10–30 cm lang und mit 5 oder 7 Fiederblättern

161 Laubblattoberseite dunkelgrün und kahl

162 Laubblattunterseite hell bläulichgrün und in den Adernwinkeln anfangs bräunlich gebärtet

163 Rosskastanie im Herbst

164 Innerhalb der weichstacheligen und grünen Schale liegen 2 oder 3 Rosskastanien

165 Glänzend rotbraune Rosskastanien

166 Gleichfarbig weisslichgelbes, sehr feines und weiches Holz

167 Rosskastanie im Winter

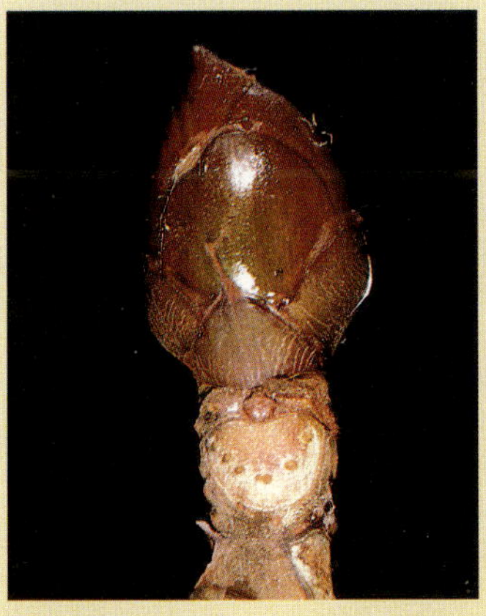

168 Breit-kegelförmige und klebrige Endknospe mit vielspuriger Blattnarbe

169 Spitz-eiförmige, gegenständige Seitenknospen

170 Ziemlich kurzer Stamm; Borke dunkelbraun bis schwärzlich und in dünnen Platten abspringend

Schwarzerle, Roterle

Ālnus glutinósa (L.) Gaertn.
Aune glutineux
Ontano comune, O. nero

Common alder
Grauwe els

Birkengewächse
Betuláceae
Seiten 13, 15, 108, 188, 189

Nach dem 1. Jahr, in welchem das Wachstum nur sehr langsam vorangeschritten ist, setzt bis zum 20. Altersjahr ein starkes Längen- und Breitenwachstum ein. Aber erst nach weiteren vier bis fünf Jahren kommt es zur Ausbildung einer locker belaubten Krone von länglich-eiförmiger Gestalt, aufgebaut durch den schlanken, bis zum Wipfel reichenden Stamm und den beinahe waagrecht hinausstrebenden Ästen.
Um eine maximale Wuchshöhe von 30 m und ein Alter von 120 Jahren zu erreichen, benötigt die Schwarzerle humusreiche, nährstoffhaltige, tiefgründige, das ganze Jahr stagnierend durchnässte oder langsam durchsickerte Böden, viel Licht und eine hohe Luftfeuchtigkeit. Saure Moorböden oder kalkhaltige und flachgründige Böden werden nur schlecht ertragen.
Unter den Erlen ist sie in der kollinen Stufe der wichtigste Baum entlang von Bächen und Flüssen, in nassen Bruchwäldern und Ufergehölzen. Bei der Aufforstung von Ödland wird sie häufig beigezogen. In den Alpen steigt sie bis auf 1300 m ü. M.
Da der Stockausschlag reichlich ist, wird der Baum auch im Niederwaldbetrieb bewirtschaftet.
Die in der Jugend grün- oder graubraune und glatte Rinde wandelt sich im Alter zu einer braunschwarzen und rissigen Tafelborke um, die langsam in senkrechten Plättchen abbröckelt. Unter ihr liegt ein leichtes, weiches, blass rötlich-gelbes, ziemlich festes, wenig elastisches und kaum reissendes Holz. Das Raumgewicht des lufttrockenen Schnittholzes beträgt 400–550 kg/m^3. Kurz nach dem Fällen werden die Hirnflächen unter dem Einfluss des Lichtes und der Luft mohrrübenrot. Verwendet wird dieses Holz für die Herstellung von Möbeln, Holzmodellen, Drechsler- und Schnitzlerwaren, Papier, Haus- und Küchengeräten und Zigarettenkisten. Sehr geschätzt wird es auch für das Räuchern von Fleischwaren. Da ihm grosse Mengen von Fettstoffen fehlen, lässt es sich sehr gut beizen. Diese Tatsache führte besonders früher dazu, dass es oft zur Imitation von Edelhölzern, speziell von Mahagoniholz, verwendet wurde. Unter Wasser ist es dauerhaft und wird dort mit den Jahren schwarz und immer härter. Wegen dieser Eigenschaft wurde es im Schiffsbau, sowie für die Herstellung von Wasserröhren verwendet.
Oberhalb der Laubknospen liegen die nackt überwinternden weiblichen Zäpfchen und männlichen Kätzchen. Das Aufblühen erfolgt dann im Februar oder März, also lange vor dem Laubaustrieb. Bei den weiblichen Blütenständen stehen immer 2–8 vielblütige, seitenständig angeordnete, 1–2 cm lange, graugrüne und gestielte Zäpfchen traubenförmig oder ährig an einem unbehaarten Stiel. Immer 2 Blüten – bestehend aus einem unterständigen Fruchtknoten und 2 sehr langen, roten Narben – werden von einem Tragblatt und 2 äusseren und 2 inneren Vorblättern umgeben.
Die männlichen Blüten – bestehend aus 4 Staubblättern und 2 äusseren und 2 inneren Perigonblättern – liegen zu dritt hinter je 2 kleinen inneren und 2 grossen äusseren Vorblättern und der Achsel eines Tragblattes.
Im Herbst sind die weiblichen Blütenstände zu braunen Zapfen ausgewachsen. Die braunen und kleinen Nussfrüchte, bestehend aus einem flachen Samen und einem schmalen und undurchsichtigen Flügel, fallen im Spätherbst und Winter heraus. Das Zäpfchen verbleibt noch lange am Baum. Verwendet wird es sehr oft für Bastelzwecke oder zur Dekoration.
Nach der Blütezeit entfalten sich aus den charakteristisch gestielten, violettbraunen, langen und wechselständig angeordneten Knospen breit verkehrteiförmige bis rundliche, klebrige, am Ende ausgerandete und gesägt/gezähnte Laubblätter. Ihre Länge beträgt 4–10 cm und an der Spreitenbasis sind sie meist breit keilförmig verschmälert. Unterseits finden wir in den Adernwinkeln weissliche bis rostfarbige Bärtchen.
Weil die Erle an den «Rändern des menschenverschlingenden Moores» und an den Ufern des «mückengebärenden Tümpels» wächst, müssen wir uns nicht wundern, dass sie besonders in früheren Jahrhunderten als Baum der bösen Geister, des Teufels und der Hexen betrachtet wurde. So brauchten zum Beispiel Hexen das Erlenholz zum «Wettermachen».
In der griechischen Mythologie begegnet uns dieser Baum an verschiedenen Stellen. So finden wir ihn bei der Grotte der Kalypos, also derjenigen Nymphe, die Odysseus liebte und während 7 Jahren zurückhielt. Erst auf Befehl der Götter entlässt sie ihn und hilft ihm beim Bau seines Schiffes.
Vergil zufolge wurden die Heliaden – die Schwestern des Phaeton – vom griechischen Göttervater Zeus in Erlen verwandelt. In Homers «Odyssee» umgeben Erlen die Todesinsel «Aia», die der Zauberin «Kirke» gehörte.
Aber nicht immer war die Erle der Baum des Bösen. Damit zum Beispiel trächtige Kühe ihr Junges gut zur Welt bringen können, sollen 9 Fruchtzäpfchen verabreicht werden. Dies soll den Geburtsvorgang wesentlich erleichtern und verkürzen.
Erlen spielen auch eine Rolle im Fruchtbarkeitszauber, und zwar wegen ihrer früh erscheinenden Blütenkätzchen.
In der Volkssage werden immer wieder verschiedene Übel in die Erlen gebannt. Als Beispiele können wir das Fieber, Zahnweh und die Warzen nennen.
Eine besondere Rolle spielen Eschen und Erlen im landwirtschaftlichen Aberglauben. Beim Aussäen legt man ein am Karfreitag gebrochenes Erlenzweigstück in den Mund oder nimmt den Samen durch einen aus Erlenholz geflochtenen Ring heraus. Dadurch werden Sperlinge vom Felde abgehalten. Mäuse und Maulwürfe verscheucht man dadurch, dass in die 4 Ecken des Feldes, bzw. der Scheune, am Karfreitag gebrochene Erlenzweige gesteckt werden.
Erlenblätter wurden auch dazu verwendet, Flöhe zu vertreiben:
«Das Laub morgens im taw (= Tau) in die gemach gespreit, da vil flöhe innen sind / und über ein stund widerumb aussgefegt, verjagt die flö, denn sie bleiben an gedachtem zähen Laub kleben» (Hieronymus Bock, Kreuterbuch, 1551)
Auch sollen Erlenzweige, die am Karfreitag vor Sonnenaufgang gebrochen und zu Kränzen verflochten wurden, jede Flamme ersticken. Das Haus, in welchem ein solcher Kranz hängt, soll vor Feuersgefahr sicher sein.
Als Ortschaften, welche das Wort «Erle» enthalten, können «Erlach, Erlen oder Erlenbach» genannt werden.

Erlkönig
Johann Wolfgang von Goethe

Goethe liess sich von Herders Übersetzung zu einem eigenen Gedicht anregen.

Wer reitet so spät durch Nacht und Wind?
Es ist der Vater mit seinem Kind;
Er hat den Knaben wohl in dem Arm,
Er fasst ihn sicher, er hält ihn warm.

Mein Sohn, was birgst du so bang dein Gesicht? –
Siehst, Vater, du den Erlkönig nicht?
Den Erlenkönig mit Kron' und Schweif?
Mein Sohn, es ist ein Nebelstreif. –

171 Schwarzerle im Frühling

172 Männliche Kätzchen 3–12 cm lang, hängend; weibliche Blüten in kleinen Zäpfchen

173 Gestielte weibliche Blütenstände (= Zäpfchen)

174 3 männliche Blüten an einem Tragblatt

175 Schwarzerle im Sommer

176 Laubblätter 4–10 cm lang und wechselständig angeordnet

177 Laubblattoberseite mittel- bis dunkelgrün und kahl

178 Laubblattunterseite heller grün und in den Adernwinkeln weisslich bis rostfarbig gebärtet

179 Schwarzerle im Herbst

180 7 zapfenförmige Fruchtstände

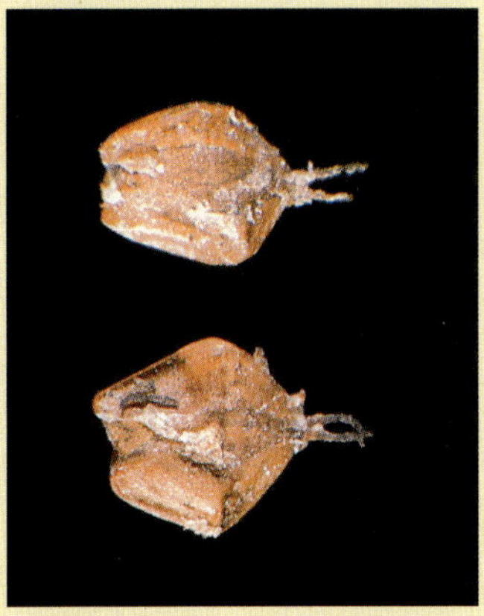

181 Nussfrüchte mit je einem flachen Samen und einem undurchsichtigen Flügel

182 Gelblichweisses Holz; unter dem Einfluss der Luft und des Lichtes sich gelb- bis dunkelrot verfärbend

183 Schwarzerle im Winter

184 Seitenknospe schmal, deutlich gestielt und mit 2 sichtbaren Schuppen

185 Jüngere Rinde grau- bis grünbraun

186 An alten Bäumen braunschwarze und rissige Borke in senkrechten Plättchen abbröckelnd

«Du liebes Kind, komm, geh mit mir!
Gar schöne Spiele spiel' ich mit dir;
Manch' bunte Blumen sind an dem Strand;
Meine Mutter hat manch gülden Gewand.» -

Mein Vater, mein Vater, und hörest du nicht,
Was Erlenkönig mir leise verspricht? -
Sey ruhig, bleibe ruhig, mein Kind;
In dürren Blättern säuselt der Wind. -

«Willst, feiner Knabe, du mit mir gehn?
Meine Töchter sollen dich warten schön;
Meine Töchter führen den nächtlichen Reihn,
Und wiegen und tanzen und singen dich ein.»

Mein Vater, mein Vater, und siehst du nicht dort
Erlkönigs Töchter am düstern Ort? -
Mein Sohn, mein Sohn, ich seh' es genau;
Es scheinen die alten Weiden so grau. -

«Ich liebe dich, mich reizt deine schöne Gestalt;
Und bist du nicht willig, so brauch' ich Gewalt.» -
Mein Vater, mein Vater, jetzt fasst er mich an!
Erlkönig hat mir ein Leids gethan! -

Dem Vater grauset's, er reitet geschwind,
Er hält in Armen das ächzende Kind,
Erreicht den Hof mit Mühe und Noth;
In seinen Armen das Kind war todt.

Hängebirke, Weissbirke, Sandbirke

Bétula péndula Roth, B. verrucósa
Bouleau verruqueux
Betulla bianco

Common birch
Scherpe berk

Birkengewächse
Betuláceae
Seiten 108, 188, 189

Die 20-30 m Wuchshöhe erreichende, lichte und anmutige Hängebirke besitzt einen schlanken, biegsamen und im Alter 40-60 cm dicken Stamm. Ihre Krone ist anfangs schmal und spitzkegelig, später rundlich gewölbt oder unregelmässig.
Nach dem 20. Altersjahr verlangsamt sich das Längenwachstum, um dann mit 50-60 Jahren seinen Abschluss zu finden. Nicht selten erreichen die Bäume ein Alter über 100 Jahre.
Aus den weit herunterhängenden Zweigen wurden besonders früher die braunen Kehrbesen angefertigt.
Im unteren Stammteil ist die Borke wulstig, rissig, dunkelbraun bis schwarz und weist hier wenig weisse Rindenflecken auf.
Zwischen den weissen Partien liegen grobe, knorrige, tiefrissige und schwarze Leisten. Der restliche Stamm und die Äste besitzen eine glatte, mit einzelnen grauweissen Querbinden versehene silbrig-weiss bis gelblich schimmernde Rinde. Sie wird in 2 Schichten gegliedert. Aus den äusseren, in der Jugend schneeweissen und in horizontalen Streifen sich ablösenden Teilen, wird unter anderem der Birkenteer und durch trockene Destillation das Birkenöl gewonnen. Der Teer bildet ein gutes Konservierungsmittel für Leder und Holz und dient gleichzeitig als gute Wagenschmiere. Der innere Teil der Rinde wird wegen seines Gehaltes an Gerbstoffen besonders in nordischen Ländern zum Gerben verwendet. Die gesamte Rinde - kaum durchlässig für Wasser - wird auch als Unterlage bei Schwellen, Dachbedeckungen und Balken gebraucht. Noch heute werden in Skandinavien viele Dächer mit Birkenrinde gedeckt und anschliessend mit Torf beschwert.
Sie dient aber auch zur Herstellung von Tabakdosen, Körben, Matten, Stricken und Fackeln. Nach Hieronymus Bock (16. Jahrhundert n. Chr.) wurde Birkenrinde auch als Schreibmaterial verwendet.
Ältere Bäume werden im April 2-5 cm tief angebohrt. Der reichlich ausfliessende Birkensaft ergibt nach der Vergärung ein schaumartiges Getränk, den Birkenwein. 50 Baumstämme von 40-50 cm Durchmesser liefern in 4 Tagen ungefähr eine Menge von 175 kg Birkensaft. Dieses alkoholische Birkenwasser war bereits Albertus Magnus um 1240 n. Chr. bekannt.
Unter der Borke liegt ein gelblichweisses, gegen das Mark zu rötliches, schwach glänzendes, ziemlich weiches, elastisches, schwer spaltbares, zähes und im Freien unbeständiges Holz. Kern und Splint unterscheiden sich kaum. Das Raumgewicht des lufttrockenen Schnittholzes beträgt 600-700 kg/m^3. Die Trocknung muss langsam durchgeführt werden. Es besteht dabei die Gefahr der Vergilbung und der Bildung unregelmässiger Flecken.
Da die Tragkraft dieses Holzes nur gering ist, kann es als Bauholz kaum verwendet werden. Geschätzt wird es aber in der Wagnerei und Tischlerei zur Herstellung von Deichseln, Holzschuhen, Fassreifen, Leitern, Tischen, Stühlen und Wäscheklammern. Ferner dient es zur Herstellung von Sperrholzschindeln.
Dank der ätherischen Öle brennt das Birkenholz lebhaft und heizt rasch und gut; es wird daher als Brennholz sehr geschätzt.
Nach 20-30 Jahren beginnen die einhäusigen Birken erstmals zu blühen. Jeweils im Herbst werden am Gipfel zahlreicher Zweige männliche Kätzchen angelegt. Zwischen März und Mai, jeweils einige Tage nach dem Blattaustrieb, werden sie immer grösser und erreichen bald eine Länge vom 10 cm. Sie weisen eine länglich-walzenförmige Gestalt auf, sind ungestielt und hängend. Die weiblichen Kätzchen werden ebenfalls im Herbst angelegt, verharren aber über den Winter hindurch in den Knospen und kommen erst mit den neuen Trieben zum Vorschein. Sie sind zylindrisch geformt, gestielt, 2-4 cm lang, dichtblütig und hellgrün gefärbt. Während der Blütezeit sind sie aufgerichtet oder abstehend; nach dem Verblühen neigen sie sich nach unten.
Im Vorherbst sind die Fruchtzäpfchen bereits bräunlich verfärbt. Ihre Fruchtschuppen umschliessen schützend die mit Flughäuten ausgestatteten hellbraunen Nüsschen. Diese werden nach dem Herausfallen vom Herbstwind zum Teil über grössere Entfernungen weggetragen.
In den Gebirgen steigt die Birke oft sehr hoch hinauf. So finden wir sie im Erzgebirge noch auf 1000 m ü. M., im Berner Oberland bis auf 1800 m ü. M., im Val Bavona im Tessin bis auf 1950 m ü. M., im Bergell noch auf 2010 m ü. M. und in den Pyrenäen auf 2000 m ü. M.
Von den zahlreichen bekannten Sitten sollen hier deren drei genannt werden: «In zahlreichen Gegenden Mitteleuropas stellen heiratsfähige Burschen frische Birkenzweige vor das Fenster der Geliebten. Diese sollen als Symbol für den Frühling und die wachsende Liebe gelten. In Niederbayern werden oft noch die Kühe beim ersten Verlassen des Stalles mit Birkenzweigen ausgetreiben. Damit soll erreicht werden, dass das Vieh gesund bleibe und das ganze Jahr hindurch viel Milch gebe.
Sehr oft werden die Ställe und Scheunen mit Birkenmaien geschmückt. Die Verwendung dieser Maien geht wohl auf das Frühlingsfest der Germanen zurück, bei welchen die Birken in hohem Ansehen standen.»
Zahlreiche Ortschaften, in Deutschland sind es deren ungefähr 470, enthalten in ihrem Namen das Wort Birke in reiner oder in etwas umgewandelter Form. In der Schweiz sind es zum Beispiel Birr, Birchwil, Birrfeld und Birrwil.

Fortsetzung von Seite 20

Sinnend in göttlichen Träumen
Gab seine Schöpfergewalt
Von den mannhaften Bäumen
Einem die Mädchengestalt.

Göttliche Hände im Spiele
Lockten ihr blonden das Haar,
Dass ihre Haut ihm gefiele,
Seiden und schimmernd sie war.

Biegt sie und schmiegt sie im Winde
Fröhlich der Zweiglein Schwarm,
wiegt sie, als liegt ihr ein Kinde
Frühlingsglückselig im Arm.

Birke, du mädchenhaft schlanke,
schwankend am grünen Hag,
Lieblicher Gottesgedanke
Vom dritten Schöpfungstag.

187 Hängebirke im Frühling

188 Männliche Kätzchen hängend; weibliche Kätzchen aufrecht oder abstehend

189 Aufrechter weiblicher Blütenstand

190 Ausschnitt aus weiblichem Blütenstand mit gelblichen Narben

191 Hängebirke im Sommer

192 Laubblätter 3–7 cm lang und wechselständig angeordnet

193 Laubblattoberseite dunkelgrün und kahl

194 Laubblattunterseite hell graugrün und kahl

195 Hängebirke im Herbst

196 Braune, langgestielte und bis 3 cm lange Fruchtzäpfchen

197 Fruchtschuppen umschliessen mit durchsichtigen Flughäuten versehene Nüsschen

198 Gelblichweisses bis rötliches, ziemlich weiches und elastisches Holz

199 Hängebirke im Winter

200 Seitenknospe und überwinternde männliche Kätzchen

201 Junge (links) und ältere (Mitte und rechts) Seitenknospen

202 Junge Rinde weiss, glatt und in den dünnen Querstreifen sich ablösend

Buche, Rotbuche

Fágus sylvática L.
Hêtre
Faggio comune

European beech
Gewone beuk

Buchengewächse
Fagáceae
Seiten 101, 178, 179

Der im Freistand bis tief hinunter beastete und im Waldverband bis hoch hinauf astlose, mittelgrosse bis grosse Baum, mit seinem geraden und vollholzigen Stamm, erreicht mit etwa 120 Jahren eine Höhe von 25–30 m. Die Krone ist bei jüngeren Bäumen schlank, bei älteren ziemlich breit und kuppelförmig aufgewölbt. Buchen mit einem Alter von 300 Jahren können eine Wuchshöhe von 45 m und einen Durchmesser von 1,5 m erreichen.
Im Waldverband besitzt die Buche im Alter eine blattreiche Krone, die nur spärlich Licht durchlässt. Daher können sich nur Frühblüher auf dem sonst schattigen Buchenwaldboden durchsetzen.
Die in der Jugend graugrüne, später aschgraue Rinde bleibt bis ins hohe Alter dünn, glatt und silbergrau. Nur selten kommt es zu einer Borkenbildung. Werden in Gemeinschaft gewachsene Bäume plötzlich freigestellt, so kann es bei der Rinde durch zu starke Sonneneinstrahlung zum «Sonnenbrand» kommen. Bei zu intensiver Bestrahlung kann sich die Rinde ablösen und das Kambium trocknet ein.
Die Buche ist ein Reifholzbaum, dessen innerer Teil sich von der äusseren Splintschicht nur in der Härte und Festigkeit, nicht aber in der Farbe unterscheidet (fakultative Kernbildung!).
Das zerstreutporige Holz ist weisslichgrau bis rötlichgelb getönt, zäh, wenig elastisch, aber gleichwohl tragfähig, schwer (luftgetrocknetes Schnittholz zwischen 650 und 800 kg/m^3), stark schwindend, druckfest und unter Wasser sehr dauerhaft. Durch Dämpfen erhält es nicht nur seine bekannte rötliche Färbung, sondern auch dem Nachteil des Werfens, Schwindens und Reissens wird bis zu einem gewissen Grade begegnet. Durch richtige Behandlung kann das Reissen wohl nicht ganz verhindert, mindestens aber vermindert werden. Wird der Trocknungsvorgang langsam und sorgfältig durchgeführt, so können die genannten Nachteile reduziert werden.
Die Markstrahlen sind sehr breit und gut abgegrenzt. Die Poren sind nicht mit blossem Auge sichtbar; dagegen sind die Zuwachszonen durch porenärmeres, dunkles Spätholz als Jahresringe deutlich zu erkennen.
Wird das Holz im Feuchten gelagert, so wird es bald von Insekten und Pilzen befallen.
Es lässt sich sauber bearbeiten, gut drehen, vorzüglich dämpfen, gut beizen und polieren.
Verwendet wird es vor allem in der Möbel- und Bauschreinerei und für die Herstellung von Stühlen, Tischen, Furnieren, Leisten, Kanten, Küchengeräten, Spielwaren, Treppen, Werkbänken, Kisten, Sperrholz und Eisenbahnschwellen (bis 40 Jahre haltbar). Verarbeitet wird es aber auch zu Schälfurnieren, Sperrholzplatten und Pressholz. Dank auch seinem hohen Heizwert wird es als Brennholz sehr geschätzt.
In den letzten Jahren wird es zudem vermehrt für die Gewinnung von Zellulose und für die Herstellung von Kunstfasern herangezogen. Die Qualität des Holzes wird dann heruntergesetzt, wenn es im Innern des Holzkörpers zur Bildung eines falschen Kernes kommt.
Gleichzeitig mit dem Austrieb der Laubblätter erscheinen im Mai an neuen Trieben weibliche und männliche Blütenstände. Die ersteren sind kugelig, gestielt, mehr oder weniger aufrecht und tragen immer 2 Blüten. Diese sind in einem weichstacheligen und am Grunde von Schuppen umhüllten Fruchtbecher – der Cupula – eingeschlossen. Die männlichen Blütenstände sind ebenfalls kugelig, 3–5 cm lang gestielt, vielblütig und stark zottig behaart. Jede der Blüten besitzt ein 5–7 teiliges Perigon und 6–15 Staubblätter, die aus der lang behaarten Blütenhülle herausragen.
Im Herbst enthalten die 20–25 mm langen Früchte je 2 dreikantige, rotbraune und ölreiche Samen. Diese «Buchecker» fallen bis in den Spätherbst aus den Bechern, werden dann von Schweinen gegessen oder von Eichhörnchen, Mäusen oder Eichelhähern eingesammelt und gehortet. Lassen diese Tiere die zu viel eingesammelten Nüsse im Frühling liegen, so leisten sie einen Beitrag zur Verbreitung der Rotbuche.
Aus den spindelförmigen, bis 2 cm langen, rotbraunen, zugespitzten, abstehenden, vielschuppigen und wechselständig angeordneten Knospen entfalten sich im Mai gestielte Laubblätter. Ihre Spreiten sind 5–10 cm lang, im Umriss elliptisch bis breit-eiförmig, kurz zugespitzt, ganzrandig und an der Basis keilförmig verschmälert oder abgerundet. In der Jugend sind sie weichhaarig und am Rand dicht gewimpert.
Von den Buchen werden kalkreiche, frische, lockere, gut durchlüftete Böden und eine relativ hohe Luftfeuchtigkeit bevorzugt. Gemieden werden Unterlagen, welche im Untergrund staunass sind. Da die Bäume gegen Winterkälte, Spätfröste, Dürre und Hitze sehr empfindlich sind, fehlen sie in Gegenden mit kontinentalem Klima, im hohen Norden und in heissen und niederschlagsarmen Regionen. Neben Mitteleuropa, wo sie besonders die Ebenen und die mittleren Höhenlagen der Gebirge besiedeln, fassen sie auch in den südlichen Teilen der skandinavischen Halbinsel, in England und in den höheren Lagen Italiens und Griechenlands Fuss. In der Schweiz ist die Buche im grössten Teil des Mittellandes und in sämtlichen Tälern der Alpennordseite weit verbreitet. In den Alpen kann sie auf der Nordseite bis auf 1500 m ü. M. steigen. In den Zentralalpen fehlt sie meist, so zum Beispiel im Reusstal oberhalb Wassen, im Wallis oberhalb der Klus von St. Maurice und im grössten Teil des Kantons Graubünden.
Obwohl die Buche im alten Griechenland nicht heimisch war, kannte sie Theophrastos bereits unter dem Namen «oxýa». Römischen Autoren war sie als «fagus» bekannt. Macrobius Theodosius rechnet sie zu den glücklichen Bäumen, weil aus dem Holz Opfergeschirr hergestellt werden konnte.
Die Gallier verwendeten die Buchenasche zur Herstellung von Seife.
Eigenartig ist die Tatsache, dass die Buche trotz ihrer grossen Verbreitung im Volksglauben nur eine untergeordnete Rolle spielt. Von den wenigen uns bekannten Beispielen möchte ich einige wenige nennen.
Um das spätere Winterwetter zu ergründen, muss zu Beginn des Monats November mit der Axt in eine Buche gehackt werden. Bleibt die Wunde trocken, so muss mit einem strengen Winter gerechnet werden.
Buchenholz im Neumond gehauen, ist dauerhaft und wird vom Wurm nicht leicht zerfressen. Viele Buchecker im Herbst bedeuten einen strengen und harten Winter oder ein Mäusejahr; daher der Schweizer-Spruch: «Vil Buech, vil Fluech».
Die weite Verbreitung und das häufige Auftreten der Baumart hatten einen grossen Einfluss auf die Namensgebung von Ortschaften, Landschaften, Talschaften, und Gemeinden. So sollen in der Schweiz über 700 geographische Bezeichnungen in ihrem Wort den Ausdruck «Buche» enthalten. Dazu einige Beispiele: «Buchthalen, Bucheggberg, Schönenbuch, Buch a.I. und Buochs».
Nach dem Volksglauben werden die Buchen nur selten vom Blitz getroffen.
Beschriftete Buchenholztafeln, welche zusammengeheftet wurden, haben dem «Buch» seinen Namen gegeben.

203 Buche im Frühling

204 Männliche Blütenstände lang gestielt, reichblütig; weibliche Blütenstände gestielt, mehr kugelig

205 Männlicher Blütenstand mit zahlreichen Blüten

206 Weiblicher Blütenstand (Aufsicht); Narbenlappen gelblichgrün und gebogen

207 Buche im Sommer

208 Laubblätter 5–10 cm lang und wechselständig angeordnet

209 Laubblattoberseite glänzend dunkelgrün, kahl; am Rand anfangs flaumig behaart

210 Laubblattunterseite hell blaugrün und in den Adernwinkeln gebärtet

211 Buche im Herbst

212 Jüngere Fruchtstände mit braunen und weichen Stacheln

213 Samen (= Buchecker) dreikantig, rotbraun und ölreich

214 Gelblichrotes, hartes und schweres Holz

215 Buche im Winter

216 Sehr lange und spindelförmige End- und Seitenknospe

217 Weichstacheliger Fruchtbecher und spindelförmige Seitenknospe

218 Stamm zylindrisch, lang und gerade; Rinde grau-silbrig, glatt und dünn

Gemeine Esche, Gewöhnliche Esche

Fráxinus excélsior L.
Frêne commun
Frassino comune

European ash
Gewone es

Ölbaumgewächse
Oleáceae
Seiten 78, 138, 139

Die meist bis 40 m hohe Esche gehört zu den hochwüchsigen, einheimischen Laubgehölzen. Die Krone junger Bäume ist sehr licht und mit ziemlich steil aufgerichteten Ästen versehen. Bei älteren Bäumen ist sie eiförmig oder kugelig und im Bereich der Kronenspitze am breitesten.
Ein ausgeprägtes Längenwachstum findet bis zum 50. Lebensjahr statt. Mit 100 Jahren ist es meist abgeschlossen; das Dickenwachstum hingegen geht weiter. Ältere Bäume können einen Durchmesser von 1 m aufweisen. Bei günstigen Umweltbedingungen können 200–300 Jahre erreicht werden. Bis ungefähr zum 30. Altersjahr bleibt die grünlichgraue Rinde glatt. Später wird sie zunehmend längsgefeldert und gefurcht und im Alter grau- bis braunschwarz und mit einem deutlichen Leistenwerk überspannt.
In vielen Museen sind Lanzen, Speere und Jagdspiesse ausgestellt. Sie alle wurden aus dem hochelastischen, langfaserigen, bruchsicheren, äusserst biegsamen und harten Eschenholz hergestellt. Noch im Mittelalter pflanzte man deshalb gerne Eschen in der Nähe von Burgen.
Nach dem hellen, breiten, zähen und gut verwendbaren Splint folgt das mit zunehmendem Alter sich immer stärker braun färbende Kernholz. Es ist ringporig, sehr tragfähig, mit geradfaseriger Struktur und im gedämpften Zustand gut biegbar.
Das Raumgewicht des lufttrockenen Schnittholzes beträgt 700–800 kg/m³. Die Trocknung vollzieht sich im allgemeinen gut. Wird es auf technischem Wege getrocknet, empfiehlt es sich, den Trocknungsvorgang nicht zu schnell durchzuführen, da sonst Risse entstehen können.
Heute wird das Holz für Werkzeugstiele, Räder, Skis, Turngeräte, Möbel, Spanplatten und Parkettböden verwendet. Da es sich auch gut beizen lässt, wird es auch vom Möbelschreiner verwendet.
Je nach Wuchsort des Baumes unterscheiden wir zwischen Kalk-, Wasser-, Wald- und Garteneschen. Die ersteren wachsen an trockenen und steinigen Hängen und sind kurzfaserig, spröd und daher wenig brauchbar. Das schwerste und festeste Holz wird durch die Gartenesche geliefert.
Eschen blühen und fruchten erstmals zwischen dem 30. und 40. Altersjahr. Aus halbkugeligen bis kugeligen, vorn zugespitzten, schwarzen und vom Zweig meist etwas abstehenden Seitenknospen brechen noch vor dem Laubaustrieb im April reichblütige Rispen hervor. Die Blüten besitzen weder Kelch- noch Kronblätter, sind windblütig und zwittrig oder eingeschlechtig. Die männlichen Blüten bestehen aus 2 oder 3 Staubblättern mit anfangs purpurroten Staubbeuteln. Weibliche Blüten weisen einen Fruchtknoten, eine 2-lappige Narbe und 2 spatelförmige Staminodien (unfruchtbare Staubblätter) auf. Die Staubblätter öffnen sich erst 2–4 Tage nach der Ausreifung der Narben. Damit wird eine Selbstbestäubung verhindert. In überhängenden Rispen sind die zahlreichen Schliessfrüchte zusammengefasst. Sie sind länglich, schwach gedreht und im jungen Zustand grünlich. Erst im Laufe des Spätherbstes verfärben sie sich braun. Die Ablösung von der Rispe erstreckt sich bis in den Vorfrühling.
Innerhalb des plattenförmigen und länglichen Flugorgans liegt ein längliches, schmales und zugespitztes Nüsschen. Nach der Blütezeit entwickeln sich die unpaarig gefiederten Laubblätter. Die einzelnen Fiederblätter sind oval bis eiförmig, 4–10 cm lang, kurz zugespitzt, ungleich gesägt und unterseits entlang der Adern wollig rotbraun behaart. Die Anordnung der Blätter am Zweig ist kreuzgegenständig.
Nur auf tiefgründigen, frischen bis feuchten und mineralhaltigen Böden in spätfrostfreien, nicht zu warmen und luftfeuchten Lagen ist es der Esche möglich, eine mächtige und kräftige Krone zu entwickeln. Für ihr Wachstum wenig förderlich sind völlig trockene Hänge mit dünner Bodenkrume und mangelndem Grundwasser. Am häufigsten finden wir sie an Ufern, in krautreichen Auen- und Schluchtwäldern und in Laubmischwäldern von der kollinen bis in die montane Stufe.
Das Lichtbedürfnis des Baumes ist gross und entspricht ungefähr demjenigen der Eiche.
In der Forstkultur wird der Baum sehr oft in engerem Schlusse gezogen, um ein möglichst grosses Höhenwachstum zu erzielen.
Im Pulstertal im Tirol werden noch auf 1700 m ü. M. Eschen kultiviert. Ihre Laubblätter werden hier, wie in zahlreichen anderen wiesenarmen Gegenden, als Winterfutter für Ziegen und Schafe benötigt. Damit jedes Jahr auf diese wichtige Nahrung zurückgegriffen werden kann, werden z.B. in südlichen Teilen des Schweizer Kantons Tessin die Eschen auf den Wiesen zerstreut angepflanzt. Alljährlich im Sommer, oder alle 2 Jahre, erfolgt das «Schneiteln» der Bäume. Zum Trocknen der Zweige werden dann trockene Orte wie Scheunen oder Lauben benötigt. Bei andauernd warmer Witterung werden die geschneitelten Zweige direkt am Schneitelbaum aufgehängt. Dieses «Schneiteln» wird aber auch im Graubünden, Wallis, im Reusstal und in zahlreichen Berggebieten der Bundesrepublik und Österreichs durchgeführt.
Die Fütterung mit Eschenlaub scheint sehr alt zu sein. Nach der germanischen Mythologie soll bereits die Ziege Fleidrun am Weltenbaum – der Weltesche Yggdrasil – geweidet haben.
Die Handschrift der älteren Edda, in der 2. Hälfte des 13. Jahrhunderts geschrieben, versammelt isländische Götter- und Heldenlieder, die fast das Einzige sind, was von den religiösen Vorstellungen der Germanen schriftlich überliefert ist. In ihr wird von der Weltenesche Yggdrasil berichtet, deren Wurzeln in den Abgründen der Unterwelt verankert sind und von den Quellen der Weisheit und des Schicksals gespiesen werden, deren Stamm die Erde trägt und deren Krone das Himmelsgewölbe stützt. Mythische Tiere bewohnen den Baum und erfüllen bestimmte Funktionen, die das Leben der Welt erhalten. Über die Brücke des Regenbogens kommen täglich die Götter, um in seinem Schatten Gericht zu halten.
In früheren Jahrhunderten galt das Eschenholz als gutes Heilmittel bei frischen Wunden. Der Saft der Laubblätter galt als Schlangengift und das Destillat von jungen Sprossen sollte Ohrschmerzen und das Zittern der Hände zum Verschwinden bringen.
Im Schweizer Kanton Graubünden, im Bündner Vorderrheintal, werden Zweige am Vigiltag geschnitten (23. Juni). Neun Zweige der Esche bei sich tragend, die am Karfreitag geschnitten und zu Hause in ein Leinentuch gehüllt wurden, sollen, so sagt der Volksglauben, die Gicht vertreiben.
Bei vielen slawischen Völkern ist der Glaube verbreitet, dass die Schlangen den sich immer wieder ändernden Schatten des Baumes fürchten. Ein Wanderer kann sich deshalb getrost unter dem Blätterdach ausstrecken.
Zahlreiche Ortschaften tragen in ihrem Namen das Wort «Esche».
Als Beispiele können Aeschi, Aeschiried, Aeschlen, Franex, Fräschels, Frasnacht, Eschenbach, Eschenz, Eschi, Eschikon und Escholzmatt genannt werden.

219 Esche im Frühling

220 Aufrechte Rispen mit zwittrigen Blüten

221 Verblühte zwittrige Blüten mit jungen Früchten

222 Teil einer männlichen Rispe; Staubbeutel purpurrot

223 Esche im Sommer

224 Laubblätter 20–30 cm lang, unpaarig gefiedert und gegenständig angeordnet

225 Laubblattoberseite dunkelgrün und kahl

226 Laubblattunterseite heller grün und entlang der Adern wollig rotbraun behaart

227 Esche im Herbst

228 Zahlreiche Schliessfrüchte in überhängenden Rispen zusammengefasst

229 Schmaler und dunkelbrauner Same von einem plattenförmigen Flugorgan umgeben

230 Kernholz sich mit zunehmendem Alter bräunlich färbend

231 Esche im Winter

232 Pyramidenförmige, schwarze Endknospen grösser als rundliche Seitenknospen

233 Schwarze Seitenknospe mit vielspuriger Blattnarbe

234 Ältere Borke grau, zerklüftet und mit verflochtenen Rillen

Gemeiner Walnussbaum, Edelnuss

Júglans régia L.
Noyer
Noce comune

Walnut
Walnoot, Okkernoot

Walnussgewächse
Juglandáceae
Seiten 76, 136, 137

Der kräftige, wohlproportionierte Nussbaum, mit seiner im Freistand lockeren, reichbelaubten und rundlichen Krone, erreicht eine maximale Wuchshöhe von 30 m, einen Stammdurchmesser von 1,5 m und ein Höchstalter von 400 Jahren. Mit 60 bis 90 Jahren kann er an geeigneten Standorten bereits eine Höhe von 15–20 m erreichen.
Für ein gutes Gedeihen verlangt der Baum einen lockeren, tiefgründigen, nährstoffreichen und durchlässigen Boden und das milde Klima der Weinbaugebiete. Besonders schön ausgebildete Exemplare finden wir in Mulden, geschützten Talniederungen und an sanft geneigten Hängen.
In der Jugend weisen die Walnussbäume eine glatte und aschgrau bis graubraun gefärbte Rinde auf. Sie wandelt sich im Alter zu einer tiefrissigen und grauen Borke um.
Innerhalb des weisslichen bis grauweissen Splintholzes, das bei jüngeren Bäumen sehr breit sein kann, liegt ein mittelschwerer, grau- bis dunkelbrauner, ziemlich harter, zäher, wenig biegsamer und mit dunklen Streifen durchzogener Kern.
Da das Holz im Trockenen sehr beständig ist, eine wunderschöne Farbe aufweist und zudem immer seltener wird, gehört es zu den gesuchtesten Hölzern. Je nach Klima, Standort und Beschaffenheit des Bodens können Färbung und Struktur sehr stark voneinander abweichen. So unterscheidet sich dasjenige Holz aus Italien von demjenigen aus der Bundesrepublik Deutschland und der Schweiz durch die lebhaftere Struktur und die rötlichere Färbung. Der kaukasische Nussbaum hingegen, der vor dem 2. Weltkrieg bei uns sehr beliebt war, weist eine aufdringliche schwarze Färbung auf. Eines der am schönsten gezeichneten und gefärbten Hölzer stammt aus Frankreich.
Da sich das Holz gut bearbeiten, schleifen und ausgezeichnet polieren lässt, wird es für Wohn- und Schlafzimmermöbel (hier besonders dunkle und geflammte Hölzer), im Innenausbau, Orgel- und Klavierbau, für Drechslerarbeiten, Kunstgegenstände, Schnitzereien und seit alters her als Schaftholz für Armbrüste und Gewehre verwendet.
Aus dem Bereich der Gabeläste, dem unteren Teil des Stammes und den Wurzelknollen werden die wertvollen und mit hervorragenden Zeichnungen versehenen Furniere gemessert. Die Nussbäume werden daher nicht etwa oberhalb des Erdbodens abgesägt, sondern zusammen mit dem Wurzelstock aus der Erde ausgehoben. Die sogenannten Stammkröpfe dienen zur Herstellung der gesuchten Kropffurniere.
Das Raumgewicht des lufttrockenen Schnittholzes beträgt 650–750 kg/m³. Die Trocknung vollzieht sich sehr gut und ohne Gefahr von Rissbildungen.
Die im Frühling noch braun-orange gefärbten Jungblätter sind unpaarig gefiedert, besitzen im Sommer eine Länge von 20–50 cm und duften beim Zerreiben sehr stark aromatisch. Ihre Fiederblätter sind länglich-elliptisch bis länglich-eiförmig, 7–15 cm lang, ganzrandig, zugespitzt und mit Ausnahme des Endfiederblattes sitzend.
Die Blätter – als fólia Juglándis bezeichnet – enthalten unter anderem Walnussgerbsäure und ätherische Öle und werden nach der Volksmedizin gegen Gicht, Eingeweidewürmer und Hautkrankheiten eingesetzt. Ein Absud der Blätter soll angeblich ein gutes Gurgelwasser abgeben, und beim Vieh sollen mit Leinöl vermischte Nussblätter als starkes Abführmittel gelten.
Meist beginnen die Nussbäume mit 15 bis 25 Jahren erstmals zu blühen. Die an vorjährigen Trieben seitlich herunterhängenden männlichen Kätzchen entspringen den Achseln abgefallener Laubblätter. Ihre Blüten weisen eine 6teilige Hülle auf, bestehend aus 4 Perigon- und 2 Vorblättern und 6 bis 30 Staubblättern. Die weiblichen Blütenstände liegen an den Enden neuer Zweige und sind 1- bis 3-, seltener 5blütig. Die Vor- und Perigonblätter sind jeweils mit dem Fruchtknoten verwachsen. Ihre Griffel besitzen nach auswärts gekrümmte und gefranste Narbenschenkel. Im September beginnen die Früchte heranzureifen. Es handelt sich bei ihnen um unvollständige zwei- oder vierfächerige Steinfrüchte, die nach aussen durch eine grüne, glatte, zähfleischige und bei der Reife braun werdende Aussenschale abgeschlossen wird. Darunter liegt die hellbraune, gefurchte, steinharte und mit einer wulstigen Naht versehene Nussschale. In ihrem Innern liegt ein zwei- bis vierlappiger Same mit grossen, dichtfleischigen, gefalteten, ölreichen und wohlschmeckenden Keimblättern.
Beste Erträge liefern Bäume zwischen dem 50. und 100. Lebensjahr. Die grössten Pflanzungen finden wir heute in Frankreich (berühmt sind die Grenoble-Nüsse), Italien, Ungarn und Jugoslawien. Reife Nüsse werden nicht nur von jung und alt als willkommene Zwischenverpflegung hoch geschätzt und bei zahlreichen Speisen als Zusatz beigefügt, sondern dienen auch der Zubereitung von Speiseöl. Dieses wird durch Auspressen der Samen gewonnen, weist eine hellgelbe Färbung auf und ist geruchlos. Auch wird es in der Seifenfabrikation und bei der Herstellung von Ölfarben verwendet.
Die Blätter, Rinde und Fruchtschalen werden getrocknet und unter Zutat von Alaun zum Braunfärben von Holz, Wolle und Haaren verwendet. Der Name Walnuss, entstanden aus Walchnuss, bedeutet «welsche Nuss». Er geht auf die spätlateinische Bezeichnung «nux gallica» – Nuss der Gallier – zurück. Die Gallier, als Bewohner Frankreichs, wurden von den Deutschen im Mittelalter als Walchen oder auch als Welsche bezeichnet.
Der ursprünglich im südwestasiatischen Raum beheimatete Baum war im Altertum dem Jupiter geweiht. Damit dieser Gott der jungen Frau Fruchtbarkeit verleihe, wurden bei der Hochzeit Walnüsse unter die Gäste und Kinder gestreut.
Ausgrabungsfunde aus Kärnten sowie aus oberitalienischen und süddeutschen Pfahlbauten zeigen, dass die Walnuss nicht erst durch die Römer nach Mitteleuropa gebracht wurde. Veredelte Sorten jedoch wurden erst durch die Griechen nach Italien und später durch die Römer zu uns gebracht. Aber erst unter Karl dem Grossen fand der Nussbaum seine grosse Verbreitung in Europa.
Trotz seiner fremden Herkunft nimmt er im Volksglauben eine wesentlich wichtigere Stellung ein als die einheimische Buche. Dies könnte davon herkommen, dass Bräuche vom einheimischen Haselstrauch auf den Nussbaum übertragen wurden. So soll in einzelnen Gebieten Süddeutschlands ein Haselzweig vor dem Blitz schützen. Am Niederrhein zeigt ein Walnusszweig die gleiche Wirkung.
In Oberösterreich warfen heiratsfähige Mädchen Stäbe in die Zweige der Nussbäume. Blieb einer oben, so heiratete die Werferin noch im gleichen Jahr. In der Steiermark wird gesagt, dass bei vielen Nüssen im Herbst im nächsten Jahr viele Knaben geboren werden. Um eine reiche Ernte zu erhalten, soll man nach einem weitverbreiteten Aberglauben in der Neujahrsnacht die Zweige mit einer Stange schlagen. Doch auch verderbliche Einflüsse werden ihm nachgesagt. So soll der Schatten des Baumes gesundheitsschädlich sein. Unter einzelnen Bäumen sollen sich auch Hexen und Teufel treffen.

235 Nussbaum im Frühling

236 Männliche Kätzchen an vorjährigen Trieben

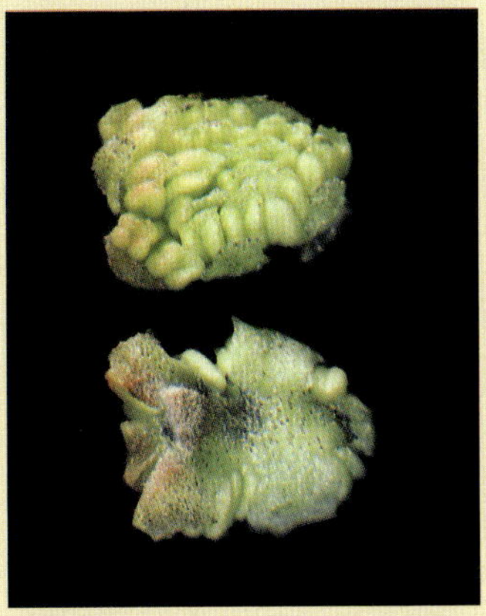

237 Männliche Blüten: oben Vorderseite; unten Rückseite

238 Zwei weibliche Blüten mit federigen Narben

239 Nussbaum im Sommer

240 20–50 cm lange und unpaarig gefiederte Blätter

241 Blattoberseite: Fiederblätter ungleich gross und mittelgrün

242 Unterseite eines jungen Laubblattes

243 Nussbaum im Herbst

244 Grüne Steinfrüchte an neuen Trieben

245 Innerhalb der Fruchtschale hellbraune und verholzte Nuss

246 Braungraues, mit dunklen Streifen durchzogenes Kernholz

247 Nussbaum im Winter

248 Endknospe und zwei männliche Blütenstände

249 Seitenknospen an einem Langtrieb

250 Kurzer Stamm mit hellgrau gefärbter und senkrecht aufgesprungener Borke

Europäische Lärche

Lárix decídua Mill.
Mélèze
Larice comune

European larch
Europese Lork

Föhrengewächse
Pináceae
Seiten 70, 128, 129

Bis 50 m hohe, einen Stammdurchmesser von 1,5 m aufweisende und ein Alter von 600–800 Jahren erreichende Lärchen finden wir besonders in einer sommerwarmen, lufttrockenen, winterkalten und nebelarmen Klimalage auf nährstoffreichen, lehmig-tonigen und gut durchlüfteten, mittel- bis tiefgründigen Böden. Weniger günstig für eine prachtvolle Entwicklung sind Rutschhänge, Lawinenzüge und Felsen in der subalpinen Stufe. Diese Stellen werden aber gleichwohl besiedelt. In Grossstädten angepflanzt, sind die Bäume sehr schlechtwüchsig, weil sie der Belastung durch Rauchgase nicht gewachsen sind.
Ursprünglich finden wir die Lärche nur in den Zentralalpen (hier die Waldgrenze bildend), den östlichen Sudeten, der Tatra und den polnischen Tieflagen. Als wertvolle Holzart ist sie heute aber weit über ihr ursprüngliches Verbreitungsgebiet verbreitet. In der kollinen Stufe wurde sie zum Beispiel bereits im 16. Jahrhundert angepflanzt.
Die im Herbst abfallenden Nadeln führen schon nach kurzer Zeit zu einer Verbesserung des Bodens, was dann den anspruchsvolleren Arten wie Rottanne und Arve die Möglichkeit gibt, sich anzusiedeln. Die Lärche gilt daher als ausgesprochener Pionier.
Der lichtbedürftige Baum besitzt eine schlanke, kegelförmige, regelmässige und ziemlich dicht beastete Krone. Im Alter wird sie dann etwas abgeflachter und lichter. Zwischen den fast quirlig angeordneten Hauptästen liegen fast waagrecht abstehende oder bogig aufsteigende, kleinere Äste. Die jungen Triebe sind strohgelb bis hellbraun, kahl und von Nadelpolstern umgeben. Meist sind sie mässig verzweigt und hängen schlaff herunter. In der Jugend weist der Baum eine glatte und gelbliche Rinde auf. Diese wandelt sich später zu einer bis 10 cm dicken, tiefrissigen, äusserlich graubraunen und innen rötlichvioletten Schuppenborke um. Sie umgibt einen schmalen, hell gelbbraunen Splint und den zähen, harzreichen und braunroten Kern, welcher später stark nachdunkelt.
Von allen einheimischen Nadelbäumen liefert die Lärche das härteste und dauerhafteste Holz. Infolge seines hohen Harzgehaltes ist es wetterfest und daher als Bauholz für den Gruben- und Brückenbau, als Konstruktions- und Ausstattungsholz unübertroffen. Sehr viel verwendet wird es bei der Herstellung von Eisenbahnschwellen, Zaunpfählen, Fensterrahmen, Aussentüren, Treppenstufen und Fussböden. In der chemischen Industrie werden sehr viel Bottiche und Fässer aus Lärchenholz verwendet (unempfindlich gegen Säuren). Aber auch im Innenausbau und für die Möbelfabrikation wird es gerne beigezogen. Industriell wird die Lärche zu Schnittholz und Furnieren verarbeitet. Bei der Arbeit mit diesem Holz können dann Schwierigkeiten auftreten, wenn harte und spröde Äste auftreten.
Die Trocknung des Holzes vollzieht sich gut, aber mit einer mittleren Tendenz zum Reissen und Werfen. Das Raumgewicht des elastischen, zähen und leicht spaltbaren Holzes beträgt 600–750 kg/m^3.
Als männliche Blütenstände haben wir eiförmige bis kugelige, 5–10 mm lange und schwefelgelbe Kätzchen. Sie sind bereits im Winter in vergrösserten Knospen erkennbar. Die Blüten – in grosser Zahl vorhanden und schraubig angeordnet – weisen Staubblätter auf, die aus einem kurzen Stiel, einem schuppenförmig aufgebogenen Ende und unterseits 2 Pollensäcken aufgebaut sind.
An meist 3-jährigen, stets benadelten Kurztrieben stehen die aufrechten, 10–25 mm langen und lebhaft dunkelrot gefärbten weiblichen Blütenstände. Sie bestehen aus spiralig angeordneten Deckschuppen und den vorerst noch kleinen und gelblichen Samen- oder Fruchtschuppen, die je 2 Samenanlagen tragen. Bei der Umwandlung des Blütenstandes zum Zapfen wachsen diese Samenschuppen stark heran und bilden später die rundlichen, locker aneinanderliegenden, nicht auffällig umgerollten und mit feinen Streifenmustern versehenen Zapfenschuppen. Im Gegensatz dazu bleiben die Deckschuppen in ihrem Wachstum zurück und sind später beim reifen Zapfen nur noch am Grunde der Fruchtschuppen sichtbar.
Die dreieckigen, hellbraunen und 3–4,5 mm langen Samen sind mit einem 5–6 mm breiten Flügel ausgerüstet und reifen im September oder Oktober des 1. Jahres. Bis zum nächsten Frühling fallen sie aus den Zapfen. Die Samenruhe beträgt ungefähr 4–5 Wochen, die Keimfähigkeit 4–5 Jahre. Erst nach 5–10 Jahren fallen die Zapfen zusammen mit den dürren Zweigen ab.
An den 2- oder mehrjährigen Zweigen stehen die Nadeln zu 30–40 gebüschelt in Kurztrieben; bei den neuen Langtrieben sind sie einzeln und spiralig angeordnet. Die einzelnen Nadeln sind lineal, 1,5–3 cm lang, weich, abgeflacht, stumpf oder kurz zugespitzt, färben sich im Herbst goldgelb und fallen vor Wintereinbruch ab.
Dem grossen, kräftigen, aber gleichwohl anmutigen Baum wurden früher schützende Kräfte zugeschrieben. So wurden zum Beispiel in verschiedenen Gegenden der BRD am 30. April Türen und Fenster mit Lärchenzweigen geschmückt. Diese «Hexenrüttel» dienten zur Abwehr von Hexen.
Bei den Südslaven wurden den Kindern Stücke von Lärchenrinde um den Hals gehängt. Angeblich sollten diese vor «den bösen Blicken» schützen. Im Tirol wurde ein «ausgezeichnetes» Mittel gegen Zahnschmerzen gefunden: Der schmerzende Zahn wird herausgezogen und auf der Schattenseite eines Lärchenstammes vergraben. Für immer werden die Zahnschmerzen verschwinden.
Von den Römern wird seit der Zeit des Kaisers Augustus die europäische Lärche als «Larix» – einem Wort der gallischen Alpenbevölkerung – bezeichnet. Diese gallisch-lateinische Bezeichnung lebt im italienischen «Larice», im französisch-mundartlichen «Larze» und im rätoromanischen «Larsch» weiter.
Die Ortschaften Laret (GR) und Latsch (GR) führen einen von der lateinischen Bezeichnung «Larix» abgeleiteten Namen.

Apfelbaum

Málus sylvéstris ssp doméstica (Borkh.) Mansf.
Pommier

Melo
Apple-tree
Appel

Rosengewächse
Rosáceae
Seiten 112, 196, 197

Sparrig abstehende Äste und Zweige und eine dicht belaubte und breite Krone kennzeichnen die äussere Erscheinung des maximal 10 m hoch werdenden Apfelbaumes.
In seiner Jugend besitzt er eine hellgraue und glatte Rinde. Im Alter verwandelt sie sich in eine graubraune und in dünnen Plättchen abblätternde

251 Lärche im Frühling

252 Männliche Blütenstände kugelig, gelb und abwärts gerichtet

253 Weibliche Blütenstände (Zäpfchen) aufrecht und dunkelrot

254 Seitenansicht eines gestielten, männlichen Blütenstandes

255 Lärche im Sommer

256 Nadeln an Kurztrieben büschelig; an Langtrieben einzeln angeordnet

257 Alter (braun) und neuer Zweigabschnitt mit büscheligen und einzeln stehenden Nadeln

258 Nadeln, 1,5–3 cm lang, schmal-lineal, weich, abgeflacht und stumpf oder kurz zugespitzt

259 Lärche im Herbst

260 Zapfen 2–4 cm lang, dick und graubraun

261 Samen dreieckig, hellbraun und von einem Flügel umgeben

262 Unter dem gelben Splintholz liegt ein zähes, harzreiches und braunrotes Kernholz

263 Lärche im Winter

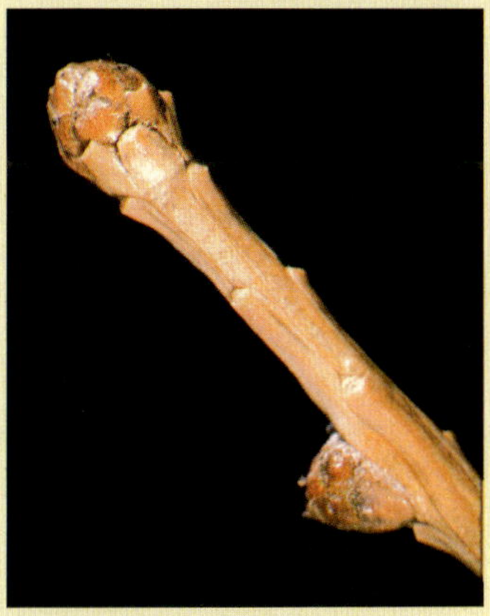

264 Halbkugelige bis kegelförmige und braune End- und Seitenknospe

265 Jüngerer Baum mit mittel tiefrissiger, braunroter Borke

266 Alter Baum mit dicker, tiefrissiger und äusserlich graubrauner Borke

Borke. Das darunterliegende Holz besteht aus einem breiten hellrötlichen Splint und einem braunroten, sehr harten, mittelschweren (700–850 kg/m^3 Raumgewicht des lufttrockenen Schnittholzes) und sehr wertvollen Kern. Sein Holz ist hart, dicht, schwer spaltbar, oft drehwüchsig, stark schwindend und bei Einfluss der Feuchtigkeit wenig dauerhaft. Auch trocknet es langsam und neigt zum Reissen und Werfen. Die Jahrringe sind durch wellige Spätholzlinien erkennbar. Da es sich gut bearbeiten, drehen, messern, schnitzen, polieren und beizen lässt, wird es für Spielzeuge, Weberschiffchen, Holzschrauben und als Furnier für den Möbelbau verwendet.

Zusammen mit den Laubblättern erscheinen im Mai oder Juni an den Enden von Kurztrieben aufrechte Dolden. Ihre zwittrigen Blüten besitzen einen 1–3 cm langen und dicht filzig behaarten Stiel. Die Kelchbecher mit ihren je 5 Kelchblattzipfeln sind grünlich bis bräunlich gefärbt und ebenfalls filzig behaart. Zwischen ihnen liegen die verkehrt-eiförmigen bis rundlichen, deutlich genagelten, bis 25 mm langen, innen weissen und aussen rosa überlaufenen Kronblätter. Die 10–20 Staubblätter mit ihren gelben Staubbeuteln umgeben einen unterständigen Fruchtknoten. Dieser ist fein behaart und weist 5 nur am Grunde oder bis zur Mitte verwachsene Griffel auf. Bei der Fruchtentwicklung bildet sich aus ihm das pergamentartige Gehäuse. Bei der rundlichen und grün, gelb oder rötlichen Apfelfrucht – einer Scheinfrucht – wird das Fruchtfleisch vor allem durch die Blütenachse gebildet.

Die wechselständig angeordneten Blätter sind breit-elliptisch bis eiförmig geformt und gestielt. Ihre Blattspreiten weisen einen fein gekerbten oder gesägten Rand und bogig nach oben verlaufende Seitenadern auf.

In der kollinen Stufe auf frischen, nährstoff- und kalkreichen Böden und in sonniger Lage tragen Apfelbäume reichlich Früchte. Gebiete mit Spätfrösten sind für den Anbau wenig geeignet.

Im Gegensatz zu den Griechen, die nur wenige Apfelsorten kannten, war die römische Apfelkultur mit ungefähr 29 Sorten bereits sehr reich. Aber auch das Pfropfen und die Herstellung von Obstwein war unseren südlichen Nachbarn nicht unbekannt. In Mittel- und Nordeuropa lässt sich die Kultur des Apfelbaumes bis in die Steinzeit verfolgen. Doch viele bei uns heute bekannten Sorten stammen nicht etwa von den Bäumen der Pfahlbauern ab, sondern wurden, wie viele andere Obstsorten, durch die Römer gebracht.

Die mythologische Bedeutung des Apfels ist dadurch verdunkelt, dass in der Überlieferung des griechischen Wortes für «Apfel» auch die Früchte der Quitte und des Granatapfelbaumes eingeschlossen waren. Entsprechend schwankt die Deutung des «goldenen Apfels», der im Parisurteil grosse Bedeutung erlangt hat. Hier soll Eris bei der Hochzeit des Peleus und der Thetis einen Apfel mit der Aufschrift «Der Schönsten» unter die drei anwesenden Göttinnen Hera, Athene und Aphrodite geworfen haben. Da jede diesen Apfel für sich beanspruchte, begann ein wilder Streit. Eine Einigung wurde vorerst nicht erzielt. Um doch noch zu einer Lösung zu kommen, wurde Paris als Schiedsrichter auserwählt. Jede der Göttinnen versprach dem jungen Mann wertvolle Gaben. Schlussendlich entschied sich Paris für Aphrodite, die ihm Helena versprochen hatte. Die Frucht wird damit zum Symbol der Liebe. In der Antike galt zum Beispiel das Zuwerfen eines Apfels als Liebeszeichen. Um die Liebe der Auserwählten zu erhalten, wurden auch geheimnisvolle Buchstaben auf einen Apfel geschrieben und dieser der Angebeteten zum Essen gereicht.

Die «Goldenen Äpfel der Hesperiden», die Gaia als Hochzeitsgeschenk für Hera hatte aufspriessen lassen, müssen wahrscheinlich als Quitten gedeutet werden. Diese Früchte hatten die Kraft, die Unsterblichkeit abzugeben. Sie wurden durch die Hesperiden und dem Drachen Ladon bewacht. Herakles, der beliebteste Held der Griechen und Prototyp männlicher Kraft, holte sich die Früchte, indem er in den Garten eindrang und den hundertköpfigen Drachen tötete.

Der Apfel ist aber auch Sinnbild der Fruchtbarkeit und des Lebens. Um Nachkommen zu erhalten, mussten nach den Solonischen Gesetzen die Braut und der Bräutigam einen Apfel verzehren. In der germanischen Mythologie erfolgte die Zeugung Wölsungs durch einen von Odin vermittelten Apfel. In der nordischen Sage haben die goldenen Äpfel der Idun und die 11 Goldäpfel, mit denen Freyr um Gerd wirbt, eine deutliche Beziehung zur Fruchtbarkeits- und Liebessymbolik. Die Motive sind hier möglicherweise den antiken Hesperidenäpfeln und dem biblischen Lebensbaum nachgebildet.

Entsprechend seiner Bedeutung als Fruchtbarkeitssymbol erscheint der Apfel bei allen germanischen Völkern in Hochzeitsbräuchen. So wird zum Beispiel aus den Figuren, welche die Schalen des beim Hochzeitsmahle von den Brautleuten geschälten Apfels bildet, das Schicksal geweissagt. In der Bundesrepublik war der Brauch verbreitet, an Weihnachten, Silvester oder Neujahr einen Apfel so zu schälen, dass die Schale nicht abriss. Dann wurde sie gesamthaft über die Schulter geworfen. Aus der Figur der am Boden liegenden Schale konnte so der Anfangsbuchstabe des «Zukünftigen» herausgelesen werden. Dieser Brauch soll aber auch in Frankreich, England und in den USA bekannt gewesen sein. In England beschreibt das Mädchen drei Äpfel mit Namen und legt sie unter das Kopfkissen. Erwacht das Mädchen in der Nacht, so ergreift es einen der Äpfel und isst ihn. Derjenige, dessen Namen auf dem verzehrten Apfel stand, wird das Mädchen heiraten.

Wie so viele Symbole, ist auch der Apfel ambivalent. Erinnert sei dabei an den Sündenfall, an Persephone, Schneewittchen, den Apfelschuss Tells und an den Reichsapfel. Im Sündenfall war die Schlange Prüfstein, an dem das Urelternpaar strauchelte. Nachdem sie sich verbotenerweise die Früchte des Baumes der Erkenntnis angeeignet hatten, war ihnen der Zutritt zum Lebensbaum und damit zur Unsterblichkeit verwehrt. Der Apfel wird somit zum Symbol der Erkenntnis und der Sünde. Persephone wurde von Hades als Braut in die Unterwelt entführt. Als Hermes sie zurückholte, gab Hades der scheidenden Gemahlin einen Apfel zu essen. Mit diesem wurde sie für immer an die Unterwelt gefesselt. Im Märchen «Schneewittchen» birgt der Apfel den Tod, im Apfelschuss wird die Frucht zum Symbol der Hoffnung und der Freiheit und beim Reichsapfel der deutschen Kaiser – einer Goldschmiedearbeit – wurde die Macht und die Herrschaft symbolisiert.

Ortsnamen: «Affeltrangen,» «Affoltern» (= bei den Bäumen) am Albis.

Einkehr

Ludwig Uhland

Bei einem Wirte wundermild,
da war ich jüngst zu Gaste;
Ein goldner Apfel war sein Schild
An einem langen Aste.

Es war der gute Apfelbaum,
Bei dem ich eingekehret;
Mit süsser Kost und frischem Schaum
Hat er mich wohl genähret.

Es kamen in sein grünes Haus
Viel leichtbeschwingte Gäste;
Sie sprangen frei und hielten Schmaus
Und sangen auf das beste.

Ich fand ein Bett zu süsser Ruh
Auf weichen, grünen Matten;
Der Wirt, er deckte selbst mich zu
Mit seinem kühlen Schatten.

Nun fragt ich nach der Schuldigkeit,
Da schüttelt' er den Wipfel.
Gesegnet sei er allezeit
Von der Wurzel bis zum Gipfel!

267 Apfelbaum im Frühling

268 Blüten zu mehreren in aufrechten Doldentrauben

269 Aufsicht auf Einzelblüte

270 Längsschnitt durch Apfelblüte: Fruchtknoten, 5 Griffel (unten verwachsen) und Staubblätter

271 Apfelbaum im Sommer

272 Laubblätter 5–9 cm lang und wechselständig angeordnet

273 Laubblattoberseite dunkelgrün, oft etwas gewellt und kahl

274 Laubblattunterseite hell graugrün und anfangs stark filzig

275 Apfelbaum im Herbst

276 Apfelfrüchte

277 Apfelfrucht

278 Kernholz braunrot, sehr hart, schwer und wertvoll

279 Apfelbaum im Winter

280 Endknospe ei- bis kegelförmig und Seitenknospen überragend

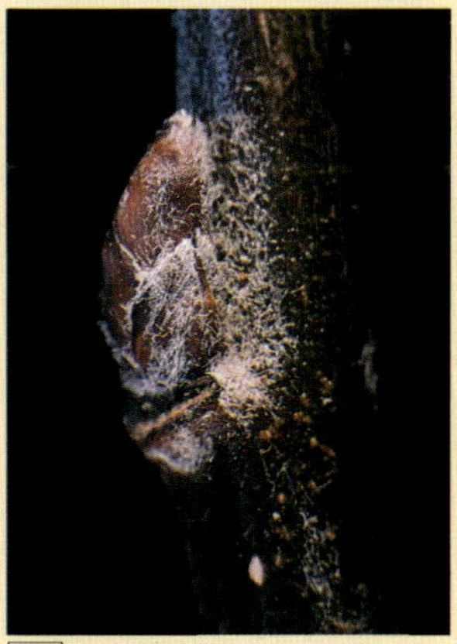
281 Seitenknospe schmaleiförmig und dem Zweig meist anliegend

282 Älterer Baum mit graubrauner, in dünnen Platten abblätternder Borke

Silberpappel, Weisspappel

Pópulus alba L.
Peuplier blanc
Pioppo bianco

White poplar
Witte abeel

Weidengewächse
Salicáceae
Seiten 86, 152, 153

Die durchschnittliche Wuchshöhe des stattlichen Baumes, mit seiner zu Beginn kegelförmigen-, später breit rundlichen, kräftigen und reichbelaubten Krone, beträgt 25-35 m. Bei günstigen Bedingungen erreicht er einen Umfang von 1,5 m und ein Alter von 300-400 Jahren.

Seine in der Jugend weisslich grau bis graugrüne Rinde wandelt sich im Alter zu einer rauhen, dunkelgrauen, rissigen, tief gefurchten und der Länge nach aufgesprungenen Borke um. Darunter liegt ein breiter Splint und ein gleichmässig gebautes und sich wenig verziehendes, rötlich- bis braungelbes Kernholz. Dem raschen Wachstum entsprechend, sind die Jahrringe sehr breit. Die Poren sind fein bis mittelgross und wie die feinen Markstrahlen dem blossen Auge verborgen. Das sehr leichte Holz (Raumgewicht des lufttrockenen Schnittholzes beträgt 400-500 kg/m^3) besitzt eine matte und etwas sandige Oberfläche. Es schwindet und wirft kaum, ist sehr weich, zäh, elastisch und weder druck- noch biegefest.

Wir können es gut bearbeiten, leimen, beizen, aber schlecht polieren. Frisch geschnitten hat dieses Holz einen säuerlichen Geruch. Der bedeutendste Verbraucher der Pappelhölzer ist die Sperrholzindustrie. Die aus ihm hergestellten Sperrholz- und Tischlerplatten sind leicht und bleiben ruhig.

Weiterhin wird dieses Holz für Kisten, Spankörbe, Schindeln, Zündhölzer, Zeichnungsbretter, Holzwolle, als Blindholz, in der Holzschnitzlerei und in der Zellulosefabrikation verwendet. Sein Heizwert ist sehr gering.

Da die Pappeln schon mit 30-40 Jahren eine Höhe von 20 m erreichen, und damit in kurzer Zeit grosse Erträge liefern, nimmt ihre volkswirtschaftliche Bedeutung immer mehr zu. In ihrer Massenleistung übertreffen vor allem die Schwarz- und Silberpappeln, sowie zahlreiche Pappelbastarde alle anderen Baumarten. Wir müssen uns daher nicht wundern, wenn vielerorts Pappelvereine gegründet werden, die sich der wissenschaftlichen Erforschung, der Zucht und dem Anbau der Pappeln widmen.

Für ein gutes Gedeihen benötigen Silberpappeln nährstoffreiche, tiefgründige, lockere, feuchte, sandige bis lehmige oder sandig-humose und kalkhaltige Böden, die einen hochstehenden Grundwasserspiegel aufweisen. Diese Baumart gehört deshalb zu den wichtigsten Gehölzen der Weichholzauen und der Ufergebüsche. Auf trockenen und mageren Böden zeigen Silberpappeln ein krüppelhaftes und oft strauchförmiges Aussehen. Sie verträgt aber von allen hier wachsenden Pappeln am besten die Trockenheit.

Der erst im Mittelalter aus dem Süden zugewanderte Baum ist ein typischer Vertreter der kollinen Stufe. Er kann aber auch bis 1500 m. ü. M. hinaufsteigen. Wir finden ihn nicht nur entlang der grossen Flüsse, sondern immer mehr als Zierbaum in Parkanlagen und bei Strassen. Dank ihrer wollig-filzig behaarten Blätter sind die Bäume befähigt, grosse Mengen von Luftstaub zu binden und damit zur Luftreinhaltung in den Städten beizutragen. Der in den zahlreichen Haaren gebundene Staub wird bei starken Niederschlägen weitgehend abgewaschen. Bei mässiger Verstaubung nimmt daher der Baum keinen Schaden.

Noch vor dem Laubaustrieb erscheinen im März oder April aus kugeligen, kurz zugespitzten und sehr grossen Knospen an den einen Bäumen männliche-, an anderen weibliche Blütenstände (= zweihäusiger oder diözischer Baum.

Die männlichen Kätzchen sind 3-7 cm lang, bis 1,5 cm dick, dichtblütig, zuerst schmal-eiförmig und abstehend, später schmal zylindrisch und hängend. Jede Blüte besitzt ein gezähntes und zottig behaartes Tragblatt und zahlreiche, zuerst hellpurpurne, später gelbe Staubblätter, deren Staubbeutel zuerst hellpurpurn-, später gelb sind.

Die weiblichen Blüten sind ebenfalls in ebenso lange und grünlich-gelbe Kätzchen zusammengefasst. Die Tragblätter sind unregelmässig gezähnt und zottig behaart. Der Fruchtknoten weist eine grüne Farbe auf, ist kurz gestielt, kegelförmig und länglich. Die beiden Narben sind jeweils gelbgrün.

Nach der Blütezeit entfalten sich aus spitz-eiförmigen bis kegelförmigen End- und Seitenknospen weissliche und beiderseits wollig-filzig behaarte Laubblätter. Später weisen sie eine Länge von 5-12 cm auf, sind im Umriss oval oder 3-5 lappig, besitzen einen 2-4 cm langen Stiel und sind an der Spreitenbasis abgerundet, leicht herzförmig oder gestutzt. Die Oberseite wird glänzend dunkelgrün und verkahlt; die Unterseite bleibt dicht weissfilzig.

In der griechischen Mythologie wird der Baum nicht nur oft erwähnt, sondern sogar einem Gott - Hades, dem Gott des Totenreiches - geweiht. Der Baum verdankt seine Entstehung der Liebe des Hades zur schönen Tochter des Meeresgottes Okeanos, Leuke. Nachdem diese gestorben war, liess Hades, um die Tote zu ehren, in den elysischen Gefilden, wo sich die Seelen der Abgeschiedenen aufhalten, die Pappel wachsen und hielt sie für heilig. Heilig war sie auch der Gattin des Hades, Persephone. Als Standort wurde im Totenreich das Ufer des «Sees der Erinnerung» gewählt. Da man damals überzeugt war, dass die Silberpappel in der Unterwelt wächst, wurde sie sehr oft bei Friedhöfen und bei Denkmälern angepflanzt.

Nach einer andern Sage erstarrten die Heliaden, die Töchter des Sonnengottes Helios, in der Trauer um ihren von Zeus erschlagenen Bruder Phaëton und wurden zu Pappeln (Vergil, Aeneis 10, 190; Ovid, Epistulae ex Ponto 1, 2, 33f.). - Die Pappel wird auch im Zusammenhang mit dem Dionysos-Kult erwähnt. (Dionysos ist der Gott des Weines und der zeugenden Naturkraft.) Wer in diesen Kult eingeweiht war, bekränzte sich mit Pappellaub. Denn Dionysos ist, wie Hades, ein chthonischer Gott. Die chthonischen Götter (es sind die Erdgötter) beherrschen Tod und Leben - Hades regiert im Reich der Toten, und in Dionysos nimmt das drängende Leben Gestalt an. Die Pappel steht also zu Leben und Tod in Beziehung.

In einer anderen Sage wird erzählt, wie Herakles (beliebtester Held der Griechen) mit einem Kranz aus Weisspappelzweigen aus der Unterwelt zurückkehrte. Die Silberpappel galt als sein Lieblingsbaum. Auf ihn wurde dann der Brauch in Olympia zurückgeführt, die Zweige zu Siegerkränzen zu verwenden. Auf einem von Herakles dem Zeus gestifteten Altar wurde nur das Holz der Silberpappel verbrannt. Die Verbrennung des Pappelholzes, wie die Herstellung der Siegerkränze aus Silberpappelzweigen, am Feste der Helia zu Ehren des Helios auf Rhodos, ging offenbar von der Silberseite des Blattes aus. Weil die Silberpappel bei uns erst im Mittelalter ansässig geworden ist, finden wir in der germanischen Mythologie keine Angaben über diesen Baum. Auch später in Sagen und im Volksglauben tritt sie nur selten auf. Vielfach steckt man übel beleumdeten Mädchen am 1. Mai Pappelzweige als «Schandmai» vor die Tür und Fenster. Wurde die Pappel vielleicht deswegen gewählt, weil nach dem Volksglauben der Saft aus den Blätter der Silberpappel die Frauen unfruchtbar machen sollte (Aus Albertus Magnus, De Vegetabilibus 6, 185)?

283 Silberpappel im Frühling

284 Dichtblütige, schmal-zylindrische 3–7 cm lange und hängende männliche Kätzchen

285 Junge, noch schmal-eiförmige, männliche Kätzchen

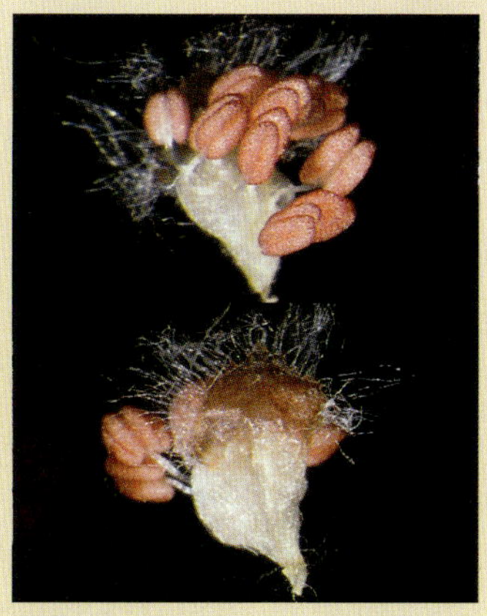

286 Männliche Blüten: oben Vorderseite, unten Rückseite

287 Silberpappel im Sommer

288 Laubblätter 5–12 cm lang, gelappt oder buchtig gezähnt und wechselständig angeordnet

289 Laubblattoberseite glänzend dunkelgrün und verkahlend

290 Laubblattunterseite bleibend dicht weissfilzig

291 Silberpappel im Herbst

292 Rundliches Herbstblatt

293 Unbehandeltes Holz: Weissliches Splintholz (rechts) und rötlichbraunes Kernholz (links)

294 Mit Leinöl behandeltes Holz: Splint hell (rechts); Kernholz dunkler rötlichbraun

295 Silberpappel im Winter

296 Breit-eiförmige bis kugelige Blütenknospen und spitz-eiförmige Blattknospe

297 Kegelförmige Seitenknospe an Kurztrieb

298 Anfangs glatte grau-grünliche Rinde; Borke später schwarz und rissig

Pyramidenpappel, italienische Pappel

Pópulus nigra var. itálica Muenchh.
Peuplier de Lombardie
Pioppo cipressino

Lombardy poplar
Italiaanse populier

Weidengewächse
Salicáceae
Seiten 107, 188, 189

Die über 30 m Höhe und mehr als 1 m Durchmesser erreichende italienische Pappel, mit ihren straff aufrechten Ästen, besitzt eine schmal pyramidenförmige oder verlängert walzenförmige Krone. Diese misst auch bei Bäumen, die mehrere hundert Jahre alt sind, höchstens 2 m in der Breite.
Der Baum ist eine besondere Wuchsform der Schwarzpappel. Unterhalb der dicken, aufgesprungenen, mit starken Rippen versehenen und dunkel ocker-beigen Borke liegt ein ziemlich weisses bis gelblichweisses Splint – und ein graugelbes bis hellbräunliches Kernholz. Die Jahrringe sind meist sehr breit und durch dunkle Spätholzlinien sehr gut erkennbar. Das leichte Holz ist grobfaserig, sehr weich, schwammig, leicht spaltbar und leicht ((Raumgewicht des lufttrockenen Schnittholzes beträgt 400–550 kg/m³). Es schwindet wenig und ist auch im trockenen Zustand nicht dauerhaft. Verwendet wird dieses Pappelholz vor allem für Kisten, Trockenfässer, als Blindholz und in der Zündholz- und Zelluloseindustrie. Aber auch Holzschuhe werden aus ihm hergestellt. Im Schweizer Kanton Tessin sind es vor allem die Zoccoli.
Bei den zweihäusigen Pappeln erscheinen im März oder zu Beginn des Monates April aus braunen und breitkegelförmigen Knospen bei den einen Bäumen männliche-, bei den anderen weibliche Kätzchen.
Die männlichen Blütenstände sind bis 7 cm lang, 0,4–0,8 cm breit, dichtblütig und hängend. Ihre Blüten besitzen ein dreieckig geformtes, handförmig zerschlitztes und kahles Tragblatt und 12–30 Staubblätter mit rotgefärbten Staubbeuteln. Nach dem Verstäuben sind diese violett oder schwarz.
Die weiblichen Bäume, die bei uns nur selten anzutreffen sind, weisen 12 cm lange, vielblütige und hängende Kätzchen auf. Ihre Blüten besitzen je einen an einem zerschlitzten Tragblatt liegenden, zweiblättrigen Fruchtknoten und einen schief abgeschnittenen Drüsenbecher. Bei der Reife öffnet sich der Fruchtknoten mit 2 Klappen und entlässt sehr kleine Samen. Da sie mit einem Haarschopf ausgerüstet sind, können sie vom Wind sehr weit von der Mutterpflanze weggetragen werden.
Erst nach der Blütezeit entfalten sich die Blätter. Zuerst sind sie rötlich-hellgrün; später färben sie sich oberseits dunkelgrün und unterseits graugrün. Beide Seiten sind von Anfang an kahl. Ausgewachsen sind sie 4–8 cm lang, an der Spreitenbasis breit keilförmig, am Rand buchtig gesägt/gezähnt und mit einem 1–3 cm langen und oft rötlich angelaufenen Stiel versehen.
Häufig angepflanzt wird diese Baumart unter anderem an Flussufern zur Bestockung der Uferböschung, bei Bauernhöfen als Schirmbaum gegen Blitzschlag, an Landstrassen reihenweise als Windschutzstreifen und bei Kapellen und Häusern als Zierbaum.
Die hauptsächlich in der kollinen Stufe verbreitete Pappel steigt nur selten in die montane Stufe hinauf. Ist dies gleichwohl der Fall, so tritt sie dort meist nur in Buschform auf.
Bei idealen Bodenverhältnissen – auf frischen, humusreichen Böden – erreicht die italienische Pappel schon nach 40 bis 50 Jahren eine Höhe von 20 bis 25 Metern. Wird ihr aber durch Regulierung der Wasserläuíe die Bodenfeuchtigkeit entzogen, so stellt sie nicht nur ihr Wachstum ein, sondern fängt an zu kränkeln, was durch das Dürrwerden der obersten Äste oder des Wipfels angezeigt wird. Gegen Frost und Kälte ist sie viel empfindlicher als die Schwarzpappel. Vom Sturm wird sie leicht niedergeschlagen.
Erst am Ende des 17. Jahrhunderts wanderte diese Pappelart aus Persien ins Mittelmeergebiet ein. In Mitteleuropa ist sie aber erst spät erschienen. 1740 soll ein aus der Lombardei stammender Baum männlichen Geschlechtes in einen Park bei Wörlitz bei Dessau gepflanzt worden sein. Viele der in Mittel- und Ostdeutschland kultivierten Bäume sollen von diesem Baum abstammen. Weibliche Exemplare sind erstmals 1859 bei Karlsruhe und Wien und dann 1870 in Frankfurt a.O. festgestellt worden.
Die italienischen Pappeln in Frankreich, dem Elsass und der Westschweiz dürften französischer Herkunft sein, weil Napoleon I. sie liebte und längs seiner Heerstrassen hat pflanzen lassen.
Auch diese Pappelart tritt aus oben genannten Gründen in der germanischen Mythologie nicht auf. Aber auch in Sagen und im Volksglauben des 18. und 19. Jahrhunderts ist sie nur selten zu finden.
So soll z.B. die Salbe, aus Pappelknospen zubereitet, das Haar lang wachsen lassen. Dies veranlasste früher viele Mädchen dazu, ein Loch in eine Pappel zu bohren, einige ihrer Haare hineinzustecken und diese dann mit einem mit der Salbe bestrichenen Keil zu verspunden. Sie glaubten daran, weil der Baum schnell wächst, würden auch die Haare schneller wachsen.
Zum Abschluss der «Pappel-Reihe» soll noch ein Hinweis auf die Herkunft des Wortes «Pappel» gegeben werden. Dieses stammt vom lateinischen «populus» ab, was Volk heisst. Der Sage nach haben die Römer der Pappel (allerdings der Zitterpappel) deshalb den Namen «populus» gegeben, weil deren Blätter, wie das Volk, sich im Zustand fortwährender Erregung befindet.
Dass nicht unbedingt alle gut auf diese Pappel zu sprechen sind, zeigt das Gedicht von Friedrich Rückert:

Da stehn sie am Wege nun,
Die langen Müssiggänger,
Und haben weiter nichts zu tun
Und werden immer länger.

Da stehn sie mit dem steifen Hals,
Die ungeschlachten Pappeln,
Und wissen nichts zu machen als
Mit ihren Blättern zappeln.

Sie tragen nicht, sie schatten nicht
Und rauben wo wir wallen,
Uns nur der Landschaft Angesicht
Wem könnten sie gefallen?

Die Allee

Ich liebe die graden Alleen
mit ihrer stolzen Flucht,
Ich meine, sie münden zu sehen
in blauer Himmelsbucht.

Ich bin sie im Flug zu Ende
und land' in der Ewigkeit.
Wie eine leise Legende
verklingt in mir die Zeit.

Mein Flügel atmet Weiten,
die Menschenkraft nicht kennt:
Gross aus Unendlichkeiten
flammt fruchtbar das Firmament.

Christian Morgenstern

Pappeln

Pappeln, belaubte Phallen
am Weg Napoleons.
Gloire im Blätterschatten,
im Winde das Umsonst.

Die Pappelstrassen zielen
geheim nach Helena;
den Rausch wie einst zu fühlen,
blieb ihre Zeugung da.

Verweht das Blätterschauern,
der Ruhm des Vogellieds, –
was war, will nimmer dauern
und immerdar geschiehts.

Günter Eich

299 Italienische Pappel im Frühling

300 Männliches Kätzchen bis 7 cm lang, dichtblütig und hängend

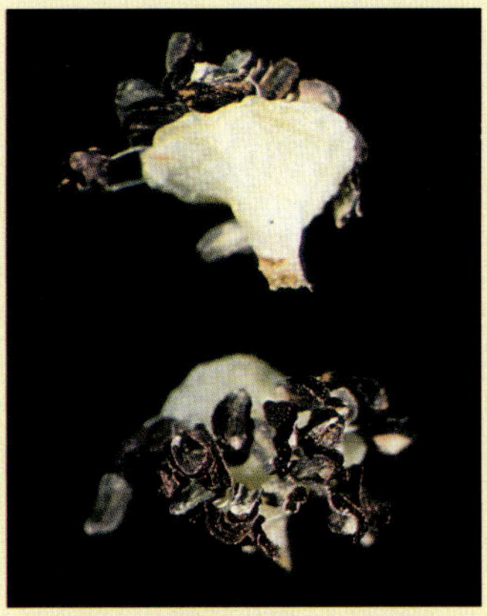

301 Männliche Blüten: oben Rückseite, unten Vorderseite

302 Blütentragblatt stark handförmig zerschlitzt

303 Italienische Pappel im Sommer

304 Laubblätter 4–8 cm lang, im Umriss rautenförmig und wechselständig angeordnet

305 Laubblattoberseite dunkelgrün und kahl

306 Laubblattunterseite graugrün und kahl

307 Italienische Pappel im Herbst

308 Rautenförmiges Herbstblatt

309 Mit Leinöl behandeltes Pappelholz

310 Junger Baum mit ockerbeiger, nur wenig tiefrissiger Borke

311 Italienische Pappel im Winter

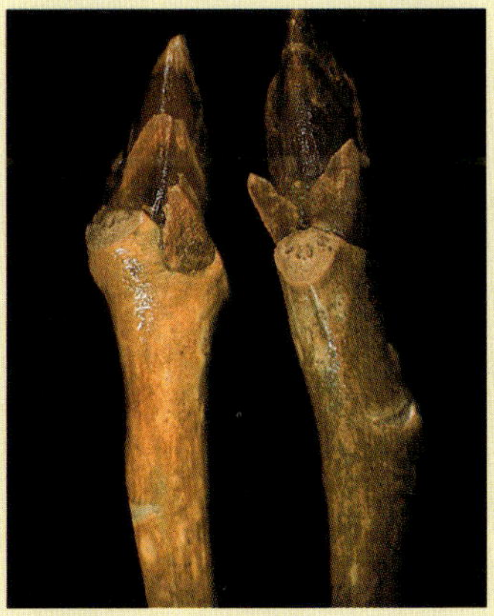

312 Schmal-kegelförmige Endknospen; Blattnarbe dreispurig

313 Schmal-eiförmige, zugespitzte und anliegende Seitenknospe an einem Langtrieb

314 Älterer Baum mit dicker, aufgesprungener und grauer Borke

Birnbaum

Pyrus commūnis var. satīva L.
Poirier
Pero

Pear-tree
Peer

Rosengewächse
Rosáceae
Seiten 112, 196, 197

Der im Freistand ungefähr 20 m erreichende Birnbaum weist einen geraden, schlanken Stamm mit einer mässig ausgebreiteten, pyramidenförmigen, vorwiegend von aufgerichteten Ästen gebildeten Krone auf. Seine hellgraue bis schwarzgraue Borke wird durch scharfe Quer- und Längsrisse nahezu würfelförmig gefeldert. Alle freistehenden Bäume liefern kleinfrüchtige und früh reifende Früchte, aus welchen gewöhnlich Most zubereitet wird. Edlere, grossfrüchtige Birnensorten verlangen eine geschützte Lage. Als Träger solch edlerer Sorten werden Spalier- und Buschobstkulturen den Hochstämmen immer mehr vorgezogen, weil sie für die Ernte, das Beschneiden, wie auch für die Bekämpfung von Schädlingen einen viel weniger grossen Aufwand verlangen. Niedrig gehaltene Sträucher sind zudem gegen die Austrocknung und den Frost besser geschützt als hohe Bäume.

Der Birnbaum gehört zu den Reifhölzern. Splint- und Kernholz sind kaum voneinander zu unterscheiden.

Der Kern ist hellbräunlichrot, ziemlich hart, sehr dicht, schwer spaltbar, wenig elastisch, häufig geflammt, im Trockenen sehr dauerhaft und, verglichen mit demjenigen des Apfelbaumes, feinfaseriger. Das lufttrockene Schnittholz wiegt 650–750 kg/m^3. Wegen der starken Tendenz zum Werfen muss die Trocknung sehr langsam durchgeführt werden. Ist es einmal gut getrocknet, so lässt es sich mit allen Werkzeugen gut bearbeiten, drechseln, schnitzen, polieren und messern. Lack und Beize werden leicht angenommen. Birnbaumholz ist eines der edelsten einheimischen Hölzer. Es wird für Möbel, Musikinstrumente, Reissschienen, Massstäbe, Giessereimodelle und Präzisionsgeräte verwendet. Da es sich auch gut dämpfen und schwarz färben lässt, spielt es in der Klaviertastenfabrikation eine grosse Rolle als Ebenholzersatz.

An den Zweigen sind die bis 8 cm lang gestielten, elliptischen, eiförmigen oder rundlichen Laubblätter wechselständig angeordnet. Ihr Rand ist fein gesägt und abschnittsweise ganzrandig. Im Herbst verfärben sie sich gelb bis dunkelrot.

Zwischen Mai und Juni erscheinen am Ende belaubter Kurztriebe bis 9-blütige Doldentrauben. Die einzelnen Blüten besitzen 5 dreieckige, grünlich gefärbte und beiderseits filzig behaarte Kelchblätter und 5 eiförmige bis rundliche und beiderseits weisse Kronblätter. Bei den 20–30 Staubblättern junger Blüten sind die Staubbeutel dunkelrot gefärbt. Der unterständige Fruchtknoten, mit seinen 5 freien, am Grunde oft behaarten Griffeln, besteht aus 5 Fruchtblättern. Sie sind mit ihrer Rückenpartie fast vollständig mit dem meist krugförmigen Blütenboden verwachsen.

Während des 2–4 Tage dauernden weiblichen Stadiums erfolgt die Bestäubung durch Insekten. Erst anschliessend strecken sich innerhalb der Blüte die bis zu diesem Zeitpunkt einwärts gebogenen Staubblätter nach aussen und entlassen ihre Pollenkörner. Diese als Vorweiblichkeit (= Prot[er]ogynie) bezeichnete Erscheinung verhindert die Selbstbestäubung. In seltenen Fällen kann sie jedoch auftreten. Doch die daraus hervorgehenden Früchte sind dann meist verkümmert.

Die Birnen finden als wertvolles und schmackhaftes Kernobst in der Küche eine vielfältige Verwendung: roh, gedörrt, frisch gekocht oder als Konserven. Birnenkompott wird gerne als Beilage zu anderen Speisen gereicht. Aus Birnen lassen sich auch Säfte, Obstwein und Branntwein herstellen.

Die Bäume wachsen sehr langsam. Nur auf tiefgründigen, frischen und kalkhaltigen Böden und in südexponierter Lage erreichen sie 20 m. Wo die klimatischen Bedingungen und die Bodenverhältnisse ungünstig sind, bleiben die Bäume klein und zeigen oft, besonders im Verband, einen krüppelhaften Wuchs.

Der in der kollinen und montanen Stufe heimische Baum wird verschiedentlich noch oberhalb der letztgenannten Stufe kultiviert, wie zum Beispiel im Münstertal auf 1440 m. ü. M. und im Wallis auf 1600 m. ü. M.

Bereits in der Jungsteinzeit wurden die Früchte des wilden Birnbaumes eingesammelt. Die eigentliche Kultivierung begann aber erst viel später in Persien und Armenien. Von hier aus gelangte diese Baumart zuerst nach Griechenland, dann nach Rom und von dort nach Nordeuropa. Zur Zeit der Römer waren bereits mehrere Sorten bekannt.

Die frühgriechische Vertrautheit mit dem kultivierten Birnbaum ist durch die epische Überlieferung von Tantalos gesichert. Er, ein Sohn des Zeus, war zuerst ein grosser Freund der Götter. Später wurde er ein grosser Frevler. Zur Strafe musste er nun ewig im Hades büssen. Er steht dort dürstend im Wasser. Bückt er sich, so versiegt es in der Unterwelt; streckt er sich, so schnellen die Äste der Birn- und Apfelbäume empor. Gleichzeitig schwebt über seinem Haupt ein Fels, der jederzeit niederzufallen droht.

Im alten Griechenland hiess der Birnbaum «Apion» oder «Apies». Nach einer Angabe Athenaios führte der Archipel Peloponnes auch den Namen «Apia», also «das Birnenland».

Wie uns Plinius berichtet, kannten die alten Römer bereits 35 Birnensorten.

Im Mittelalter wurden besonders bei Landgütern und Klöstern neue Sorten gezüchtet.

In kultischer Beziehung tritt der Birnbaum weniger hervor als der Apfelbaum. Mitunter erscheint er verschiedentlich als Fruchtbarkeitssymbol.

Herr von Ribbeck auf Ribbeck im Havelland

Theodor Fontane

Herr von Ribbeck auf Ribbeck im Havelland,
Ein Birnbaum in seinem Garten stand,
Und kam die goldene Herbsteszeit
Und die Birnen leuchteten weit und breit,
Da stopfte, wenn's Mittag vom Turme scholl,
Der von Ribbeck sich beide Taschen voll,
Und kam in Pantinen ein Junge daher,
So rief er «Junge, wiste 'ne Beer?»
Und kam ein Mädel, so rief er: «Lütt Dirn,
Kumm man röwer, ick hebb 'ne Birn.»

So ging es viel Jahre, bis lobesam
Der von Ribbeck auf Ribbeck zu sterben kam.
Er fühlte sein Ende. 's war Herbsteszeit,
Wieder lachten die Birnen weit und breit;
Da sagte von Ribbeck: «Ich scheide nun ab.
Legt mir eine Birn mit ins Grab.»
Und drei Tage drauf, aus dem Doppeldachhaus,
Trugen von Ribbeck sie hinaus,
Alle Bauern und Büdner mit Feiergesicht
Sangen «Jesus meine Zuversicht»,
Und die Kinder klagten, das Herze schwer:
«He is dod nu. Wer giwt uns nu 'ne Beer?»

So klagten die Kinder. Das war nicht recht,
Ach, sie kannten den alten Ribbeck schlecht;
Der neue freilich, der knausert und spart,
Hält Park und Birnbaum strenge verwahrt.
Aber der alte, vorahnend schon
Und voll Misstraun gegen den eigenen Sohn,
Der wusste genau, was damals er tat,
Als um eine Birn ins Grab er bat,
Und im dritten Jahr aus dem stillen Haus
Ein Birnbaumsprössling sprosst heraus.

Und die Jahre gehen wohl auf und ab,
Längst wölbt sich ein Birnbaum über dem Grab,
Und in der goldenen Herbsteszeit
Leuchtet's wieder weit und breit.
Und kommt ein Jung übern Kirchhof her,
So flüstert's im Baume: «Wiste 'ne Beer?»
Und kommt ein Mädel, so flüstert's: «Lütt Dirn,
Kumm man röwer, ick gew di' ne Birn.»

So spendet Segen noch immer die Hand
Des von Ribbeck auf Ribbeck im Havelland.

315 Birnbaum im Frühling

316 Blüten bis 3 cm lang gestielt und zu 3–9 in Doldentrauben

317 Aufsicht auf junge Blüte: Staubbeutel noch rot

318 Längsschnitt durch Blüte

319 Birnbaum im Sommer

320 Laubblätter bis 7 cm lang und wechselständig angeordnet

321 Laubblattoberseite glänzend dunkelgrün und kahl

322 Laubblattunterseite heller grün und kahl

323 Birnbaum im Herbst

324 Früchte Ende September

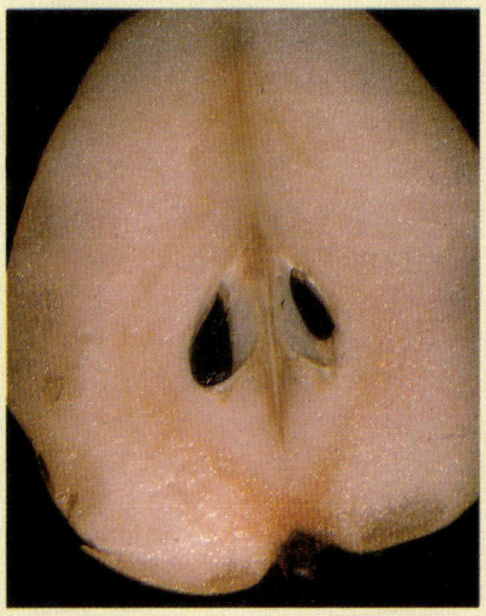

325 Längsschnitt durch eine Birne mit Kerngehäuse und Fruchtfleisch

326 Bräunlichrotes Birnbaumholz (mit Leinöl behandelt)

327 Birnbaum im Winter

328 Schmal- und breitkegelförmige Seiten- und Endknospe

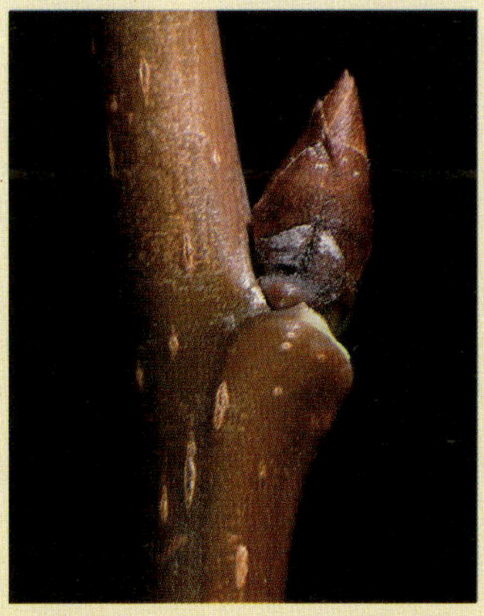

329 Abstehende Seitenknospe an Langtrieb

330 Grauschwarze Borke durch scharfe Quer- und Längsrisse nahezu würfelförmig gefeldert

Kirschbaum

Prúnus ávium L.	**Gean, Sweet cherry**	**Rosengewächse**
Cerisier	**Zoete kers, Kriek**	**Rosáceae**
Ciliegio		**Seiten 118, 204, 205**

Der im Waldverband einen langen, geraden und vollholzigen Stamm, eine dichtästige, hochangesetzte und locker beblätterte Krone und eine maximale Wuchshöhe von 25 m erreichende Kirschbaum weist im Freistand einen kurzschäftigen, beinahe zirkelrunden Stamm mit aufstrebenden Zweigen und eine gleichmässige Krone auf.
Bis zum 40. Lebensjahr wächst der Kirschbaum rasch, dann verlangsamt sich das Wachstum und schliesst zwischen dem 50. und 60. Lebensjahr ab. Nur selten werden Kirschbäume älter als 100jährig.
Die in der Jugend glatte, lederartige, glänzende und dunkel- oder hellsilbergraue Rinde löst sich in Querstreifen ab - daher Ringelborke genannt. Sie wird später zu einer längsrissigen und beinahe schwarz aussehenden Borke.
Darunter liegt ein schmaler, rötlichweisser Splint und ein rötlichgelbes Kernholz. Da sich im Laufe der Jahre das Splintholz farblich dem Kern angleicht, kann es ebenfalls verwendet werden. Mit den Jahren dunkelt das Holz unter dem Einfluss des Lichtes stark nach. Es wird damit immer schöner, bis es seine einmalige, von keinem anderen Holz übertroffene rotbraune Farbe erhält. Das sehr wertvolle Holz ist hart, biegsam, schwer spaltbar, dicht, feinfaserig, elastisch, schwer (Raumgewicht des lufttrockenen Schnittholzes beträgt 600-700 kg/m^3), nicht witterungsfest und sehr zäh. Wegen der dichten und feinen Faserung ist es schwer spaltbar.
Gute Furniere werden für anspruchsvolle Innenausbauten verwendet. Auch bildet das Holz das Ausgangsmaterial für Bürsten- und Messergriffe, kunstgewerbliche Gegenstände und Musikinstrumente. Schön gemasertes Holz ist für Intarsien und in der Drechslerei sehr begehrt.
Da es sich mit vielen anderen Hölzern wie Tanne, Ahorn und Lärche kombinieren lässt, wird es in der Möbelindustrie sehr geschätzt.
Sofern der Stamm nicht künstlich getrocknet wird, soll er zwei bis drei Jahre in der Borke belassen und an einem schattigen Ort luftig stehengelassen werden. In dieser Zeit wird die anfänglich starke Schwindung überwunden und das Holz wird ruhiger. Nach dem Einschnitt wird es entrindet und in einem Schuppen sorgfältig gelagert. Beim Trocknungsvorgang können hin und wieder grüne Streifen auftreten. Bei leichteren Fällen können diese mit Wasserstoffperoxid entfernt werden. Bei diesem Holz besteht auch die Tendenz zum Werfen und zum Reissen. Meist weist das Holz des im Waldverband lebenden Kirschbaumes eine dunklere Färbung auf, als dasjenige eines Baumes, der auf dem freien Feld wächst.
Charakteristisch sind die zahlreichen, gerade verlaufenden, hellen und feinen Markstrahlen.
Aus den rundlichen und dicken Endknospen der vorjährigen Triebe brechen im April und Mai in doldenförmigen Büscheln weisse Blüten hervor. Sie sind 3-5 cm lang gestielt, abstehend oder nickend. Die 5 Kelchblätter sind eiförmig, vorn zugespitzt, meist ganzrandig und oft zurückgeschlagen. Zwischen ihnen liegen die 5 weissen, eiförmig- bis rundlichen, kurz ausgerandeten und 10-15 mm langen Kronblätter.
Kurz vor Ende oder knapp nach der Blütezeit entfalten sich aus den eiförmigen, zugespitzten und rotbraunen Knospen verkehrt-eiförmige, am Grunde keilige oder abgerundete Laubblätter, deren Stiele 2 bis 3 grosse rote Drüsen tragen. Mit Ausnahme der Spitze weist das übrige Blatt einen stark gesägten Blattrand auf. Die Blätter sind 6-12 cm lang, am Zweig wechselständig angeordnet und färben sich im Herbst gelb oder rot.
Die Kirsche, eine Steinfrucht, besitzt ein gelbrotes, rotes oder schwarzes Fruchtfleisch und einen festen, meist einsamigen Steinkern.
Ausgiebige Erträge werden besonders durch Vögel, andauernden Regen in der Blüte- und Fruchtzeit, Hagel und durch die Kirschenfliege verhindert.
Da Kirschen schon in früheren Jahrhunderten sehr beliebt waren, mussten wegen der zahlenmässigen Zunahme der Bevölkerung immer mehr Bäume gepflanzt werden. Weil aber die Verbindungen zwischen den Städten und abgelegenen Gebieten vor 1860 sehr schlecht waren, konnten vorerst nur in Stadtnähe unverderbliche Sorten gepflanzt werden. Erst der Ausbau des Eisenbahn- und Strassennetzes gegen Ende des 19. Jahrhunderts ermöglichte den raschen Transport der verderblichen Früchte aus entlegenen Gegenden, was dazu führte, dass hier vermehrt grossfrüchtige Sorten angepflanzt werden konnten.
Um ungehindert wachsen und reichlich Früchte tragen zu können, benötigen Kirschbäume nährstoffreiche, durchlässige, tiefgründige und warme Böden. Da die Bäume als Frühblüher gegen Spätfröste sehr empfindlich sind, werden sie in vielen Gebieten an den Hängen in den oberen Lagen oder auf den Hochebenen angepflanzt, wo die Kaltluft nicht gestaut wird. Oberhalb von 1000 m ü. M. finden wir diese Art aber kaum mehr.
Alle Süsskirschensorten stammen von der Vogelkirsche ab, die, wie fossile und prähistorische Funde, zum Beispiel in neolithischen und bronzezeitlichen Siedlungen (z.B. Pfahlbauten des Alpenrandes) gezeigt haben, in Mitteleuropa immer heimisch war. Veredelte Sorten waren aber vor der Römerzeit in Mitteleuropa unbekannt, im Gegensatz zu Kleinasien.
In Griechenland waren nach Diphylos und Theophrast schon im 4. Jahrhundert v. Chr. verschiedene kultivierte Süsskirschen bekannt, wogegen Rom nach Servius bis zur Einführung der veredelten Kirschensorten durch Lucullus nur Wildformen mit herben Früchten kannte.
Ein bedeutendes Zentrum für die Kirschbaumkultur lag an der kleinasiatischen Pontosküste bei der Stadt Kerasos. Nach ihrer Zerstörung brachte Lucullus (79-37 v. Chr.; röm. Feldherr) Früchte des veredelten Baumes nach Rom.
Bekannt war auch die Kirschbaumkultur zur Zeit des Lysimachos von Pella (ca. 360-281 v. Chr.; hoher Offizier unter Alexander d. Gr.).
Die Römer brachten veredelte Kirschen nicht nur über die Alpen (Steinfunde in zahlreichen Römersiedlungen), sondern um 50 n. Chr. nach Brittanien.
Die vielseitigen Beziehungen zwischen dem Kirschbaum und den Menschen äussern sich besonders im Volksglauben. So soll das erste Badewasser eines Mädchens an einen Kirschbaum geschüttet werden, damit das Kind später rein, edel und schön werde.
Oft dienen Blüten und Früchte als Heiratsorakel. In verschiedenen Gegenden schneiden heiratsfähige Mädchen am Barbaratag - dem 4. Dezember - Kirschbaumzweige und stellen sie in eine Vase. Jeder Reis wird mit dem Namen eines jungen Mannes versehen, den sich das Mädchen zum Manne wünscht. Wessen Zweig zuerst blüht, soll im nächsten Jahr der Auserwählte sein. Brechen die Blüten vor Weihnachten nicht auf, so kommt im nächsten Jahr keine Heirat zustande.
In Japan wird die Zeit der Kirschbaumblüte seit alters her als Volksfest gefeiert.

331 Kirschbaum im Frühling

332 Blüten 3–5 cm lang gestielt, einzeln oder in doldenförmigen Büscheln

333 Aufsicht: Kronblätter weiss, verkehrt-eiförmig und ausgerandet

334 Längsschnitt durch Kirschblüte

335 Kirschbaum im Sommer

336 Laubblätter 6–15 cm lang und wechselständig angeordnet

337 Laubblattoberseite dunkelgrün, oft etwas runzelig und kahl

338 Laubblattunterseite hellergrün und in der Jugend fein behaart

339 Kirschbaum im Herbst

340 Rote Früchte

341 Schwarze Früchte

342 Rötliches Kernholz, das unter Einfluss des Lichtes stark nachdunkelt

343 Kirschbaum im Winter

344 Endknospen an einem Langtrieb

345 Gehäufte Blatt- und Blütenknospen an einem Kurztrieb

346 Älterer Baum mit längsrissiger und grauschwarzer Borke

Stiel-Eiche, Sommer-Eiche

Quércus róbur L.
Chêne pédonculé
Quercia comune

Common oak
Zomereik

Buchengewächse
Fagáceae
Seiten 89, 158, 159

Die Stieleiche mit ihren knorrigen, weitausladenden und oft horizontal abstehenden Ästen bildet eine mächtige, unregelmässige und starkästige Krone. Normalerweise wird sie 500 Jahre alt; 700- bis 1200jährige Bäume sollen aber auch möglich sein. Die Wuchshöhe beträgt 30-35 m, in Ausnahmefällen 60 m. Dank einer langen, tiefreichenden und kräftigen Pfahlwurzel weist der Baum eine sehr gute Sturmfestigkeit auf. In der Jugend haben die Eichen ein rasches Höhenwachstum, das dann mit 100-200 Jahren abgeschlossen ist. Das Dickenwachstum hält dagegen an. Oft entspringen dem Stamm wenige Meter über dem Boden zahlreiche Äste, die, werden sie nicht geschnitten, dem Baum ein beinahe zweistöckiges Aussehen verleihen.
Beste Wuchsbedingungen herrschen in Europa in der kollinen Stufe im Flachland und an Hängen mit weniger als 30% Neigung auf mineralhaltigen, tiefgründigen, lehmigen bis tonigen und nicht austrocknenden Braunerden vor. Im Unterlauf der grossen Flüsse finden wir den Baum nur auf denjenigen Schwemmlandböden, die höher als der maximale Wasserstand liegen. Die vom Grundwasser zeitweise stark durchfeuchteten Böden führen zu keiner Beeinträchtigung des Wachstums.
In der Jugend besitzt der Baum eine glatte, glänzende und bräunlich bis weissgraue Rinde. Sie verwandelt sich später zu einer dunkelbraunen bis schwärzlichen und längsrissigen Borke um. Da sie gerbstoffreich ist und sich daher für die Herstellung von Leder sehr gut eignet, wurden besonders früher Eichenschälwälder mit einer 12- bis 15jährigen Umlaufzeit gezogen.
Der schmale, bräunlichweisse und wertlose Splint wird durch ein mit breiten Markstrahlen versehenes, gelbbraunes und an Festigkeit und Dauerhaftigkeit alle anderen europäischen Hölzer übertreffendes Kernholz abgelöst. Dieses ist zusätzlich hart, leicht spaltbar, willig bearbeitbar, sehr schwer (670-1400 kg/m^3) und unter Wasser sehr beständig. Es wird als Bauholz im Hoch-, Tief- und Schiffsbau verwendet, zu Fässern, Eisenbahnschwellen und Parkett verarbeitet und für die Herstellung von Schleusen, Schiffsgerippen, Fussböden, Fenstersimse und Wasserräder benötigt. Sehr gesucht sind auch Eichenfurniere.
Häufigste Fehler im Holz sind Frostrisse und die Löcher des Eichenbocks. Nach dem Fällen werden die Stämme zu Balken geschnitten und anschliessend mehrere Jahre im Freien gelagert, damit sie auslaugen können. Danach werden sie unter Dach gebracht und langsam getrocknet.
Hin und wieder taucht der Name «Mooreiche» auf. Es handelt sich hier nicht etwa um eine neue Baumart, sondern lediglich um Holz der Stieleiche, welches viele Jahre im Moorboden oder im Wasser gelegen hat. Dadurch wurde es nicht nur schwer, sondern erhielt auch eine schöne, dunkelbraune bis schwarze Farbe.
Am Ende neuer Triebe liegen in Büscheln zusammengefasst wechselständig angeordnete, 6-16 cm lange und sehr kurz gestielte Laubblätter. Ihre Spreiten weisen jederseits 4 oder 5 abgerundete, unregelmässig geformte und ganzrandige Lappen auf; die beiden untersten sind jeweils deutlich geöhrt.
Zusammen mit den Blättern erscheinen im Mai an vorjährigen Trieben lockerblütige, 2-5 cm lange, gelblichgrüne, schmale und hängende männliche Kätzchen. Jede Blüte weist dabei 6-10 (meist deren 8) Staubblätter auf. Über ihnen, an den Neutrieben, folgen zunächst einige Laubblätter und dann die weiblichen Blütenstände. Ihre Blüten sitzen einzeln oder zu 2-5 am Ende eines gemeinsamen Stieles und stehen jeweils im Winkel eines schuppenförmigen Deckblattes. Sie sind aus einem dreifächerigen und dreinarbigen Fruchtknoten und 6 grünlichen Perigonblättern aufgebaut. Ein kleiner napfförmiger und kleinschuppiger Fruchtbecher (Cupula) umschliesst die einfache Blütenhülle.
Im Nachsommer reifen die eiförmig geformten, stärke- und gerbstoffreichen und einsamigen Früchte heran. Sie fanden geröstet als Kaffee-Ersatz, zur Branntweingewinnung und in aussergewöhnlichen Notzeiten auch zur Brotbereitung Verwendung. Als Futter für Schweine (Eichelmast) spielten diese Eicheln in zahlreichen Ländern über längere Zeit eine grosse Rolle.
Die Frucht wird auch als Ecker, Ache, Achele oder Ach bezeichnet. Fallen viele Eicheln im Herbst auf den Boden, so deutet dies nach einer alten Regel auf einen langen und harten Winter hin. Ähnliche Verhältnisse stehen bevor, wenn die Eichen ihr Laub lange behalten oder die Eicheln tief in ihren Fruchtbechern stecken.
Tragen Eichen viele Früchte, so deutet dies auf eine gute Ernte; ein landwirtschaftlicher Aberglaube, der sich bereits in der Antike nachweisen lässt. Damals bedeuteten viele Früchte an der Stein-Eiche auch Reichtum der Feldfrüchte.
Die Eiche behauptet in der Überlieferung den ersten Rang unter den Bäumen. Sie galt in Griechenland und Italien als «erste Pflanze», auf die auch der Ursprung der Menschen zurückgeführt wurde. Eine besondere Bedeutung erhielt die Eiche durch die enge Beziehung zum Himmelsgott. So war sie bei den Griechen dem Zeus, bei den Römern dem Jupiter und in Germanien dem Donner- und Gewittergott Donar geweiht. Der Grund dafür wird wohl darin zu suchen sein, dass die Eichen unter den einheimischen Baumarten besonders häufig vom Blitz getroffen werden, was auch wissenschaftliche Untersuchungen bestätigt haben.
Berühmt war auch das Zeusheiligtum von Dodona - dem ältesten Orakel -, dessen Eichen rauschend die Zukunft verkündeten.
Der Waffenbaum des Jupiter Feretrius (Feretrius wird von feretrum abgeleitet; so heisst das aus Baumstämmen gezimmerte Gestell, auf welchem die Spolien, d. h. die dem Feind im Zweikampf abgenommenen Stücke der Rüstung, aufgestellt wurden):
Der Sage nach wurde das Heiligtum des Jupiter Feretrius von Romulus gestiftet. Dieser hatte kurze Zeit nach dem Raube der Sabinerinnen im Kampf mit diesem Volk deren König Akron, einen Sohn des Herkules, erschlagen und die nahe bei Rom gelegene Stadt erobert. Danach trug Romulus das mit den Spolien geschmückte Gestell seinem Heere voran auf den Kapitolshügel in Rom und legte es unter einer alten Eiche nieder, die bereits früher als Heiligtum verehrt wurde.
Auch später war der Triumph eines römischen Feldherrn dann am grössten, wenn er den Führer des feindlichen Heeres mit eigener Hand getötet und ihm die Waffenausrüstung ausgezogen hatte. Mit ihr wurde eine kräftige Eiche so geschmückt, dass die einzelnen Waffenstücke wie am menschlichen Körper sassen. Hatte sich dann der Sieger festlich gekleidet und den mit der Eiche geschmückten Triumphwagen bestiegen, so umfasste er den Baum mit dem rechten Arm und fuhr unter Siegesgesängen in Rom ein. Dort wurde der Baum im Tempel des Jupiters aufgestellt.
Bei sehr vielen indogermanischen Völkern war die Eiche die am höchsten verehrte Baumart. Der Grund dafür

347 Stieleiche im Frühling

348 Männliche Kätzchen 2–5 cm lang, gebüschelt, lockerblütig und hängend

349 Ausschnitt aus einem Kätzchen: Einzelblüten mit 6–10 Staubbeuteln

350 Weibliche Blüten zu 2–5 an einem gemeinsamen und behaarten Stiel; Narben gelblich oder rot

351 Stieleiche im Sommer

352 Laubblätter 5–16 cm lang, gelappt und wechselständig angeordnet

353 Laubblattoberseite glänzend dunkelgrün und kahl

354 Laubblattunterseite blaugrün und selten etwas behaart

355 Stieleiche im Herbst

356 Fruchtstände

357 Einzelne Eichel an einem 3–6 cm langen Stiel

358 Unbehandeltes, gelbbraunes bis dunkelbraunes und sehr hartes Kernholz

359 Stieleiche im Winter

360 Dick-eikegelförmige Endknospen am Zweigende gehäuft

361 Spitz-eiförmige und vom Zweig abstehende Seitenknospe

362 Ältere Eiche mit sehr tief eingerissener und braunschwarzer Borke

dürfte, abgesehen von der mächtigen Baumgestalt, auch darin zu suchen sein, dass der Eichbaum in der Urzeit ein menschlicher «Nahrungsbaum» war. Wahrscheinlich war er bereits damals ein vegetabilisches Totem. Einen Nachklang dieser Eichenverehrung dürfen wir in den zahlreichen Sagen von heiligen Eichen sehen, wie sie in vielen Gegenden Europas nachzuweisen sind. Bedingt durch ihre einstige Bedeutung als «nährender Baum» wird die Eiche auch zum Fruchtbarkeitssymbol.
Kelten, Germanen und Slawen verehrten ihre Götter nicht in festen Gebäuden, sondern unter freiem Himmel in heiligen Hainen, an Quellen und bei Bäumen. Am bekanntesten war die Donar-Eiche in Geismar bei Fritzlar – dem Hauptheiligtum der germanischen Chatten.
Bei den Galliern wurde derjenige Eichbaum im Eichenwald als heilig erklärt, auf welchem eine Mistel entdeckt wurde. Es herrschte bei ihnen der Glaube vor, dass diese Pflanze ein Zeichen dafür sei, dass der Baum durch den Gott auserwählt wurde.
Im Zuge der Christianisierung wurden viele heilige Eichen gefällt. Um den Germanen die Machtlosigkeit der heidnischen Götter zu zeigen, liess Bonifatius (von Papst Gregor II. 732 n. Chr. zum päpstlichen Vikar des ganzen ostfränkischen Missionsgebietes erhoben) die dem Donner- und Gewittergott Donar heilige Eiche bei Geismar fällen.
Im christlichen Mittelalter wurden Eichen an Wallfahrtsorten mit Maria in Verbindung gebracht, was zum Beispiel im Ortsnamen Maria-Eich zum Ausdruck kommt. Dieser Zuordnung liegt die Legende von der wunderbaren Auffindung eines Marienbildes in der Eiche zugrunde. Später wurde sie zu einem bösen, teuflischen oder wenigstens unheimlichen Baum. Weit verbreiteter ist die Sage, dass die Blätter der Eiche deswegen gebuchtet sind, weil der Teufel, als er sich in der Hoffnung getäuscht sah, eine Seele zu erhalten, mit seinen Krallen durch die Blätter der Eiche fuhr. Hans Sachs verwendete diese Sage für seinen Schwank «Der Teufel und die Geiss».
Noch heute sollen gewisse alte Eichen als Hexenbäume gelten, in deren Nähe es besonders in der Nacht nicht recht geheuer sein soll. Um den Dämonen und Hexen den Eingang in die Häuser zu verwehren, wurden vielerorts über den Türen Eichenlaub aufgehängt. Türrahmen oder Türschwellen aus Eichenholz sollen die gleiche Wirkung zeigen.

Silberweide, Weissweide

Sálix álba L.
Saule blanc
Salice comune

White willow
Schietwilg, Rood

Weidengewächse
Salicáceae
Seiten 119, 208, 209

Ohne Beeinflussung des Menschen, entwickelt sich unsere grösste einheimische Weidenart – die raschwüchsige Silberweide – zu einem 20–25 m hohen Baum. Der schon kurz oberhalb der Basis verzweigte Stamm kann mit 80–100 Jahren bereits einen Durchmesser von über 1 m aufweisen und eine unregelmässig gestaltete und lockere Krone tragen.
Sehr oft werden Vertreter dieser Weidenart für die Gewinnung von Ruten derart gestutzt, dass knorrige Kopfweiden entstehen. Obwohl diese rasch hohl werden, treiben sie noch lange Zeit aus der dünnen Rindenschicht Ruten. Diese werden nicht nur zur Herstellung von Körben verwendet, sondern dienen auch zum Aufbinden der Reben.
Innerhalb der zuerst glatten und weissgrauen Rinde, die sich später zu einer längsrissigen, dicken und braunen Borke umwandelt, liegt ein bräunlichweisser Splint und ein rötlicher Kern.
In der Weissgerberei wird die Rinde zur Herstellung des «russischen Juchtenleders» und des «dänischen Handschuhleders» verwendet.
Die feinen Gefässe sind zahlreich und zerstreut und bilden in den Längsschnitten feine Nadelrisse.
Das Holz ist sehr weich, grobfaserig, schaumig und biegsam. Sein lufttrockenes Raumgewicht beträgt 400–500 kg/m^3. Es trocknet schnell, lässt sich gut bearbeiten, beizen, lackieren, aber schlecht polieren. Meist wird es für Kisten, Spankörbe, Holzschuhe, Holzwolle und im Bootsbau, in der Zündholz- und Papierindustrie verwendet. Gute Dienste leistet dieses Weidenholz auch bei der Herstellung von Reissbrettern.
Im April oder Mai erscheinen zusammen mit den Laubblättern die Blütenstände.
An männlichen Bäumen entwickeln sich 3–6 cm lange, schlanke, gestielte und etwas gebogene Kätzchen. Ihre Blüten besitzen je ein langgestrecktes, grünliches, an der Basis und am Rand behaartes und vorn leicht gewölbtes Tragblatt, eine Drüse und 2 oder seltener 3 Staubblätter.
Bei anderen Bäumen finden wir 3–6 cm lange und grün gefärbte weibliche Kätzchen. Ihre Blüten sind aus einem Tragblatt, einem Fruchtknoten und einer Drüse aufgebaut.
Da die Silberweiden bereits sehr früh im Jahr blühen, bilden sie eine vorzügliche und hochgeschätzte Bienenweide.
Nach der Befruchtung der Samenanlagen entwickeln sich die Fruchtknoten zu eikegelförmig gestalteten und graufilzigen Kapselfrüchten. Bei der Reife klappen diese auf und entlassen zahlreiche mit einem weissen Haarschopf versehenen Samen. Aus den sehr kleinen und gegen den Zweig angedrückten Knospen entfalten sich gleichzeitig mit den Blüten die Laubblätter. In der Jugend sind sie beiderseits mit einem dichten, anliegenden und silbrigen Haarkleid versehen. Später im Jahr werden sie oberseits dunkelgrün und verlieren dort meist die Haare; unterseits bleiben sie mit einem silbrigweissen Haarkleid. Ihre Länge beträgt 5–10 cm, ihr Umriss ist schmal-lanzettlich bis lanzettlich und der Blattrand ist fein und regelmässig gesägt/gezähnt.
Um eine stattliche Höhe von 25 m erreichen zu können, benötigen Silberweiden frische oder feuchte bis nasse, tiefgründige Böden und viel Licht. Diese Bedingungen sind besonders entlang von Bach- und Flussufern, am Rande von Teichen und Seen, auf moorigen Böden und in Auenwäldern gegeben.
Auch können sie lange im Wasser oder mit einem Teil ihres Stammes unter Wasser stehen, ohne Schaden zu nehmen.
Mit ihren Wurzeln vermögen sie an den Ufern das heranrollende Geschiebe zurückhalten und helfen dabei mit, das Flussvorland nach und nach zu erweitern.
Der Weide begegnen wir in der griechischen Mythologie u.a. in der Unterwelt, im Hain der Persephone (Gattin des Hades – dem Gott des Totenreiches, der Unterwelt) und am Eingang derjenigen Höhle auf Kreta, in der das Zeuskind aufgezogen wurde.
Im Volksglauben werden besonders die hohlen Kopfweiden mit unheimlichen Geistern und Hexen in Verbindung gebracht. Nach einer alten Erzählung sollen die Hexen mit Vorliebe als schöne Mädchen in die hohlen Weiden verschwinden, um dann etwas später als fauchende Katzen wieder herauszuspringen, um die Leute im Dorf zu erschrecken.
In der Volksmedizin wird gegen das Fieber der Absud von Blättern und Rindenstücken empfohlen.

363 Silber-Weide im Frühling

364 Weibliches, 3–6 cm langes und vielblütiges Kätzchen

365 Männliches, 4 cm langes und vielblütiges Kätzchen

366 4 mm lange, weibliche Blüten: Fruchtknoten sitzend, Tragblatt länglich, Drüse rundlich

367 Silber-Weide im Sommer

368 Laubblätter 5–10 cm lang, schmal-lanzettlich und wechselständig angeordnet

369 Laubblattoberseite dunkelgrün, in der Jugend behaart und später Haare oft verlierend

370 Laubblattunterseite mit bleibendem silbrig-weissem Haarkleid

371 Silber-Weide im Herbst

372 Blattrand feindrüsig gesägt; Drüsen auf der Spitze der Zähne sitzend

373 Lanzettliches Herbstblatt

374 Holz mit bräunlichweissem Splint und rötlichem Kern

375 Silber-Weide im Winter

376 Schmal-eiförmige und behaarte End- und Seitenknospe

377 Dicht an Zweig anliegende Seitenknospen

378 Alter Baum mit dicker, längsrissiger und ocker-grauer Borke mit ausgeprägtem Rillen- und Rippennetz

Vogelbeerbaum, gemeine Eberesche

Sórbus aucupária L.
Sorbier des oiseleurs
Sorbo degli uccellatori

Mountain ash, rowan
Gewone lijsterbes

Rosengewächse
Rosáceae
Seiten 78, 138, 139

Der strauchförmige oder 5–20 m hohe Vogelbeerbaum weist einen maximalen Stammdurchmesser von 40 cm, ein Höchstalter von 120 Jahren und eine eiförmige bis kugelige Krone auf. Dank eines weitreichenden und tiefgehenden Wurzelwerkes eignet er sich besonders gut für die Befestigung von Lawinenkegeln. Was er aber nicht ertragen kann, ist die Staunässe.

Am besten gedeiht er auf frischen, lockeren und fruchtbaren Böden. Als einer der anspruchslosesten Holzarten wächst er aber auch auf mageren und trockenen Unterlagen. Auch erträgt er sehr viel Schatten, was ihm die Möglichkeit gibt, auch schattige Schlagflächen und Windwurfstellen sehr schnell zu besiedeln. Die Schlaghochstauden werden durch sein schnelles Wachstum unterdrückt und der Nachwuchs mit Fichten und Tannen kann wieder aufkommen.

An der Waldgrenze bietet der Vogelbeerbaum den jungen Nadelhölzern Schutz gegen die Witterung. Wild finden wir diese Baumart in der montanen und subalpinen Stufe, wo sie die Rottanne überall begleitet.

Aber auch oberhalb der Waldgrenze – in der Krummholzstufe – ist sie überall zu finden.

In der kollinen Stufe wird sie sehr oft angepflanzt.

Im hohen Norden tritt sie nördlich des geschlossenen Nadelwaldes wieder vermehrt auf und steht dort in Gemeinschaft mit der Zwergbirke, der Zitterpappel und den Zwergweiden.

Mit Ausnahme der von Menschen entwaldeten Gebieten Südeuropas ist diese eurosibirische Baumart über ganz Europa verbreitet.

Jedes Jahr wird der Boden von ihr reichlich mit Blättern versorgt. Diese zersetzen sich rasch und gründlich und liefern einen vorzüglichen Humus. Zusätzlich wirkt der Baum unkrauthemmend und schützt, weil sich das Wild an ihm selbst gütlich tut, zahlreiche Edelbäume vor einem übermässigen Verbiss. Auf diesen reagiert er dann durch rasches und starkes Wiederaustreiben.

Die gelblichgraue und glänzende Rinde weist sehr viele Gerbstoffe auf und kann daher beim Gerben dem Leder eine schöne und braune Tönung geben. Im Alter wird sie zu einer grauschwarzen und längsrissigen Borke. Diese umschliesst einen breiten, rötlichweissen Splint und einen hellbraunen bis rotbraunstreifigen Kern.

Das Holz ist ziemlich biegsam und elastisch, glänzend, wenig dauerhaft, äusserst schwer zu spalten, zerstreutporig und weist ein Raumgewicht (lufttrokken) von 600–700 kg/m^3 auf. Es lässt sich gut schnitzen, drehen, polieren, gut beizen und trocknet normal. Verwendet wird es für Drechsler-, Schreiner- und Wagnerarbeiten. Ausgesuchte Stücke sind für feine Schnitzereien und Kunstgegenstände sehr beliebt. Die Jahrringe sind durch schöne braune Spätholzlinien scharf ausgeprägt, was dem Holz eine sehr schöne Struktur verleiht. Die wechselständig angeordneten, 10–25 cm langen Laubblätter sind unpaarig gefiedert und weisen 4–9 Paare von Fiederblättern auf. Diese sind länglich-lanzettlich, 2–6 cm lang und mit Ausnahme des Endfiederblattes sitzend oder sehr kurz gestielt.

Aus den Blättern wird Tee hergestellt. Dieser ist wohl nicht besonders schmackhaft, doch soll er – weil gerbstoffreich – gegen Darm- und Magenverstimmung wirksam sein.

Das Laub gilt besonders für Ziegen und Schafe als gutes Futter.

Im Mai oder in höheren Lagen im Juni erscheinen die vielblütigen Trugdolden. Ihre Blüten haben einen Durchmesser von 4–7 mm und bestehen aus 5 kleinen, gelbgrünen, dreieckigen, 1,5–1,8 mm langen, drüsigen und behaarten oder kahlen Kelchblättern, 5 runden oder eiförmig gestalteten, gelblich-weissen Kronblättern, zahlreichen Staubblättern und einem 2- bis 4griffligen Fruchtknoten. Dieser ist mit der Innenwand der becherförmigen und hohlen Blütenachse verwachsen.

Innerhalb der zuerst gelblichen, später korallenrot gefärbten Beere liegen flache, schmale, zugespitzte und rötlich gefärbte Samen. Die Beeren werden als Vogel- oder Viehfutter, sowie zur Herstellung von Essig, Branntwein und Likör verwendet. Getrocknete Früchte sollen auch eine stopfende Wirkung haben. In der Tiermedizin werden Beeren gegen Ziegen- und Schweinerotlauf abgegeben.

Die althochdeutschen Namen «Sperwa» oder «Spiere» leiten sich von «sper» oder «spör» ab, was trocken heisst; es wird dabei auf die Früchte Bezug genommen.

In vielen Sagen ist die Rede von sogenannten Blutbäumen, die aus dem Blute schuldlos Gerichteter entstanden sein sollen. Mit dem Blut ging dabei die Seele in den Baum über. Zu Mödrufell im Eyjafördr auf Island soll nach einer alten Sage aus dem Blute zweier wegen vermeintlicher Blutschande unschuldig hingerichteter Geschwister ein Vogelbeerbaum entsprossen sein. Jeweils in der Weihnachtsnacht wurden auf allen Zweigen Lichter gesehen, die auch bei starkem Winde nicht erloschen.

Noch heute soll bei Iserlohn in Westfalen der Brauch bestehen, dass am ersten Maitag die Kälber «gequiekt» werden. Bei Sonnenaufgang schneidet der Hirte dasjenige Vogelbeerbäumchen, auf welches die ersten Sonnenstrahlen fallen. Anschliessend versammelt er vor dem Hause die Hausleute und Nachbarn und schlägt dem Kalb auf das Kreuz, die Hüfte und den Bauch unter Bitten, dass das Tier gesund und stark werde und viel Milch in ihr Euter fliesse. Unter dem dritten Schlag erhält das Tier jeweils seinen Namen.

In Dalsland in Schweden treibt der Hirte sein Vieh an einem dem Himmelfahrtstag vorangehenden oder nachfolgenden Tag schon um die Mittagszeit nach Hause, nachdem er die Hörner der Tiere mit Blumen bekränzt hat. Der Herde voraus trägt er mit beiden Händen einen mit Blüten geschmückten Vogelbeerbaum, den er im nahen Wald geschnitten hat. Wird der Stall erreicht, so wird der Baum an den Giebel gepflanzt. Dieser Baum bleibt dann während der ganzen Weidezeit dort und schützt die Tiere vor den bösen Geistern. Nun werden den Schellenkühen die Glocken umgehängt und das Jungvieh benannt, indem es unter Ausrufung des ihm gegebenen Namens mit einer Rute des Vogelbeerbaums dreimal auf den Rücken geschlagen wird.

Das sogenannte Maienstecken (das Hinstellen eines Blumenstrausses oder eines kleinen Bäumleins vor das Haus geachteter oder geliebter Mädchen) ist noch heute in zahlreichen Ländern Europas verbreitet. Dieser Brauch kann aber auch Ausdruck von Missmut sein. Haben sich zum Beispiel Mädchen durch Unkeuschheit oder Wankelmut in der Liebe Hass oder Verachtung zugezogen, so wird ihnen ein Holunder oder ein Vogelbeerbaum vor das Haus gesetzt. In Schmallenberg in Westfalen pflanzt man unordentlichen Mädchen statt der Birke einen Vogelbeerbaum vor das Haus, und auch in Tübingen drückt ein solcher vor der Tür eines Mädchens Spott oder Abneigung aus.

In Schlesien herrscht der Volksglauben vor, dass eine grosse Menge von Früchten eine gute Getreideernte oder einen strengen Winter erwarten lasse.

379 Vogelbeerbaum im Frühling

380 Blüten in aufrechten, gewölbten und endständigen Trugdolden

381 Aufsicht: Kronblätter weiss und rundlich bis breit-eiförmig

382 Längsschnitt durch Blüte: Anzahl Griffel 3–5

383 Vogelbeerbaum im Sommer

384 Laubblätter 10–20 cm lang, unpaarig gefiedert und wechselständig angeordnet

385 Laubblattoberseite dunkelgrün und kurz nach dem Austrieb silbrig-grau behaart

386 Laubblattunterseite filzig graugrün; später mehr oder weniger verkahlend

387 Vogelbeerbaum im Herbst

388 Bei der Reife trugdoldenförmige Fruchtstände

389 Beeren erbsengross, zuerst gelb und dann korallenrot

390 Junger Stamm mit gelblichweissem Splintholz; Kernholz später hellbraun

391 Vogelbeerbaum im Winter

392 Endknospe spitz-eiförmig und grösser als Seitenknospen

393 Eng an einem Langtrieb anliegende Seitenknospe

394 Gelblichgraue, glänzende Borke; im Alter grauschwarz und längsrissig

Sommerlinde

Tilia platyphyllos Scop.	**Broad-leaved lime**	**Lindengewächse**
Tilleul à grandes feuilles	**Zomerlinde**	**Tiliaceae**
Tiglio nostrano		**Seiten 105, 186, 187**

Auf frischen, tiefgründigen, gut mit Luft versorgten und kalkreichen Böden erreicht die Sommerlinde eine Höhe von 40 m. Ihr kurzer, gerader und dicker Schaft trägt eine von starken und knorrigen Ästen getragene, tief herabhängende, breit gerundete und dicht geschlossene Krone.

Nach dem 60. Altersjahr, bis zu welchem der Baum nicht sehr schnell gewachsen ist, reckt er sich rasch in die Höhe, um dann ungefähr nach 150 Jahren sein Höhenwachstum einzustellen. Das Breitenwachstum wird hingegen weitergeführt. Vom Wachstum der Linde wird gesagt, dass sie **300 Jahre komme, 300 Jahre stehe und 300 Jahre vergehe.**

Die junge Rinde ist glatt, graugrün und mit hellgrauen und senkrecht gewellten Streifen durchzogen. Dazwischen liegen dunkelbraune Spalten. Bei alten Bäumen finden wir eine grobe, rissige und dunkelbraune Borke mit rhombenartiger Zeichnung. Früher wurde besonders die Rinde zu Körben verarbeitet oder für Dachverkleidungen verwendet.

Die zu den Reifhölzern gehörende Baumart weist einen ziemlich breiten Splint auf. Weil ein Farbkern fehlt, besitzt das Holz überall die gleiche Farbe. Es kann weisslich, gelblich, oft auch leicht bräunlich oder rötlich sein. Vom grünen zum lufttrockenen Zustand (Raumgewicht 450–550 kg/m³) schwindet es mässig bis stark. Einmal getrocknet, lässt es sich leicht und in allen Richtungen sauber bearbeiten. Da der Eiweissgehalt sehr gross ist, wird das Holz sehr oft vom Holzwurm befallen.

Das Lindenholz ist zäh, fest, biegsam, aber wenig elastisch und im Längsschnitt fein nadelrissig. Im Witterungswechsel und unter Wassereinfluss ist die Dauerhaftigkeit sehr gering. Daher eignet es sich für den Aussenbau nur schlecht. Dank seiner Weichheit eignet es sich sehr gut für die Herstellung von Reissbrettern, Spielwaren, Kästchen, Gefässen und von Truhen. Auch liefert es eine gute Holzwolle, ein vorzügliches Furnier und eine hochwertige Filter- und Zeichenkohle. Weil viele Meister im Mittelalter aus dem Holz der Linde Christus am Kreuz, Maria und die Apostel geschnitzt haben, wurde ihm der Name «Lignum sacrum» gegeben.

Zu Beginn der Sesshaftigkeit der Völker fehlte das Metall für die Herstellung von Äxten und Sägen. Mit den einfachen Steinäxten konnten somit noch keine Hart-, sondern nur Weichhölzer bearbeitet werden. War das weiche Lindenholz zunächst das Holz für die primitive Behausung, so wurde es bald für die Herstellung von Pfeilbogen verwendet. Die Schilde, aus mehreren Schichten von geflochtenem Lindenbast angefertigt, waren in der Lage, sehr starke Schläge abzufedern. Als die Metalläxte auftraten, war es möglich, von den Lindenstämmen die Rinde in Streifen abzuschälen und damit den für die Behausung und Bekleidung notwendigen Bast zu gewinnen. Ein Baumstamm von ungefähr 35 cm Durchmesser lieferte damals 45 kg Bast. Diese Menge reichte aus, um beispielsweise 10–12 Matten herzustellen.

Im Mai oder Juni beginnen die Linden zu blühen. Die Blüten sind zu 3–6 in einer gestielten Trugdolde vereinigt. Der Stiel dieses Blütenstandes ist bis zur Hälfte mit einem häutigen und flügelartigen Hochblatt verwachsen. Es dient später dem Fruchtstand als Flugorgan. Die 5 Kelchblätter sind eiförmig, gelblichweiss und 3–4 mm lang; die 5 Kronblätter länglich, 5–8 mm lang und ebenfalls gelblichweiss. Ein stark behaarter und oberständiger Fruchtknoten wird von 30–40 Staubblättern umgeben. Die Blüten sind als «Flores Tiliae» offizinell. Sie enthalten viel Schleim, Zucker, Wachs, Gerbstoffe und Spuren eines ätherischen Öls, welches das würzig riechende Farnesol enthält. Bereits in den Kräuterbüchern des 16. Jahrhunderts wurde der Lindenblütentee als schweisstreibendes und fiebersenkendes Heilmittel bei Erkältungen und Grippe verschrieben.

Aus dem grünen Fruchtknoten entwickelt sich eine kugelige, 4–5 rippige, harte, verholzte und sametig behaarte Nuss. Sie fällt im Herbst und Winter ab und bildet für kleine Nagetiere eine willkommene Zwischenverpflegung.

Wie stark die Linde von den sesshaft gewordenen Völkern des Nordens für die Deckung ihres Lebens auch genutzt wurde, war sie ihnen doch stets ein Schicksals- und Familienbaum. So leiten z.B. die drei schwedischen Familien Linnaeus (= Linné), Lindelius und Tiliander ihre Namen von der grossen dreistämmigen Linde ab, welche zu Jonsboda Lindegård in Hvitarydssocken in der Landschaft Finveden wuchs. Als die Familie Lindelius ausstarb, vertrocknete einer der drei Hauptstämme. Nach dem Tode der Tochter des berühmten Botanikers C. von Linné (= schwedischer Naturforscher; 1707–1778) hörte der 2. Stamm auf, Blätter zu treiben. Als der letzte Vertreter der Familie Tiliander starb, war auch das Ende des Baumes gekommen. Die erstorbenen Stämme werden noch heute in Ehren gehalten.

Nach der griechischen Volkssage lebten Philemon und seine Frau Baukis trotz ärmlichen Verhältnissen ein zufriedenes Leben. Als Einzige in ihrem Dorf bewirteten sie die in Gestalt von Menschen wandernden Götter Zeus und Hermes. Beim Mahl erkannte das Ehepaar die Götter daran, dass der Wein im Krug nicht versiegte. Zur Strafe für die Hartherzigkeit der anderen Bewohner liess Zeus den Ort durch eine Wasserflut zerstören; nur die Hütte von Philemon und Baukis liess er stehen. Diese wurde von ihm in einen prächtigen Tempel verwandelt. Die Gastgeber durften auch einen Wunsch äussern. Sie baten, später ihr Leben gemeinsam beschliessen zu dürfen. Nach ihrem Tode wurde Philemon in eine Eiche-, Baukis in eine Linde verwandelt.

Hier vertritt die Linde die Weiblichkeit. Dazu fügt sich auch die Verwendung von Lindenblüten zu Kränzen im Dienste Aphrodites – der griechischen Göttin der sinnlichen Liebe und der Schönheit.

Den Germanen war die Linde der Liebesgöttin Frigga oder Freya heilig. Diese Gottheit war Sinnbild der Fruchtbarkeit, Güte, Mütterlichkeit, Herzlichkeit und des immerwährenden Lebens. Unter Linden fand bei den Germanen das «Thing« statt, d.h. die Volks- und Gerichtsverhandlungen. Die auf Hügeln angepflanzten und daher weit sichtbaren Bäume galten als Freiheitsbäume. Wer ihr schützendes Dach erreichte, durfte nicht mehr ergriffen und gerichtet werden.

Sehr oft wurde die Linde in der Mitte des Dorfes als Baum der Rast und der Besinnung gepflanzt. Unter ihm spielten die Kinder, versammelte sich die tanzlustige Jugend und auch die Erwachsenen schätzten es, unter dem schützenden Dach ihre Feierabendgespräche zu führen. Trauungen, Versammlungen und Feste jeglicher Art fanden bevorzugt bei den Brunnen- oder Dorflinden statt.

Vor Klöstern und an Wallfahrtsorten standen fast im ganzen deutschen Sprachgebiet Linden.

Auch in der Dichtung spiegelt sich das innige Verhältnis des Menschen zur Linde. Besonders schön kommt dies in den Liedern des Minnesängers «Walter von der Vogelweide» zum Ausdruck.

Im Nibelungenlied wird unter anderem erzählt, wie ein Lindenblatt dem Helden Siegfried zum Schicksal wird.

Johann Wolfgang von Goethe berich-

395 Sommerlinde im Frühling

396 Gestielte Blüten zu 2–5 in Trugdolden

397 Aufsicht: Blüten mit zahlreichen Staubblättern, 5 kurzen Kelch- und 5 langen Kronblättern

398 Längsschnitt durch Lindenblüte: Oberständiger Fruchtknoten stark behaart

399 Sommerlinde im Sommer

400 Laubblattoberseite dunkelgrün und etwas behaart

401 Laubblattunterseite heller grün und mit stark vortretenden Adern

402 Laubblattunterseite mit weisslichen Bärtchen in den Adernwinkeln

403 Sommerlinde im Herbst

404 Langgestielte, kugelige, 4 oder 5-rippige Nüsse mit braunen und flügeligen Vorblättern

405 Links: Jüngere, noch grüne und kugelige Nuss; Rechts: ältere, 5-rippige Nuss

406 Holz gelblichweiss bis rötlich, weich und leicht

407 Sommerlinde im Winter

408 Endknospen schmal- bis breiteiförmig und sonnenseits rot gefärbt

409 Seitenknospen schmal- bis breit-eiförmig, zugespitzt und seitlich etwas zusammengedrückt

410 Borke grob, rissig, graubraun und mit rhombenartiger Zeichnung

tet in «Dichtung und Wahrheit» über die Linde, und auch Wilhelm Müller zeigt in seinem Gedicht «Der Lindenbaum» die grosse Verbundenheit zwischen uns Menschen und den Linden. Diese innige Beziehung sehen wir auch aus der Tatsache, dass viele Ortschaften das Wort «Linde» in irgend einer Form enthalten: «Lindau, Linden, Lindenthal, Lindenholz». Entsprechende, vom französischen «tilleul» abgeleitete Namen sind unter anderem «Thielle und Thyon». Aus einer älteren Statistik geht hervor, dass es in der Bundesrepublik Deutschland über 850 Ortsnamen gibt, in welchen das Wort «Linde» allein, oder als Teil des Namens vorkommt.

Bergulme, Bergrüster

Ulmus glábra Huds. emend. Moss.
Orme de montagne
Olmo di montagna

Scots elm, Wych elm
Bergiep, Ruwe iep

Ulmengewächse
Ulmáceae
Seiten 109, 192, 193

In der Jugend wächst die Bergulme sehr rasch. Bereits mit 30 Jahren kann sie 90% ihrer späteren Höhe erreichen. Mit 60 Jahren ist das Höhenwachstum mehr oder weniger abgeschlossen. 30 m hohe Bäume sind nicht selten. Bis 40 m hohe Ulmen sind nur dort zu finden, wo genug Licht, Wärme und wenig Frost vorhanden sind und wo das Sickerwasser mit Nährstoffen angereichert ist. Diese günstigen Bedingungen sind vor allem in den Lindenmischwäldern gegeben. Im Ahorn-Eschenwald und Buchen-Hagebuchenwald können sich die Ulmen aber ebenfalls durchsetzen.

Die Krone ist meist regelmässig abgerundet. Der Stamm kann durchgehend sein, oder sich im Kronenbereich in mehrere Hauptäste auflösen. Das Höchstalter wird auf 500 Jahre geschätzt. Diese sehr alten Ulmen können dann einen Stammumfang von 6-7 m aufweisen, gemessen 1,5 m über dem Boden.

Kräftige und tiefgehende Wurzeln verankern den Baum fest im Boden. Auf der Windseite sind häufig Brettwurzeln vorhanden, welche die Standfestigkeit der Bäume erhöhen.

Die junge Rinde ist silbergrau bis bräunlich und glatt. Später wandelt sie sich zu einer längsrissigen und grau- bis dunkelbraunen Borke um. Der Bast diente früher als Bindematerial und zur Herstellung von Stricken und Bienenkörben. Unter der Borke finden wir einen gelblich-weissen und breiten Splint, und davon scharf abgegrenzt, einen braunen, bald stark nachdunkelnden Kern. Dazwischen liegt eine nicht immer stark ausgeprägte Reifholzschicht. Damit gehört die Bergulme zu den Kern-Reifhölzern.

Das Kernholz ist sehr dekorativ und gehört zu den schönsten europäischen Holzarten. Es ist hart, sehr druckfest, wenig zugfest, mässig elastisch, zäh, biegsam und dauerhaft. Da es eine starke Tendenz zum Reissen und Werfen hat, soll die Trocknung möglichst langsam und vorsichtig erfolgen. Das Raumgewicht des lufttrockenen Schnittholzes variiert zwischen 550 und 850 kg/m^3. Die Bearbeitung sollte keine Schwierigkeiten bereiten. Auch lässt sich die Oberflächenbehandlung gut durchführen. Alle Verbindungen mit Leim, Schrauben und Nägeln halten gut. Das Holz ist gut schäl-, messer- sowie drechselbar.

Verwendet wird es vor allem für den Innenausbau und zur Herstellung von Möbeln und Parkett. Dekorative Furniere aus diesem Holz sind sehr gesucht. Wurzelholz mit seiner schönen Maserung wird vom Drechsler und Schnitzler sehr geschätzt. Im gebeizten Zustand bildete es früher einen Ersatz für Nussbaum- und Mahagoniholz.

Als Brennholz steht es der Buche kaum nach, ist aber, wegen seiner schlechten Spaltbarkeit, weit weniger beliebt.

Ceratocystis ulmi ist der Erreger des Ulmensterbens, jener gefährlichen Pilzkrankheit, die sich um 1920 in Europa auszudehnen begann. Verbreitet wird dieser Pilz durch den Ulmensplintkäfer. Dieser bohrt sich seine Frassgänge unter der Rinde und ermöglicht so den Sporen des Schlauchpilzes ein Eindringen in die Gefässbündel der Stämme. Der Pilz bringt die Zellwände dazu, blasenartige Einstülpungen zu bilden. Diese Wucherungen verstopfen dann die Wasserbahnen und stören den Wasserhaushalt derart, dass schon nach kurzer Zeit vereinzelte Zweige und Äste absterben. Nur wenig später trocknet der ganze Baum aus. Wo Bekämpfungsmassnahmen erforderlich werden, haben sie sich gegen den Käfer zu richten.

In der kollinen und montanen Stufe bevorzugt die Bergulme nährstoffreiche und besonders frische Böden, während steinige und trockene Berghänge gemieden werden. Auf Grundwassersenkungen wird meist mit Gipfeldürre reagiert. Wie der Bergahorn ist auch diese Baumart eine treue Begleiterin der Buche und dürfte in Bezug auf den Kalkgehalt des Bodens indifferent bis kalkhold sein. Im Verhältnis zu anderen Waldbäumen sind die Ulmen nicht sehr zahlreich und geschlossene Bestände selten. Meist sind die Bäume im Wald einzeln eingesprengt oder höchstens horstweise vertreten. Häufig finden wir sie auch in Schlucht- und Hangwäldern, zusammen mit Esche und Bergahorn.

Aus kugeligen und vielschuppigen End- und Seitenknospen entfalten sich im März oder April kugelige Blütenstände. Die zahlreichen Blüten sind 3-6 mm lang und bestehen aus 5 rötlichvioletten oder grünlichen Perigonblättern, 5 Staubblättern und einem oberständigen Fruchtknoten. Nach der Befruchtung entwickelt sich aus diesem eine eiförmig gestaltete und grünlich gefärbte Flügelfrucht. Diese reift bereits Ende Juni heran. Der ovale Samen liegt bei der Bergulme in der Mitte des nun braun gewordenen Flügels. Alle 2-3 Jahre ist ein richtiges Fruchtjahr.

Erst nach der Blütezeit spriessen die Laubblätter. Ausgewachsen sind sie 5-16 cm lang, im Umriss elliptisch, eiförmig oder verkehrt-eiförmig und im oberen Drittel meist am breitesten, oft dreizipflig und 3-6 mm lang gestielt. Dieser wird sehr oft von der einen Spreitenhälfte etwas verdeckt. Das Blattende ist fein zugespitzt, die Spreitenbasis schwach unsymmetrisch und der Blattrand grob doppelt gesägt. Die Zähne sind jeweils sichelförmig gekrümmt. Die Oberseite ist dunkelgrün und deutlich rauh anzufühlen; die Unterseite weist eine etwas heller grüne Farbe auf und besitzt bei den grösseren Adern feine und weisse Haarbüschel.

Im Gegensatz zur Feldulme, mit ihren 12 Paaren von Seitenadern, weist die Bergulme deren 14-20 auf. Die gleiche Anzahl finden wir aber auch bei der Flatterulme. Die beiden letztgenannten unterscheiden sich aber sehr stark bei der Spreitenbasis (Flatterulme mit sehr stark asymmetrischem Ansatz der Spreitenhälften).

Im alten Griechenland waren die Ulmen dem Götterboten Hermes - dem Beschützer der Kaufleute und der Diebe - geweiht. Die geflügelten Ulmenfrüchte begleiteten jeweils die Seelen, welche von Hermes vor den Weltenrichter geführt wurden. Von den Nymphen wurden jeweils zum Gedenken an gefallene Helden schattige Ulmen gepflanzt.

In Südfrankreich nimmt die Ulme die Stellung unserer Linde ein. Unter dem Schatten wurde jeweils Recht gesprochen und Gottes Wort verkündet.

411 Bergulme im Frühling

412 Blüten in kugeligen Büscheln vereinigt und vor dem Laubaustrieb erscheinend

413 Kugeliger Blütenstand mit zahlreichen Blüten

414 4 junge Einzelblüten

415 Bergulme im Sommer

416 Laubblätter 5–16 cm lang und wechselständig angeordnet

417 Laubblattoberseite dunkelgrün und rauh

418 Laubblattunterseite mittelgrün und bei den grösseren Adern feinhaarig

419 Bergulme im Herbst

420 Ältere Blüte mit junger Flügelfrucht

421 Junge Flügelfrüchte, in deren Mitte der ovale Samen liegt

422 Kernholz blass- bis dunkelbraun oder rötlichbraun und an der Luft nachdunkelnd

423 Bergulme im Winter

424 Schmal-eiförmige und zugespitzte Endknospe (hier Blattknospe)

425 Schräg sitzende, kugelige Blütenknospe; darunter Blattnarbe mit 3 Blattspuren

426 Borke an älteren Bäumen längsrissig und dunkel-braungraue Schuppen bildend

Tanne, Weisstanne

Ábies álba Mill.
Sapin pectiné
Abete bianco

Silver Fir
Gewone zilverspar

Föhrengewächse
Pináceae
Seiten 66, 120, 121

Der im Wirtschaftswald ein Höchstalter von 180–200 Jahren, eine Höhe von 30–40 m und einen Stammdurchmesser von 1 m erreichende Baum kann im Urwald 500jährig werden, eine Höhe von 55 m erreichen und einen Durchmesser von 1,5 m besitzen. Im Alter weist der Baum eine lange Pfahlwurzel und eine storchennestartig abgeplattete Krone auf. Diese Form ist nur dadurch möglich geworden, weil die Seitenäste den Gipfeltrieb überragen. Bricht der Gipfeltrieb ab, so richtet sich ein Seitentrieb auf.

Innerhalb der glatten, weisslichgrauen und manchmal einen rötlichen Schimmer zeigenden Rinde liegt ein weissliches, mit einem gelblichen oder rötlichen Anflug versehenes, leichtes, weiches und gut spaltbares Holz. Es gleicht dem der Fichte, ist aber in seiner Färbung etwas blasser. Splint und Kern sind nicht scharf voneinander getrennt. Die Trocknung vollzieht sich sehr rasch, wobei nur eine geringe Gefahr des Werfens, aber eine starke Tendenz zum Reissen besteht. Das Raumgewicht des lufttrockenen Schnittholzes beträgt im Durchschnitt 550 kg/m^3. Heute dient es vor allem zur Herstellung von Möbeln, hölzernen Gefässen, Zündhölzern und Schindeln.

Die Nadeln sind bis 3 cm lang, abgeflacht, am Ende meist ausgerandet, gegen den Grund zu verschmälert und mit einer kreisrunden Fläche am Zweig angewachsen. Die Oberseite ist dunkelgrün, die Unterseite, mit ihren 2 weissen Spaltöffnungsstreifen, weisslich und hellgrün. Nach 6–11 Jahren fallen die Nadeln ab. Da die verbleibenden Blattnarben flach und nicht erhaben sind, fühlen sich die Zweige glatt an.

Einzeln stehende Bäume beginnen im Alter von ungefähr 30 Jahren zu blühen, diejenigen in Beständen erst mit 60–70 Jahren. Männliche Blüten wachsen an der Unterseite vorjähriger Triebe in zylindrisch gestalteten und abwärts gerichteten Kätzchen. Die weiblichen Blüten sind an Gipfeltrieben in 6 cm langen, hellgrünen und aufrechten Zapfen zusammengeschlossen. Zur Samenreife weisen sie eine Länge von 10–18 cm auf. Sie zerfallen im Oktober, und zurück bleibt die Spindel. Die dunkelbraunen Samen sind gross, dreieckig, terpentinreich und mit einem breiten Flügel fest verwachsen. Nur alle 2–6 Jahre werden reichlich Samen getragen.

Als anspruchsvoller mittel- und südeuropäischer Gebirgsbaum bevorzugt die Weisstanne frische bis feuchte, schwach saure bis basische, tiefgründige, lehmige bis tonige, fruchtbare Böden und schattige Lagen. Diese Bedingungen werden besonders an West- und Nordhängen in der montanen Stufe erfüllt. In die subalpine Stufe steigt sie nur selten hinauf; in der kollinen Stufe wird sie häufig angepflanzt. Auf extrem sauren, trockenen oder flachgründigen Böden ist der Baum nur vereinzelt anzutreffen.

In den Vogesen wird aus dem Harz der «Strassburger Terpentin» gewonnen.

Der erste urkundlich erwähnte Weihnachtsbaum soll im Jahr 1539 im Strassburger Münster gestanden haben. Aber erst um 1870 wurde der Brauch, Weihnachtsbäume aufzustellen, in Mitteleuropa verbreitet.

Fichte, Rottanne

Pícea ábies L. (P. excélsa Link)
Épicéa
Abete rosso

Norway spruce
Fijnspar

Föhrengewächse
Pináceae
Seiten 67, 122, 123

Im Freistand 30 bis 40 m und im Bestandesschluss bis 60 m Höhe erreichend, weist die Fichte eine meist pyramidenförmige Krone und eine flache und weitreichende Bewurzelung auf. Das höchste Alter beträgt im Kulturwald 200 Jahre, im Urwald bis 600 Jahre.

In ihrer Verzweigung variiert die Fichte sehr stark. Am häufigsten tritt die **Kammfichte** mit ihren vorhangähnlich herabfallenden Zweigen auf. Daneben finden wir die **Bürstenfichte** mit der bürstenartigen Anordnung der viel kürzeren Zweige und in höheren Lagen die **Blattfichte** mit einer mehr oder weniger horizontal angeordneten Verzweigung. Seltenere Spielformen sind zum Beispiel die sich durch eine besondere Holzgüte auszeichnende **Haselfichte.**

Die in der Jugend meist rotbraune, glatte oder etwas feinschuppige Rinde wandelt sich im Alter in eine graubraune, in runden Schuppen abblätternde Borke um. Diese umschliesst ein einheitlich weisses bis hellgelb gefärbtes, harzreiches, weiches, leichtes, mässig schwindendes, elastisches, tragfestes und mässig witterungsfestes Holz. Die Jahrringe sind stark markiert durch den Unterschied zwischen dem helleren Früh- und dem dunkleren Spätholz. Die Trocknung ist leicht und schnell durchzuführen. Das Raumgewicht des lufttrockenen Schnittholzes beträgt im Durchschnitt 450 kg/m^3. Gehobelte und geschliffene Flächen haben einen sehr schönen Glanz. Da dieses Holz eine so vielfältige Verwendung findet, erübrigt sich eine Aufzählung der angefertigten Gegenstände.

Die Nadeln sind sehr dicht, spiralig gestellt, steif, vierkantig, 5–25 mm lang, etwas sichelförmig gekrümmt, im Querschnitt fast quadratisch und stumpflich bis zugespitzt. Ihr Alter beträgt 5–7 Jahre.

Einzelstehende Bäume beginnen mit 30–40 Jahren -, in Beständen mit 60–70 Jahren erstmals zu blühen. Nach Erreichen der Geschlechtsreife werden alle 3–4 Jahre – in Gegenden mit rauherem Klima – alle 6–12 Jahre reichlich Samen getragen.

Die weiblichen Blütenstände liegen an der Spitze vorjähriger Triebe, sind leuchtend purpurrot, zapfenförmig, 4–5 cm lang und aufrecht stehend.

Die männlichen Blüten – zwischen Nadeln vorjähriger Triebe stehend – weisen unten an der Achse einige schuppenförmige Blättchen und darüber zahlreiche, schraubig gestellte Staubblätter auf.

Jedes Staubblatt besitzt einen kurzen Stiel, ein schuppenförmig gebogenes Ende und unterseits 2 Pollensäcke.

Zuerst sind die Blüten schräg nach unten gestellt, richten sich beim Blühen empor und zeigen im ausgewachsenen Zustand eine rötlichgelbe Färbung.

Reife Zapfen sind 10–15 cm lang, 3–4 cm dick und braun. Ihre obersten und untersten Schuppen sind jeweils steril. Die Samen weisen eine spitz-eiförmige Gestalt auf, sind dunkelbraun gefärbt, 4–5 mm lang und mit einem bis 16 mm langen, hellbraunen und durchscheinenden Flügel ausgerüstet. Sie fliegen jeweils bis zum nächsten Frühjahr aus. Nach ihrem Ausfliegen fallen die Zapfen als Ganzes ab.

427 Weisstanne im Sommer

428 Tannenzweig mit neuen, noch hellgrünen Trieben

429 Männliche Kätzchen im obersten Bereich der Krone

430 Weibliche Blüten in 2–6 cm langen, hellgrünen und aufrechten Zäpfchen

431 Zapfen 10–18 cm lang, walzenförmig, aufrecht und hellbraun

432 Dunkelbraune Samen gross, dreieckig und mit einem breiten Flügel fest verwachsen

433 Kern- und harzloses Holz rötlichweiss und gut spaltbar

434 Jüngere Borke hell- bis dunkelgrau und glatt; ältere Borke mit unregelmässigen und vertikalen Rissen

435 Rottanne im Sommer

436 Fichtenzweig mit hellgrünen Jungtrieben

437 Männliche Blüten in zuerst kugeligen, später 2–3 cm langen Kätzchen

438 Weibliche Blüten in zuerst aufrechten, 2–4 cm langen und später nach unten geneigten Zäpfchen

439 Reife Zapfen braun, 10–15 cm lang und hängend

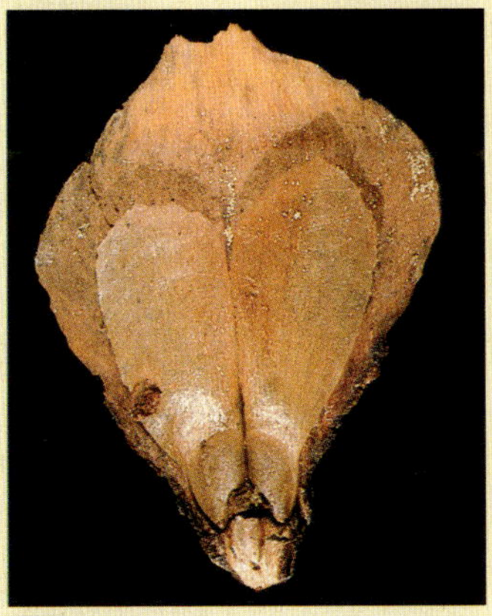
440 Dunkelbraune Samen spitzeiförmig und mit einem hellbraunen Flügel versehen

441 Kernloses Holz gelblichweiss, weich und tragfest

442 Borke an älteren Bäumen graubraun und in runden Schuppen abblätternd

Arve, Zirbelkiefer, Zirbel

Pinus cémbra L.
Arole, Pin cember
Pino cembro

Swiss Stone Pine
Alpenpijn

Föhrengewächse
Pináceae
Seiten 70, 128, 129

Bei günstigen Umweltbedingungen kann die Arve eine Höhe von 25 m, einen Durchmesser von 1,5 m und ein Alter von ungefähr 600 Jahren erreichen. Mit 200 Jahren ist das Höhenwachstum meist abgeschlossen; das Dickenwachstum hingegen endet erst mit dem Absterben des Baumes.

Die in der Jugend pyramidenförmige Krone wird im Alter kegelförmig bis zylindrisch. Bei Gipfelbruch entstehen kandelaberartige Formen. Als Flach- und Tiefwurzler ist die Arve sturmfest.

Innerhalb der zuerst silbergrauen und glatten Rinde, die sich später zu einer graubraunen und innen rotbraunen Schuppenborke umwandelt, liegt ein gelblichweisser Splintstreifen und ein hellrötlichgelber Kern. Unter dem Einfluss des Lichtes dunkelt er rasch nach.

Charakteristisch für Zirbelkiefer sind die zahlreichen fest verwachsenen rotbraunen Äste, die sich leicht sägen und hobeln lassen. Die Ausnutzung dieser Astbildner verleiht den Arvenmöbeln ein unverwechselbares Kennzeichen.

Das Holz ist sehr leicht, weich, feinfaserig, dauerhaft, aber wenig tragfest. Das Raumgewicht des lufttrockenen Schnittholzes beträgt 400–500 kg/m³. Es wird vom Schreiner für Möbel, Zimmerdecken, Täfer u.a.m. und vom Schnitzler für Masken, kleine Holztiere, Truhen und Gefässe verwendet.

An Kurztrieben finden wir pro Büschel fünf 5–12 cm lange, ziemlich gerade, dreikantige starr aufrechte, derbe und zugespitzte Nadeln. Ihr Alter beträgt ungefähr 5 Jahre.

Erst zwischen dem 60. und 80. Altersjahr (in Kultur bereits nach 25 Jahren, aber dann ohne keimfähige Samen) beginnen die Bäume zu blühen. Dabei finden wir die zuerst rötlichen -, dann gelblichen männlichen Kätzchen je nach Höhenlage im Juni, Juli oder August an neuen Trieben. Die Blüten sind 10–15 mm lang, sitzend und eiförmig. Die weiblichen Blüten liegen in aufrechtstehenden, violettgefärbten Zäpfchen an den Spitzen neuer Triebe. Alle Deckschuppen sind mehr oder weniger grünlich, vorn rot überlaufen und am Rande etwas gezähnelt und die purpurvioletten, bläulich bereiften und oberseits gewölbten Fruchtschuppen weisen einen schwachen Kiel auf. Die erst im 2. Jahr heranreifenden Zapfen werden eiförmig, 5–8 cm lang und zimmetbraun. Die dicken, braunen, hartschaligen, stumpf dreikantigen, ungeflügelten und essbaren «Zirbelnüsse» reifen im Oktober des 2. Jahres und fallen im nächsten Frühjahr aus den Zapfen.

Sturmlagen, die Nähe der Schneefelder und Gletscher werden nicht gescheut. Um aber den dort vorherrschenden strengen klimatischen Bedingungen trotzen zu können, verlangt die Arve möglichst frische, lockere Böden, warme Sommer und eine hohe Luftfeuchtigkeit.

Da von allen Baumarten nur sie die grossen Temperaturschwankungen der sehr hohen Lagen erträgt, dringt sie in den Zentralalpen bis auf eine Höhe von 2250 m ü.M. vor. Vereinzelt kann sie noch auf 2400 m ü.M. angetroffen werden.

Die Arve besiedelt nicht nur die Alpen, sondern auch die Karpaten und grosse Teile Nordasiens.

Waldföhre, Waldkiefer, gemeine Kiefer, Dähle

Pinus sylvéstris L.
Pin sylvestre
Pino silvestre

Scots pine
Grove den

Föhrengewächse
Pináceae
Seiten 69, 126, 127

Der bis 48 m hohe Baum mit seinem geraden, vollholzigen Stamm und der hoch angesetzten, im Alter stark abgewölbten und zuletzt schirmförmigen Krone besitzt eine tiefgehende Pfahlwurzel mit zahlreichen Nebenwurzeln. Bei sehr alten Bäumen kann ein Stammdurchmesser von einem Meter erreicht werden. Die rostrote bis graugelbe Rinde verwandelt sich im Alter in eine dicke, aussen graubraune und innen rotbraune Borke. Mit etwa 80 Jahren erreicht die Föhre eine Höhe von 20–25 m. Bei günstigen Umweltbedingungen kann der Baum 600jährig werden.

Die ziemlich viel Licht erfordernde, aber sonst anspruchslose Art, welche den trockenwarmen Sommer in der Steppengrenze ebenso gut erträgt, wie die Winterfröste Sibiriens, besiedelt von der kollinen bis in die subalpine Stufe vorwiegend trockene Sand- und Steinböden, nasse Moore, Kalk- und Kieselböden, Mergelrutschhänge und nährstoffarme eiszeitliche Deckenschotter.

Neben der Lärche ist die Waldföhre wohl die harzreichste einheimische Holzart. Das Holz wird durch einen breiten, rosaweissen Splint und einen gelblich bis rosabraunen, stark nachdunkelnden Kern aufgebaut. Die Trocknung lässt sich leicht und rasch durchführen, ohne Tendenz zum Werfen, aber mit einer leichten Neigung zum Reissen. Das gut getrocknete Kernholz schwindet wenig, ist sehr dauerhaft und im Freien widerstandsfähig. Es lässt sich gut spalten und leicht bearbeiten. Das Raumgewicht des lufttrockenen Schnittholzes beträgt 600 kg/m³.

In der Schreinerei wird das Holz oft und gerne verarbeitet. Es dient zur Herstellung von Fussböden, Fensterrahmen, Türen und als Blindholz für Tischplatten. Weiter wird das Holz bei Wasser- und Brückenbauten, im Schiffs- und Waggonbau und in der Papierindustrie verwendet.

Meist bleiben die 3–7 cm langen und paarweise an Kurztrieben wachsenden Nadeln je nach Rasse 2–7 Jahre.

Erste Blüten werden zwischen dem 30. und 70. Altersjahr gebildet. Die weiblichen Zäpfchen liegen an der Spitze von jungen Langtrieben, welche im nächsten Jahr weiter wachsen. Sie sind einzeln oder auch zahlreich und von eiförmiger Gestalt. Nach der Blütezeit sind die noch unreifen Zapfen deutlich gestielt, länglich geformt, grün gefärbt und hakig zurückgebogen. Erst im Herbst des 2. Jahres reifen sie heran.

Zwischen März und April des 3. Jahres krümmen sich die reifen Schuppen der 3–7 cm langen, kegelförmigen und hängenden Zapfen nach aussen und entlassen 3–5 mm lange, eiförmige und hellbraune Samen, welche mit einem 15–20 mm langen Flügel versehen sind. Aus den Samen wird ein fettes Öl gewonnen, das bei der Firnisbereitung Verwendung findet.

Die männlichen Blüten entspringen an Stelle von Kurztrieben aus den unteren Schuppenblättern eines Jahrestriebes.

Durch trockene Destillation erhalten wir aus dem harzigen Holz Teer, der zum Tränken von Schiffstauen und zum Überziehen von Holzpfählen verwendet werden kann.

Dank dem grossen Harzgehalt wurden bereits im Mittelalter Föhrenholzspäne als Fackeln verwendet.

443 Arve im Sommer

444 Nadeln 5–12 cm lang, zu 5 in Kurztrieben und spiralig angeordnet

445 Männliche Blüten in 1–2 cm langen, eiförmigen und roten Kätzchen

446 Weibliche Blüten in violetten, eiförmigen und gestielten Zäpfchen

447 Endknospe schmal-eiförmig, oft zugespitzt und meist verharzt

448 «Zirbelnüsse» dick, braun, dreikantig, hartschalig und essbar

449 Gelblichrotes und harzreiches Kernholz dunkelt unter dem Einfluss des Lichtes rasch nach

450 Schuppenborke aussen grauschwarz und innen braunrot

451 Waldföhre im Sommer

452 Nadeln 3–7 cm lang, zu 2 in Kurztrieben und spiralig angeordnet

453 Männliche Blüten in 3–8 cm langen und schmal pyramidenförmigen Kätzchen

454 Weibliche Blüten in eiförmigen, gestielten und violetten Zäpfchen

455 Junger Zapfen länglich-eiförmig, grün und hakig zurückgebogen

456 Samen 3–5 mm lang, eiförmig, hellbraun und mit einem 15–20 mm langen Flügel

457 Harzreiches Kernholz gelblich und mit deutlichen braunroten Jahrringen; am Licht stark nachdunkelnd

458 Borke älterer Bäume rötlichbraun bis violett, tief rissig und in Schuppen abfallend

3. Höhenstufen der Vegetation

Steigen wir von der Ebene in den Gebirgen bis in die Region des ewigen Schnees und Eises empor, so können wir eine deutliche Höhenzonierung der einzelnen Pflanzen und Pflanzengesellschaften feststellen. Diese wird unter anderem bedingt durch die:

1. Abnahme der Temperatur
2. Verkürzung der Vegetationszeit
3. Zunahme der Niederschläge und Windstärke
4. Verlängerung der Schneebedeckung
5. Zunahme der direkten Strahlung, besonders des kurzwelligen Bereiches

Die mehr oder weniger scharf gegeneinander abgrenzbaren Stufen können wie folgt charakterisiert werden:

1. Kolline Stufe (= colline Stufe, Hügellandstufe, Hügelstufe)

- Bis auf eine Höhe von 600 m: Mittelland
700 m: Alpenvorland
800 und 900 m: Zentral- und Südalpen
- Mittlere Jahrestemperatur zwischen 8° und 12° C.
- Dauer der Vegetationszeit über 250 Tage
- Gekennzeichnet durch Laubmischwälder:
  - In tieferen Lagen Eichen- Hagebuchemischwälder
  - In wärmsten Gebieten auf kalkhaltigem Boden Flaumeichenwälder
  - In Trockengebieten Föhrenwälder
  - In höheren Lagen Buchenmischwälder
  - Am Alpensüdfuss auf kalkarmen Böden Eichenmischwälder; heute an ihrer Stelle oft Kastanienwälder

2. Montane Stufe (Bergstufe)

- Bis auf eine Höhe von 1200 und 1300 m: Auf der Alpennordseite
1300 und 1500 m: Zentralalpen
1500 und 1700 m: Südalpen
- Mittlere Jahrestemperatur zwischen 4° und 8° C.
- Dauer der Vegetationszeit über 200 Tage
- Gekennzeichnet durch:
  - Buchen-, Buchen-Tannenwälder und Tannenwälder
  - Föhrenwälder in Zentralalpen
  - In mehr kontinentalen Gebieten bildet die Fichte natürliche Wälder.

3. Subalpine Stufe (Gebirgsstufe)

- Bis auf eine Höhe von 1700 und 1900 m: Nordalpen
1900 und 2400 m: Zentralalpen
1800 und 2000 m: Südalpen
- Mittlere Jahrestemperatur zwischen 1° und -2° C.
- Dauer der Vegetationszeit 100-200 Tage
- Gekennzeichnet durch:
  - Fichtenwälder
  - In den inneren Alpenketten folgt über dem Fichtenwald der Arven-Lärchenwald
  - Am Übergang zur alpinen Stufe Zwergstrauchgebüsche mit zum Beispiel Alpenrose, Wacholder und Alpenerlen (= an feuchten Steilhängen); auf Kalkböden Bergföhrenwälder und Legföhrenbestände.

4. Alpine Stufe

- Sie umfasst die baumlosen oberen Lagen der Alpen und reicht von der Baumgrenze bis zur natürlichen Schneegrenze (= Grenze, bei der der Schnee auf horizontalen Flächen im Sommer noch schmilzt).
- Oft werden die Gebiete oberhalb der natürlichen Schneegrenze als **nivale Stufe** von der alpinen Stufe abgegrenzt.
- Klimatische Schneegrenze zwischen 2400 und 3200 m
- Gekennzeichnet durch:
  - zuunterst vor allem Zwergstrauchbestände (z.B. Alpenazalee)
  - oberhalb der Zwergsträucher vor allem Rasen

4. Bestimmungsschlüssel

4.1. Anleitung zum Gebrauch der Bestimmungsschlüssel I–V

- Der Schlüssel wird nach der gegensätzlichen Ausbildung eines Merkmals aufgebaut, wobei das betreffende Merkmal durch einen grossen lateinischen Buchstaben gekennzeichnet ist.

  Beispiel: S. 65: **A = Blätter nadelförmig**

  Beispiel: S. 74: **B = Laubblätter doppelt gefiedert**

  Die gegensächliche oder andere Ausbildung des oben genannten Merkmals wird durch Verdoppelung des gleichen Buchstabens gegeben.

  Beispiel: S. 72: **AA = Blätter schuppenförmig**

  In mehreren Fällen, wo ein Merkmal nicht nur in 2, sondern in mehreren verschiedenen Formen ausgebildet ist, wird der betreffende Buchstaben mehrmals verwendet.

  Beispiel: S. 65: **E = Nadeln abgeflacht und am Ende ausgerandet, stumpf oder abgerundet**
  S. 66: **EE = Nadeln abgeflacht und am Ende zugespitzt**
  S. 67: **EEE = Nadeln 4-kantig, am Ende zugespitzt und am Grunde einem zum Zweig gehörenden, bräunlichen, stielartigen Nadelkissen aufsitzend, ...**

  Beispiel: S. 74: **B = Laubblätter doppelt gefiedert**
  S. 74: **BB = Laubblätter einfach gefiedert und Fiederblätter ...**
  S. 79: **BBB = Laubblätter einfach und unpaarig gefiedert; die 3, 5, 7 oder 9 Fiederblätter grob gezähnt ...**

- Wurde der für die weitere Beschreibung notwendige Buchstabe bereits verwendet (z.B. für die Beschreibung einer Art), so wird, um Verdoppelungen des Buchstabens innerhalb des **gleichen Teilschlüssels** zu vermeiden, der gleiche Buchstabe auf der rechten unteren Seite mit einer kleinen arabischen Zahl versehen.

  Beispiel: S. 65: **C = Beschreibung der Eibe**
  S. 65: **C_1 = Nadeln an Langtrieben stets einzeln stehend und spiralig oder scheinbar zweizeilig angeordnet; keine eigentlichen Kurztriebe vorhanden.**

  Beispiel: S. 65: **F = Nadeln am Grunde stielartig zusammengezogen ...**
  S. 67: **F_2 = Nadeln jederseits mit schmalen Spaltöffnungsstreifen ...**
  S. 69: **F_3 = Nadeln nicht über 10 cm lang ...**

- Buchstaben, die erstmals für ein Merkmal oder für eine Artbeschreibung verwendet werden, weisen keine arabische Zahl auf.

- Bei jedem neuen Teilschlüssel wird wieder mit dem Buchstaben **A** und der arabischen Zahl **1** begonnen.
  (Siehe S. 65, 74, 82, 90 und 105).

- Die Bestimmung kann mit Hilfe von 5 Teilschlüsseln durchgeführt werden (Siehe S. 64)

4.2 Übersichtstabelle für die Bestimmung der Gehölze

Gehölze

- Nadelhölzer mit Schuppenblättern (S. 72, 73)
  Teilschlüssel I

459 **Thuja**

- Nadelhölzer mit Nadelblättern (S. 65–71)
  Teilschlüssel I
  - Nadeln nur an Langtrieben

460 **Weisstanne**

  - Nadeln an langtriebähnlichen Kurztrieben

461 **Chinesisches Rotholz**

  - Nadeln an Lang- und Kurztrieben

462 **Lärche**

- Zusammengesetzte Laubblätter (S. 74–81)
  Teilschlüssel II
  - Unpaarig gefiedert

463 **Robinie**

  - Paarig gefiedert

464 **Johannisbrotbaum**

  - Gefingert

465 **Rosskastanie**

- Ganze Laubblätter (S. 82–119)
  - Gelappte Laubblätter (S. 82–89)
    Teilschlüssel III

466 **Spitzahorn**

  - Ganzrandige Laubblätter (S. 90–104)
    Teilschlüssel IV

467 **Hartriegel**

  - Gezähnt/gesägt und/oder gekerbte Laubblätter (S. 105–119)
    Teilschlüssel V

468 **Wolliger Schneeball**

A Blätter nadelförmig (Abb. 469–519) — Richtig, siehe **B** oder **BB** Falsch, siehe **AA** (S. 72)

B Nadeln nicht deutlich vom Zweig abgegliedert, sondern 2–17 mm an diesem herablaufend und gestielt oder ungestielt (Abb. 469–471) — Richtig, siehe **C, CC** oder **CCC** Falsch, siehe **BB** oder **BBB** (S. 71)

Táxus – Eibe

C

469 **Eibe**

Táxus baccáta L.
Eibe
Abb. 469 – siehe S. 120/121

- Nadeln 1–3 cm lang, 2–3 mm breit, linealisch, abgeflacht, fein zugespitzt, ganzrandig und spiralig angeordnet
- Nadelstiel 2–3 mm lang, grün und am Zweig herablaufend
- Oberseits glänzend dunkelgrün und mit erhabener Mittelader; unterseits hell- oder gelbgrün

Sequóia – Mammutbaum

CC

470 **Redwood**

Sequóia sempérvirens (D. Don) Endl.
Küstenmammutbaum, Redwood
Abb. 470 – siehe S. 120/121

- Nadeln 4–20 mm lang, 1–2,5 mm breit, linealisch bis lanzettlich, abgeflacht, gerade oder schwach gebogen, abrupt zugespitzt, ganzrandig und spiralig angeordnet
- Nadeln am Zweig herablaufend
- Oberseits hell- bis dunkelgrün und unterseits mit 2 weisslichen Spaltöffnungsstreifen

Araucária – Andentanne

CCC

471 **Andentanne**

Araucária araucána (Mol.) K. Koch
Andentanne
Abb. 471 – siehe S. 120/121

- Nadeln 2,5–5 cm lang, 1–2,5 cm breit, dreieckig, steif, in eine Stachelspitze auslaufend, stechend, ganzrandig, spiralig angeordnet und sich dachziegelig überlappend
- Nadeln am Zweig herablaufend
- Beiderseits glänzend dunkelgrün, kahl und parallelnervig

BB Nadeln vom Zweig deutlich abgegliedert und damit **nicht** am Zweig herablaufend (Abb. 472–517) — Richtig, siehe **C_1, C_1C_1** (S. 68) oder **$C_1C_1C_1$** (S. 68) Falsch, siehe **BBB (S. 71)**

C_1 Nadeln an Langtrieben (Abb. 472–495), stets einzeln stehend und spiralig oder scheinbar zweizeilig angeordnet; keine eigentlichen Kurztriebe vorhanden — Richtig, siehe **D** oder **DD** (S. 68) Falsch, siehe **C_1C_1** (S. 68) oder **$C_1C_1C_1$** (S. 68)

D Nadeln **nicht** gestielt (Abb. 472–494); oft gegen den Grund zu etwas verschmälert — Richtig, siehe **E** oder **EE** (S. 66) Falsch, siehe **DD** (S. 68)

472 **Weisstanne**

473 **Nordmannstanne**

E Nadeln abgeflacht und am Ende ausgerandet, stumpf oder abgerundet — Richtig, siehe **F** oder **FF** (S. 66) Falsch, siehe **EE** (S. 66) oder **EEE** (S. 67)

F Nadeln am Grunde stielartig zusammengezogen und mit grüner und scheibenförmig verbreiterter Basis dem Zweig anhaftend — Richtig, siehe **G** oder **GG** (S. 66) Falsch, siehe **FF** (S. 66)

G Mittelband der Nadel breit, mittel- oder dunkelgrün und deutlich erkennbar (Abb. 474, 475) — Richtig, siehe **H** (S. 66) oder **HH** (S. 66) Falsch, siehe **GG** (S. 66)

474 **Weisstanne**

475 **Nordmannstanne**

Ábies – Tanne

H

476 **Weisstanne**

Ábies álba Mill.
Weisstanne, Tanne

Abb. 476 – siehe S. 120/121

- Nadeln bis 3 cm lang, 2–3 mm breit, abgeflacht, linealisch, am Ende stumpf, meist aber ausgerandet, gegen den Grund zu verschmälert und mit kreisrunder Fläche am Zweig angewachsen
- Nadelrand: ganzrandig
- Oberseits dunkelgrün und mit schwach eingesenkter Mittelader; unterseits mit 2 breiten Spaltöffnungsstreifen

HH

477 **Nordmannstanne**

Ábies nordmanniána (Stev.) Spach
Nordmannstanne

Abb. 477 – siehe S. 120/121

- Nadeln 2–3,5 cm lang, 2–2,5 mm breit, linealisch, starr, derb, deutlich gefurcht, stumpf, abgerundet oder leicht ausgerandet, gegen den Grund zu abgedreht und mit breitelliptischer bis runder Fläche am Zweig angewachsen
- Nadelrand: ganzrandig
- Oberseits dunkelgrün, in der Mitte vertieft; unterseits mit ausgeprägtem, grünem Mittelband und 2 breiten, weissen Spaltöffnungsstreifen

GG Mittelband der Nadeln etwas weisslich und daher nicht so ausgeprägt erscheinend wie bei den beiden vorhergehenden Arten (Abb. 478)

Richtig, siehe **H_1**

Falsch, zurück zu **G** (S. 65)

478 **Veitchs Tanne**

Ábies – Tanne

H_1

479 **Veitchs Tanne**

Ábies veitchii Lindl.
Veitchs Tanne

Abb. 479 – siehe S. 120/121

- Nadeln 1–2,5 cm lang, bis 2 mm breit, linealisch, weich, am Zweig oft bürstenförmig schräg nach vorn gerichtet, am Ende flach und deutlich ausgerandet, am Grunde etwas verschmälert, leicht abgebogen und mit elliptischer oder rundlicher Fläche am Zweig angewachsen
- Nadelrand: ganzrandig
- Oberseits mittel- bis dunkelgrün; unterseits Spaltöffnungsbänder kreideweiss

FF Nadeln **nicht** mit einer scheibenförmig verbreiterten Basis dem Zweig anhaftend (Abb. 480, 481)

Richtig, siehe **G_1** oder **G_1G_1**
Falsch, zurück zu **F** (S. 65)

480 **Edel-Tanne**

481 **Douglasie**

Ábies – Tanne

G_1

482 **Edel-Tanne**

Ábies procéra Rehd.
Edel-Tanne

Abb. 482 – siehe S. 122/123

- Nadeln 2,5–3,5 cm lang, bis 1,5 mm breit, linealisch, derb, sehr dicht gedrängt, deutlich aufwärts gebogen, am Ende meist stumpf, am Grunde mit der ganzen Basis (nicht verbreitert!) dem Zweig angewachsen
- Nadeln kurz nach der Basis abrupt aufwärts gebogen
- Nadelrand: ganzrandig
- Oberseits graugrün, flach gefurcht

Pseudotsúga – Douglasie

G_1G_1

483 **Douglasie**

Pseudotsúga menziésii (Mirbel) Franco
Douglasie

Abb. 483 – siehe S. 122/123

- Nadeln 1,8–3,5 cm lang, 1–1,5 mm breit, gerade oder schwach gebogen, flach, stumpf oder etwas zugespitzt und beim Zerreiben nach Orange duftend
- Nadelrand: ganzrandig
- Oberseits mittel- bis dunkelgrün und gefurcht; unterseits mit 2 silbergrauen Spaltöffnungsstreifen

EE Nadeln abgeflacht und am Ende zugespitzt (Abb. 484–488)

Richtig, siehe **F_1, F_1F_1, $F_1F_1F_1$** oder **$F_1F_1F_1F_1$** (alle S. 67)
Falsch, siehe **EEE** (S. 67)

484 **Gemeiner Wacholder**

Juníperus – Wacholder

F1

485 **Gem. Wacholder**

Juníperus commúnis L.
ssp. commúnis
Gemeiner Wacholder
Abb. 485 – siehe S. 122/123

- Nadeln 1–2 cm lang, 1–2 mm breit, linealisch, gerade, ungestielt, scharf zugespitzt, etwas stechend, dem Zweig mit breiter Basis angewachsen und meist rechtwinklig abstehend
- Nadelrand: ganzrandig
- Oberseits schwach rinnig und mit einem weissen Mittelband; unterseits grün und gekielt

---

F1F1

486 **Zwerg-Wacholder**

Juníperus nána Willd.
Zwerg-Wacholder
Abb. 486 – siehe S. 122/123

- Nadeln 4–8 mm lang, 1–2 mm breit, meist etwas sichelförmig gekrümmt, linealisch, ungestielt, kurz zugespitzt, nicht stechend, dem Trieb mit breiter Basis angewachsen und mit eng stehenden Nadelquirlen
- Nadelrand: ganzrandig
- Oberseits an den Rändern dunkelgrün und mit breitem Spaltöffnungsstreifen; unterseits dunkelgrün und etwas gekielt

---

F1F1
F1

487 **Sadebaum**

Juníperus sabína L.
Sadebaum, Stink-Wacholder
Abb. 487 – siehe S. 130/131

- Jugendblätter nadelförmig, 4–5 mm lang, 0,5–1 mm breit, in 3er Wirteln stehend, ungestielt, stumpf oder zugespitzt und dem Zweig mit breiter Basis angewachsen
- Blattrand: ganzrandig

F1F1
F1F1

488 **Chin. Wacholder**

Juníperus chinénsis L.
Chinesischer Wacholder
Abb. 488 – siehe S. 122/123

- Jugendblätter nadelförmig, 6–10 mm lang, 1 mm breit, spitzwinklig abgespreizt, ungestielt, stechend zugespitzt und zu 3 quirlig oder gegenständig
- Nadelrand: ganzrandig
- Oberseits mit 2 getrennten, blaugrünen Spaltöffnungsstreifen; unterseits dunkelgrün

---

EE **E**	Nadeln 4-kantig, am Ende zugespitzt und am Grunde einem zum Zweig gehörenden, bräunlichen, stielartigen Nadelkissen aufsitzend, das nach dem Abfallen der Nadel als Höcker stehen bleibt (= Zweige rauh!)	Richtig, siehe **F2** oder **F2F2** Falsch, zurück zu **E** (S. 65)

F2	Nadeln jederseits mit schmalen Spaltöffnungsstreifen und daher mittel- bis dunkelgrün erscheinend	Richtig, siehe **G2** oder **G2G2** Falsch, siehe **F2F2**

489 **Rottanne**

490 **Kaukasus-Fichte**

Pícea – Fichte

G2

491 **Rottanne**

Pícea abies (L.) Karst
P. excélsa (Lam.) Link
Gemeine Fichte, Rottanne
Abb. 491 – siehe S. 122/123

- Nadeln 0,5–2,5 cm lang, bis 1 mm breit, steif, etwas sichelförmig gekrümmt, im Querschnitt fast quadratisch, stumpflich bis zugespitzt und vom Zweig schräg nach oben abstehend
- Nadelrand: ganzrandig
- Auf allen 4 Seiten mittel- bis dunkelgrün und mit feinen Spaltöffnungslinien

---

G2G2

492 **Kaukasus-Fichte**

Pícea orientális (L.) Link
Kaukasus-Fichte
Abb. 492 – siehe S. 124/125

- Nadeln 5–11 mm lang, 1–1,3 mm breit, gerade oder etwas gekrümmt, kurz gestielt, im Querschnitt fast quadratisch, dicht gedrängt und stumpf
- Nadelrand: ganzrandig
- Auf allen 4 Seiten glänzend dunkelgrün und mit weissen Spaltöffnungsstreifen

---

F2F2	Nadeln mit sehr breiten und ausgeprägt weissen Spaltöffnungsstreifen und daher hellgrün und weiss erscheinend (Abb. 493, 494)	Richtig, siehe **G3** (S. 68) oder **G3G3** (S. 68) Falsch, zurück zu **F2**

Picea – Fichte

G_3

493 **Serbische Fichte**

Picea omorika (Panč.) Purk.
Serbische Fichte
Abb. 493 – siehe S. 124/125

- Nadeln 1–1,9 cm lang, 1,5–2 mm breit, etwas gebogen, deutlich abgeflacht, dichtstehend, beiderseits gekielt, nach dem Zweigende zu gerichtet und stumpf oder etwas zugespitzt
- Nadelrand: ganzrandig
- Oberseits später dunkelgrün; unterseits beiderseits des Kiels mit deutlich sichtbaren Spaltöffnungsstreifen

G_3G_3

494 **Stechfichte**

Picea pungens Engelm. «Glauca»
Stechfichte
Abb. 494 – siehe S. 124/125

- Nadeln 1,5–3 cm lang, bis 1,5 mm dick, starr, vierkantig, oft schwach sichelförmig gebogen, kurz und stechend zugespitzt
- Nadelrand: ganzrandig
- Nadeln blauweiss mit jederseits einem weisslichen Spaltöffnungsstreifen

DD	Nadeln deutlich gestielt (Abb. 495)	Richtig, siehe **E_1** Falsch, zurück zu **D** (S. 65)

Tsúga – Hemlocktanne

E_1

495 **Hemlocktanne**

Tsúga canadénsis (L.) Carr.
Hemlocktanne
Abb. 495 – siehe S. 124/125

- Nadeln 7–15 mm lang, 1,5–2,5 mm breit, abgeflacht, zur Spitze hin verschmälert, deutlich gelblichweiss gestielt und am Ende abgerundet oder gestutzt
- Nadelrand fein gesägt; Zähnchen weit auseinanderliegend
- Oberseits dunkelgrün; unterseits bläulichgrün und mit 2 silbrigen Spaltöffnungsbändern
- Nadeln der mittleren Reihe häufig umgedreht

C_1C_1	Nadeln an langtriebähnlichen Kurztrieben, die im Herbst zusammen mit den Nadeln abfallen; Nadeln hellgrün (Abb. 496, 497)	Richtig, siehe **D_1** oder **D_1D_1** Falsch, siehe **$C_1C_1C_1$**

Metasequóia – Rotholz, Urwelt Mammutbaum

D_1

496 **Urwelt-Mammutbaum**

Metasequóia glyptostroboídes Hu et Cheng
Chinesisches Rotholz, Urwelt-Mammutbaum
Abb. 496 – siehe S. 124/125

- Nadeln linealisch, abgeflacht, weich, 1–4 cm lang und 2–3 mm breit, am Ende abgerundet oder mit kurzer Spitze
- Kurztriebnadeln etwas gebogen und im Herbst mit dem Kurztrieb abfallend
- Langtriebnadeln im Herbst einzeln abfallend
- Oberseits mittel- bis dunkelgrün

Taxódium – Sumpfzypresse

D_1D_1

497 **Sumpfzypresse**

Taxódium distichum (L.) L.C. Rich.
Sumpfzypresse
Abb. 497 – siehe S. 124/125

- Nadeln der Kurztriebe 1–2 cm lang, 1–2 mm breit, linealisch abgeflacht, etwas zugespitzt und im Herbst mit den grünen Kurztrieben abfallend
- Anordnung der Nadeln an Kurztrieben wechselständig und zweizeilig; diejenigen an Langtrieben spiralig
- Nadelrand: ganzrandig
- Beim Austrieb frischgrün, später hell- bis mittelgrün und im Herbst rostbraun

C_1C_1 **C_1**	Nadeln an Langtrieben meist locker und einzeln stehend, an seitlichen Kurztrieben zu 2–5 oder zu 10–40 rosettenartig gehäuft	Richtig, siehe **D_2** oder **D_2D_2** (S. 70) Falsch, zurück zu **C_1** (S. 65)
D_2	Nadeln lang, dünn, biegsam und zu 2–5 in Kurztrieben; diese an der Basis eine häutige Scheide besitzend (diese vielfach im 1. Jahr bereits abfallend)	Richtig, siehe **E_2** oder **E_2E_2** (S. 69) Falsch, siehe **D_2D_2** (S. 70)
E_2	Nadeln zu 2 in Kurztrieben (Abb. 498)	Richtig, siehe **F_3** (S. 69) **F_3F_3** (S. 69) oder **$F_3F_3F_3$** (S. 69) Falsch, siehe **E_2E_2** (S. 69)

498 **Bergföhre**

F3	Nadeln nicht über 10 cm lang (2–8 cm) und Scheiden an der Basis von Nadeln älterer Triebe nur kurz (Abb. 499, rechts) oder abgefallen	Richtig, siehe **G4** Falsch, siehe **F3F3** oder **F3F3F3**

Pinus – Föhre, Kiefer

G4

499 **Bergkiefer**

Pinus múgo Turra
Berg- und Krummholzkiefer

Abb. 499 – siehe S. 126/127

- Nadeln 2–8 cm lang, 1–3 mm breit, steif, gerade oder etwas sichelförmig, im Querschnitt halbkreisförmig und kurz zugespitzt
- Bei älteren Trieben Scheiden nur noch kurz
- Nadelrand fein gesägt
- Beiderseits dunkelgrün und mit zahlreichen Spaltöffnungsstreifen

F3F3	Nadeln nicht über 10 cm lang und Scheiden an der Basis der meisten Nadelpaare einige mm lang und bleibend (Abb. 500, 501)	Richtig, siehe **G5** oder **G5G5** Falsch, siehe **F3F3F3**

Pinus – Föhre, Kiefer

G5

500 **Waldföhre**

Pinus sylvéstris L.
Gemeine Föhre, Waldföhre

Abb. 500 – siehe S. 126/127

- Nadeln 3–7 cm lang, bis 2 mm breit, meist deutlich gedreht, im Querschnitt halbmondförmig, zugespitzt und am Ende der Triebe büschelig gehäuft
- Scheiden bleibend
- Nadelrand fein gesägt
- Beiderseits blau- oder graugrün und mit sehr feinen Spaltöffnungslinien

G5G5

501 **Schlangenhautkiefer**

Pinus leucodérmis Ant.
Schlangenhautkiefer

Abb. 501 – siehe S. 126/127

- Nadeln 6–10 cm lang, 1–2 mm breit, oft etwas gebogen, im Querschnitt halbkreisförmig, zugespitzt und an den Zweigenden gehäuft
- Scheiden bleibend
- Nadelrand sehr fein gezähnelt
- Auf allen Seiten dunkelgrün; Spaltöffnungsstreifen auf der gesamten Oberfläche

F3F3 F3	Nadeln zwischen 10 und 25 cm lang und Scheiden an der Basis der Nadeln bleibend (Abb. 502, 503)	Richtig, siehe **G6** oder **G6G6** Falsch, zurück zu **F3**

Pinus – Föhre, Kiefer

G6

502 **Strandkiefer**

Pinus pináster Ait.
Strandkiefer

Abb. 502 – siehe S. 126/127

- Nadeln 13–25 cm lang, 1–2 mm breit, stechend, im Querschnitt halbkreisförmig und bei jüngeren Bäumen auch mit 3 Nadeln
- Scheiden bis zum 3./4. Jahr erhalten
- Nadelrand fein gesägt
- Dunkel- oder graugrüne Oberfläche; mit überall feinen Spaltöffnungslinien

G6G6

503 **Schwarz-Kiefer**

Pinus nigra ssp. nigra Arnold
Schwarz-Kiefer

Abb. 503 – siehe S. 126/127

- Nadeln 10–18 cm lang, 1–2 mm breit, meist etwas gekrümmt, im Querschnitt halbkreisförmig, oft etwas abgeflacht, zugespitzt und etwas stechend
- Scheiden lang und bleibend
- Nadelrand fein gezähnelt
- Die ganze Oberfläche dunkelgrün und mit Spaltöffnungsstreifen

E2E2	Nadeln zu 5 (seltener 3 oder 4) in Kurztrieben	Richtig, siehe **F4** oder **F4F4** (S. 70) Falsch, zurück zu **E2** (S. 68)
F4	Nadeln mit grossen weissen Harzflecken (Abb. 504)	Richtig, siehe **G7** (S. 70) Falsch, siehe **F4F4** (S. 70)

504 **Grannenkiefer**

Pinus – Föhre, Kiefer

G7

505 Grannenkiefer

Pinus aristáta Engelm.
Grannenkiefer
Abb. 505 - siehe S. 126/127

- Nadeln 2,5–4 cm lang, 1 mm breit, oft gekrümmt, mit weissen Harzflecken, im Querschnitt dreieckig und schmal zugespitzt
- Scheiden als zurückgerollte Lappen bis ins 4. Jahr bleibend
- Nadelrand: ganzrandig
- 2 Seiten mit Spaltöffnungsstreifen; dritte Seite dunkelgrün, ohne Streifen

---

F4F4	Nadeln **nicht** mit grossen weissen Harzflecken	Richtig, siehe **G8** oder **G8G8** Falsch, zurück zu **F4** (S. 69)

G8	Nadeln 4–7 cm lang und deutlich gedreht und gekrümmt, so dass Zweige weisslich und grün erscheinen (Abb. 506)	Richtig, siehe **H2** Falsch, siehe **G8G8**

Pinus – Föhre, Kiefer

H2

506 Mädchen-Kiefer

Pinus parviflóra Sieb. et Zucc.
Mädchen-Kiefer
Abb. 506 - siehe S. 128/129

- Nadeln 4–7 cm lang, 0,5–1 cm breit, deutlich gedreht und gekrümmt, im Querschnitt dreieckig, stumpf und an den Zweigenden pinselartig gehäuft
- Scheiden im 1. Jahr abfallend
- Nadelrand fein gesägt
- Oberseite dunkel blaugrün; die beiden Innenseiten mit weisslichen Spaltöffnungsstreifen

---

G8G8	Nadeln 5–12 cm lang und **nicht** gedreht und gekrümmt (Abb. 507, 508)	Richtig, siehe **H3** oder **H3H3** Falsch, zurück zu **G8**

507 Strobe

508 Arve

Pinus – Föhre, Kiefer

H3

509 Strobe

Pinus stróbus L.
Weymouthskiefer, Strobe
Abb. 509 - siehe S. 128/129

- Nadeln 5–12 cm lang, schlank und biegsam, im Querschnitt dreieckig und am Ende zugespitzt
- Scheiden im 1. Jahr ganz abfallend
- Nadelrand sehr fein gezähnelt
- 2 Seiten mit je 2 oder 3 blauweissen Spaltöffnungsstreifen; 3. Seite im 2. Jahr dunkelgrün

---

H3H3

510 Arve

Pinus cémbra L.
Zirbelkiefer, Arve
Abb. 510 - siehe S. 128/129

- Nadeln 5–12 cm lang, 0,8–1,5 mm breit, ziemlich gerade, im Querschnitt dreieckig, starr aufrecht und zugespitzt
- Scheiden bereits im 1. Jahr abfallend
- Nadelrand sehr fein gezähnelt
- 2 Seiten mit je 3–5 blauweissen Spaltöffnungsstreifen; oberseits dunkelgrün

---

D2D2	Nadeln an seitlichen Kurztrieben zu 10–40 rosettenartig gehäuft	Richtig, siehe **E3** oder **E3E3** (S. 71) Falsch, zurück zu **D2** (S. 68)

E3	Nadeln weich, abgeflacht und im Herbst abfallend	Richtig, siehe **F5** oder **F5F5** (S. 71) Falsch, siehe **E3E3** (S. 71)

Lárix – Lärche

F5

511 Europ. Lärche

Lárix decídua Mill.
Europäische Lärche
Abb. 511 - siehe S. 128/129

- Nadeln 1,5–3 cm lang, 0,5–0,9 mm breit, weich, abgeflacht, stumpf oder kurz zugespitzt
- An Kurztrieben zu 30–40; an Langtrieben einzeln und ziemlich dicht stehend; Jungtriebe nicht bereift
- Nadelrand ganzrandig
- Beiderseits hell- bis dunkelgrün und im Herbst vor dem Abfallen goldgelb

F5F5

512 Japanische Lärche

Lárix káempferi (Lamb.) Carr.
Japanische Lärche
Abb. 512 - siehe S. 128/129

- Nadeln 1,5-3,5 cm lang, 1-1,5 mm breit, weich, abgeflacht, stumpf oder zugespitzt
- An Kurztrieben zu 20-40; an Langtrieben einzeln und auch ziemlich dicht stehend; Jungtriebe bereift
- Nadelrand: ganzrandig
- Beiderseits blaugrün und vor dem Laubfall goldgelb

E3E3	Nadeln steif oder etwas weich (nicht so weich wie bei der Lärche), im Querschnitt rundlich, 4-kantig, rhombisch oder dreieckig und mehrjährig	Richtig, siehe **F6** oder **F6F6** Falsch, zurück zu **E3** (S. 70)

F6	Nadeln 2-6,5 cm lang, **etwas weich** und im Querschnitt rundlich oder 4-kantig	Richtig, siehe **G9** Falsch, siehe **F6F6**

Cédrus – Zeder

G9

513 Himalaya-Zeder

Cédrus deódera (D. Don) G. Don
Himalayazeder
Abb. 513 - siehe S. 130/131

- Nadeln 2-6,5 cm lang, bis 1 mm breit, etwas weiss, im Querschnitt rundlich oder 4-kantig, fein zugespitzt und etwas stechend
- Nadelrand: ganzrandig
- Allseitig dunkelgrün und mit feinen Spaltöffnungsstreifen

F6F6	Nadeln 1-3,5 cm lang, **steif** im Querschnitt dreieckig bis flach rhombisch oder viereckig und stechend zugespitzt (Abb. 514, 515)	Richtig, siehe **G10** oder **G10G10** Falsch, zurück zu **F6**

514 Libanonzeder

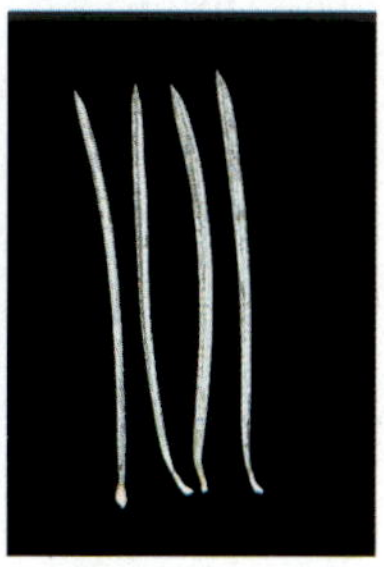

515 Atlaszeder

Cédrus – Zeder

G10

516 Libanonzeder

Cédrus líbani A. Rich
Libanonzeder
Abb. 516 - siehe S. 130/131

- Nadeln 1-3,5 cm lang, 1-1,2 mm breit, steif, stechend, im Querschnitt dreieckig bis rhombisch und durch die abgeflachte Oberfläche stets breiter als hoch
- Nadelrand: ganzrandig
- Allseitig mit ganz feinen Spaltöffnungsstreifen; Nadeln hell- bis dunkelgrün

---

G10
G10

517 Atlaszeder

Cédrus atlántica (Endl.) Manetti ex Carr.
Atlaszeder
Abb. 517 - siehe S. 130/131

- Nadeln 1-3 cm lang, 1-1,3 mm breit, starr, am Ende sehr kurz zugespitzt und etwas gebogen, im Querschnitt unregelmässig viereckig, dicker und steifer als bei der Libanonzeder
- Nadelrand: ganzrandig
- Allseitig mit Spaltöffnungsstreifen; daher weisslich blaugrün erscheinend

---

BBB	Nadeln mit dem unteren Teil dem Zweig angewachsen, spiralig angeordnet (3 Reihen bildend), dachziegelartig einander deckend und zugespitzt (Abb. 518)	Richtig, siehe **C2** Falsch, zurück zu **B** (S. 65)

518 Mammutbaum

Sequoiadéndron – Mammutbaum

C2

519 Mammutbaum

Sequoiádendron gigantéum
(Lindl) Buchh.
Mammutbaum
Abb. 519 - siehe S. 128/129

- Nadeln 3-6 mm lang (an Haupttrieben bis 12 mm), 0,8-1,2 mm breit, pfriemenförmig bis lanzettlich, am Ende zugespitzt und mit breiter Basis am Trieb angewachsen
- Nadelrand: ganzrandig
- Oberseits dunkelgrün und etwas abgerundet; unterseits dunkelgrün und längsfurchig; überall mit feinen Spaltöffnungslinien und Flächen

AA Blätter schuppenförmig (Abb. 520–533)
Richtig, siehe **B1** oder **B1B1**
Falsch, zurück zu **A** (S. 65)

B1 Zweige rundlich oder 4-kantig und Schuppenblätter alle gleichartig
Richtig, siehe **C3** oder **C3C3**
Falsch, siehe **B1B1**

Cupréssus – Zypresse

C3

520 **Echte Zypresse**

Cupréssus sempérvirens L.
Echte Zypresse
Abb. 520 – siehe S. 130/131

- Schuppenblätter 1–5 mm lang, an jüngeren Zweigen angepresst und sich dachig überlappend, später etwas auseinanderrückend, zugespitzt und an Seitensprossen stumpf endend
- Blattrand: ganzrandig
- Beiderseits dunkelgrün; auf dem Rücken mit länglicher, oft sehr undeutlicher Drüse

---

Juníperus – Wacholder

C3C3

521 **Sadebaum**

Juníperus sabína
Sadebaum, Stink-Wacholder
Abb. 521 – siehe S. 130/131

- Jugendblätter nadelförmig; Folgeblätter schuppenförmig, dachziegelig angeordnet und stumpf oder zugespitzt
- Blattrand: ganzrandig
- Flächenblätter dunkelgrün, mit weisslichen Wachsstreifen und einer langgezogenen Drüse; Kantenblätter dunkelgrün und seitlich mit Spaltöffnungsflächen

---

B1B1 Zweige abgeflacht und seitliche Schuppenblätter von den oberen und unteren verschieden (Abb. 522–533)
Richtig, siehe **C4** oder **C4C4**
Falsch, zurück zu **B1**

C4 Jüngere Zweige 4–8 mm breit, oberseits glänzend grün, unterseits mit silberweissen Spaltöffnungsstreifen und kantenständige Blätter **nicht** berührend (Abb. 522)
Richtig, siehe **D3**
Falsch, siehe **C4C4**

Thujópsis – Hiba-Lebensbaum

D3

522 **Hiba-Lebensbaum**

Thujópsis dolabráta (L.f.) Sieb. et Zucc.
Hiba-Lebensbaum
Abb. 522 – siehe S. 130/131

- Schuppenblätter 3–8 mm lang, 1–4 mm breit, abgeflacht und lederig; Flächenblätter länglich verkehrt-eiförmig und sich dachziegelig deckend; Kantenblätter grösser als Flächenblätter und gekielt
- Flächenblätter stumpf, Kantenblätter zugespitzt
- Blattrand: ganzrandig
- Unterseits silberweisse Felder

C4C4 Jüngere Zweige höchstens 3–4 mm breit und kantenständige Blätter sich im unteren bis mittleren Bereich an den Rändern berührend (Abb. 523)
Richtig, siehe **D4**, **D4D4** oder **D4D4D4** (S. 73)
Falsch, zurück zu **C4**

523 **Morgenl. Lebensbaum**

D4 Drüsen auf Flächenblättern unauffällig und Zweige beiderseits gleichfarbig (Abb. 524)
Richtig, siehe **E4**
Falsch, siehe **D4D4** (S. 73) oder **D4D4D4** (S. 73)

Thúja – Lebensbaum

E4

524 **Morgenl. Lebensbaum**

Thúja orientális L.
Morgenländischer Lebensbaum
Abb. 524 – siehe S. 132/133

- Schuppenblätter 1,5–8 mm lang, den Zweigen dicht ziegelig anliegend; Flächenblätter seitlich von Kantenblättern überlappt und abgestumpft
- Blattrand: ganzrandig
- Beiderseits gleichfarbig und mit zerstreuten, weissen Spaltöffnungen; Drüsen auf Flächenblättern unauffällig

D4D4 Drüsen auf Flächenblättern deutlich als kleine, längliche Erhebungen sichtbar und Zweige ober- und unterseits verschiedenfarbig (Abb. 525–529)

Richtig, siehe **E5** oder **E5E5**
Falsch, siehe **D4D4D4**

525 **Abendländischer Lebensbaum**

526 **Lawsons Scheinzypresse**

E5 Kantenständige Blätter mit ganzer Länge den Flächenblättern anliegend (Abb. 527)

Richtig, siehe **F7**
Falsch, siehe **E5E5**

Thúja – Lebensbaum

F7

527 **Abendländischer Lebensbaum**

Thúja occidentális L.
Abendländischer Lebensbaum
Abb. 527 – siehe S. 132/133

- Schuppenblätter 2–7 mm lang; Flächenblätter spitz verkehrt-eiförmig, dachziegelig an den Zweig gedrückt, stark abgeflacht und von Kantenblättern etwas überlappt; Kantenblätter elliptisch bis dreieckig und gekielt
- Blattende stumpf oder kurz zugespitzt
- Blattrand: ganzrandig
- Oberseits dunkelgrün und Flächenblätter mit gut sichtbarer Öldrüse

E5E5 Kantenständige Blätter im oberen Teil von den Flächenblättern abstehend (Abb. 528)

Richtig, siehe **F8** oder **F8F8**
Falsch, zurück zu **E5**

Chamaecýparis – Scheinzypresse

F8

528 **Lawsons Scheinzypresse**

Chamaecýparis lawsoniána
(A. Murr.) Parl.
Lawsons Scheinzypresse, Oregonzeder
Abb. 528 – siehe S. 132/133

- Schuppenblätter 1–7 mm lang; sichtbarer Teil der Flächenblätter rhombisch oder schmal elliptisch und mit deutlich sichtbarer länglicher Harzdrüse; Kantenblätter zugespitzt und mit 2 unauffälligen Harzdrüsen
- Blattrand: ganzrandig
- Oberseits dunkel- bis graugrün; unterseits heller grün

Thúja – Lebensbaum

F8F8

529 **Riesen-Lebensbaum**

Thúja plicáta Donn ex. D. Don
Riesen-Lebensbaum
Abb. 529 – siehe S. 132/133

- Schuppenblätter 2–8 mm lang, dachziegelig und am Zweig angedrückt; Kantenblätter die Flächenblätter am Rande deckend
- Blattrand: ganzrandig
- Blätter der seitlichen Zweige stumpflich oder etwas zugespitzt
- Oberseits kräftig grün und bei Flächenblättern mit Drüse; unterseits graugrün und Spaltöffnungen in fast 3-eckigen silbergrauen Feldern

D4D4D4 Flächenblätter mit Drüsenfurchen (Abb. 530–533)

Richtig, siehe **E6** oder **E6E6**
Falsch, zurück zu **D4** (S. 72)

530 **Nootka-Scheinzypresse**

531 **Feuer-Scheinzypresse**

Chamaecýparis – Scheinzypresse

E6

532 **Nootka-Scheinzypresse**

Chamaecýparis nootkaténsis
(D. Don) Spach
Nootka-Scheinzypresse
Abb. 532 – siehe S. 132/133

- Schuppenförmige Flächenblätter ziegelartig übereinander liegend; Kantenblätter dreieckig, etwas gekielt und im oberen Teil abstehend
- Alle Blätter zugespitzt
- Blattrand: ganzrandig
- Beiderseits dunkelgrün; Flächenblätter auf dem Rücken mit Drüsenfurche

E6E6

533 **Feuer-Scheinzypresse**

Chamaecýparis obtúsa (Sieb. et Zucc)
Feuer-Scheinzypresse, Hinoki
Abb. 533 – siehe S. 132/133

- Schuppenblätter stumpf oder abgerundet; Flächenblätter schmal verkehrt-eiförmig, dicklich und dem Trieb anliegend; Kantenblätter sichelförmig, dicht ziegelartig angeordnet und etwas kleiner als Flächenblätter
- Blattrand: ganzrandig
- Oberseits glänzend dunkelgrün und bei Flächenblättern mit Drüsenfurche; unterseits graugrün und mit weissen Spaltöffnungsstreifen

A Laubblätter gefiedert (Abb. 534–565) — Richtig, siehe **B, BB** oder **BBB** (S. 79) Falsch, siehe **AA** (S. 80)

534 Blattoberseite
Gem. Esche

535 Blattoberseite
Gem. Waldrebe

B Laubblätter doppelt gefiedert (Abb. 536) — Richtig, siehe **C** Falsch, siehe **BB**

Acácia – Akazie

C

536 Blattoberseite
Silberakazie

Acácia dealbáta Link.
Silberakazie
Abb. 536 – siehe S. 134/135

- Laubblätter 5–15 cm lang
- Blattstiel 1–3 cm lang
- Laubblätter mit 15–25 Paaren von Fiederblättern; diese tragen ihrerseits 20–40 Paare von Fiederblättchen (= Fiederchen 2. Ordnung)
- Fiederchen schmal-linealisch, 3–5 mm lang, sitzend, am Ende abgerundet oder kurz zugespitzt und an der Basis keilförmig verschmälert oder abgerundet

---

BB Laubblätter einfach gefiedert und Fiederblätter ganzrandig oder fein gesägt bis gezähnt — Richtig, siehe C_1 oder C_1C_1 Falsch, siehe **BBB** (S. 79)

C_1 Einander gegenüberliegende Fiederblätter in der Mehrzahl **nicht** auf gleicher Höhe entspringend (Abb. 537–539); Fiederblätter am Ende abgerundet, mit kurzer Stachelspitze oder zugespitzt — Richtig, siehe **D** oder **DD** Falsch, siehe C_1C_1

D Laubblätter bis 7 cm lang und mit höchstens 12 Fiederblättern; diese mit geflügelten Blattstielen (Abb. 537) — Richtig, siehe **E** Falsch, siehe **DD**

Pistácia – Pistazie

E

537 Blattoberseite
Mastixstrauch

Pistácia lentiscus L.
Mastixstrauch
Abb. 537 – siehe S. 136/137

- Laubblätter 3–7 cm lang
- Blattstiel 1–3 cm lang und geflügelt
- Fiederblätter länglich bis schmaleiförmig, 2–4 cm lang, ganzrandig, am Ende meist abgerundet und mit aufgesetzter kurzer Spitze und an der Basis keilförmig verschmälert
- Neben unpaarigen-, auch paarig gefiederte Blätter

DD Laubblätter mit 5–18 Paaren von Fiederblättern, 30–75 cm lang, **ohne** geflügelte Blattstiele (Abb. 538, 539) — Richtig, siehe E_1 oder E_1E_1 Falsch, zurück zu **D**

Júglans – Walnuss

E_1

538 Blattoberseite
Schwarznuss

Júglans nigra L.
Schwarznuss
Abb. 538 – siehe S. 134/135

- Laubblätter 30–60 cm lang
- Blattstiel 1–6 cm lang
- Fiederblätter lanzettlich bis schmaleiförmig, 6–12 cm lang, unregelmässig gesägt/gezähnt, gegen den Grund zu meist ganzrandig, an der Basis breit keilförmig verschmälert und am Ende kurz zugespitzt

---

Ailánthus – Götterbaum

E_1E_1

539 Blattunterseite
Götterbaum

Ailánthus altíssima (Mill.) Swingle
Götterbaum
Abb. 539 – siehe S. 134/135

- Laubblätter 40–75 cm lang
- Blattstiel 8–20 cm lang
- Fiederblätter länglich-eiförmig bis schief oval, 5–15 cm lang, gegen das Ende zu verschmälert und zugespitzt und an der Basis breit keilförmig verschmälert oder abgerundet
- Rand der Fiederblätter mit Ausnahme von 1–4 Zähnen, die meist je eine Drüse tragen, ganzrandig und oft fein gewimpert

---

C_1C_1 Einander gegenüberliegende Fiederblätter in der Mehrzahl auf gleicher Höhe entspringend (Abb. 540–565) — Richtig, siehe D_1 (S. 75) oder D_1D_1 (S. 75) Falsch, zurück zu C_1

Zusammengesetzte Laubblätter

D_1 Laubblätter paarig gefiedert (Abb. 540) — Richtig, siehe **E_2**; Falsch, siehe **D_1D_1**

Ceratónia – Johannisbrotbaum

E_2

540 Blattoberseite **Johannisbrotbaum**

Ceratónia síliqua L. Johannisbrotbaum

Abb. 540 – siehe S. 134/135

- Laubblätter 10–20 cm lang
- Blattstiel 2–5 cm lang und rötlich gefärbt
- Fiederblätter verkehrt-eiförmig oder elliptisch bis rundlich, 3–7 cm lang, ganzrandig, lederig, am Ende abgerundet und meist noch ausgerandet und an der Basis abgerundet oder breit keilförmig verschmälert

D_1D_1 Laubblätter unpaarig gefiedert (Abb. 541–565) — Richtig, siehe **E_3** oder **E_3E_3**; Falsch, zurück zu **D_1**

E_3 Laubblätter 2–10 cm lang; Fiederblätter verkehrt-eiförmig und am Ende ausgerandet (Abb. 541, 542) — Richtig, siehe **F** oder **FF**; Falsch, siehe **E_3E_3**

F Endfiederblatt lang gestielt (Abb. 541) — Richtig, siehe **G**; Falsch, siehe **FF**

Colútea – Blasenstrauch

G

541 Blattoberseite **Blasentrauch**

Colútea arboréscens L. Gewöhnlicher Blasenstrauch

Abb. 541 – siehe S. 134/135

- Laubblätter 4–10 cm lang
- Blattstiel 0,5–1,5 cm lang
- Fiederblätter elliptisch bis verkehrt-eiförmig, 1–3,5 cm lang, ganzrandig, am Ende deutlich ausgerandet und an der Basis abgerundet oder keilförmig verschmälert

FF Endfiederblatt ungestielt; wenn Stiel vorhanden, dieser nur kurz ausgebildet (Abb. 542) — Richtig, siehe **G_1**; Falsch, zurück zu **F**

Coronílla – Kronwicke

G_1

542 Blattoberseite **Strauchwicke**

Coronílla émerus L. Strauchwicke

Abb. 542 – siehe S. 134/135

- Laubblätter 2–6 cm lang
- Blattstiel bis 1 cm lang
- Fiederblätter verkehrt-eiförmig, 1–2 cm lang, ganzrandig, am Ende meist ausgerandet oder seltener rund und stachelspitzig und an der Basis schmal bis breit keilförmig verschmälert

E_3E_3 Laubblätter viel länger als 10 cm; Fiederblätter am Ende abgerundet, kurz oder lang zugespitzt (Abb. 543–565) — Richtig, siehe **F_1** oder **F_1F_1** (S. 76); Falsch, zurück zu **E_3**

F_1 Fiederblätter ganzrandig; diese beim Walnussbaum (= Nussbaum) seltener undeutlich gesägt — Richtig, siehe **G_2** oder **G_2G_2** (S. 76); Falsch, siehe **F_1F_1** (S. 76)

G_2 Laubblätter mit 3–12 Paaren von Fiederblättern; diese länglich-elliptisch bis eiförmig, 3–6 cm lang und am Ende stumpf, abgerundet oder undeutlich ausgerandet (Abb. 543) — Richtig, siehe **H**; Falsch, siehe **G_2G_2** (S. 76)

Robínia – Robinie

H

543 Blattoberseite **Robinie**

Robínia pseudoacácia L. Robinie

Abb. 543 – siehe S. 136/137

- Laubblätter 15–30 cm lang
- Blattstiel 3–4 cm lang und am Grunde knotig verdickt
- Fiederblätter länglich-elliptisch bis eiförmig, 3–6 cm lang, ganzrandig, kurz gestielt, am Ende abgerundet, stumpf oder undeutlich ausgerandet und an der Basis abgerundet oder breit keilförmig verschmälert

G_2G_2	Laubblätter mit 2–6 Paaren von Fiederblättern; diese länglich-elliptisch bis länglich-eiförmig, 6–15 cm lang und am Ende deutlich zugespitzt; zerriebene Laubblätter gewürzig riechend (Abb. 544)	Richtig, siehe **H_1** Falsch, zurück zu **G_2** (S. 75)

Júglans – Walnussbaum

H_1

Blattunterseite
544 **Walnussbaum**

Júglans régia L.
Walnussbaum, Nussbaum

Abb. 544 – siehe S. 136/137

- Laubblätter 20–50 cm lang
- Blattstiel bis 20 cm lang und am Grunde verdickt
- Mit Ausnahme des Endfiederblattes alle Fiederblätter sitzend; alle am Ende zugespitzt und an der Basis keilförmig verschmälert oder abgerundet

F_1F_1	Fiederblätter fein bis deutlich einfach/doppelt gesägt oder gezähnt	Richtig, siehe **G_3** oder **G_3G_3** Falsch, zurück zu **F_1** (S. 75)
G_3	Die 3, 5 oder 7 Fiederblätter unterseits **deutlich weissfilzig** (Abb. 545)	Richtig, siehe **H_2** Falsch, siehe **G_3G_3**

Rúbus – Himbeere

H_2

Blattunterseite
545 **Himbeere**

Rúbus idáeus L.
Gemeine Himbeere

Abb. 545 – siehe S. 136/137

- Laubblätter 5–15 cm lang
- Blattstiel 3–8 cm lang, behaart und oft bewehrt
- Fiederblätter elliptisch bis breit-eiförmig, 6–10 cm lang, einfach und oft auch doppelt gesägt, am Ende zugespitzt und an der Basis herzförmig, abgerundet oder breit keilförmig verschmälert

G_3G_3	Unterseite der Fiederblätter **nicht weissfilzig**	Richtig, siehe **H_3** oder **H_3H_3** Falsch, zurück zu **G_3**
H_3	Blattstiele mit zahlreichen schwach gegen die Stielbasis zu gekrümmten Stacheln besetzt; Fiederblätter breit-elliptisch bis verkehrt-eiförmig (Abb. 546)	Richtig, siehe **I** Falsch, siehe **H_3H_3**

Rúbus – Brombeere

I

Blattoberseite
546 **Brombeere**

Rúbus «fruticósus» L.
Brombeere

Abb. 546 – siehe S. 136/137

- Laubblätter 5–15 cm lang
- Blattstiel 2–6 cm lang und mit zahlreichen nach der Stielbasis zu gekrümmten Stacheln versehen
- Fiederblätter breit-elliptisch bis verkehrt-eiförmig, 3–8 cm lang, einfach oder doppelt gesägt, am Ende zugespitzt und an der Basis abgerundet oder gestutzt
- Mittelrippen der Fiederblätter mit kleinen Stacheln versehen

H_3H_3	Blattstiele ohne oder nur mit wenigen (= Rósa) Stacheln besetzt und Fiederblätter nicht breit-elliptisch	Richtig, siehe **I_1** oder **I_1I_1** (S. 78) Falsch, zurück zu **H_3**
I_1	Laubblätter am Grunde ohne Nebenblätter, oder, wenn vorhanden, diese **nicht** wie bei den Rosen (Abb. 547–562) gestaltet	Richtig, siehe **K** oder **KK** (S. 77) Falsch, siehe **I_1I_1** (S. 78)
K	Zahl der Fiederblätter 5 oder 7, seltener 9	Richtig, siehe **L, LL** (S. 77) oder **LLL** (S. 77) Falsch, siehe **KK** (S. 77)
L	Fiederblätter ungestielt (Abb. 547) oder sehr kurz gestielt, fein gesägt oder gezähnt und unterseits hell blaugrün (Abb. 548)	Richtig, siehe **M** (S. 77) Falsch, siehe **LL** (S. 77) oder **LLL** (S. 77)

Blattoberseite
547 **Fiederblatt der Pimpernuss**

Staphyléa – Pimpernuss

M

Blattunterseite
548 **Pimpernuss**

Staphyléa pinnáta L.
Pimpernuss
Abb. 548 – siehe S. 136/137

- Laubblätter 15–25 cm lang
- Blattstiel 5–9 cm lang
- Seitliche Fiederblätter schmal-eiförmig bis elliptisch, 6–9 cm lang, sitzend, am Ende kurz zugespitzt und an der Basis keilig verschmälert oder abgerundet
- Endfiederblatt lang gestielt

LL Alle Fiederblätter sehr deutlich gestielt (Abb. 549) — Richtig, siehe **M1** / Falsch, siehe **LLL**

Fráxinus – Esche

M1

Blattoberseite
549 **Manna-Esche**

Fráxinus órnus L.
Manna-Esche
Abb. 549 – siehe S. 138/139

- Laubblätter 15–30 cm lang
- Blattstiel 3–8 cm lang und oft fein behaart
- Fiederblätter länglich-eiförmig, 3–7 cm lang, unregelmässig gesägt, deutlich gestielt, am Ende zugespitzt und an der Basis keilförmig verschmälert oder abgerundet

---

LL L Fiederblätter des gleichen Blattes kurz gestielt und ungestielt — Richtig, siehe **M2** oder **M2M2** / Falsch, zurück zu **L** (S. 76)

M2 Fiederblätter lanzettlich bis schmal-eiförmig; vorhandene Stielchen oberseits rötlich gefärbt (Abb. 550) — Richtig, siehe **N** / Falsch, siehe **M2M2**

Blattoberseite
550 **Ansatzstelle der Fiederblätter beim roten Holunder**

Sambúcus – Holunder

N

Blattoberseite
551 **Roter Holunder**

Sambúcus racemósa L.
Roter Holunder
Abb. 551 – siehe S. 138/139

- Laubblätter 10–25 cm lang
- Blattstiel 7–10 cm lang
- Fiederblätter lanzettlich bis schmal-eiförmig, 4–8 cm lang, unregelmässig gesägt, mit oberseits rötlich angelaufenen Stielchen (wenn vorhanden), am Ende lang zugespitzt und an der Basis ungleich schmal- oder breit-keilförmig verbreitert oder abgerundet

---

M2M2 Fiederblätter viel breiter (elliptisch, eiförmig) als beim roten Holunder und Stielchen, wenn vorhanden, oberseits **nicht** rötlich angelaufen (Abb. 552, 553) — Richtig, siehe **N1** oder **N1N1** / Falsch, zurück zu **M2**

Sambúcus – Holunder

N1

Blattoberseite
552 **Schwarzer Holunder**

Sambúcus nigra L.
Schwarzer Holunder
Abb. 552 – siehe S. 138/139

- Laubblätter 10–30 cm lang
- Blattstiel 4–10 cm lang und oberseits rinnig
- Fiederblätter elliptisch, 10–15 cm lang, unregelmässig grob gesägt, kurz gestielt oder ungestielt, am Ende kurz zugespitzt und an der Basis ungleich oder breit keilförmig verschmälert oder abgerundet

---

Fráxinus – Esche

N1N1

Blattoberseite
553 **Weiss-Esche**

Fráxinus americána L.
Weiss-Esche
Abb. 553 – siehe S. 142/143

- Laubblätter 15–40 cm lang
- Blattstiel 5–12 cm lang
- Seitliche Fiederblätter eiförmig, 6–12 cm lang, gesägt und abschnittsweise ganzrandig, kurz gestielt, am Ende zugespitzt und an der Basis abgerundet
- Endfiederblatt lang gestielt und an der Basis meist keilförmig verschmälert

---

KK Zahl der Fiederblätter mehr als 9; wenn deren 7, dann sehr selten und nur bei **der gemeinen Esche** vorhanden — Richtig, siehe **L1** (S. 78) oder **L1L1** (S. 78) / Falsch, zurück zu **K** (S. 76)

L1 Fiederblätter oval oder spitzeiförmig und kurz zugespitzt; Haupt- und Seitenadern unterseits deutlich hervortretend (Abb. 554); auf der Unterseite den Adern entlang wollig rotbraun behaart, spät im Jahr oft verkahlend

Richtig, siehe **M3**

Falsch, siehe **L1L1**

Fráxinus – Esche

M3

Blattunterseite
554 **Gemeine Esche**

Fráxinus excélsior L.
Gemeine Esche
Abb. 554 - siehe S. 138/139

- Laubblätter 20–30 cm lang
- Blattstiel 3–6 cm lang
- Fiederblätter oval oder eiförmig, 4–10 cm lang, ungleich gesägt und im unteren Bereich mehrheitlich ganzrandig, sitzend oder kurz gestielt, am Ende kurz zugespitzt und an der Basis schmal- oder breitkeilförmig verschmälert oder abgerundet
- Unterseits den Adern entlang wollig rotbraun behaart

L1L1 Fiederblätter länglich-lanzettlich oder länglich oval; Seitenadern unterseits nur undeutlich hervortretend; unterseits den Adern entlang (in der Jugend auf der ganzen Fläche) weiss behaart

Richtig, siehe **M4** oder **M4M4**

Falsch, zurück zu **L1**

Sórbus – Eberesche

M4

Blattunterseite
555 **Vogelbeerbaum**

Sórbus aucupária L.
Eberesche, Vogelbeerbaum
Abb. 555 - siehe S. 138/139

- Laubblätter 10–25 cm lang
- Blattstiel 2–5 cm lang, oberseits meist abwechselnd rot und grün gefärbt
- Fiederblätter länglich-lanzettlich, 2–6 cm lang, einfach und doppelt gesägt und im unteren Viertel ganzrandig, am Ende zugespitzt und an der Basis die beiden Hälften breit keilförmig oder abgerundet und am Stielchen deutlich verschieden tief endend

M4M4

Blattunterseite
556 **Speierling**

Sórbus doméstica L.
Speierling
Abb. 556 - siehe S. 138/139

- Laubblätter 10–25 cm lang
- Blattstiel 3–3,5 cm lang, oberseits grün und besonders in der Jugend flockig weiss behaart
- Fiederblätter schmal-länglich bis schmal-elliptisch, 3–8 cm lang, feiner gesägt als beim Vogelbeerbaum und im unteren Drittel nahezu ganzrandig, am Ende kurz zugespitzt und an der Basis viel regelmässiger keilförmig verschmälert als beim Vogelbeerbaum

I1I1 Laubblätter am Grunde mit langen, schmalen und zugespitzten Nebenblättern (Abb. 557–562)

Richtig, siehe **K1** oder **K1K1**
Falsch, zurück zu **I1** (S. 76)

K1 Fiederblätter unterseits mit dunkelroten bis hellvioletten Flächen (Abb. 557)

Richtig, siehe **L2**

Falsch, siehe **K1K1**

Rósa – Rose

L2

Blattunterseite
557 **Hechtrose**

Rósa gláuca Pourr.,
R. rubrifólia Vill.
Rotblättrige- oder Hechtrose
Abb. 557 - siehe S. 140/141

- Laubblätter 4–8 cm lang
- Blattstiel 1–4 cm lang und bläulich-violett bereift
- Fiederblätter elliptisch oder länglich-oval, 2,5–4,5 cm lang, meist einfach gesägt, am Ende zugespitzt und an der Basis keilförmig verschmälert oder abgerundet
- Nebenblätter grünrot bis violett gefärbt

K1K1 Fiederblätter unterseits grün oder graugrün

Richtig, siehe **L3** oder **L3L3** (S. 79)
Falsch, zurück zu **K1**

L3 Fiederblätter länglich-elliptisch und kahl (nur äusserst selten etwas behaart); Blattstiele oberseits rötlich gefärbt

Richtig, siehe **M5**

Falsch, siehe **L3L3** (S. 79)

Rósa – Rose

M5

Blattoberseite
558 **Alpen-Hecken-Rose**

Rósa pendulína L.
Alpen-Hecken-Rose
Abb. 558 - siehe S. 140/141

- Laubblätter 5–10 cm lang
- Blattstiel 1,5–3 cm lang, oberseits vorwiegend rötlich, mit feinen Stieldrüsen und langen, schmalen, nach oben verbreiterten, auswärts gespreizten und zugespitzten Nebenblättern
- Fiederblätter länglich-elliptisch, 1–4 cm lang, meist doppelt gesägt (Zähne mit Stieldrüsen), am Ende zugespitzt und an der Basis keilförmig verschmälert oder abgerundet

L3L3 Fiederblätter elliptisch, eiförmig oder rundlich; Blattstiel grün (Abb. 559–562) — Richtig, siehe **M6** oder **M6M6**; Falsch, zurück zu **L3** (S. 78)

M6 Fiederblätter elliptisch bis eiförmig und beiderseits kahl, Rand einfach gesägt und drüsenlos (Abb. 559) — Richtig, siehe **N2**; Falsch, siehe **M6M6**

Rósa – Rose

N2

Blattoberseite
559 **Hunds-Rose**

Rósa canina L.
Hunds-Rose
Abb. 559 – siehe S. 140/141

- Laubblätter 6–11 cm lang
- Blattstiel 2–4 cm lang, etwas bestachelt und an der Basis verbreitert
- Fiederblätter elliptisch bis eiförmig, 2–4 cm lang, mit einfach gesägtem und drüsenlosem Rand, am Ende zugespitzt und an der Basis breit keilförmig oder abgerundet
- Nebenblätter lang, schmal, zugespitzt und auswärts gespreizt

M6M6 Fiederblätter elliptisch bis eiförmig und besonders unterseits zerstreut bis mehrheitlich dicht flaumig behaart oder weichhaarig filzig; Rand vielfach mit Drüsen versehen — Richtig, siehe **N3** oder **N3N3**; Falsch, zurück zu **M6**

N3 Nebenblätter sehr klein und meist nicht bis in die Mitte des Stiels reichend (Abb. 560) — Richtig, siehe **O**; Falsch, siehe **N3N3**

Rósa – Rose

O

Blattoberseite
560 **Apfel-Rose**

Rósa villósa L.
Apfel-Rose
Abb. 560 – siehe S. 140/141

- Laubblätter 4–9 cm lang
- Blattstiel 1–3 cm lang und meist mit Stieldrüsen
- Fiederblätter elliptisch, 1–4 cm lang, doppelt gesägt und Zähne mit Drüsen versehen, am Ende kurz zugespitzt und an der Basis abgerundet
- Nebenblätter klein und schmal

N3N3 Nebenblätter über die Hälfte des Blattstieles oder bis an sein Ende reichend (Abb. 561, 562) — Richtig, siehe **O1** oder **O1O1**; Falsch, zurück zu **N3**

Rósa – Rose

O1

Blattoberseite
561 **Wein-Rose**

Rósa rubiginósa L.
Wein-Rose
Abb. 561 – siehe S. 140/141

- Laubblätter 4–7 cm lang
- Blattstiel 0,5–2,5 cm lang, kahl oder flaumig behaart, mit Stieldrüsen und wenigen hakig gekrümmten, kleinen Stacheln
- Fiederblätter oval oder rundlich, 1–2,5 cm lang, einfach gesägt/gezähnt, mit zahlreichen Stieldrüsen am Rand, am Ende kurz zugespitzt und an der Basis breit keilförmig od. abgerundet

O1O1

Blattoberseite
562 **Filz-Rose**

Rósa tomentosa Sm.
Filz-Rose
Abb. 562 – siehe S. 140/141

- Laubblätter 5–10 cm lang
- Blattstiel 1–3 cm lang, filzig behaart, mit Stieldrüsen und etwas bestachelt
- Fiederblätter breit oval bis rundlich, 2–4 cm lang, einfach und doppelt gesägt, am Ende abgerundet und mit kleiner Spitze und an der Basis keilförmig verschmälert oder abgerundet
- Nebenblätter lang und schmal

BB B Laubblätter einfach und unpaarig gefiedert; die 3, 5, 7 oder 9 Fiederblätter grob gezähnt bis grob gekerbt und teilweise unregelmässig 2- oder 3-lappig (= mit 2 oder 3 Abschnitten) (Abb. 563–565) — Richtig, siehe **C2**, **C2C2** (S. 80) oder **C2C2C2** (S. 80); Falsch, zurück zu **B** (S. 74)

Clématis – Waldrebe

C2

Blattoberseite
563 **Alpen-Waldrebe**

Clématis alpina (L.) Miller
Alpen-Waldrebe
Abb. 563 – siehe S. 142/143

- Laubblätter 10–15 cm lang
- Blattstiel 3–7 cm lang und grün, alle Fiederblätter gestielt
- Die Abschnitte der 3 Fiederblätter schmal-eiförmig, 2–4 cm lang, fein und grob und tief gesägt, am Ende lang zugespitzt und an der Basis abgerundet oder unregelmässig herzförmig

C2C2

564 Blattoberseite **Gem. Waldrebe**

Clématis vitálba L.
Gemeine Waldrebe
Abb. 564 – siehe S. 142/143

- Laubblätter 3–10 cm lang
- Blattstiel 1–6 cm lang, rankend und oberseits weinrot bis violett gefärbt
- Die 3 oder 5 Fiederblätter eiförmig, 3–5 lang, im oberen Drittel ganzrandig, im unteren Teil grob gezähnt, am Ende abgerundet, stumpf oder kurz zugespitzt und an der Basis herzförmig

Ácer – Ahorn

C2C2 C2

565 Blattoberseite **Eschen-Ahorn**

Ácer negúndo L.
Eschen-Ahorn
Abb. 565 – siehe S. 142/143

- Laubblätter 7–15 cm lang
- Blattstiel 5–8 cm lang, kahl oder fein behaart und vielfach rötlich gefärbt
- Fiederblätter schmal-elliptisch bis eiförmig, 5–10 cm lang, oft 2- bis 3-lappig, im oberen Teil grob gesägt und darunter ganzrandig, am Ende lang zugespitzt und an der Basis keilförmig, gestutzt oder abgerundet

AA	Laubblätter handförmig in 3, 5 oder 7 Fiederblätter geteilt (Abb. 566–577)	Richtig, siehe **B1** oder **B1B1** (S. 81) Falsch, zurück zu **A** (S. 74)

566 Blattoberseite **Rosskastanie**

B1	Laubblätter handförmig in 3 Fiederblätter geteilt (Abb. 567–572)	Richtig, siehe **C3** oder **C3C3** Falsch, siehe **B1B1** (S. 81)

C3	Rand der Fiederblätter durch mehr oder weniger tiefe Einschnitte grob gesägt, gezähnt oder gelappt; unterseits deutlich graublau gefärbt und auf den Mittelrippen bräunlich behaart, Endfiederblatt gestielt (Abb. 567)	Richtig, siehe **D2** Falsch, siehe **C3C3**

Ácer – Ahorn

D2

567 Blattunterseite **Grauer Ahorn**

Ácer griseum (Franch) Pax
Grauer Ahorn, Zimt-Ahorn
Abb. 567 – siehe S. 142/143

- Laubblätter 6–10 cm lang
- Blattstiel 1–5 cm lang, oft behaart und oberseits meist rötlich
- Fiederblätter elliptisch bis verkehrt-eiförmig, 3–6 cm lang, grob gesägt, gezähnt oder gelappt, am Ende kurz zugespitzt oder abgerundet und an der Basis keilförmig verschmälert oder abgerundet
- Unterseite der Fiederblätter graublau und auf den Mittelrippen bräunlich behaart

C3C3	Fiederblätter ganzrandig, unterseits hell-, dunkel- oder graugrün und **ohne** braune Behaarung auf den Mitteladern	Richtig, siehe **D3** oder **D3D3** Falsch, zurück zu **C3**

D3	Laubblätter höchstens 5 cm lang und mit schmal verkehrt-eiförmigen Fiederblättern	Richtig, siehe **E4** Falsch, siehe **D3D3**

Cýtisus – Geissklee

E4

568 Blattoberseite **Roter Geissklee**

Cýtisus purpúreus Scop.
Roter Geissklee
Abb. 568 – siehe S. 142/143

- Länge der Laubblätter 2–5 cm
- Blattstiel 1–3 cm
- Fiederblätter schmal verkehrt-eiförmig, 1,5–2,5 cm lang, am Ende abgerundet oder stumpf und an der Basis schmal keilförmig verschmälert

D3D3	Laubblätter 6–16 cm lang; Fiederblätter schmal-eiförmig bis schmal-elliptisch (Abb. 569) oder breit-elliptisch bis verkehrt eiförmig (Abb. 570)	Richtig, siehe **E5** (S. 81) oder **E5E5** (S. 81) Falsch, zurück zu **D3**

569 Blattunterseite **Alpen-Goldregen**

570 Blattunterseite **Gem. Goldregen**

Labúrnum – Goldregen

E_5

571 Blattoberseite **Alpen-Goldregen**

Labúrnum alpinum (Mill.)
Bercht. et J.S. Presl.
Alpen-Goldregen
Abb. 571 - siehe S. 144/145

- Laubblätter 8–16 cm lang
- Blattstiel 5–9 cm lang, kahl oder abstehend behaart
- Fiederblätter schmal-eiförmig bis schmal-elliptisch, 3–8 cm lang, am Ende zugespitzt oder stumpf; zuweilen mit kurzer Stachelspitze und an der Basis keilförmig verschmälert oder abgerundet

E_5E_5

572 Blattoberseite **Gemeiner Goldregen**

Labúrnum anagyroides Med.
Gemeiner Goldregen
Abb. 572 – siehe S. 144/145

- Länge der Laubblätter 6–12 cm
- Blattstiel 2–7 cm lang und angedrückt seidenhaarig
- Fiederblätter breit elliptisch bis verkehrt-eiförmig, 1,5–8 cm lang, am Ende abgerundet und meist mit einer kleinen Stachelspitze und an der Basis breit keilförmig verschmälert

B_1B_1	Laubblätter handförmig in 5 oder 7 Fiederblätter geteilt (Abb. 573–577)	Richtig, siehe **C_4** oder **C_4C_4** Falsch, zurück zu **B_1** (S. 80)
C_4	Blattstiel ober- und unterseits rot gefärbt (Abb. 573)	Richtig, siehe **D_4** Falsch, siehe **C_4C_4**

Áesculus – Rosskastanie

D_4

573 Blattoberseite **Strauch-Rosskastanie**

Áesculus parviflóra Walt.
Strauch-Rosskastanie
Abb. 573 – siehe S. 144/145

- Laubblätter 20–30 cm lang
- Blattstiel 10–18 cm lang und rot gefärbt
- Fiederblätter schmal verkehrt-eiförmig, 9–18 cm lang, am Ende fein zugespitzt und an der Basis keilförmig verschmälert

C_4C_4	Blattstiele grün gefärbt (Abb. 574–577)	Richtig, siehe **D_5**, **D_5D_5** oder **$D_5D_5D_5$** Falsch, zurück zu **C_4**

574 Blattunterseite **Gemeine Rosskastanie**

Áesculus – Rosskastanie

D_5

575 Blattoberseite **Gelbe Pavie**

Áesculus octándra Marsh.
Gelbe Pavie
Abb. 575 – siehe S. 144/145

- Laubblätter 10–30 cm lang
- Blattstiel 5–15 cm lang
- Fiederblätter länglich-elliptisch, 10–15 cm lang, fein gesägt, meist kurz gestielt, am Ende zugespitzt und an der Basis schmal keilförmig verschmälert

D_5D_5

576 Blattoberseite **Fleischrote Rosskastanie**

Áesculus cárnea Hayne
Fleischrote Rosskastanie
Abb. 576 – siehe S. 144/145

- Laubblätter 10–25 cm lang
- Blattstiel 5–15 cm lang
- Fiederblätter elliptisch (grösste Breite immer in der Mitte!), 8–16 cm lang, einfach und stellenweise doppelt gesägt, am Ende zugespitzt und an der Basis keilförmig verschmälert

D_5D_5
D_5

577 Blattunterseite **Gemeine Rosskastanie**

Áesculus hippocástanum L.
Gemeine Rosskastanie
Abb. 577 – siehe S. 144/145

- Laubblätter 10–30 cm lang
- Blattstiel 5–15 cm lang und rinnig
- Fiederblätter länglich verkehrt-eiförmig, mit der grössten Breite immer im oberen Drittel, 8–20 cm lang, einfach und stellenweise doppelt gesägt, am Ende kurz zugespitzt und an der Basis keilförmig verschmälert

A Laubblätter ahornblattartig gelappt (Abb. 578–615) — Richtig, siehe **B** oder **BB**; Falsch, siehe **AA** (S. 88)

578 Blattoberseite
Stachelbeere

579 Blattoberseite
Spitzahorn

B Laubblätter am Ende gerade abgeschnitten, ausgerandet oder eingeschnitten (Abb. 580) — Richtig, siehe **C**; Falsch, siehe **BB**

Liriodéndron – Tulpenbaum

C

580 Blattunterseite
Tulpenbaum

Liriodéndron tulipífera L.
Tulpenbaum
Abb. 580 – siehe S. 146/147

- Laubblätter 10–25 cm lang und ebenso breit, von viereckigem Umriss und mit 2 oder 4 ungleich grossen Lappen
- Am Ende gerade abgeschnitten, ausgerandet oder eingeschnitten
- Blattstiel 6–12 cm lang und an der Basis schwach verdickt
- Oberseits mittel- bis dunkelgrün und kahl; unterseits bläulichgrün, kahl oder mit behaarten Vertiefungen

BB Laubblätter am Ende **nicht** gerade abgeschnitten, ausgerandet oder eingeschnitten (Abb. 581) — Richtig, siehe **C1** oder **C1C1**; Falsch, zurück zu **B**

581 **Morgenländische Platane**

C1 Oberseite der Laubblätter durch kleine Borsten sehr rauh anzufühlen; Unterseite angedrückt steifhaarig oder deutlich abstehend rauh behaart — Richtig, siehe **D** oder **DD**; Falsch, siehe **C1C1**

Ficus – Feigenbaum

D

582 Blattoberseite
Feigenbaum

Ficus cárica L.
Echter Feigenbaum
Abb. 582 – siehe S. 146/147

- Laubblätter 20–30 cm lang, mit vielgestaltigem Umriss, meist aber rundlich und mit 3, 5 oder 7 ungleich grossen Lappen
- Am Ende abgerundet
- Blattstiel 5–8 cm lang, dicklich und meist mit verbreiterter Basis
- Oberseits dunkelgrün und rauhborstig; unterseits heller grün und angedrückt weichhaarig

Mórus – Maulbeerbaum

DD

583 Blattoberseite
Schwarzer Maulbeerbaum

Mórus nigra L.
Schwarzer Maulbeerbaum
Abb. 583 – siehe S. 146/147

- Laubblätter 5–15 cm lang, im Umriss breit ei- oder herzförmig, zwei- oder mehrlappig und ungleich grob gesägt
- Am Ende lang und fein zugespitzt
- Blattstiel 1–4 cm lang und oft behaart
- Oberseits dunkelgrün und rauhhaarig; unterseits heller grün und angedrückt behaart

C1C1 Oberseite der Laubblätter **nicht** rauhhaarig — Richtig, siehe **D1** oder **D1D1** (S. 83); Falsch, zurück zu **C1**

D1 Bis 5 m hohe Sträucher mit Stacheln oder Dornen — Richtig, siehe **E**, **EE** (S. 83) oder **EEE** (S. 83); Falsch, siehe **D1D1** (S. 83)

Ríbes – Johannisbeere, Stachelbeere

E

584 Blattunterseite
Stachelbeere

Ríbes-úva-crispa L.
Stachelbeere
Abb. 584 – siehe S. 146/147

- Laubblätter 2–6 cm lang, im Umriss herzförmig bis rundlich und 3- oder 5-lappig
- Am Ende abgerundet oder mit kleiner Spitze
- Blattstiel 1–2 cm lang und am Grunde etwas verbreitert
- Oberseits glänzend dunkelgrün und vielfach schwach behaart; unterseits mittelgrün und weich behaart, später auch verkahlend

Cratáegus – Weissdorn

EE

585 Blattoberseite **Zweigriffliger Weissdorn**

Cratáegus laevigáta (Poir.) DC.
Zweigriffliger Weissdorn
Abb. 585 – siehe S. 146/147

- Laubblätter 3–5 cm lang, im Umriss vielgestaltig, meist aber eiförmig, verkehrt-eiförmig oder rundlich
- Am Ende stumpf oder abgeflacht und mit kleinen Zähnen
- Blattstiel 0,8–1,5 cm lang und rinnig; Nebenblätter lanzettlich bis eiförmig und drüsig gesägt
- Oberseits glänzend dunkelgrün und unterseits weisslich mittelgrün bis heller blaugrün

EE
E

586 Blattoberseite **Eingriffliger Weissdorn**

Cratáegus monógyna Jacq.
Eingriffliger Weissdorn
Abb. 586 – siehe S. 146/147

- Laubblätter 3–6 cm lang, im Umriss breit-eiförmig oder rautenförmig und tief 3-, 5-, 7- oder 9-lappig
- Am Ende vielfach abgeflacht und in der Mitte oft mit kleiner Spitze
- Blattstiel 1–2 cm lang, rinnig; Nebenblätter halbmondförmig und gezähnt
- Oberseits glänzend dunkelgrün und kahl; unterseits bläulichgrün und in den Adernwinkeln oft etwas behaart

D_1D_1	Bäume oder Sträucher ohne Stacheln/Dornen	Richtig, siehe **E_1** oder **E_1E_1** (S. 85) Falsch, zurück zu **D_1** (S. 82)
E_1	Lappen der Laubblätter mit zusätzlich einer oder mehreren feinen, schmalen Spitze(n) (Abb. 587; 588)	Richtig, siehe **F** oder **FF** Falsch, siehe **E_1E_1** (S. 85)

587 Blattoberseite **Silberahorn**

588 Blattoberseite **Spitzahorn**

F	Laubblätter unterseits auffällig silbrig bis weiss (Abb. 589, 590)	Richtig, siehe **G** Falsch, siehe **FF**

Ácer – Ahorn

G

589 Blattunterseite **Silberahorn**

Ácer saccharínum L.
Silberahorn
Abb. 589 – siehe S. 148/149

- Laubblätter 10–15 cm lang, im Umriss breit-eiförmig und 5-lappig
- Mittlerer Lappen am Ende lang zugespitzt
- Blattstiel 4–7 cm lang, oberseits meist rötlich und ohne Milchsaft
- Oberseits mittel- bis dunkelgrün und kahl; unterseits silbergrau

590 Blattunterseite **Silberahorn Form «Wiéri»**

Ácer saccharínum L.
f. laciniátum (Carr.) Rehd. (= Wiéri)
Silberahorn; Form Wiéri
Abb. 590 – siehe S. 148/149

- Laubblätter 8–15 cm lang, im Umriss breit-eiförmig bis rundlich und **tief 5-lappig**
- Mittlerer Lappen am Ende lang zugespitzt
- Blattstiel 4–7 cm lang, grün und ohne Milchsaft
- Oberseits dunkelgrün und kahl; unterseits silbergrau

FF	Laubblätter unterseits nicht auffällig silbergrau oder weiss	Richtig, siehe **G_1** oder **G_1G_1** (S. 84) Falsch, zurück zu **F**
G_1	Alle, oder wenigstens der mittlere Lappen zum grössten Teil oder vollständig fein bis gröber gesägt oder gezähnt	Richtig, siehe **H, HH** (S. 84), **HHH** (S. 84), **HHHH** (S. 84) oder **HHHHH** (S. 84) Falsch, siehe **G_1G_1** (S. 84)

Forsýthia – Forsythie

H

591 Blattoberseite **Balkan Forsythie**

Forsýthia europáea Deg. et Bald.
Balkan Forsythie
Abb. 591 – siehe S. 148/149

- Laubblätter 4–8 cm lang, im Umriss eiförmig bis eilanzettlich und äusserst selten gelappt
- Am Ende zugespitzt mit oft etwas seitwärts gebogener Spitze
- Blattstiel 1–3 cm lang
- Oberseits dunkelgrün und unterseits hellgrün; beiderseits kahl

Ácer – Ahorn

HH

Blattoberseite
592 **Rostnerviger Ahorn**

Ácer rufinérve Sieb. et Zucc.
Rostnerviger Ahorn

Abb. 592 – siehe S. 148/149

- Laubblätter 5–13 cm lang, im Umriss breit-elliptisch, rundlich oder quer oval und meist deutlich 3-lappig
- Mittlerer Lappen am Ende fein zugespitzt
- Blattstiel 2–7 cm lang, oberseits rosa bis dunkelrot gefärbt und gefurcht
- Oberseits dunkel- bis blaugrün; unterseits heller grün und bei den Adern besonders in der Jugend braunrot behaart

HH
H

Blattoberseite
593 **Fächerahorn**

Ácer palmátum Thunb.
Fächerahorn

Abb. 593 – siehe S. 148/149

- Laubblätter 5–10 cm lang, im Umriss rund und bis tief unter die Mitte 3, 5, 7, 9 oder 11-lappig
- Mittlerer Lappen am Ende fein zugespitzt
- Blattstiel 2–6 cm lang, kahl oder spärlich behaart und grün oder rot gefärbt
- Oberseits mittelgrün und kahl; unterseits hellgrün und in den Aderwinkeln weisslich gefärbt

HH
HH

Blattoberseite
594 **Jap. Ahorn**

Ácer japónicum
Thunb. f. Aconitifólium
Japanischer Ahorn

Abb. 594 – siehe S. 148/149

- Laubblätter 8–15 cm lang, im Umriss rundlich und fast bis zum Grunde in 9 oder 11 fiederschnittige Lappen geteilt
- Mittlerer Lappen am Ende fein zugespitzt
- Blattstiel 3–6 cm lang und besonders oberseits rot gefärbt
- Oberseits mittelgrün, unterseits heller grün; nur in der Jugend seidig behaart

Liquidámbar – Amberbaum

HH
HH
H

Blattoberseite
595 **Amerik. Amberbaum**

Liquidámbar styracíflua L.
Amerikanischer Amberbaum

Abb. 595 – siehe S. 150/151

- Laubblätter 10–20 cm lang, im Umriss breit-eiförmig oder rundlich, bei jüngeren Bäumen 3-lappig und bei älteren 5- oder 7-lappig
- Mittlerer Lappen am Ende zugespitzt
- Blattstiel 4–9 cm lang
- Oberseits glänzend grün und kahl; unterseits deutlich heller grün und mit weissen bis bräunlichen Haarbüscheln

G_1G_1	Mittlerer Lappen der Laubblätter nicht fein gesägt oder gezähnt	Richtig, siehe **H_1** oder **H_1H_1** Falsch, zurück zu **G_1** (S. 83)
H_1	Laubblätter sehr tief (bis weit über die Mitte) 5- oder seltener 7-lappig; einzelne Lappen immer länger als breit (Abb. 596)	Richtig, siehe **I** Falsch, siehe **H_1H_1**

Plátanus – Platane

I

Blattoberseite
596 **Morgenländische Platane**

Plátanus orientális L.
Morgenländische Platane

Abb. 596 – siehe S. 150/151

- Laubblätter 10–20 cm lang, im Umfang breit-eiförmig oder rundlich und tief 5- oder 7-lappig; an jüngeren Trieben auch 3-lappig
- Mittlerer Lappen am Ende sehr lang zugespitzt
- Blattstiel 3–7 cm lang und an der Basis zwiebelartig verdickt
- Oberseits glänzend mittelgrün und unterseits hellgrün; in der Jugend fein und dicht behaart, später verkahlend

H_1H_1	Die 3, 5 oder 7 Lappen nicht oder nur knapp bis zur Mitte der Blatthälfte reichend	Richtig, siehe **I_1** oder **I_1I_1** (S. 85) Falsch, zurück zu **H_1**
I_1	Mittlerer Lappen der Laubblätter nicht oder nur vereinzelt mit sehr groben Zähnen	Richtig, siehe **K, KK** (S. 85) oder **KKK** (S. 85) Falsch, siehe **I_1I_1** (S. 85)

Ácer – Ahorn

K

Blattoberseite
597 **Kolchischer Ahorn**

Ácer cappadócicum Gled.
Kolchischer Ahorn

Abb. 597 – siehe S. 150/151

- Laubblätter 10–20 cm lang und ebenso breit, im Umriss rundlich oder breit herzförmig und mit 5 oder 7 Lappen
- Mittlerer Lappen am Ende fein und lang zugespitzt
- Blattstiel 5–15 cm lang
- Oberseits dunkelgrün und unterseits heller grün, beiderseits kahl

Plátanus – Platane

KK

Blattoberseite
598 **Gewöhnliche Platane**

Plátanus x acerifólia (Ait.) Willd.
Plátanus hýbrida Brot.
Gewöhnliche Platane
Abb. 598 – siehe S. 150/151

- Laubblätter 10–25 cm lang und ebenso breit, mit vielgestaltigem Umriss, meist aber rundlich und 3-,5- oder 7-lappig
- Mittlerer Lappen am Ende zugespitzt
- Blattstiel 3–10 cm lang und an der Basis zwiebelartig verdickt
- Oberseits glänzend grün und kahl; unterseits heller grün, fein behaart und später verkahlend

Catálpa – Trompetenbaum

KKK

Blattoberseite
599 **Trompetenbaum**

Catálpa ováta G. Don et Zucc.
Gelbblütiger Trompetenbaum
Abb. 599 – siehe S. 150/151

- Laubblätter 10–25 cm lang, im Umriss vielgestaltig; meist breit-eiförmig oder herzförmig und vielfach 2-, 3- oder 5-lappig
- Blattende kurz zugespitzt
- Blattstiel 4–10 cm lang, oberseits vielfach dunkelrot und unterseits grün gefärbt
- Oberseite dunkelgrün und sehr feinhaarig anzufühlen; unterseits heller- bis mittelgrün und nur leicht rauh anzufühlen

---

I_1I_1	Mittlerer Lappen der Laubblätter mit 2 oder mehreren deutlich sichtbaren, grossen und zugespitzten Zähnen (Abb. 600)	Richtig, siehe **K_1** oder **K_1K_1** Falsch, zurück zu **I_1** (S. 84)

Blattunterseite
600 **Spitzahorn**

Ácer – Ahorn

K_1

Blattoberseite
601 **Spitzahorn**

Ácer platanoides L. – Spitzahorn
Abb. 601 – siehe S. 150/151

- Laubblätter 10–20 cm lang und ebenso breit, im Umriss rundlich oder breit herzförmig und mit 3, 5 oder 7 ungleich grossen Lappen
- Mittlerer Lappen am Ende fein und lang zugespitzt
- Blattstiel bis 15 cm lang, meist rötlich, mit Milchsaft und an der Basis etwas verdickt
- Oberseits dunkelgrün und kahl; unterseits **hellgrün** und in den Adernwinkeln gebärtet, später verkahlend

K_1K_1

Blattoberseite
602 **Zuckerahorn**

Ácer sáccharum Marsh.
Zuckerahorn
Abb. 602 – siehe S. 152/153

- Laubblätter 8–15 cm lang und ebenso breit, im Umriss breit-eiförmig oder rundlich und mit 3 oder 5 Lappen
- Mittlerer Lappen am Ende fein und lang zugespitzt
- Blattstiel 5–10 cm lang und vielfach rötlich gefärbt
- Oberseits mittel- bis dunkelgrün und kahl; unterseits **graugrün** und kahl

---

E_1E_1	Lappen der Laubblätter **nicht** zusätzlich mit einer oder mehreren langen und feinen Spitze(n) (Abb. 603–615)	Richtig, siehe **F_1, F_1F_1** oder **$F_1F_1F_1$** (S. 86) Falsch, zurück zu **E_1** (S. 83)
F_1	Lappen ganzrandig, ohne zusätzliche Lappen	Richtig, siehe **G_2** oder **G_2G_2** Falsch, siehe **F_1F_1** oder **$F_1F_1F_1$** (S. 86)

Ácer – Ahorn

G_2

Blattoberseite
603 **Franz. Ahorn**

Ácer monspessulánum L.
Französischer Ahorn, Burgen-Ahorn
Abb. 603 – siehe S. 152/153

- Laubblätter 3–6 cm lang, im Umriss waagrecht oval und mit 3 Lappen
- Mittlerer Lappen am Ende abgerundet
- Blattstiel 1–3 cm lang und an der Basis etwas verbreitert
- Oberseits glänzend dunkelgrün und kahl; unterseits bläulichgrau, anfangs behaart und später verkahlend

Hédera – Efeu

G_2G_2

Blattoberseite
604 **Gemeiner Efeu**

Hédera hélix L.
Gemeiner Efeu
Abb. 604 – siehe S. 152/153

- Laubblätter 4–10 cm lang, im Umriss vielgestaltig; an nichtblühenden Trieben eiförmig bis rundlich, 3- oder 5-lappig, lederig und immergrün
- Mittlerer Lappen am Ende stumpf oder abgerundet
- Blattstiel 3–7 cm lang und oberseits meist braun bis braunrot
- Oberseits dunkel blaugrün, mit deutlich sichtbaren, hellgelben Adern und kahl; unterseits matt hellgrün und kahl

---

F_1F_1	Lappen mit zusätzlich abgerundeten und ganzrandigen Abschnitten (seltener Abschnitte wellig oder grob gekerbt-gebuchtet) (Abb. 605)	Richtig, siehe **G_3** (S. 86) Falsch, siehe **$F_1F_1F_1$** (S. 86)

Ácer – Ahorn

G3

Blattoberseite
605 **Feldahorn**

Ácer campéstre L.
Feldahorn

Abb. 605 – siehe S. 152/153

- Laubblätter 3–10 cm lang, im Umriss rundlich bis eiförmig und mit 3 oder 5 Lappen
- Mittlerer Lappen am Ende stumpf oder abgerundet
- Blattstiel 1–5 cm lang und oberseits meist rötlich
- Oberseits dunkelgrün und kahl; unterseits heller grün, weichhaarig und später verkahlend

---

F1F1 F1 Lappen der Laubblätter deutlich fein bis grob gesägt oder gezähnt (Abb. 606–615)
Richtig, siehe **G4** oder **G4G4**
Falsch, zurück zu **F1** (S. 85)

G4 Laubblätter unterseits deutlich schneeweiss filzig behaart (Abb. 606)
Richtig, siehe **H2**
Falsch, siehe **G4G4**

Pópulus – Pappel

H2

Blattunterseite
606 **Silberpappel**

Pópulus álba L. – Silberpappel

Abb. 606 – siehe S. 152/153

- Laubblätter 5–12 cm lang und im Umriss vielgestaltig; an Langtrieben und Stockausschlägen oval bis eiförmig und mit 3 oder 5 Lappen
- Mittlerer Lappen am Ende zugespitzt oder leicht abgerundet
- Blattstiel 2–4 cm lang, abgeflacht und weiss behaart
- Oberseits glänzend dunkelgrün und später verkahlend; unterseits bleibend dicht weissfilzig, beim Austrieb beiderseits wollig filzig behaart

---

G4G4 Laubblätter unterseits gelb-, blau-, hell- oder dunkelgrün gefärbt
Richtig, siehe **H3, H3H3** oder **H3H3H3**
Falsch, zurück zu **G4**

H3 Laubblätter **nicht über 5 cm lang** und die 3 oder 5 Lappen grob doppelt gesägt (Abb. 607)
Richtig, siehe **I2**
Falsch, siehe **H3H3**

Ríbes – Johannisbeere

I2

Blattoberseite
607 **Alpen-Johannisbeere**

Ríbes alpinum L.
Alpen-Johannisbeere

Abb. 607 – siehe S. 152/153

- Laubblätter 2–5 cm lang, im Umriss breit-eiförmig bis rundlich und mit 3, -seltener 5 Lappen
- Mittlerer Lappen am Ende zugespitzt, stumpflich oder abgerundet
- Blattstiel 1–2 cm lang und mit langen Drüsenhaaren
- Oberseits dunkelgrün und zerstreut behaart; unterseits heller grün, glänzend und kahl

---

H3H3 Laubblätter **über 5 cm lang** und Lappen nur fein einfach und doppelt gesägt
Richtig, siehe **I3** oder **I3I3**
Falsch, siehe **H3H3H3**

Ríbes – Johannisbeere

I3

Blattoberseite
608 **Schwarze Johannisbeere**

Ríbes nigrum L.
Schwarze Johannisbeere

Abb. 608 – siehe S. 154/155

- Laubblätter 5–10 cm lang, im Umriss rundlich und mit 3 oder 5 Lappen
- Mittlerer Lappen am Ende zugespitzt
- Blattstiel 2–5 cm lang und an der Basis verbreitert
- Oberseits mittel- bis dunkelgrün, anfangs behaart und später verkahlend; unterseits hellgrün und mit gelblichen Harzdrüsen besetzt

---

I3I3

Blattoberseite
609 **Rote Johannisbeere**

Ríbes rúbrum L.
Rote Johannisbeere

Abb. 609 – siehe S. 154/155

- Laubblätter 4–7 cm lang, im Umriss rundlich und mit 3 oder 5 Lappen
- Mittlerer Lappen am Ende zugespitzt
- Blattstiel 2–3,5 cm lang und am Grunde etwas verdickt
- Oberseits dunkelgrün und glanzlos; unterseits heller grün und weichhaarig, nicht punktiert, später verkahlend

---

H3H3 H3 Laubblätter stärker und gröber gesägt oder gezähnt als bei der roten und schwarzen Johannisbeere und zusammen mit dem Blattstiel über 5 cm lang
Richtig, siehe **I4** (S. 87) oder **I4I4** (S. 87)
Falsch, zurück zu **H3H3** oder **H3**

I4 Laubblätter mit langer, enger und spitzwinkliger Stielbucht (Abb. 610) — Richtig, siehe **K2** Falsch, siehe **I4I4**

Vítis – Rebe

K2

Blattunterseite
610 **Weinrebe**

Vítis vinífera L. ssp. vinífera
Echte Weinrebe

Abb. 610 – siehe S. 154/155

- Laubblätter 5–15 cm lang, im Umriss vielgestaltig; meist rundlich und in der Regel tief 3- oder 5-lappig
- Mittlerer Lappen am Ende eine kurze Spitze aufweisend
- Blattstiel 4–8 cm lang
- Oberseits dunkelgrün und in der Jugend behaart, später verkahlend; unterseits hell- bis graugrün und vielfach behaart

I4I4 Stielbucht der Laubblätter immer kurz; Basis der Blattspreite gestutzt, herzförmig, abgerundet oder breitkeilförmig (Abb. 611–615) — Richtig, siehe **K3** oder **K3K3** Falsch, zurück zu **I4**

K3 Blattstiel 2–3 cm lang, oberseits mit schmaler Furche und kurz unterhalb der Spreitenbasis mit 2–4 grünen und napfförmigen Nektardrüsen — Richtig, siehe **L2** Falsch, siehe **K3K3**

Vibúrnum – Schneeball

L2

Blattoberseite
611 **Gem. Schneeball**

Vibúrnum ópulus L.
Gemeiner Schneeball

Abb. 611 – siehe S. 154/155

- Laubblätter 4–12 cm lang, im Umriss vielgestaltig; meist rundlich oder queroval und mit 3 oder 5 Lappen
- Mittlerer Lappen kurz zugespitzt oder stumpf
- Blattstiel 2–3 cm lang, rötlich gefärbt und mit 2–4 grünen Drüsen
- Oberseits dunkelgrün und kahl; unterseits graugrün, etwas flaumig behaart und mit stark hervortretenden gelbgrünen Adern

K3K3 Laubblattstiele an der Spreitenbasis ohne Drüsen und Blattstiel grösser als 2 cm — Richtig, siehe **L1, L1L1, L1L1L1** oder **L1L1L1L1** Falsch, zurück zu **K3**

Ácer – Ahorn

L1

Blattoberseite
612 **Bergahorn**

Ácer pseudoplátanus L.
Bergahorn

Abb. 612 – siehe S. 154/155

- Laubblätter 8–20 cm lang, im Umriss breit-elliptisch oder herzförmig und 3- oder 5-lappig
- Mittlerer Lappen am Ende kurz zugespitzt, stumpf oder abgerundet
- Blattstiel bis 10 cm lang und oberseits rot gefärbt
- Oberseits dunkelgrün und kahl; unterseits hell bläulichgrün, anfangs dicht behaart und später meist verkahlend; Adern hellgrün

L1L1

Blattunterseite
613 **Schneeball-Ahorn**

Ácer ópalus Mill.
Schneeball-Ahorn

Abb. 613 – siehe S. 154/155

- Laubblätter 4–10 cm lang, meist ein wenig breiter, im Umriss meist rundlich und mit meist 5 Lappen
- Mittlerer Lappen am Ende meist stumpf
- Blattstiel 3–9 cm lang und oberseits dunkelrot gefärbt
- Oberseits dunkelgrün und kahl; unterseits blaugrün, anfangs behaart und später verkahlend; Adern gelblichweiss

L1L1L1

Blattunterseite
614 **Rotahorn**

Ácer rúbrum L.
Rotahorn

Abb. 614 – siehe S. 156/157

- Laubblätter 5–10 cm lang, im Umriss breit-eiförmig oder rundlich und meist mit 3 Lappen
- Mittlerer Lappen am Ende zugespitzt
- Blattstiel 4–6 cm lang und oberseits rot und grün gefärbt
- Oberseits dunkelgrün und unterseits graugrün; beiderseits kahl oder unterseits auf den Adern behaart

Mórus – Maulbeerbaum

L1L1L1L1

Blattoberseite
615 **Weisser Maulbeerbaum**

Mórus álba L.
Weisser Maulbeerbaum

Abb. 615 – siehe S. 156/157

- Laubblätter 6–18 cm lang, im Umriss vielgestaltig; ungelappt und mit unregelmässig gesägtem Rand oder mit 3, 5 oder 7 Lappen
- Mittlerer Lappen nur sehr kurz zugespitzt
- Blattstiel 2–4 cm lang, rinnig und anfangs flaumig
- Oberseits glänzend dunkelgrün und kahl; unterseits hell blaugrün und bei den grösseren Blattadern behaart; Adern hellgelb bis weisslich

AA	Laubblätter nicht ahornblattartig gelappt, sondern mit jeweils jederseits 3-10 Lappen	Richtig, siehe **B1** oder **B1B1** Falsch, zurück zu **A** (S. 82)
B1	Laubblätter mit jederseits 3-4 deutlich zugespitzten Lappen (Abb. 616)	Richtig, siehe **C2** Falsch, siehe **B1B1**

Sórbus – Eberesche, Elsbeere

C2

616 Blattoberseite **Elsbeere**

Sórbus torminális (L.) Crantz
Elsbeere
Abb. 616 - siehe S. 156/157

- Laubblätter 6-10 cm lang, im Umriss eiförmig bis rundlich und mit beiderseits 3 oder 4 zugespitzten Lappen
- Mittlerer Lappen am Ende zugespitzt
- Blattstiel 2-5 cm lang und locker filzig behaart, später kahl
- Oberseits glänzend dunkelgrün und kurz nach Laubaustrieb fein behaart; unterseits hell blaugrün und lockerfilzig, später Haare nur noch zwischen den Blattadern bleibend

B1B1	Laubblätter mit jederseits mehr als 4 Lappen (Abb. 617-629)	Richtig, siehe **C3** oder **C3C3** Falsch, zurück zu **B1**
C3	Lappen der Laubblätter fein gesägt (Abb. 617-621)	Richtig, siehe **D2** oder **D2D2** Falsch, siehe **C3C3**
D2	Laubblätter unterseits dicht weissfilzig (Abb. 617-618)	Richtig, siehe **E2** oder **E2E2** Falsch, siehe **D2D2**

617 Blattunterseite
Mougeot's Mehlbeere

618 Blattunterseite
Schwedische Mehlbeere

Sórbus – Eberesche, Elsbeere

E2

619 Blattoberseite **Mougeot's Mehlbeere**

Sórbus mougeótii Soy.-Will. + Godr.
Berg-Mehlbeere,
Mougeot's Mehlbeere
Abb. 619 - siehe S. 156/157

- Laubblätter 6-10 cm lang, im Umriss länglich-elliptisch bis eiförmig; die zahlreichen Lappen gegen das Blattende zu kleiner werdend
- Blattspreite am Ende kurz zugespitzt
- Blattstiel 1-2 cm lang
- Oberseits dunkelgrün, anfangs behaart und später verkahlend; unterseits **dicht weissfilzig**

E2E2

620 Blattoberseite **Schwedische Mehlbeere**

Sórbus intermédia (Ehrh.) Pers.
Schwedische Mehlbeere
Abb. 620 - siehe S. 156/157

- Laubblätter 6-12 cm lang, im Umriss länglich-elliptisch bis elliptisch; die jederseits 5-8 Lappen gegen das Blattende zu kleiner werdend
- Blattspreite am Ende sehr kurz zugespitzt oder stumpf
- Blattstiel 1-2 cm lang und graufilzig
- Oberseits glänzend dunkelgrün; unterseits **dicht weiss- bis graufilzig**

D2D2	Laubblätter unterseits **nicht** dicht weissfilzig (Abb. 621)	Richtig, siehe **E3** Falsch, zurück zu **D2**

Sórbus – Eberesche, Elsbeere

E3

621 Blattunterseite **Breitblättrige Mehlbeere**

Sórbus latifólia (Lam.) Pers.
Breitblättrige Mehlbeere
Abb. 621 - siehe S. 156/157

- Laubblätter 7-12 cm lang, im Umriss eiförmig bis breit-eiförmig; die jederseits 6-9 Lappen gegen das Blattende zu kleiner werdend
- Blattspreite am Ende kurz zugespitzt
- Blattstiel 1-3 cm lang
- Oberseits glänzend dunkelgrün und kahl; unterseits nur etwas graufilzig und graugrün erscheinend

C3C3	Lappen der Laubblätter nicht gesägt; Laubblätter eichenblattartig gelappt (Abb. 623-629)	Richtig, siehe **D3** (S. 89) oder **D3D3** (S. 89) Falsch, zurück zu **C3**

D3 Laubblätter mit breiten und stumpfen oder abgerundeten Lappen (Abb. 623–625) — Richtig, siehe **E4** oder **E4E4**; Falsch, siehe **D3D3**

E4 An der Basis der Blattspreite jederseits der Hauptader ein kleines Öhrchen (Abb. 622) und Blattstiel nicht über 7 mm lang — Richtig, siehe **F2**; Falsch, siehe **E4E4**

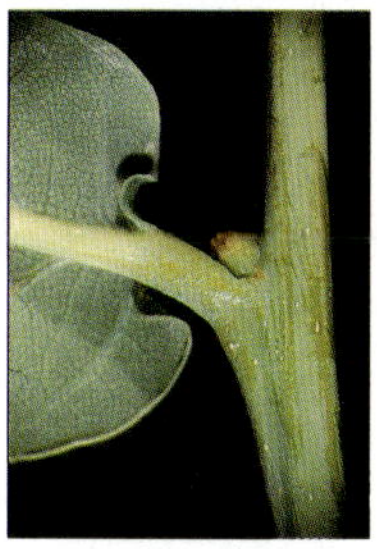

622 Blattunterseite
Öhrchen bei der Stieleiche

Quércus – Eiche

F2

623 Blattoberseite
Stieleiche

Quércus róbur L.
Stieleiche

Abb. 623 – siehe S. 158/159

- Laubblätter 5–16 cm lang, verkehrteiförmig bis oval, mit der grössten Breite im oberen Drittel und mit jederseits 4 oder 5 unregelmässigen und abgerundeten Lappen
- Mittlerer Lappen am Ende abgerundet
- Blattstiel höchstens 7 mm lang
- Oberseits glänzend dunkelgrün und kahl; unterseits hell- bis blaugrün und selten mit wenigen Haaren

---

E4E4 An der Basis der Blattspreite **keine** Öhrchen (= Läppchen) vorhanden und Blattstiel 7–25 mm lang (Abb. 624, 625) — Richtig, siehe **F3** oder **F3F3**; Falsch, zurück zu **E4**

Quércus – Eiche

F3

624 Blattoberseite
Traubeneiche

Quércus pubéscens Willd.
Flaumeiche

Abb. 624 – siehe S. 158/159

- Laubblätter 5–10 cm lang, formenreich; meist verkehrt-eiförmig, mit der grössten Breite im oberen Drittel, mit jederseits 5–7 Lappen
- Die meisten Lappen am Ende stumpf, gelegentlich mit sehr kleiner aufgesetzter Spitze
- Blattstiel 8–12 cm lang
- Zuerst beiderseits filzig behaart; später oberseits dunkelgrün und kahl; unterseits durch Haare graugrün

---

F3F3

625 Blattoberseite
Traubeneiche

Quércus petráea Liebl.
Traubeneiche, Wintereiche

Abb. 625 – siehe S. 158/159

- Laubblätter 6–12 cm lang, verkehrteiförmig, meist in der Mitte am breitesten und mit jederseits 5 bis seltener 9 abgerundeten Lappen
- Mittlerer Lappen am Ende abgerundet
- Blattstiel 10–25 mm lang
- Oberseits matt dunkelgrün und kahl; unterseits heller grün und mit sehr kleinen, sternförmigen Haaren

---

D3D3 Laubblätter mit kurz oder lang zugespitzten Lappen — Richtig, siehe **E5** oder **E5E5**; Falsch, zurück zu **D3**

626 Blattunterseite
Zerreiche

627 Blattunterseite
Roteiche

Quércus – Eiche

E5

628 Blattoberseite
Zerreiche

Quércus cerris L. – Zerreiche

Abb. 628 – siehe S. 158/159

- Laubblätter 6–15 cm lang und formenreich; meist schmal-oval, im oberen Teil am breitesten und mit jederseits 7–9 ungleich grossen und vielfach deutlich zugespitzten Lappen
- Mittlerer Lappen am Ende meist kurz zugespitzt
- Blattstiel 7–15 mm lang
- Oberseits nach dem Austrieb rauhhaarig, später kahl und glänzend; unterseits hellgrün und mit weichen Flaumhaaren

---

E5E5

629 Blattoberseite
Roteiche

Quércus rúbra L. – Roteiche

Abb. 629 – siehe S. 158/159

- Laubblätter 10–20 cm lang, meist oval oder verkehrt-eiförmig und mit jederseits 4–6 Lappen, die lange borstenoder fadenförmige Enden aufweisen
- Mittlere Lappen am Ende mit langen Spitzen
- Blattstiel bis 5 cm lang
- Oberseits matt- bis dunkelgrün und bei älteren Blättern kahl; unterseits hell gelbgrün und zwischen den Haupt- und Nebenadern mit Sternhaaren

Ganze und ganzrandige Laubblätter

A Laubblätter am Rand mit zahlreichen, weit auseinanderliegenden und langen Haaren (Abb. 630, 631) — Richtig, siehe **B** oder **BB**; Falsch, siehe **AA**

Rhododéndron – Alpenrose

B

630 Blattunterseite **Behaarte Alpenrose**

Rhododéndron hirsútum L. Behaarte Alpenrose, Almenrausch

Abb. 630 – siehe S. 160/161

- Laubblätter 1–3,5 cm lang, im Umriss länglich-elliptisch, derb und lederig
- Am Ende stumpf oder abgerundet
- Blattstiel 0,3–0,8 cm lang
- Oberseits glänzend dunkelgrün, etwas runzelig und meist kahl; unterseits hellgrün mit zuerst weisslichen und später gelbbraunen Drüsenschuppen

Erica – Heide

BB

631 Blattunterseite **Moorheide**

Erica tetrálix L. – Moorheide

Abb. 631 – siehe S. 160/161

- Laubblätter 3–6 mm lang, im Umriss schmal-lineal oder nadelförmig und beim Blattrand umgerollt
- Am Ende stumpf oder abgerundet
- Blattstiel 1–2 mm lang, sehr breit und meist filzig behaart
- Oberseits unter dem weisslichen Filz dunkelgrüner Untergrund; unterseits weiss und mit einer mittelgrün hervortretenden Mittelader

AA Laubblätter am Rand nicht mit langen Haaren — Richtig, siehe **B1** oder **B1B1**; Falsch, zurück zu **A**

B1 Laubblätter unterseits durch bräunliche Haare oder Kugeldrüsen braun gefärbt (besonders bei älteren Blättern deutlich) (Abb. 632–634) — Richtig, siehe **C** oder **CC**; Falsch, siehe **B1B1**

C Laubblätter unterseits durch gekräuselte Haare deutlich rötlichbraun bis braun gefärbt (Abb. 632, 633) — Richtig, siehe **D** oder **DD**; Falsch, siehe **CC**

Lédum – Porst

D

632 Blattunterseite **Sumpfporst**

Lédum palústre L. – Sumpfporst

Abb. 632 – siehe S. 160/161

- Laubblätter 2–5 cm lang, im Umriss linealisch bis lanzettlich und mit stark nach unten eingerollten Rändern
- Am Ende stumpf oder abgerundet und meist mit einer feinen, aufgesetzten und kurzen Spitze
- Blattstiel 2–3 mm lang und etwas bräunlich behaart
- Oberseits dunkelgrün und deutlich filzig behaart; unterseits rostrot bis braun filzig behaart

DD

633 Blattunterseite **Labrador Porst**

Lédum groenlándicum Hult. Labrador Porst

Abb. 633 – siehe S. 160/161

- Laubblätter 2–5 cm lang, im Umriss länglich bis länglich-eiförmig und mit umgerolltem Blattrand
- Am Ende stumpf
- Blattstiel 3–6 mm lang und braun behaart
- Oberseits mittel- und dunkelgrün und mit gewellter Oberfläche; unterseits unter dem dunkelbraun gekräuselten Haar hell- bis dunkelgrün

CC Besonders ältere Laubblätter unterseits durch bräunliche Kugeldrüsen deutlich braun gefärbt (Abb. 634) — Richtig, siehe **D1**; Falsch, zurück zu **C**

Rhododéndron – Alpenrose

D1

634 Blattunterseite **Rostblättrige Alpenrose**

Rhododéndron ferrugíneum L. Rostblättrige Alpenrose

Abb. 634 – siehe S. 160/161

- Laubblätter 2–5 cm lang, im Umriss länglich-lanzettlich bis länglich-elliptisch, lederig und in einen Stiel verschmälert; Rand etwas umgerollt
- Am Ende abgerundet oder stumpf
- Blattstiel bis 6 mm lang
- Oberseits glänzend dunkelgrün und etwas runzelig; unterseits durch Kugeldrüsen braun gefärbt

B1B1 Laubblätter unterseits **nicht** durch Haare oder Kugeldrüsen **braun gefärbt** — Richtig, siehe **C1** (S. 91), **C1C1** (S. 92) oder **C1C1C1** (S. 92); Falsch, zurück zu **B1**

C_1 Ränder der Laubblätter deutlich nach unten umgerollt oder etwas nach unten umgebogen (Abb. 635–645)
Richtig, siehe **D_2** oder **D_2D_2**
Falsch, siehe **C_1C_1** (S. 92) oder **$C_1C_1C_1$** (S. 92)

D_2 Unterseits Mittelader nicht sichtbar (Abb. 635, 636); nur weisses Band sichtbar
Richtig, siehe **E** oder **EE**
Falsch, siehe **D_2D_2**

Émpetrum – Krähenbeere

E

[635] Blattunterseite **Schwarze Krähenbeere**

Émpetrum nigrum L.
Schwarze Krähenbeere
Abb. 635 – siehe S. 160/161

- Laubblätter 4–7 mm lang, im Umriss schmal-elliptisch oder lineal, lederig und mit stark eingerolltem Rand
- Am Ende stumpf oder kurz zugespitzt
- Blattstiel 1–2 mm lang, breit und der Sprossachse anliegend
- Oberseits dunkelgrün und kahl; unterseits weiss gekielt und vereinzelt behaart

---

Eríca – Heide

EE

[636] Blattunterseite **Schneeheide**

Eríca cárnea L.
Schneeheide
Abb. 636 – siehe S. 162/163

- Laubblätter 4–8 mm lang, im Umriss nadelartig oder linealisch und mit nach unten eingerollten Rändern
- Am Ende abgerundet und meist mit Stachelspitze
- Blattstiel 1–2 mm lang und so breit wie die Spreite
- Oberseits mittel- bis dunkelgrün, kahl und glänzend; unterseits mit weiss gefärbtem Längsspalt

---

D_2D_2 Unterseits Mittelader deutlich sichtbar
Richtig, siehe **E_1**, oder **E_1E_1**
Falsch, zurück zu **D_2**

E_1 Laubblätter im Umriss schmal-elliptisch, nadelförmig oder schmal-lineal und nicht länger als 10 mm
Richtig, siehe **F, FF** oder **FFF**
Falsch, siehe **E_1E_1**

Loiseléuria – Felsenröschen

F

[637] Blatto.-/unterseite **Felsenröschen**

Loiseléuria procúmbens (L.) Desv.
Felsenröschen
Abb. 637 – siehe S. 162/163

- Laubblätter 4–8 mm lang, im Umriss schmal-elliptisch, mit nach unten umgebogenen Rändern und nicht viel breiter als der Stiel
- Am Ende stumpf oder kurz zugespitzt
- Blattstiel 1–3 mm lang
- Oberseits dunkelgrün und mit wenig vertiefter Längsfurche; unterseits bläulich-weiss und mit stark vortretender Hauptader

---

Eríca – Heide

FF

[638] Blattu.-/oberseite **Baumheide**

Eríca arbórea L.
Baumheide
Abb. 638 – siehe S. 162/163

- Laubblätter 4–7 mm lang, im Umriss nadelförmig oder schmal lineal und mit stark nach unten eingerollten Rändern
- Am Ende stumpf oder abgerundet
- Blattstiel 1–2 mm lang, weisslich und beinahe so breit wie die Spreite
- Oberseits dunkelgrün; unterseits zwischen den umgerollten Rändern weisslich; Mittelader gut sichtbar

---

FF
F

[639] Blattunterseite **Wander-Heide**

Eríca vágans L.
Wander-Heide
Abb. 639 – siehe S. 162/163

- Laubblätter 4–10 mm lang, im Umriss schmal-lineal und nicht viel breiter als der Stiel
- Am Ende stumpf oder abgerundet
- Blattstiel 1–2 mm lang und ebenso breit wie die Spreite
- Oberseits dunkelgrün; unterseits weisslich mit deutlich vortretender dunkelgrüner Mittelader

---

E_1E_1 Laubblätter im Umriss oval, eiförmig oder länglich-eiförmig und selten länger als 10 mm (Abb. 640)
Richtig, siehe **F_2** (S. 92)
Falsch, siehe **$E_1E_1E_1$** (S. 92) oder **$E_1E_1E_1E_1$** (S. 92)

[640] Blattoberseite **Moosbeere**

Vaccínium oxycóccus L.

F2

Blattunterseite
641 **Moosbeere**

Vaccínium oxycóccus L.
Moosbeere
Abb. 641 - siehe S. 164/165

- Laubblätter 5-10 mm lang, im Umriss oval, eiförmig oder länglich-eiförmig und mit nach unten umgerollten Rändern
- Am Ende stumpf oder kurz zugespitzt
- Blattstiel höchstens 2 mm lang
- Oberseits glänzend dunkelgrün und meist mit einer etwas vertieften Mittelader; unterseits blaugrün bereift

---

E1E1 E1 Laubblätter im Umriss schmal-elliptisch bis verkehrt-eiförmig und zwischen 1 und 3 cm lang (Abb. 642, 643) — Richtig, siehe **F3** oder **F3F3**; Falsch, siehe **E1E1E1E1**

Búxus - Buchs

F3

Blattoberseite
642 **Buchs**

Búxus sempérvirens L.
Buchsbaum
Abb. 642 - siehe S. 164/165

- Laubblätter 1-3 cm lang, im Umriss schmal-elliptisch bis länglich-eiförmig, lederig und Ränder nur sehr schwach nach unten umgebogen
- Am Ende meist ausgerandet
- Blattstiel bis 2 mm lang
- Oberseits glänzend dunkelgrün und Mittelader oft weisslich; unterseits hellgrün und Mittelader deutlich hervortretend

---

Vaccínium - Heidelbeere

F3F3

Blattunterseite
643 **Preiselbeere**

Vaccínium vítis-idáea L.
Preiselbeere
Abb. 643 - siehe S. 164/165

- Laubblätter 1-3 cm lang, im Umriss elliptisch bis verkehrt-eiförmig, derb, lederig und mit leicht umgerollten Rändern
- Am Ende meist ausgerandet
- Blattstiel 2-5 mm lang und flaumig behaart
- Oberseits dunkelgrün und mit weisslichen Adern; unterseits graugrün und bräunlich punktiert

---

E1E1 E1E1 Laubblätter im Umriss schmal-lanzettlich und zwischen 1 und 5 cm lang — Richtig, siehe **F4** oder **F4F4**; Falsch, zurück zu **E1** (S. 91)

Andrómeda - Rosmarinheide

F4

Blattunterseite
644 **Rosmarinheide**

Andrómeda polifólia L.
Rosmarinheide
Abb. 644 - siehe S. 162/163

- Laubblätter 1-5 cm lang, im Umriss schmal-lanzettlich, lederig und mit stark umgerollten Rändern
- Am Ende fein zugespitzt oder stachelspitzig
- Blattstiel 3-7 mm lang und meist weiss
- Oberseits glänzend dunkelgrün und durch weisse Seitenadern gefeldert; unterseits silbrig, weiss oder hell blaugrün und mit gut sichtbarer Mittelader

---

Rosmarínus - Rosmarin

F4F4

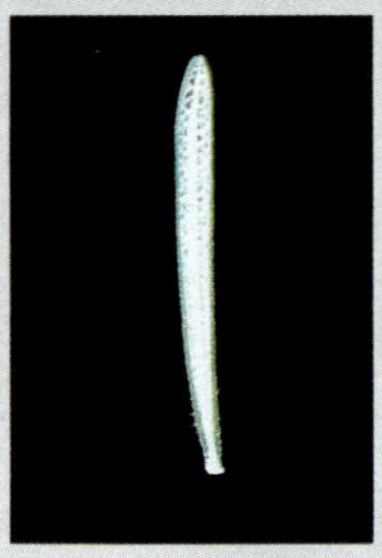

Blattunterseite
645 **Rosmarin**

Rosmarínus officinális L.
Rosmarin
Abb. 644 - siehe S. 162/163

- Laubblätter 3-5 cm lang, im Umriss sehr schmal lanzettlich, lederig und mit nach unten umgerollten Rändern
- Am Ende stumpf oder abgerundet
- Blätter ungestielt
- Oberseits dunkelgrün und schwach runzelig; unterseits dicht weissfilzig und mit stark hervortretender, weisser Hauptader

---

C1C1 Ränder der Laubblätter nach oben umgebogen; einzelne Laubblätter 1-3 mm lang (Abb. 646) — Richtig, siehe **D3**; Falsch, siehe **C1C1C1**

Callúna - Heidekraut

D3

Blattoberseite
646 **Heidekraut**

Callúna vulgáris (L.) Hull
Heidekraut
Abb. 646 - siehe S. 164/165

- Laubblätter 1-3 mm lang, im Umriss nadelartig, schmal-eiförmig oder schuppenförmig und mit nach oben umgebogenen Rändern
- Am Ende meist abgerundet
- Blätter ungestielt
- Oberseits im Sommer dunkelgrün, im Winter braunrot und tief rinnig; unterseits gekielt

---

C1C1 C1 Ränder der Laubblätter **nicht umgerollt oder gebogen** — Richtig, siehe **D4** (S. 93), **D4D4** (S. 93) **D4D4D4** oder **D4D4D4D4** (S. 94); Falsch, zurück zu **C1** (S. 91)

D4	Laubblätter im Umriss lanzettlich bis verkehrt-eiförmig, am Blattende meist ausgerandet und 0,3–2 cm lang (Abb. 647, 648)	Richtig, siehe **E2** oder **E2E2** Falsch, siehe **D4D4**

Genista – Ginster

E2

647 Blattunterseite **Sandginster**

Genísta pilósa L.
Sand- oder Heideginster
Abb. 647 – siehe S. 164/165

- Laubblätter 3–12 mm lang, im Umriss schmal verkehrt-eiförmig bis lanzettlich
- Am Ende ausgerandet oder eingedrückt
- Blätter sitzend oder sehr kurz gestielt
- Beiderseits kurz anliegend behaart und dunkelgrün; später auch verkahlend

Dáphne – Seidelbast

E2E2

648 Blattoberseite **Rosmarin-Seidelbast**

Dáphne cneórum L.
Rosmarin-Seidelbast
Abb. 648 – siehe S. 164/165

- Laubblätter 5–20 mm lang, im Umriss lineal, lanzettlich oder spatelförmig und mit seltener etwas umgebogenem Rand
- Am Ende ausgerandet oder abgerundet und dann oft mit einer kleinen Spitze
- Blattstiel sehr kurz und breit
- Oberseits mittel- und dunkelgrün; unterseits graublau und Seitenadern weisslich gefärbt

D4D4	Laubblätter im Umriss fächerförmig und mit unregelmässig gewelltem oder tief mehrlappigem Oberrand (Abb. 649)	Richtig, siehe **E3** Falsch, siehe **D4D4D4**

Gínkgo – Ginkgo-Baum

E3

649 Blattoberseite **Ginkgo**

Gínkgo bíloba L.
Ginkgo
Abb. 649 – siehe S. 166/167

- Laubblätter 6–10 cm lang, im Umriss fächerförmig, mit unregelmässig gewelltem Rand und fein gabelig verzweigten Adern
- Blattende fächerförmig verbreitert
- Blattstiel 2–9 cm lang
- Beiderseits kahl und mittel- bis dunkelgrün

D4D4 D4	Laubblätter im Umriss rundlich oder spatelförmig und am Ende abgerundet oder seltener ganz schwach ausgerandet (Abb. 650–653)	Richtig, siehe **E4** oder **E4E4** Falsch, siehe **D4D4D4D4** (S. 94)
E4	Laubblätter 6–11 cm lang und Spreitengrund tief herzförmig eingeschnitten (Abb. 650)	Richtig, siehe **F5** Falsch, siehe **E4E4**

Cércis – Judasbaum

F5

650 Blattoberseite **Gemeiner Judasbaum**

Cércis siliquástrum L.
Gemeiner Judasbaum
Abb. 650 – siehe S. 166/167

- Laubblätter 6–11 cm lang und ebenso breit, rundlich und am Rand hin und wieder mit seichten Buchten
- Am Ende breit abgerundet oder schwach ausgerandet
- Blattstiel 3–4,5 cm lang und beiderseits rot gefärbt
- Oberseits dunkelgrün und unterseits bläulichgrün; beiderseits kahl

E4E4	Laubblätter 0,4–4,5 cm lang und beim Spreitengrund **nicht** tief herzförmig eingeschnitten (Abb. 651–653)	Richtig, siehe **F6** oder **F6F6** Falsch, siehe **D4D4D4D4**
F6	Oberseits Adern deutlich eingesenkt und Blattstiel beiderseits rötlich (Abb. 651)	Richtig, siehe **G** Falsch, siehe **F6F6** (S. 94)

Sálix – Weide

G

651 Blattoberseite **Netzweide**

Sálix reticuláta L.
Netzweide
Abb. 651 – siehe S. 166/167

- Laubblätter 1–4,5 cm lang und im Umriss breit-elliptisch bis rundlich
- Am Ende stumpf oder abgerundet
- Blattstiel 3–20 mm lang und beiderseits rötlich gefärbt
- Oberseits dunkelgrün und mit eingesenkten, netzartig angeordneten Adern; unterseits grau bis weisslichgrau und mit stark vortretenden Adern

F6F6	Oberseits Adern **nicht** deutlich eingesenkt (Abb. 652, 653)	Richtig, siehe **G1** oder **G1G1** Falsch, zurück zu **F6** (S. 93)

Vaccinium – Heidelbeere

G1

Blattunterseite
652 **Rauschbeere**

Vaccinium uliginósum L.
Rauschbeere
Abb. 652 – siehe S. 166/167

- Laubblätter 5–20 mm lang, im Umriss elliptisch, verkehrt-eiförmig oder rundlich und derb
- Am Ende meist abgerundet, seltener schwach eingedrückt oder stumpf
- Blattstiel 1–2 mm lang und oberseits etwas rinnig
- Oberseits mittelgrün; unterseits blaugrün und mit stark hervortretenden und dunkelgrünen Adern

Sálix – Weide

G1G1

Blattoberseite
653 **Stumpfblättrige Weide**

Sálix retúsa L.
Stumpfblättrige Weide
Abb. 653 – siehe S. 166/167

- Laubblätter 4–20 mm lang, im Umriss verkehrt-eiförmig bis länglich-eiförmig oder spatelförmig und am Rand seltener mit kleinen Zähnchen
- Am Ende abgerundet, stumpf oder ausgerandet
- Blattstiel 2–5 mm lang
- Oberseits glänzend mittel- bis dunkelgrün und kahl; unterseits mittel- bis weisslichgrün und in der Jugend schwach behaart

D4D4 **D4D4**	Laubblätter anders gestaltet als bei **D4, D4D4** oder **D4D4D4** (z.B. Abb. 654, 655)	Richtig, siehe **E5** oder **E5E5** Falsch, zurück zu **D4** (S. 93)

654
Mäusedorn

655
Ölweide

E5	Laubblätter dunkelpurpurn bis schwarz gefärbt (Abb. 656)	Richtig, siehe **F7** Falsch, siehe **E5E5**

Fágus – Buche

F7

Blattoberseite
656 **Blutbuche**

Fágus sylvática L. «Atropunicea»
Blutbuche
Abb. 656 – siehe S. 168/169

- Laubblätter 5–10 cm lang, im Umriss breit-elliptisch bis verkehrt-eiförmig und mit einem welligen Rand
- Am Ende kurz zugespitzt
- Blattstiel 2–5 mm lang und dunkelrot bis schwärzlich gefärbt
- Beiderseits in der Jugend weichhaarig und am Rand gewimpert; oberseits dunkelpurpurn und unterseits dunkelrot bis schwärzlich gefärbt

E5E5	Laubblätter **nicht** dunkelpurpurn gefärbt	Richtig, siehe **F8** oder **F8F8** Falsch, zurück zu **E5**
F8	«Laubblätter» lang und stechend zugespitzt (Abb. 657)	Richtig, siehe **G2** Falsch, siehe **F8F8**

Rúscus – Mäusedorn

G2

Blattoberseite
657 **Mäusedorn**

Rúscus aculeátus L.
Mäusedorn
Abb. 657 – siehe S. 166/167

- Laubblätter 1–4 cm lang (Flachsprosse) und im Umriss spitz-elliptisch bis spitz-eiförmig
- Am Ende lang und fein zugespitzt und mit einem Stachel endend
- Blattstiel 1–3 mm lang
- Beiderseits mittelgrün und mit dunkelgrünen und parallel verlaufenden Adern

F8F8	Laubblätter **nicht** stechend zugespitzt	Richtig, siehe **G3**, **G3G3** (S. 95) oder **G3G3G3** (S. 95) Falsch, zurück zu **F8**
G3	Laubblätter breit lanzettlich bis eiförmig und unterseits bläulichgrün bis grauweiss (Abb. 658)	Richtig, siehe **H** (S. 95) Falsch, siehe **G3G3** (S. 95)

Eucalýptus – Blaugummibaum

H

Blattunterseite
658 **Blaugummibaum**

Eucalýptus glóbulus Labill.
Blaugummibaum
Abb. 658 – siehe S. 168/169

- Laubblätter 7–15 cm lang und in der Jugend im Umriss lanzettlich bis eiförmig
- Am Ende zugespitzt oder stachelspitzig
- Blattstiel bei Jugendblättern nur sehr kurz
- Oberseits dunkelgrün und oft mit einer hellvioletten, weisslichen Mittelader; unterseits dunkelgrün oder bläulichgrün

---

G_3G_3 Laubblätter linealisch bis lanzettlich und unterseits grau- oder silberweiss (Abb. 659, 660) — Richtig, siehe **H_1** oder **H_1H_1** Falsch, siehe **$G_3G_3G_3$**

Hippóphaë – Sanddorn

H_1

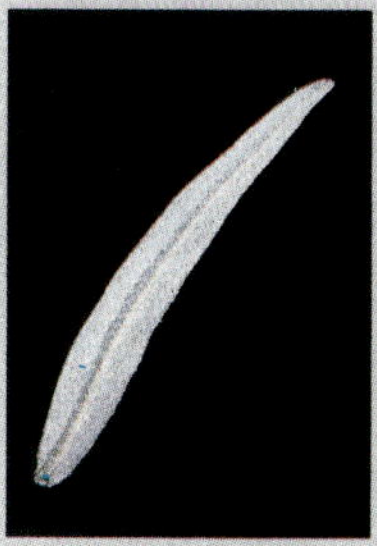

Blattunterseite
659 **Sanddorn**

Hippóphaë rhamnoides L.
Sanddorn
Abb. 659 – siehe S. 168/169

- Laubblätter 5–7 cm lang, im Umriss linealisch bis lanzettlich und am Rand hin und wieder etwas eingerollt
- Am Ende stumpf oder zugespitzt
- Blattstiel 1–3 mm lang und weiss oder Blätter sitzend
- Beiderseits silberschilfrig

Elaeágnus – Ölweide

H_1H_1

Blattunterseite
660 **Schmalblättrige Ölweide**

Elaeágnus angustifólia L.
Schmalblättrige Ölweide
Abb. 660 – siehe S. 168/169

- Laubblätter 4–8 cm lang und im Umriss schmal-lanzettlich
- Am Ende etwas zugespitzt, stumpf oder abgerundet
- Blattstiel 4–9 mm lang und weiss
- Oberseits silberschülfrig; unterseits dicht sternhaarig und daher grauweiss erscheinend

---

$G_3G_3G_3$ Laubblätter nicht wie bei G_3 (S. 94) und G_3G_3 (S. 95) gestaltet — Richtig, siehe **H_2** oder **H_2H_2** Falsch, zurück zu **G_3** (S. 94)

H_2 Laubblätter schmal lanzettlich, **sichelförmig**, derb und am Zweig hängend (Abb. 661) — Richtig, siehe **I** Falsch, siehe **H_2H_2**

Eucalýptus – Blaugummibaum

I

Blattoberseite
661 **Blaugummibaum**

Eucalýptus glóbulus Labill.
Blaugummibaum
Abb. 661 – siehe S. 168/169

- Laubblätter (Altersblätter) 10–30 cm lang, etwas sichelförmig gebogen und im Umriss schmal-lanzettlich
- Am Ende lang zugespitzt
- Blattstiel 1–5 cm lang, oft etwas rötlich
- Oberseits dunkelgrün und unterseits etwas bläulichgrün; beiderseits kahl

---

H_2H_2 Laubblätter schmal lanzettlich bis schmal-eiförmig und **nicht sichelförmig** — Richtig, siehe **I_1**, **I_2I_2** (S. 96) oder **$I_1I_1I_1$** (S. 98) Falsch, zurück zu **H_2**

I_1 Laubblätter schmal verkehrt-eiförmig und mit der grössten Breite immer oberhalb der Spreitenmitte — Richtig, siehe **K** oder **KK** (S. 96) Falsch, siehe **I_1I_1** (S. 96) oder **$I_1I_1I_1$** (S. 96)

K Laubblätter 3–8 cm lang, weich anzufühlen und unterseits mittel- bis dunkelgrün (Abb. 662) — Richtig, siehe **L** Falsch, siehe **KK** (S. 96)

Dáphne – Seidelbast

L

Blattunterseite
662 **Seidelbast**

Dáphne mezereúm L.
Seidelbast
Abb. 662 – siehe S. 170/171

- Laubblätter 3–8 cm lang, im Umriss verkehrt-eilänglich und mit seltener schwach nach unten gebogenen Rändern
- Am Ende kurz zugespitzt
- Blattstiel 3–5 mm lang
- Oberseits dunkelgrün und unterseits graugrün; beiderseits kahl

KK Laubblätter 6–14 cm lang, etwas lederig anzufühlen und oberseits glänzend dunkelgrün (Abb. 663) — Richtig, siehe **L1** / Falsch, zurück zu **K** (S. 95)

Dáphne – Seidelbast

L1

663 Blattoberseite **Lorbeerseidelbast**

Dáphne lauréola L.
Lorbeerseidelbast

Abb. 663 – siehe S. 168/169

- Laubblätter 6–14 cm lang und im Umriss schmal verkehrt-eiförmig
- Am Ende kurz zugespitzt
- Blätter ungestielt oder mit sehr kurzem Stiel
- Oberseits glänzend dunkelgrün und unterseits hellgrün; beiderseits kahl

I1I1 Laubblätter lanzettlich, schmal-elliptisch oder schmal-verkehrt-eiförmig und grösste Breite in der Spreitenmitte oder unterhalb davon (selten oberhalb!) (Abb. 664–676) — Richtig, siehe **K1** oder **K1K1** / Falsch, zurück zu **I1** (S. 95)

K1 Laubblätter am Ende stumpf oder abgerundet (Abb. 664–666) — Richtig, siehe **L2** oder **L2L2** / Falsch, siehe **K1K1**

L2 Auf Bäumen wachsende, kugelige Sträucher mit 4–8 parallel verlaufenden Adern in den Laubblättern (Abb. 664) — Richtig, siehe **M** / Falsch, siehe **L2L2**

Víscum – Mistel

M

664 Blattoberseite **Mistel**

Víscum álbum L.
Mistel

Abb. 664 – siehe S. 170/171

- Laubblätter 2–6,5 cm lang und im Umriss spatelförmig, schmal verkehrt-eiförmig oder schmal elliptisch
- Am Ende abgerundet
- Blätter ungestielt
- Beiderseits kahl, gelbgrün und mit parallelen Adern

L2L2 **Nicht** auf Bäumen wachsende Sträucher; Laubblätter mit unterseits deutlich hervortretener Hauptader und feineren Seitenadern — Richtig, siehe **M1** oder **M1M1** / Falsch, zurück zu **L2**

Dáphne – Seidelbast

M1

665 Blattoberseite **Alpenseidelbast**

Dáphne alpína L.
Alpenseidelbast

Abb. 665 – siehe S. 170/171

- Laubblätter 1–5 cm lang, im Umriss lanzettlich bis schmal verkehrt-eiförmig und mit der grössten Breite oft oberhalb der Mitte
- Am Ende stumpf oder abgerundet
- Blätter meist ungestielt
- In der Jugend beiderseits behaart; oberseits mattgrün bis dunkelgrün und unterseits graugrün

Púnica – Granatapfel

M1M1

666 Blattoberseite **Granatapfelbaum**

Púnica granátum L.
Granatapfelbaum

Abb. 666 – siehe S. 170/171

- Laubblätter 3–8 cm lang und im Umriss länglich-elliptisch
- Am Ende stumpf oder abgerundet
- Blattstiel 1–5 mm lang und oberseits oft rötlich
- Oberseits dunkelgrün und mit vertiefter Mittelader; unterseits hellgrün; beiderseits kahl

K1K1 Laubblätter am Ende zugespitzt — Richtig, siehe **L3** oder **L3L3** (S. 97) / Falsch, zurück zu **K1**

L3 Laubblätter 6–12 cm lang, länglich-lanzettlich und am Rand dicht und fein gewimpert (Abb. 667) — Richtig, siehe **M2** (S. 97) / Falsch, siehe **L3L3** (S. 97)

667 Blattunterseite **Pontische Alpenrose**

Rhododéndron – Alpenrose

M_2

Blattoberseite
668 **Pont. Alpenrose**

Rhododéndron lúteum Sweet
Pontische Alpenrose
Abb. 668; siehe S. 170/171

- Laubblätter 6-12 cm lang, im Umriss länglich-lanzettlich und am Rand fein gewimpert
- Am Ende zugespitzt
- Blattstiel 5-15 mm lang
- Oberseits mittelgrün und etwas gewellt; unterseits gräulich mittelgrün; in der Jugend beiderseits grau behaart

---

L_3L_3	Laubblätter am Rand **nicht** dicht und fein gewimpert	Richtig, siehe **M_3**, **M_3M_3** oder **$M_3M_3M_3$** Falsch, zurück zu **L_3** (S. 96)
M_3	Laubblätter sehr lange (1-4 cm) gestielt und unterseits bleibend grauweiss behaart; Blattstiel grün (Abb. 669)	Richtig, siehe **N** Falsch, siehe **M_3M_3**

Pýrus – Birnbaum

N

Blattunterseite
669 **Weidenbl. Birne**

Pýrus salicifólia Pall.
Weidenblättrige Birne
Abb. 669; siehe S. 172/173

- Laubblätter 3-9 cm lang, im Umriss schmall-elliptisch und am Rand gelegentlich mit einigen Zähnchen
- Am Ende stumpf oder zugespitzt
- Blattstiel 1-4 cm lang
- In der Jugend beiderseits silbergrau behaart; oberseits später mittel- bis dunkelgrün und vielfach kahl; unterseits bleibend grauweiss und behaart

---

M_3M_3	Laubblätter 1-4 cm lang gestielt und mit meist welligem Rand; Blattstiel deutlich rötlich gefärbt (Abb. 670, 671)	Richtig, siehe **N_1** Falsch, siehe **$M_3M_3M_3$**

Blattunterseite
670 **Lorbeerbaum**

Láurus – Lorbeer

N_1

Blattoberseite
671 **Lorbeerbaum**

Láurus nóbilis L.
Lorbeerbaum
Abb. 671; siehe S. 172/173

- Laubblätter 5-12 cm lang, im Umriss länglich-lanzettlich bis schmal-elliptisch und mit oft etwas gewelltem Rand
- Am Ende zugespitzt
- Blattstiel 1-4 cm lang und meist rötlich gefärbt
- Oberseits mittel- bis dunkelgrün, unterseits hellgrün und beiderseits kahl; Hauptader unterseits im unteren Abschnitt oft rötlich

---

$M_3M_3M_3$	Laubblätter 0,2-3 cm lang gestielt und unterseits grünlich; Blattstiel grün	Richtig, siehe **N_2**, **N_2N_2** (S. 98) oder **$N_2N_2N_2$** (S. 98) Falsch, zurück zu **M_3**
N_2	Laubblätter am Ende aus breiter Basis kurz zugespitzt; Seitenadern weit auseinanderliegend (Abb. 672, 673)	Richtig, siehe **O** oder **OO** Falsch, siehe **N_2N_2** (S. 98) oder **$N_2N_2N_2$** (S. 98)

Rhododéndron – Alpenrose

O

Blattunterseite
672 **Pontischer Rhododendron**

Rhododéndron pónticum L.
Pontischer Rhododendron
Abb. 672; siehe S. 172/173

- Laubblätter 8-15 cm lang, im Umriss länglich-lanzettlich bis länglich-elliptisch und hin und wieder mit schwach umgebogenen Rändern
- Am Ende kurz zugespitzt
- Blattstiel bis 1-3 cm lang
- Oberseits dunkelgrün und mit hellgrüner Mittelader; unterseits hellgrün und mit stark vortretender Mittelader; beiderseits kahl

Prúnus – Kirsche

OO

Blattunterseite
673 **Kirsch-Lorbeer**

Prúnus laurocérasus L.
Kirsch-Lorbeer
Abb. 673; siehe S. 170/171

- Laubblätter 10-25 cm lang, im Umriss länglich-elliptisch bis länglich verkehrt-eiförmig, steif, lederig und im unteren Teil der Spreite mit meist 4 Drüsen
- Am Ende kurz und schmal zugespitzt
- Blattstiel 5-10 mm lang
- Oberseits glänzend dunkelgrün und unterseits hellgrün; beiderseits kahl

N_2N_2	Laubblätter von der Mitte der Spreite gegen das Ende zu langsam zugespitzt; Seitenadern eng beieinander liegend und beinahe waagrecht abstehend (Abb. 674)	Richtig, siehe **O_1** Falsch, siehe **$N_2N_2N_2$**

Nérium – Oleander

O_1

674 Blattunterseite **Oleander**

Nérium oleánder L.
Oleander
Abb. 674; siehe S. 172/173

- Laubblätter 6–15 cm lang, im Umriss lineal-lanzettlich und mit seltener schwach nach unten umgerollten Rändern
- Am Ende zugespitzt
- Blattstiel 3–7 mm lang; Spreite in den Stiel verschmälert
- Oberseits mittel- bis dunkelgrün und kahl; unterseits grau- oder hellgrün, mit stark hervortretender Mittelader und spärlich behaart oder kahl

N_2N_2 **N_2**	Laubblätter von der Mitte der Spreite gegen das Ende zu langsam zugespitzt; Seitenadern **nicht** eng aneinander liegend (Abb. 675, 676)	Richtig, siehe **O_2** oder **O_2O_2** Falsch, zurück zu **N_2** (S. 97)

Ligústrum – Liguster

O_2

675 Blattoberseite **Liguster**

Ligústrum vulgáre L.
Gemeiner Liguster
Abb. 675; siehe S. 172/173

- Laubblätter 3–7 cm lang und im Umriss lanzettlich bis länglich-elliptisch
- Am Ende zugespitzt
- Blattstiel 5–15 mm lang
- Oberseits mittel- bis dunkelgrün und unterseits etwas heller grün; beiderseits kahl

Ólea – Ölbaum

O_2O_2

676 Blattunterseite **Ölbaum**

Ólea europáea L.
Ölbaum
Abb. 676; siehe S. 172/173

- Laubblätter 4–7 cm lang, im Umriss lanzettlich, derb, lederig und oft mit etwas gewellten Rändern
- Am Ende zugespitzt; oft mit einer kleinen Stachelspitze
- Blattstiel 2–6 mm lang
- Oberseits matt dunkelgrün bis graugrün und unterseits grauweiss bis silbergrau

I_1I_1 **I_1**	Laubblätter elliptisch, eiförmig, breit-elliptisch oder breit-eiförmig	Richtig, siehe **K_2** oder **K_2K_2** (S. 99) Falsch, zurück zu **I_1** (S. 95)
K_2	Laubblätter an der Spreitenbasis deutlich herzförmig (Abb. 677–679)	Richtig, siehe **L_4, L_4L_4** oder **$L_4L_4L_4$** Falsch, siehe **K_2K_2** (S. 99)

Syringa – Flieder

L_4

677 Blattoberseite **Flieder**

Syringa vulgáris L.
Flieder
Abb. 677; siehe S. 174/175

- Laubblätter 5–10 cm lang und im Umriss spitz-eiförmig oder spitz-elliptisch
- Am Ende lang zugespitzt
- Blattstiel 1–3 cm lang
- Oberseits dunkelgrün und unterseits heller bläulich grün; beiderseits kahl

Catálpa – Trompetenbaum

L_4L_4

678 Blattoberseite **Trompetenbaum**

Catálpa bignonioides Walt.
Gewöhnlicher Trompetenbaum
Abb. 678; siehe S. 174/175

- Laubblätter 10–20 cm lang und im Umriss breit-oval bis herzförmig
- Am Ende mit langer und feiner Spitze oder auch mit kurzer aufgesetzter Spitze
- Blattstiel 7–15 cm lang
- Oberseits mittel- bis dunkelgrün; unterseits heller grün und kurz und weich behaart

L_4L_4
L_4

679 Blattoberseite **Trompetenbaum**

Catálpa ováta G. Don et Zucc
Gelbblütiger Trompetenbaum
Abb. 679; siehe S. 174/175

- Laubblätter 10–25 cm lang und im Umriss vielgestaltig; meist breit-eiförmig oder herzförmig
- Am Ende mit kurzer Spitze
- Blattstiel 4–10 cm lang und oberseits vielfach dunkler gefärbt
- Oberseits mittel- bis dunkelgrün und sehr feinhaarig anzufühlen; unterseits hell- bis mittelgrün und leicht rauh anzufühlen; in den Adernwinkeln unterseits mit rotschwarzen Drüsenflecken

K2K2 Laubblätter an der Spreitenbasis abgerundet oder keilförmig verschmälert — Richtig, siehe **L5**, **L5L5** oder **L5L5L5** Falsch, zurück zu **K2** (S. 98)

L5 Laubblätter 1–3 cm lang, verkehrt-eiförmig, lederig und mit der grössten Breite oberhalb der Spreitenmitte (Abb. 680) — Richtig, siehe **M4** Falsch, siehe **L5L5** oder **L5L5L5**

Arctostáphylos – Bärentraube

M4

680 Blattunterseite **Immergrüne Bärentraube**

Arctostáphylos úva-úrsi (L.) Spreng.
Immergrüne Bärentraube
Abb. 680; siehe S. 174/175

- Laubblätter 1–3 cm lang, im Umriss verkehrt-eiförmig oder verkehrt-eilänglich und mit dicht fein behaarten Rändern
- Am Ende stumpf oder seltener schwach ausgerandet
- Blattstiel 1–3 mm lang und weiss behaart
- Oberseits dunkelgrün und mit einer gut sichtbaren, hellgrünen Hauptader; unterseits dichtes, dunkelgrünes Adernetz

L5L5 Laubblätter 20–40 cm lang, verkehrt-eiförmig und unterseits hell bläulichgrün (Abb. 681) — Richtig, siehe **M5** Falsch, siehe **L5L5L5**

Magnólia – Magnolie

M5

681 Blattunterseite **Magnolie**

Magnólia hypoléuca Sieb. et Zucc.
Magnolie
Abb. 681; siehe S. 174/175

- Laubblätter 20–40 cm lang, im Umriss verkehrt-eiförmig und gegen die Basis zu immer schmäler werdend
- Am Ende abgerundet und mit kurzer aufgesetzter Spitze
- Blattstiel 3–8 cm lang
- Oberseits hell- bis mittelgrün und kahl; unterseits heller bläulichgrün und leicht behaart

L5L5 L5 Laubblätter 2–20 cm lang und im Umriss elliptisch, eiförmig oder breit eiförmig gestaltet — Richtig, siehe **M6**, oder **M6M6** (S. 100) Falsch, zurück zu **L5**

M6 Laubblätter unterseits dicht wollig filzig und dadurch graugrün erscheinend — Richtig, siehe **N3**, **N3N3** oder **N3N3N3** Falsch, siehe **M6M6** (S. 100)

N3 Laubblätter 5–10 cm lang, mit 1–2 cm langem und filzig behaartem Stiel und im Umriss elliptisch bis breit-eiförmig (Abb. 682) — Richtig, siehe **O3** Falsch, siehe **N3N3**

Cydónia – Quitte

O3

682 Blattunterseite **Quitte**

Cydónia oblónga Mill.
Quitte
Abb. 682; siehe S. 174/175

- Laubblätter 5–10 cm lang, im Umriss elliptisch bis breit-eiförmig und an den Rändern leicht graufilzig
- Am Ende stumpf, kurz abgerundet oder schwach zugespitzt
- Blattstiel 1–2 cm lang und filzig behaart
- Oberseits dunkelgrün und meist kahl; unterseits graufilzig

N3N3 Laubblätter 6–10 cm lang, mit 1–3 cm langem und weisswolligem Stiel und im Umriss verkehrt-eiförmig (Abb. 683) — Richtig, siehe **O4** Falsch, siehe **N3N3N3**

Pýrus – Birne

O4

683 Blattunterseite **Schneebirne**

Pýrus nivális Jacq.
Schneebirne
Abb. 683; siehe S. 176/177

- Laubblätter 6–10 cm lang, im Umriss verkehrt-eiförmig und flaumig behaart
- Am Ende zugespitzt oder abgerundet und mit kurzer aufgesetzter Spitze
- Blattstiel 1–3 cm lang und weisswollig filzig
- Oberseits dunkelgrün und filzig behaart; unterseits dicht wollig filzig und dadurch graugrün

N3N3 N3 Laubblätter 2–6 cm lang, mit 0,2–0,7 cm langem und behaartem Stiel und im Umriss eiförmig, breit-elliptisch oder rundlich (Abb. 684, 685) — Richtig, siehe **O5** oder **O5O5** (S. 100) Falsch, zurück zu **N3**

Cotoneáster – Mispel

O5

Blattoberseite
684 **Filz-Zwergmispel**

Cotoneáster tomentósus (Ait.) Lindl.
Filz-Zwergmispel
Abb. 684; siehe S. 176/177

- Laubblätter 3–6 cm lang und im Umriss elliptisch bis breit-eiförmig
- Am Ende stumpf, seltener abgerundet; hin und wieder mit aufgesetzter Spitze
- Blattstiel 2–7 mm lang und stark filzig behaart
- Oberseits dunkelgrün und lockig behaart; unterseits dicht graufilzig behaart

O5O5

Blattoberseite
685 **Echte Zwergmispel**

Cotoneáster integérrimus Medik.
Echte Zwergmispel
Abb. 685; siehe S. 176/177

- Laubblätter 2–4 cm lang, im Umriss breit-elliptisch, eiförmig oder rundlich und an den Rändern sehr fein behaart
- Am Ende stumpf oder zugespitzt und meist mit einer Stachelspitze
- Blattstiel 3–6 mm lang und fein behaart
- Oberseits dunkelgrün und meist kahl; unterseits dicht weiss oder graufilzig behaart

M6M6 Laubblätter unterseits nicht wollig filzig behaart; Unterseite weisslich, grün oder blaugrün — Richtig, siehe **N4**, **N4N4** oder **N4N4N4** (S. 101); Falsch, zurück zu **M6** (S. 99)

N4 Laubblätter mit spitzläufiger (siehe Einführung!) Aderung (Abb. 686–688) — Richtig, siehe **O6**, **O6O6** oder **O6O6O6**; Falsch, siehe **N4N4** oder **N4N4N4** (S. 101)

Córnus – Hartriegel

O6

Blattoberseite
686 **Hartriegel**

Córnus sanguínea L.
Hartriegel
Abb. 686; siehe S. 176/177

- Laubblätter 4–10 cm lang, im Umriss elliptisch bis breit-eiförmig und mit 3 oder 4 spitzläufigen Nebenadernpaaren
- Am Ende zugespitzt
- Blattstiel 5–15 mm lang und oberseits meist rinnig und dunkelrot
- Beiderseits zerstreut behaart und mit deutlich sichtbaren Adern 1. und 2. Ordnung; oberseits mittel- bis dunkelgrün und unterseits etwas heller grün

O6O6

Blattoberseite
687 **Kornelkirsche**

Córnus mas L.
Kornelkirsche
Abb. 687; siehe S. 176/177

- Laubblätter 4–10 cm lang, im Umriss schmal-elliptisch oder elliptisch bis eiförmig, am Rand oft etwas gewellt und mit 3–5 spitzläufigen Nebenadernpaaren
- Ende meist zugespitzt
- Blattstiel 3–15 mm lang, etwas rinnig, oft auch rötlich gefärbt und fein weisslich behaart
- Beiderseits zerstreut weiss und anliegend behaart

O6O6
O6

Blattunterseite
688 **Pagoden-Hartriegel**

Córnus controvérsa Hemsl.
Pagoden-Hartriegel
Abb. 688; siehe S. 176/177

- Laubblätter 7–12 cm lang und im Umriss eiförmig oder breit-eiförmig
- Am Ende kurz oder lang zugespitzt
- Blattstiel 1–3 cm lang
- Oberseits dunkelgrün und mit deutlich sichtbaren und eingesenkten Adern; unterseits graublau und auf den Adern fein behaart; Seitenadernpaare 6–9

N4N4 Laubblätter mit randläufiger Aderung; Seitenadern zueinander parallel verlaufend (Abb. 689, 690) — Richtig, siehe **O7** oder **O7O7** (S. 101); Falsch, siehe **N4N4N4** (S. 101)

O7 Grösste Breite der Laubblätter immer oberhalb der Mitte (Abb. 689) — Richtig, siehe **P**; Falsch, siehe **O7O7** (S. 101)

Fágus – Buche

P

Blattunterseite
689 **Orient-Buche**

Fágus orientális Lipsky
Orient-Buche
Abb. 689; siehe S. 178/179

- Laubblätter 6–12 cm lang, im Umriss elliptisch oder meist verkehrt-eiförmig und mit fein und dicht behaartem Rand
- Am Ende zugespitzt oder mit aufgesetzter Spitze
- Blattstiel 5–15 mm lang und mit seidigem Haarpelz bedeckt
- Oberseits dunkel blaugrün, kahl und mit hell gelbgrünen Adern; unterseits mittel- bis dunkelgrün und mit bräunlichen Haaren bei den gelbgrünen Adern

O7O7 Grösste Breite der Laubblätter immer in der Mitte oder im unteren Bereich (Abb. 690) — Richtig, siehe **P1**; Falsch, zurück zu **O7** (S. 100)

Fágus – Buche

P1

690 Blattunterseite **Rotbuche**

Fágus sylvática L.
Rotbuche
Abb. 690; siehe S. 178/179

- Laubblätter 5–10 cm lang, im Umriss elliptisch bis breit-eiförmig und mit welligem und besonders in der Jugend weisslich gewimpertem Rand
- Am Ende meist kurz zugespitzt
- Blattstiel 3–15 mm lang und oft etwas dunkel gefärbt
- Oberseits glänzend dunkelgrün und unterseits mittelgrün; stark vortretende Seitenadern parallel verlaufend

N4N4 N4 Laubblätter mit bogenläufiger oder netzläufiger Aderung — Richtig, siehe **O8** oder **O8O8** (S. 102); Falsch, zurück zu **N4** (S. 100)

O8 Laubblätter unterseits deutlich hell- bis dunkelblaugrün — Richtig, siehe **P1** oder **P1P1**; Falsch, siehe **O8O8** (S. 102)

P1 Auf der Oberseite der Laubblätter Adern deutlich tief eingesenkt (Abb. 691, 692) — Richtig, siehe **Q** oder **QQ**; Falsch, siehe **P1P1**

Sálix – Weide

Q

691 Blattoberseite **Spiessblättrige Weide**

Sálix hastáta L.
Spiessblättrige Weide
Abb. 691; siehe S. 178/179

- Laubblätter 2–8 cm lang, im Umriss elliptisch bis eiförmig und meist ganzrandig; seltener mit weit auseinander liegenden Zähnen
- Am Ende zugespitzt oder etwas abgerundet
- Blattstiel 5–12 mm lang und oberseits deutlich rinnig
- Oberseits dunkelgrün und kahl; unterseits hell blaugrün und anfangs auf den hellgrün vortretenden Adern behaart

Parrótia – Parrotie

QQ

692 Blattoberseite **Parrotie**

Parrótia pérsica (DC.) C.A. Mey.
Parrotie
Abb. 692; siehe S. 178/179

- Laubblätter 6–10 cm lang, im Umriss verkehrt-eiförmig oder fast rund, derb, lederig und oberhalb der Mitte auch grob gebuchtet
- Am Ende stumpf oder abgerundet
- Blattstiel 5–8 mm lang
- Oberseits glänzend dunkelgrün und unterseits hell bläulichgrün und mit weisslichen Adern

P1P1 Auf der Oberseite der Laubblätter Adern nicht tief eingesenkt (Abb. 693–697) — Richtig, siehe **Q1** oder **Q1Q1**; Falsch, zurück zu **P1**

Q1 Laubblätter beiderseits bleibend behaart und daher weich anzufühlen (Abb. 693) — Richtig, siehe **R**; Falsch, siehe **Q1Q1**

Lonícera – Geissblatt

R

693 Blattoberseite **Rote Heckenkirsche**

Lonícera xylósteum L.
Rote Heckenkirsche
Abb. 693; siehe S. 180/181

- Laubblätter 2–6 cm lang, im Umriss elliptisch, breit-eiförmig oder verkehrt-eiförmig und an den Rändern leicht weisslich gewimpert
- Am Ende stumpf oder zugespitzt
- Blattstiel 5–10 mm lang und dicht anliegend behaart
- Oberseits mittel- bis dunkelgrün und unterseits bläulichgrün; beiderseits anliegend behaart

Q1Q1 Laubblätter kahl oder nur in der Jugend behaart und später verkahlend (Abb. 694) — Richtig, siehe **R1**, (S. 102), **R1R1** (S. 102) oder **R1R1R1** (S. 102); Falsch, zurück zu **Q1**

694 Blattunterseite **Blaue Heckenkirsche**

Lonicera – Geissblatt

R1

695 Blattoberseite **Jelängerjelieber**

Lonicera caprifólium L.
Jelängerjelieber
Abb. 695; siehe S. 180/181

- Laubblätter 2–10 cm lang, im Umriss schmal-eiförmig bis elliptisch; oberste Blätter zu einem ovalen oder kreisrunden Blatt vereinigt
- Am Ende stumpf oder gelegentlich kurz zugespitzt
- Ungestielt oder untere Blätter kurz gestielt
- Oberseits dunkelgrün und kahl; unterseits bläulich graugrün und am Grunde anfangs behaart

R1R1

696 Blattoberseite **Blaue Heckenkirsche**

Lonicera caerúlea L.
Blaue Heckenkirsche
Abb. 696; siehe S. 180/181

- Laubblätter 2–8 cm lang und im Umriss elliptisch, länglich-elliptisch oder verkehrt-eiförmig
- Am Ende meist stumpf oder abgerundet
- Blattstiel 1–4 mm lang, am Grunde verbreitert und etwas behaart
- Oberseits dunkelgrün, schnell verkahlend; unterseits bläulichgrün und bis auf den Blattstiel verkahlend

R1R1 R1

697 Blattoberseite **Waldgeissblatt**

Lonicera periclýmenum L.
Waldgeissblatt
Abb. 697; siehe S. 180/181

- Laubblätter 4–10 cm lang und im Umriss elliptisch bis verkehrt-eiförmig
- Am Ende stumpf oder zugespitzt
- Untere Blätter bis 7 mm lang gestielt; oberstes Blattpaar sitzend
- Oberseits dunkelgrün; unterseits blaugrün und nur in der Jugend etwas behaart

O8O8	Laubblätter unterseits deutlich hell- bis mittelgrün, nie blaugrün	Richtig, siehe **P2** oder **P2P2** Falsch, zurück zu **O8** (S. 101)
P2	Laubblätter deutlich geflügelt; wenn schwach geflügelt dann bei der Ansatzstelle mit langem Dorn (Abb. 698, 699)	Richtig, siehe **Q1** oder **Q1Q1** Falsch, siehe **P2P2**

Citrus – Orange, Zitrone

Q1

698 Blattoberseite **Orange**

Citrus sinénsis (L.) Pers.
Orange, Apfelsine
Abb. 698; siehe S. 178/179

- Laubblätter 3–7 cm lang, im Umriss elliptisch, breit-elliptisch oder verkehrt-eiförmig, fest, lederig und breiter als beim Zitronenbaum
- Am Ende zugespitzt oder auch abgerundet und mit aufgesetzter Spitze
- Blattstiel 5–20 mm lang und meist deutlich grün geflügelt
- Oberseits glänzend dunkelgrün und unterseits hellgrün; beiderseits kahl

Q1Q1

699 Blattoberseite **Zitrone**

Citrus limon (L.) Burm.
Zitrone
Abb. 699; siehe S. 178/179

- Laubblätter 3–7 cm lang, im Umriss schmal-elliptisch bis elliptisch, fest, lederig, den Blättern der Orange sehr ähnlich und am Rand seltener schwach gekerbt oder gezähnt
- Am Ende zugespitzt
- Blattstiel 5–20 mm lang, oft geflügelt und an seiner Ansatzstelle meist mit einem Dorn
- Oberseits glänzend dunkelgrün und unterseits hellgrün; beiderseits kahl

P2P2	Laubblätter **nicht** geflügelt und ohne Dornen an der Ansatzstelle (Abb. 700–712)	Richtig, siehe **Q2** oder **Q2Q2** (S. 103) Falsch, zurück zu **P2**
Q2	Laubblätter eirautenförmig und oberseits glänzend dunkelgrün (Abb. 700)	Richtig, siehe **R2** Falsch, siehe **Q2Q2** (S. 103)

Hédera – Efeu

R2

700 Blattoberseite **Efeu**

Hédera hélix L.
Efeu
Abb. 700; siehe S. 182/183

- Laubblätter 4–10 cm lang und im Umriss vielgestaltig; an Blütentrieben eirautenförmig, ungelappt und lederartig
- Am Ende kurz zugespitzt
- Blattstiel 3–11 cm lang
- Oberseits glänzend dunkelgrün und weissaderig; unterseits matt hellgrün; beiderseits kahl

Q_2Q_2 Laubblätter **nicht** eirautenförmig (Abb. 701–712)
Richtig, siehe **R_3** oder **R_3R_3**
Falsch, zurück zu **Q_2** (S. 102)

R_3 Laubblätter sehr fein drüsig gesägt (von blossem Auge als ganzrandig erscheinend; Zähnchen nur mit der Lupe gut sichtbar (Abb. 701)
Richtig, siehe **S**
Falsch, siehe **R_3R_3**

Euónymus – Spindelstrauch

S

Blattoberseite
701 **Breitblättriges Pfaffenhütchen**

Euónymus latifólius (L.) Mill
Breitblättriges Pfaffenhütchen
Abb. 701 – siehe S. 182/183

- Laubblätter 7–14 cm lang und im Umriss elliptisch bis verkehrt-eiförmig
- Am Ende zugespitzt
- Blattstiel 5–10 mm lang und oberseits rinnig
- Oberseits dunkelgrün und unterseits hellgrün; beiderseits kahl

---

R_3R_3 Laubblätter ohne kleine Zähnchen
Richtig, siehe **S_1** oder **S_1S_1**
Falsch, zurück zu **R_3**

S_1 Laubblätter 8–20 cm lang
Richtig, siehe **T** oder **TT**
Falsch, siehe **S_1S_1** (S. 104)

T Laubblätter unterseits auffallend rostrot flaumhaarig (Abb. 702)
Richtig, siehe **U**
Falsch, siehe **TT**

Blattunterseite
702 **Immergrüne Magnolie**

Magnólia – Magnolie

U

Blattoberseite
703 **Immergrüne Magnolie**

Magnólia grandiflóra L.
Immergrüne Magnolie
Abb. 703 – siehe S. 182/183

- Laubblätter 8–20 cm lang, im Umriss elliptisch bis breit-elliptisch, derb, lederig und im 2. Jahr abfallend
- Am Ende stumpf bis zugespitzt und oft mit abgerundeter Spitze
- Blattstiel 20–25 mm lang und dicht rostbraun behaart
- Oberseits glänzend dunkelgrün und kahl; unterseits heller grün und rostrot flaumhaarig

---

TT Laubblätter unterseits **nicht** auffallend rostrot flaumhaarig (Abb. 704)
Richtig, siehe **U_1** oder **U_1U_1** (S. 104)
Falsch, zurück zu **T**

Blattunterseite
704 **Faulbaum**

U_1 Adern unterseits weisslich bis hellgelb (Abb. 705)
Richtig, siehe **V**
Falsch, siehe **U_1U_1** (S. 104)

Blattunterseite
705 **Tulpen-Magnolie**

Magnólia – Magnolie

V

Blattoberseite
706 **Tulpen-Magnolie**

Magnólia x soulangiána
Tulpen- oder Gartenmagnolie
Abb. 706 – siehe S. 182/183

- Laubblätter 10–20 cm lang, im Umriss länglich-elliptisch oder meist schmal verkehrt-eiförmig und im vorderen Drittel am breitesten
- Am Ende mit aufgesetzter Spitze
- Blattstiel bis 1–4 cm lang
- Oberseits mittel- bis dunkelgrün und kahl; unterseits heller grün und etwas behaart

U_1U_1 Adern unterseits mittel- bis dunkelgrün — Richtig, siehe **V_1**; Falsch, zurück zu **U_1** (S. 103)

Lonícera – Heckenkirsche

V_1

707 Blattunterseite **Alpenheckenkirsche**

Lonícera alpígena L.
Alpenheckenkirsche

Abb. 707; siehe S. 180/181

- Laubblätter 8–12 cm lang, im Umriss elliptisch bis verkehrt-eiförmig und in der Jugend an den Rändern fein gewimpert
- Am Ende kurz zugespitzt
- Blattstiel 1–2 cm lang
- Oberseits dunkelgrün; unterseits heller grün, stark glänzend und der Hauptader entlang fein behaart

S_1S_1 Laubblätter 3–8 cm lang — Richtig, siehe **T_1** oder **T_1T_1**; Falsch, zurück zu **S_1** (S. 103)

T_1 Laubblattstiele oberseits meist deutlich rinnig (Abb. 708) — Richtig, siehe **U_2 oder U_2U_2**; Falsch, siehe **T_1T_1**

708 Blattoberseite **Forsythie**

U_2 Haupt- und Seitenadern unterseits grün und Blattstiel 1–3 cm lang (Abb. 709) — Richtig, siehe **V_2**; Falsch, siehe **U_2U_2**

709 Blattunterseite **Forsythie**

Forsýthia – Forsythie

V_2

710 Blattoberseite **Forsythie**

Forsýthia europáea Deg. et. Bald.
Balkan-Forsythie

Abb. 710; siehe S. 182/183

- Laubblätter 4–8 cm lang und im Umriss elliptisch, eiförmig oder eilanzettlich
- Am Ende zugespitzt; Spitze oft etwas seitwärts gebogen
- Blattstiel 1–3 cm lang
- Oberseits dunkelgrün und unterseits hellgrün; beiderseits kahl

U_2U_2 Haupt- und Seitenadern unterseits hellgelb und Blattstiel 3–14 mm lang — Richtig, siehe **V_3**; Falsch, zurück zu **U_2**

Lonícera – Heckenkirsche

V_3

711 Blattunterseite **Schwarze Heckenkirsche**

Lonícera nígra L.
Schwarze Heckenkirsche

Abb. 711; siehe S. 180/181

- Laubblätter 3–8 cm lang, im Umriss elliptisch, breit-elliptisch bis verkehrt-eiförmig und oft mit etwas gewellten Rändern
- Am Ende kurz zugespitzt
- Blattstiel 2–8 mm lang und oberseits rinnig
- Oberseits mittel- bis dunkelgrün und kahl; unterseits mittelgrün und der Hauptader entlang flaumhaarig

T_1T_1 Laubblattstiele oberseits nicht oder nur schwach rinnig — Richtig, siehe **U_3**; Falsch, zurück zu **T_1**

Rhámnus – Kreuzdorn

U_3

712 Blattoberseite **Faulbaum**

Rhámnus frángula L.
Faulbaum

Abb. 712; siehe S. 182/183

- Laubblätter 3–7 cm lang und im Umriss elliptisch bis breit-elliptisch
- Am Ende mit kurzer aufgesetzter Spitze
- Blattstiel 6–14 mm lang
- Oberseits dunkelgrün und unterseits glänzend hellgrün

Ganze Laubblätter: gezähnt/gesägt/gekerbt

A Die meisten Laubblätter (nur bei sehr wüchsigen Trieben oder bei jungen Pflanzen sehr schmale und kleine Laubblätter vorhanden) zu stechenden und grünen Dornen umgebildet (Abb. 713)

Richtig, siehe **B**
Falsch, siehe **AA** oder **AAA**

Úlex – Stechginster

B

713 **Europäischer Stechginster**

Úlex europáeus L.
Europäischer Stechginster
Abb. 713; siehe S. 184/185

- Eigentliche Laubblätter oft fehlend; neben den meisten Laubblättern verdornen auch die Kurztriebe
- Das Ende der Dornen stechend
- Blattstiele keine vorhanden; Dornen mit vielen Seitendornen
- Zweige rillig und oft flaumig behaart

AA Laubblätter scharf dornig gewimpert (Abb. 714), stachelig gezähnt (Abb. 715) oder dornig-stachelig gezähnt (Abb. 716, 717)

Richtig, siehe **B1**, **B1B1** oder **B1B1B1**
Falsch, siehe **AAA**

B1 Laubblätter scharf dornig gewimpert (Abb. 714)

Richtig, siehe **C**
Falsch, siehe **B1B1** oder **B1B1B1**

Bérberis – Berberitze

C

Blattoberseite
714 **Berberitze**

Bérberis vulgáris L.
Sauerdorn
Abb. 714; siehe S. 184/185

- Laubblätter 2–4 cm lang, im Umriss schmal verkehrt-eiförmig bis verkehrt-eiförmig und mit scharf dornig gewimpertem Blattrand
- Am Ende abgerundet oder stumpf
- Blattstiel 5–15 mm lang
- Oberseits dunkelgrün und unterseits weisslich-grün; beiderseits kahl

B1B1 Laubblätter stachelig gezähnt (Abb. 715)

Richtig, siehe **C1**
Falsch, siehe **B1B1B1**

Castánea – Edelkastanie

C1

Blattoberseite
715 **Edelkastanie**

Castánea sativa Mill.
Edelkastanie
Abb. 715; siehe S. 184/185

- Laubblätter 10–30 cm lang, im Umriss länglich-lanzettlich, derb, lederig und stachelig gezähnt
- Am Ende mit kurzer und schmaler Spitze
- Blattstiel 2–5 cm lang
- Oberseits glänzend dunkelgrün und kahl; unterseits blassgrün und in der Jugend filzig behaart; mit 15–20 Seitenadernpaaren

B1B1B1 Laubblätter dornig-stachelig gezähnt (Abb. 716, 717)

Richtig, siehe **C2** oder **C2C2**
Falsch, zurück zu **B1**

Ílex – Stechpalme

C2

Blattoberseite
716 **Stechpalme**

Ílex aquifólium L.
Stechpalme
Abb. 716; siehe S. 184/185

- Laubblätter 3–8 cm lang, im Umriss elliptisch bis eiförmig, derb, lederig und grob dornig gezähnt
- Am Ende lang und stachelig zugespitzt
- Blattstiel 1 cm lang und oberseits rinnig
- Oberseits glänzend dunkelgrün und unterseits hellgrün; beiderseits kahl

Quércus – Eiche

C2C2

Blattoberseite
717 **Steineiche**

Quércus ilex L.
Steineiche
Abb. 717; siehe S. 184/185

- Laubblätter 3–8 cm lang und formenreich; oft jederseits mit 4–7 scharfen Zähnen
- Am Ende scharf stachelig zugespitzt
- Blattstiel 7–15 mm lang und bis spät im Jahr weissfilzig bleibend
- Junge Blätter beiderseits behaart; ältere Blätter glänzend dunkelgrün und kahl; unterseits durch dichte Behaarung grau bis weisslich

AAA Laubblätter **nicht** dornig gewimpert, stachelig gezähnt oder dornig stachelig gezähnt, sondern gesägt, gezähnt oder gekerbt

Richtig, siehe **B2** (S. 106), oder **B2B2** (S.107)
Falsch, zurück zu **A**

B2	Laubblätter meist herzförmig oder schief herzförmig (Abb. 718–725) und regelmässig gesägt, gezähnt oder gekerbt	Richtig, siehe **C2** oder **C2C2** Falsch, siehe **B2B2** (S. 107)

C2	Laubblätter unterseits weiss oder hellgrau filzig (Abb. 718, 719)	Richtig, siehe **D** oder **DD** Falsch, siehe **C2C2**

Tilia – Linde

D

718 Blattunterseite **Silberlinde**

Tilia tomentósa Moench
Silberlinde

Abb. 718; siehe S. 186/187

- Laubblätter 6–12 cm lang, im Umriss rundlich-herzförmig oder schief-herzförmig und am Rand ziemlich regelmässig gesägt/gezähnt
- Am Ende kurz zugespitzt
- Blattstiel 2–3,5 cm lang und damit kürzer als bei demjenigen der Hänge-Silber-Linde
- Oberseits dunkelgrün; unterseits weiss- oder hellgrau-filzig

DD

719 Blattunterseite **Hänge-Silber-Linde**

Tilia petioláris DC
Hänge-Silber-Linde

Abb. 719; siehe S. 186/187

- Laubblätter 7–11 cm lang, im Umriss schief herzförmig und regelmässig scharf gesägt/gezähnt (Blattzähne grannenartig zugespitzt)
- Am Ende kurz zugespitzt
- Blattstiel 3–6 cm lang und filzig behaart; Blätter hängend
- Oberseits dunkelgrün und nahezu verkahlend; unterseits durch Sternhaare weiss oder grauweiss filzig

C2C2	Laubblätter unterseits grün oder blaugrün (Abb. 720–725)	Richtig, siehe **D1** oder **D1D1** Falsch, zurück zu **C2**

D1	Laubblätter unterseits grün und in den Adernwinkeln mit weisslichen Bärtchen (Abb. 720)	Richtig, siehe **E** Falsch, siehe **D1D1**

Tilia – Linde

E

720 Blattunterseite **Sommerlinde**

Tilia platyphýllos Scop.
Sommerlinde

Abb. 720; siehe S. 186/187

- Laubblätter 7–15 cm lang, im Umriss herz- oder schief herzförmig und am Rand regelmässig kerbig gesägt
- Am Ende mit kurzer und aufgesetzter Spitze
- Blattstiel 2–5 cm lang und oft etwas behaart
- Oberseits dunkelgrün und etwas behaart; unterseits heller grün und in den Adernwinkeln mit weisslichen Bärtchen

D1D1	Laubblätter unterseits blaugrün und mit (Abb. 721, 724) oder ohne (Abb. 722) bräunliche Bärtchen in den Adernwinkeln	Richtig, siehe **E1**, **E1E1** oder **E1E1E1** (S. 107) Falsch, zurück zu **D1**

721 Blattunterseite **Winterlinde**

722 Blattunterseite **Katsurabaum**

Tilia – Linde

E1

723 Blattoberseite **Winterlinde**

Tilia cordáta Mill.
Winterlinde

Abb. 723; siehe S. 186/187

- Laubblätter 4–7 cm lang, im Umriss meist herzförmig (auch schief herzförmig) und am Rand fein und scharf gesägt
- Am Ende mit kurzer und aufgesetzter Spitze
- Blattstiel 2–5 cm lang und kahl
- Oberseits glänzend dunkelgrün bis blaugrün und kahl; unterseits hell blaugrün und in den Winkeln der Adern braunrot gebärtet

E1E1

724 Blattunterseite **Krimlinde**

Tilia × euchlóra K. Koch
Krimlinde

Abb. 724; siehe S. 186/187

- Laubblätter 5–15 cm lang, im Umriss schief-herzförmig und unregelmässig gezähnt; Zähne mit Grannenspitzen
- Am Ende zugespitzt und mit aufgesetzter Grannenspitze
- Blattstiel 3–6 cm lang
- Oberseits kahl und dunkel blaugrün; unterseits blaugrün, mit hellgelben Adern und dazwischen hellbräunlichen Bärtchen

Cercidiphýllum – Katsurabaum

E_1E_1
E_1

[725] Blattoberseite **Katsurabaum**

Cercidiphýllum japónicum
Sieb. et Zucc. ex Miq.
Katsurabaum
Abb. 725; siehe S. 186/187

- Laubblätter 6–12 cm lang, im Umriss breit-oval bis rundlich oder herzförmig und am Rand gekerbt
- Am Ende sehr kurz zugespitzt
- Blattstiel 3–6 cm lang und neben grüner auch rote Färbung
- Oberseits matt- oder graugrün; unterseits hell bläulichgrün und wie oberseits kahl

---

B_2B_2	Laubblätter **nicht** herzförmig; wenn gleichwohl schwach herzförmig, dann Blattrand doppelt gesägt oder doppelt gesägt/gezähnt (Abb. 726. 727)	Richtig, siehe **C_3**, **C_3C_3** oder **$C_3C_3C_3$** (S. 108) Falsch, zurück zu **B_2** (S. 106)

C_3	Laubblätter im Umriss länglich verkehrt-eiförmig, breit-eiförmig, rundlich oder etwas herzförmig und **doppelt** gesägt/gezähnt	Richtig, siehe **D_1** oder **D_1D_1** Falsch, siehe **C_3C_3** oder **$C_3C_3C_3$** (S. 108)

Corýlus – Hasel

D_1

[726] Blattoberseite **Haselstrauch**

Corýlus avellána L.
Hasel
Abb. 726; siehe S. 188/189

- Laubblätter 5–10 cm lang, im Umriss länglich verkehrt-eiförmig, rundlich oder etwas herzförmig und am Rand doppelt gesägt/gezähnt
- Am Ende mit aufgesetzter Spitze
- Blattstiel 5–15 mm lang und drüsig behaart
- Oberseits mittelgrün und unterseits hell- bis mittelgrün; beiderseits mehr oder weniger weichhaarig

---

D_1D_1

[727] Blattoberseite **Baumhasel**

Corýlus colúrna L.
Baumhasel
Abb. 727; siehe S. 184/185

- Laubblätter 8–12 cm lang, im Umriss breit-eiförmig bis rundlich oder etwas herzförmig, mit der grössten Breite oberhalb der Mitte und am Rand gesägt und grob doppelt gezähnt
- Am Ende mit aufgesetzter und mittelgrosser Spitze
- Blattstiel 1,5–3 cm lang
- Oberseits glänzend dunkelgrün und später kahl; unterseits mittel- bis dunkelgrün und bei den Adern behaart

---

C_3C_3	Laubblätter im Umriss dreieckig, eirautenförmig oder rautenförmig (Abb. 728–731)	Richtig, siehe **D_2** oder **D_2D_2** Falsch, siehe **$C_3C_3C_3$** (S. 108)

D_2	Blattrand regelmässig buchtig gesägt/gezähnt, kerbig gesägt oder gekerbt/gesägt (Abb. 728–730)	Richtig, siehe **E_2**, **E_2E_2** oder **$E_2E_2E_2$** Falsch, siehe **D_2D_2** (S. 108)

Pópulus – Pappel

E_2

[728] Blattoberseite **Pyramidenpappel**

Pópulus nigra var. itálica Muenchh.
Pyramidenpappel
Abb. 728; siehe S. 188/189

- Laubblätter 4–8 cm lang, im Umriss rautenförmig oder rhombisch und zum grösseren Teil buchtig gesägt/gezähnt
- Am Ende lang zugespitzt
- Blattstiel 1–3 cm lang und oft rötlich angelaufen
- Oberseits dunkelgrün und unterseits graugrün; beiderseits kahl

---

E_2E_2

[729] Blattunterseite **Kanadische Pappel**

Pópulus × canadénsis Moench
Kanadische Pappel
Abb. 729; siehe S. 188/189

- Laubblätter 6–10 cm lang, im Umriss fast dreieckig und am Rand wellig und kerbig gesägt
- Am Ende mit aufgesetzter Spitze
- Blattstiel 3–8 cm lang und hin und wieder etwas rötlich gefärbt
- Oberseits glänzend dunkelgrün und unterseits heller grün; beiderseits kahl

---

E_2E_2
E_2

[730] Blattunterseite **Schwarz-Pappel**

Pópulus nigra L.
Schwarz-Pappel
Abb. 730; siehe S. 188/189

- Laubblätter 3–9 cm lang, im Umriss dreieckig bis rhombisch, im Austrieb rötlich und am Rand gekerbt und gesägt
- Am Ende zugespitzt
- Blattstiel 3–6 cm lang und seitlich zusammengedrückt
- Oberseits dunkelgrün und unterseits hell blaugrün; beiderseits kahl; Seitenadern nicht so stark verzweigt wie bei der Kanadischen Pappel

D2D2	Blattrand deutlich grob doppelt gesägt/gezähnt (Abb. 731)	Richtig, siehe **E3** Falsch, zurück zu **D2** (S. 107)

Bétula – Birke

E3

Blattoberseite
731 **Hängebirke**

Bétula péndula Roth
Hängebirke, Weissbirke
Abb. 731; siehe S. 188/189

- Laubblätter 3–7 cm lang, im Umriss dreieckig oder eirautenförmig, bei Stockausschlägen oft herzförmig und meist grob doppelt gesägt/gezähnt (gegen Spreitengrund zu ganzrandig)
- Am Ende lang zugespitzt
- Blattstiel 2–3 cm lang
- Oberseits dunkelgrün und unterseits hell graugrün; beiderseits kahl

C3C3 **C3**	Laubblätter nicht wie bei **C3** oder **C3C3** gestaltet	Richtig, siehe **D3** oder **D3D3**
D3	Laubblätter unterseits deutlich drüsig punktiert (Abb. 732)	Richtig, siehe **E4** Falsch, siehe **D3D3**

Vaccínium – Preiselbeere

E4

Blattunterseite
732 **Preiselbeere**

Vaccínium vítis-idáea L.
Preiselbeere
Abb. 732; siehe S. 190/191

- Laubblätter 1–3 cm lang, im Umriss schmal verkehrt-eiförmig, lederig, mit der grössten Breite immer über der Mitte und am Rand abschnittsweise schwach gekerbt und gezähnt (einzelne Abschnitte auch ganzrandig)
- Am Ende stumpf oder leicht ausgerandet
- Blattstiel 3–5 mm und etwas behaart
- Oberseits glänzend dunkelgrün; unterseits etwas hell grau blaugrün

D3D3	Laubblätter unterseits nicht drüsig punktiert	Richtig, siehe **E5** oder **E5E5** Falsch, zurück zu **D3**
E5	Laubblätter am Ende flach abgeschnitten oder mehrheitlich ausgerandet (Abb. 733, 734)	Richtig, siehe **F** oder **FF** Falsch, siehe **E5E5**

Sálix – Weide

F

Blattunterseite
733 **Zwergweide**

Sálix herbácea L.
Zwergweide
Abb. 733; siehe S. 190/191

- Laubblätter 8–20 mm lang, im Umriss rundlich-eiförmig bis rund und am Rand kerbig gesägt
- Am Ende meist ausgerandet
- Blattstiel 3–6 mm lang und am Grunde etwas verbreitert
- Beiderseits mittel- bis blaugrün und kahl; deutlich sichtbare Netzaderung

Álnus – Erle

FF

Blattoberseite
734 **Schwarzerle**

Álnus glutinósa (L.) Gaertn.
Schwarzerle
Abb. 734; siehe S. 188/189

- Laubblätter 4–10 cm lang, im Umriss breit verkehrt-eiförmig bis rundlich, mit der grössten Breite oberhalb der Mitte und einfach und doppelt gesägt/gezähnt
- Am Ende meist ausgerandet, seltener abgerundet
- Blattstiel 5–15 mm lang
- Oberseits mittel- bis dunkelgrün; unterseits heller grün und in den Adernwinkeln weisslich bis rostfarbig gebärtet

E5E5	Laubblätter am Ende stumpf oder zugespitzt	Richtig, siehe **F1**, **F1F1** (S. 109), **F1F1F1** (S. 109) oder **F1F1F1F1** (S. 109)
F1	Laubblätter buchtig gezähnt, unterseits bleibend dicht weissfilzig und 5–12 cm lang (Abb. 735)	Richtig, siehe **G** Falsch, siehe **F1F1** (S. 109), **F1F1F1** (S. 109) oder **F1F1F1F1** (S. 109)

Blattunterseite
735 **Silberpappel**

Pópulus – Pappel

G

Blattoberseite
736 **Silberpappel**

Pópulus álba L.
Silberpappel
Abb. 736; siehe S. 190/191

- Laubblätter 5–12 cm lang und im Umriss vielgestaltig; vielfach dreieckig bis eiförmig und buchtig gezähnt
- Am Ende abgerundet oder kurz zugespitzt
- Blattstiel 2–4 cm lang, abgeflacht und weiss behaart
- Oberseits glänzend dunkelgrün (in der Jugend wollig-filzig) und unterseits bleibend dicht weissfilzig

---

F_1F_1	Laubblätter unregelmässig grob buchtig gezähnt, unterseits grau blaugrün (Abb. 737) und 3–10 cm lang	Richtig, siehe **G_1** Falsch, siehe **$F_1F_1F_1$** oder **$F_1F_1F_1F_1$**

Pópulus – Pappel

G_1

Blattunterseite
737 **Zitterpappel**

Pópulus trémula L.
Zitterpappel
Abb. 737; siehe S. 190/191

- Laubblätter 3–9 cm lang (bei Ausläufern bis 15 cm), im Umriss meist rundlich und unregelmässig buchtig gezähnt
- Am Ende abgerundet oder aus breitem Grund kurz zugespitzt
- Blattstiel 3–10 cm lang, abgeflacht und oft etwas rötlich gefärbt
- Oberseits anfangs braunrot, später grau blaugrün; unterseits hell graugrün

---

$F_1F_1F_1$	Laubblätter regelmässig grob gekerbt, unterseits weisslich bis hellgraugrün und 0,2–1 cm (Abb. 738)	Richtig, siehe **G_2** Falsch, siehe **$F_1F_1F_1F_1$**

Drýas – Silberwurz

G_2

Blattunterseite
738 **Silberwurz**

Drýas octopétala L.
Silberwurz
Abb. 738; siehe S. 190/191

- Laubblätter 5–30 mm lang, im Umriss länglich-elliptisch, lederig und am Rand regelmässig grob gekerbt und schwach umgerollt
- Am Ende stumpf oder kurz zugespitzt
- Blattstiel 2–10 mm lang
- Oberseits glänzend dunkelgrün und kahl; unterseits silberweiss filzig behaart

---

F_1F_1 F_1F_1	Blattrand der Laubblätter anders gestaltet	Richtig, siehe **G_3** oder **G_3G_3** (S. 110) Falsch, zurück zu **F_1** (S. 108)
G_3	Spreitenhälften deutlich verschieden gross und bei der Spreitenbasis eine deutlich ungleiche Ansatzstelle der Hälften (Abb. 739–742)	Richtig, siehe **H, HH, HHH** oder **HHHH** (S. 110) Falsch, siehe **G_3G_3** (S. 110)

Úlmus – Ulme

H

Blattoberseite
739 **Flatterulme**

Úlmus láevis Pall.
Flatterulme
Abb. 739 – siehe S. 192/193

- Laubblätter 7–12 cm lang, im Umriss schmal-oval, oval oder rundlich, in der Mitte am breitesten und scharf doppelt gesägt/gezähnt
- Am Ende kurz und fein zugespitzt
- Blattstiel nur bis 5 mm lang
- Oberseits matt dunkelgrün; unterseits graugrün und fein behaart

---

HH

Blattoberseite
740 **Bergulme**

Úlmus glábra Huds. e. Moss
Bergulme
Abb. 740 – siehe S. 192/193

- Laubblätter 5–16 cm lang, im Umriss elliptisch, eiförmig oder vielfach verkehrt-eiförmig, hin und wieder dreizipflig und am Rand grob doppelt gesägt
- Am Ende fein zugespitzt
- Blattstiel 3–6 mm lang und oft von der einen Spreitenhälfte verdeckt
- Oberseits dunkelgrün und rauh; unterseits mittelgrün und auf den grösseren Adern fein weisshaarig

---

HH
H

Blattoberseite
741 **Feldulme**

Úlmus mínor Mill. – Feldulme
Abb. 741 – siehe S. 192/193

- Laubblätter 3,5–8 cm lang und im Umriss vielgestaltig; meist schmal verkehrt-eiförmig oder verkehrt-elliptisch
- Am Ende mit verlängerter und schmaler Spitze
- Blattstiel 5–13 mm lang und meist etwas behaart
- Oberseits dunkelgrün und meist kahl; unterseits heller grün und mit deutlichen, sametigen Haarbüscheln in den Adernwinkeln

Ganze Laubblätter: gezähnt/gesägt/gekerbt

Céltis – Zürgelbaum

HH HH

[742] Blattoberseite **Zürgelbaum**

Céltis austrális L.
Zürgelbaum
Abb. 742 – siehe S. 192/193

- Laubblätter 4–15 cm lang, im Umriss länglich-oval bis schmal-eiförmig und am Rand scharf gesägt
- Am Ende schlank zugespitzt
- Blattstiel 10–15 mm lang
- Oberseits rauh behaart und dunkelgrün; unterseits graugrün und weich behaart

G3G3	Spreitenhälften mehr oder weniger gleich gross und ihre Ansatzstelle ungefähr auf gleicher Höhe	Richtig, siehe **H1**, **H1H1**, **H1H1H1** (S. 112) oder **H1H1H1H1** (S. 118) Falsch, zurück zu **G3** (S. 109)
H1	Laubblätter elliptisch bis eiförmig und unterseits deutlich **weiss** gefärbt (Abb. 743, 744)	Richtig, siehe **I** oder **II** Falsch, siehe **H1H1**, **H1H1H1** (S. 112) oder **H1H1H1H1** (S. 118)

Pópulus – Pappel

I

[743] Blattunterseite **Westliche Balsam-Pappel**

Pópulus trichocárpa
Torr. et A. Gray ex Hook
Westliche Balsam-Pappel
Abb. 743 – siehe S. 192/193

- Laubblätter 8–14 cm lang, im Umriss breit-eiförmig bis etwas rhombisch, derb, etwas lederig und fein kerbig gesägt
- Am Ende zugespitzt
- Blattstiel 2–5 cm lang und oberseits meist etwas rötlich gefärbt
- Oberseits dunkelgrün und kahl; unterseits weisslich oder rostfarbig und oft etwas fein flaumig

Sórbus – Mehlbeere

II

[744] Blattunterseite **Mehlbeere**

Sórbus ária (L.) Crantz
Mehlbeere
Abb. 744 – siehe S. 192/193

- Laubblätter 6–12 cm lang, im Umriss eiförmig, elliptisch oder auch rundlich und einfach/doppelt gesägt/gezähnt
- Am Ende stumpf oder abgerundet und mit kurzer Spitze
- Blattstiel 1–2 cm lang und weiss behaart
- Oberseits mittelgrün und etwas seidig behaart; unterseits immer dicht weissfilzig behaart

H1H1	Laubblätter schmal-elliptisch, schmal-eiförmig bis rundlich, schmal verkehrt-eiförmig und unterseits graugrün gefärbt (Abb. 745–757)	Richtig, siehe **I1** oder **I1I1** Falsch, siehe **H1H1H1** (S. 112) oder **H1H1H1H1** (S. 118)
I1	Laubblätter schmal verkehrt-eiförmig oder verkehrt-eiförmig (mit der grössten Breite meist oberhalb der Spreitenmitte)	Richtig, siehe **K** oder **KK** Falsch, siehe **I1I1**

Sálix – Weide

K

[745] Blattunterseite **Ohrweide**

Sálix aurita L. – Ohrweide
Abb. 745 – siehe S. 190/191

- Laubblätter 2–5 cm lang, im Umriss schmal- bis verkehrt-eiförmig, mit ohrförmigen und lange bleibenden Nebenblättern und am Rand unregelmässig grob gesägt, gezähnelt und auch gewellt
- Am Ende breit abgerundet und mit kurzer, schiefer und etwas gefalteter Spitze
- Blattstiel 5–8 mm lang und behaart
- Unterseits graugrün und behaart

Myrica – Gagelstrauch

KK

[746] Blattunterseite **Gagelstrauch**

Myrica gále L.
Gagelstrauch
Abb. 746 – siehe S. 194/195

- Laubblätter 2–5 cm lang, im Umriss länglich verkehrt-eiförmig, etwas derb und in der oberen Hälfte grob gezähnt
- Am Ende mit kurzer aufgesetzter Spitze
- Blattstiel 3–6 mm lang
- Oberseits matt dunkelgrün und etwas fein behaart; unterseits hellgrün und bei der Hauptader fein behaart

I1I1	Grösste Breite der Laubblätter in- oder unterhalb der Spreitenmitte	Richtig, siehe **K1** oder **K1K1** (S. 111) Falsch, zurück zu **I1**
K1	Laubblätter höchstens 3 cm lang (Abb. 747–750)	Richtig, siehe **L**, **LL**, **LLL** oder **LLLL** (alle S. 111) Falsch, siehe **K1K1** (S. 111)

Bétula – Birke

L

Blattoberseite
747 **Zwerg-Birke**

Bétula nána L.
Zwerg-Birke
Abb. 747 – siehe S. 194/195

- Laubblätter höchstens 3 cm lang, im Umriss meist rundlich und einfach breit und am Rand stumpf gesägt
- Am Ende mit grobem Zahn endend
- Blattstiel 1–2 mm lang und dunkelrot gefärbt
- Oberseits dunkelgrün und etwas gewellt; unterseits weisslich mit dunkelgrünem Adernwerk

---

LL

Blattoberseite
748 **Birke**

Bétula intermédia (Hartm.) Thomas
Birke
Abb. 748 – siehe S. 194/195

- Laubblätter 8–25 mm lang, im Umriss elliptisch bis breit verkehrt-eiförmig und am Rand grob einfach gesägt
- Am Ende abgerundet und mit einem oder mehreren Zähnen endend
- Blattstiel 3–7 mm lang
- Oberseits dunkelgrün und unterseits graugrün; beiderseits drüsig punktiert

---

Nothofágus – Scheinbuche

LL
L

Blattoberseite
749 **Scheinbuche**

Nothofágus antártica (G. Forst) Oerst.
Antarktische Scheinbuche
Abb. 749 – siehe S. 194/195

- Laubblätter 1–3 cm lang, im Umriss eiförmig bis rundlich und am Rand unregelmässig gekerbt, gesägt und gebuchtet
- Am Ende abgerundet
- Blattstiel 2–4 mm lang
- Oberseits glänzend dunkelgrün und oft leicht runzelig; unterseits graugrün

---

Rhámnus – Kreuzdorn

LL
LL

Blattoberseite
750 **Felsen-Kreuzdorn**

Rhámnus saxátilis Jacq.
Felsen-Kreuzdorn
Abb. 750 – siehe S. 194/195

- Laubblätter 1–3 cm lang, im Umriss lanzettlich bis elliptisch, fein und regelmässig gesägt
- Am Ende zugespitzt
- Blattstiel 2–5 mm lang
- Oberseits dunkelgrün und unterseits weisslich grün mit dunkelgrünen Seitenadern; beiderseits kahl

---

K_1K_1	Laubblätter 3–10 cm lang	Richtig, siehe **L_1** oder **L_1L_1** Falsch, zurück zu **K_1** (S. 110)
L_1	Laubblätter schmal oder breit lanzettlich bis eiförmig (auch schwach verkehrt-eiförmig möglich) (Abb. 751, 752)	Richtig, siehe **M** oder **MM** Falsch, siehe **L_1L_1**

Sálix – Weide

M

Blattoberseite
751 **Kahle Weide**

Sálix glábra Scopoli
Kahle Weide
Abb. 751 – siehe S. 194/195

- Laubblätter 3–9 cm lang, im Umriss lanzettlich bis verkehrt-eiförmig und am Rand regelmässig fein gesägt
- Am Ende zugespitzt oder mit kurzer, aufgesetzter Spitze
- Blattstiel 5–15 mm lang und am Grunde etwas verbreitert
- Oberseits glänzend dunkelgrün und unterseits weisslich blaugrün und mit dichtem Wachsbelag

---

MM

Blattunterseite
752 **Grau-Weide**

Sálix cinérea L.
Asch-Weide, Grau-Weide
Abb. 752 – siehe S. 196/197

- Laubblätter 5–9 cm lang, im Umriss breit-lanzettlich bis verkehrt-eiförmig und am Rand wellig und unregelmässig fein bis grob gezähnt
- Am Ende kurz zugespitzt
- Blattstiel 5–20 mm lang und am Grunde etwas verbreitert
- Oberseits mattgrün, glanzlos und kurzhaarig; unterseits graugrün, sametig filzig und Adern stark vortretend

---

L_1L_1	Laubblätter anders gestaltet als bei **L_1**; meist elliptisch bis rundlich (Abb. 753–757)	Richtig, siehe **M_1**, **M_1M_1** (S. 112) oder **$M_1M_1M_1$** (S. 112) Falsch, zurück zu **L_1**
M_1	Laubblätter mit doppelt gesägtem Blattrand (Abb. 753)	Richtig, siehe **N** (S. 112) Falsch, siehe **M_1M_1** oder **$M_1M_1M_1$** (S. 112)

Álnus – Erle

$\mathbf{N}$

Blattoberseite
753 **Grau-Erle**

Álnus incána (L.) Moench
Grau-Erle, Weiss-Erle
Abb. 753 – siehe S. 196/197

- Laubblätter 5–10 cm lang, im Umriss breit-eiförmig bis breit-elliptisch und am Rand doppelt gesägt
- Am Ende zugespitzt
- Blattstiel 7–20 mm lang
- Oberseits kahl und dunkelgrün und unterseits bleibend graugrün; in der Jugend beiderseits weichhaarig

---

$\mathbf{M_1M_1}$ Laubblätter mit welligem oder grob gezähntem bis kerbigem Blattrand (Abb. 754) — Richtig, siehe $\mathbf{N_1}$; Falsch, siehe $\mathbf{M_1M_1M_1}$

Sálix – Weide

$\mathbf{N_1}$

Blattunterseite
754 **Salweide**

Sálix cáprea L. – Salweide
Abb. 754 – siehe S. 196/197

- Laubblätter 4–10 cm lang, im Umriss breit-elliptisch bis eiförmig und am Rand wellig oder grob gezähnt bis kerbig
- Am Ende mit kurzer und seitlich zurückgebogener Spitze
- Blattstiel 1–2 cm lang, am Grunde etwas verbreitert, leicht gefärbt und flaumig
- Oberseits bräunlich-dunkelgrün und kahl; unterseits durch flaumige Behaarung graugrün

---

$\mathbf{M_1M_1}$ $\mathbf{M_1}$ Laubblätter mit fein gesägtem oder gesägt/gezähntem Blattrand (Abb. 755–757) — Richtig, siehe $\mathbf{N_2}$, $\mathbf{N_2N_2}$ oder $\mathbf{N_2N_2N_2}$; Falsch, zurück zu $\mathbf{M_1}$ (S. 111)

Málus – Apfelbaum

$\mathbf{N_2}$

Blattunterseite
755 **Apfelbaum**

Málus sylvéstris ssp. doméstica
(Borkh.) Mansf.
Apfelbaum
Abb. 755 – siehe S. 196/197

- Laubblätter 5–9 cm lang, im Umriss schmal-elliptisch, elliptisch bis eiförmig und am Rand regelmässig gesägt
- Am Ende mit kurzer aufgesetzter Spitze
- Blattstiel 2–5 cm lang
- Oberseits dunkelgrün und oft etwas wellig; unterseits hell graugrün und anfangs stark filzig

Sálix – Weide

$\mathbf{N_2N_2}$

Blattoberseite
756 **Spiess-Weide**

Sálix hastáta L.
Spiessweide
Abb. 756 – siehe S. 196/197

- Laubblätter 3–8 cm lang, im Umriss elliptisch bis eiförmig und am Rand fein gesägt/gezähnt
- Am Ende kurz zugespitzt
- Blattstiel 3–8 mm lang, am Grunde etwas verbreitert und oberseits schwach rötlich gefärbt
- Oberseits dunkelgrün und kahl; unterseits hell grau bläulichgrün und nur in der Jugend behaart

---

Pýrus – Birnbaum

$\mathbf{N_2N_2}$ $\mathbf{N_2}$

Blattoberseite
757 **Birnbaum**

Pýrus commúnis L.
Birnbaum
Abb. 757 – siehe S. 196/197

- Laubblätter 3–8 cm lang, im Umriss elliptisch, eiförmig oder rundlich, derb und am Rand fein gesägt und abschnittsweise ganzrandig
- Am Ende kurz und schmal zugespitzt
- Blattstiel 1–8 cm lang
- Oberseits glänzend und kahl; unterseits zuerst etwas behaart, später kahl und etwas heller grün

---

$\mathbf{H_1H_1}$ $\mathbf{H_1}$ Laubblätter elliptisch bis rundlich und unterseits **grün** bis **blaugrün** gefärbt — Richtig, siehe $\mathbf{I_2}$ oder $\mathbf{I_2I_2}$ (S. 113); Falsch, siehe $\mathbf{H_1H_1H_1H_1}$ (S. 118)

$\mathbf{I_2}$ Laubblätter mit unterseits **nicht** stark hervortretenden Seitenadern — Richtig, siehe $\mathbf{K_2}$, $\mathbf{K_2K_2}$ (S. 113) oder $\mathbf{K_2K_2K_2}$ (S. 113); Falsch, siehe $\mathbf{I_2I_2}$ (S. 113)

$\mathbf{K_2}$ Laubblätter 1–3 cm lang und mit 0,5–3 mm langem Stiel (Abb. 758) — Richtig, siehe $\mathbf{L_2}$; Falsch, siehe $\mathbf{K_2K_2}$ (S. 113) oder $\mathbf{K_2K_2K_2}$ (S. 113)

Blattoberseite
758 **Heidelbeere**

Ganze Laubblätter: gezähnt/gesägt/gekerbt

Vaccínium – Heidelbeere

L2

Blattoberseite
[759] **Heidelbeere**

Vaccínium myrtíllus L.
Heidelbeere
Abb. 758, 759 – siehe S. 198/199

- Laubblätter 1–3 cm lang, im Umriss länglich-eiförmig, elliptisch oder eiförmig und am Rand fein gesägt, gezähnt und gekerbt
- Am Ende abgerundet oder kurz zugespitzt
- Blattstiel 0,5–3 mm lang
- Oberseits mittel- bis dunkelgrün und unterseits etwas heller grün

K2K2	Laubblätter 2–4,5 cm lang und mit 1–2 cm langem und oft leicht rötlichem Stiel (Abb. 760)	Richtig, siehe **L3** Falsch, siehe **K2K2K2**

Amelánchier – Mispel

L3

Blattoberseite
[760] **Felsenmispel**

Amelánchier ovális Medik.
Gemeine Felsenbirne
Abb. 760 – siehe S. 198/199

- Laubblätter 2–4,5 cm lang, im Umriss eiförmig bis rundlich und am Rand fein gesägt oder gezähnt; abschnittsweise ganzrandig oder gekerbt
- Am Ende abgerundet
- Blattstiel 1–2 cm lang und besonders in der Jugend filzig behaart
- Oberseits dunkelgrün und kahl; unterseits etwas heller grün und in der Jugend flockig behaart

K2K2 **K2**	Laubblätter stets über 5 cm lang	Richtig, siehe **M2** oder **M2M2** Falsch, zurück zu **K2** (S. 112)
M2	Laubblätter zugespitzt und am Spreitengrund meist abgerundet (Abb. 761)	Richtig, siehe **N3 oder N3N3** Falsch, siehe **M2M2**

[761] Blattunterseite
Portugiesische Lorbeerkirsche

Prúnus – Kirsche

N3

Blattoberseite
[762] **Port. Lorbeerkirsche**

Prúnus lusitánica L.
Portugiesische Lorbeer-Kirsche
Abb. 762 – siehe S. 200/201

- Laubblätter 6–12 cm lang, im Umriss länglich-eiförmig, lederig und am Rand unregelmässig gesägt/gezähnt
- Am Ende zugespitzt; oft mit leicht abgerundeter Spitze
- Blattstiel 10–25 mm lang, oberseits rinnig und oft stark gerötet
- Oberseits dunkelgrün und unterseits hellgrün; beiderseits kahl

N3N3

Blattoberseite
[763] **Aprikose**

Prúnus armeníaca L.
Aprikose
Abb. 763 – siehe S. 198/199

- Laubblätter 5–10 cm lang, im Umriss breit-eiförmig, rundlich oder leicht herzförmig und am Rand fein gesägt
- Am Ende kurz zugespitzt
- Blattstiel 3–7 cm lang und dunkelrot gefärbt
- Oberseits mattgrün und unterseits etwas heller grün; beiderseits kahl

M2M2	Laubblätter am Ende stumpf, mit zahlreichen feinen Zähnchen und am Spreitengrund keilförmig verschmälert (Abb. 764)	Richtig, siehe **N4** Falsch, zurück zu **M2**

Arbútus – Erdbeerbaum

N4

Blattunterseite
[764] **Erdbeerbaum**

Arbútus únedo L.
Erdbeerbaum
Abb. 764 – siehe S. 198/199

- Laubblätter 5–10 cm lang, im Umriss länglich-elliptisch und unregelmässig und verschieden lang gesägt
- Am Ende stumpf und mit mehreren kurzen Zähnen oder kurz zugespitzt
- Blattstiel 5–15 mm lang, kräftig behaart und oft etwas rötlich
- Oberseits dunkelgrün und hellgrün; unterseits deutlich heller grün und nur die Mittelrippe stark vortretend

I2I2	Laubblätter mit unterseits deutlich hervortretenden Haupt- und Seitenadern	Richtig, Siehe **K3** (S. 114) oder **K3K3** (S. 115) Falsch, zurück zu **I2** (S. 112)

K3 Seitenadern der Laubblätter **meist gerade verlaufend** und **nicht** nach dem Blattende zugekrümmt; wenn etwas gebogen, dann nur am Ende — Richtig, siehe **L4** oder **L4L4**; Falsch, siehe **K3K3** (S. 115)

L4 Laubblätter mit 4 oder 5 Paaren von geraden Seitenadern, 1-3,5 cm lang und mit unregelmässig grob gesägtem Blattrand (Abb. 765) — Richtig, siehe **M3**; Falsch, siehe **L4L4**

Bétula – Birke

M3

765 Blattunterseite **Strauch-Birke**

Bétula húmilis Schrank
Strauch-Birke, nordische Birke
Abb. 765 – siehe S. 198/199

- Laubblätter 1-3,5 cm lang, im Umriss elliptisch, eiförmig bis rundlich und am Rand einfach und regelmässig gesägt
- Am Ende stumpflich bis schwach zugespitzt
- Blattstiel 3-7 mm lang und oberseits oft etwas rötlich
- Oberseits glänzend dunkelgrün und kahl; unterseits heller grün, deutlich netzaderig und mit 4 oder 5 Paaren von Seitenadern

L4L4 Laubblätter mit 5 oder mehr Paaren von geraden Seitenadern und meist grösser als 3 cm — Richtig, siehe **M4**, **M4M4** oder **M4M4M4**; Falsch, zurück zu **L4**

M4 Laubblätter ungleich doppelt gesägt/gezähnt und 3-5 cm lang (Abb. 766) — Richtig, siehe **N5**; Falsch, siehe **M4M4** oder **M4M4M4**

Bétula – Birke

N5

766 Blattoberseite **Moor-Birke**

Bétula pubéscens Ehrh.
Moor-Birke
Abb. 766 – siehe S. 198/199

- Laubblätter 3-5 cm lang, im Umriss breit-eiförmig bis rhombisch und am Rand ungleich doppelt gesägt/gezähnt; am Spreitenrand ganzrandig
- Am Ende kurz zugespitzt
- Blattstiel 1-2 cm lang und etwas behaart
- Oberseits dunkelgrün und verkahlend; unterseits in den Achseln der grösseren Adern fein flaumig

M4
M4 Laubblätter sehr fein gesägt und 5-14 cm lang (Abb. 767) — Richtig, siehe **N6**; Falsch, siehe **M4M4M4**

Rhámnus – Kreuzdorn

N6

767 Blattoberseite **Alpenkreuzdorn**

Rhámnus alpínus L. ssp. alpínus
Alpenkreuzdorn
Abb. 767 – siehe S. 202/203

- Laubblätter 5-14 cm lang, im Umriss elliptisch bis eiförmig und am Rand fein gesägt; im unteren Bereich mehrheitlich gekerbt
- Am Ende plötzlich kurz zugespitzt
- Blattstiel 8-15 mm lang
- Oberseits glänzend dunkelgrün und kahl; unterseits etwas heller grün und mit jederseits 5-20 Seitenadern 1. Ordnung

M4M4
M4 Laubblätter einfach und/oder doppelt gesägt und 3-12 cm lang (Abb. 768-770) — Richtig, siehe **N7**, **N7N7** oder **N7N7N7**; Falsch, zurück zu **M4**

Álnus – Erle

N7

768 Blattunterseite **Grünerle**

Álnus virídis (Chaix) DC. ssp. virídis
Grünerle, Alpenerle
Abb. 768 – siehe S. 200/201

- Laubblätter 3-6 cm lang, im Umriss elliptisch bis breit-eiförmig und am Rand einfach oder kurz doppelt gesägt oder unregelmässig gesägt
- Am Ende stumpf und mit kleinen Zähnen oder spitz
- Blattstiel 1-2 cm lang und rinnig
- Oberseits dunkelgrün und kahl; unterseits heller grün; mit 5-10 deutlich hervortretenden Seitenadern

Cárpinus – Hagebuche

N7N7

769 Blattunterseite **Hainbuche**

Cárpinus bétulus L.
Hagebuche, Hainbuche
Abb. 769 – siehe S. 200/201

- Laubblätter 4-12 cm lang, im Umriss eiförmig bis länglich-eiförmig und am Rand fein einfach und doppelt gesägt
- Am Ende stumpflich oder mehrheitlich zugespitzt
- Blattstiel 5-15 mm lang und oberseits oft rötlich
- Oberseits sattgrün und kahl; unterseits heller grün und in den Adernwinkeln schwach behaart; zwischen den Seitenadern plisseeartig gefaltet

Óstrya – Hopfenbuche

N7N7
N7

Blattunterseite
770 **Hopfenbuche**

Óstrya carpinifólia Scop.
Hopfenbuche
Abb. 770 – siehe S. 200/201

- Laubblätter 5–12 cm lang, im Umriss eilänglich oder eiförmig und am Rand scharf einfach und doppelt gesägt
- Am Ende zugespitzt
- Blattstiel 4–12 mm lang
- Oberseits dunkelgrün; unterseits gelbgrün und in den Adernwinkeln etwas behaart; zwischen den Adern nicht gewellt

K3K3	Seitenadern der Laubblätter nach dem Blattende zu gekrümmt	Richtig, siehe **L5** oder **L5L5** Falsch, zurück zu **K3** (S. 114)

L5	Seitenadern der Laubblätter unterseits deutlich hellgelb bis weisslichgelb hervorleuchtend (Abb. 771, 772)	Richtig, siehe **M5** oder **M5M5** Falsch, siehe **L5L5**

Mórus – Maulbeerbaum

M5

Blattunterseite
771 **Weisser Maulbeerbaum**

Mórus álba L.
Weisser Maulbeerbaum
Abb. 771 – siehe S. 200/201

- Laubblätter 7–18 cm lang und im Umriss vielgestaltig; oft ungelappt und dabei breit-eiförmig
- Am Ende kurz zugespitzt oder abgerundet und mit einem kurzen Endzahn
- Blattstiel 2–5 cm lang, oberseits rinnig und etwas behaart
- Oberseits dunkelgrün und glatt oder etwas rauh; unterseits blaugrün und bei den Adern behaart

M5M5

Blattunterseite
772 **Schwarzer Maulbeerbaum**

Mórus nígra L.
Schwarzer Maulbeerbaum
Abb. 772 – siehe S. 200/201

- Laubblätter 6–18 cm lang und im Umriss vielgestaltig; oft breit-oval bis herzförmig und am Rand grob gesägt
- Am Ende viel feiner und länger zugespitzt als beim weissen Maulbeerbaum
- Blattstiel 1–2 cm lang
- Oberseits glänzend dunkelgrün und sehr rauh behaart; unterseits heller blaugrün und behaart

L5L5	Seitenadern unterseits **nicht** deutlich hellgelb bis weisslichgelb, sondern hell- bis blaugrün	Richtig, siehe **M6**, **M6M6** oder **M6M6M6** (S. 117) Falsch, zurück zu **L5**

M6	Laubblätter im Umriss elliptisch bis meist rundlich, 2–6 cm lang und am Ende stumpf oder plötzlich kurz zugespitzt (Abb. 773, 774)	Richtig, siehe **N8** oder **N8N8** Falsch, siehe **M6M6** oder **M6M6M6** (S. 117)

Prúnus – Kirsche

N8

Blattunterseite
773 **Steinweichsel**

Prúnus máhaleb L.
Felsen-Kirsche, Steinweichsel
Abb. 773 – siehe S. 202/203

- Laubblätter 3–6 cm lang, im Umriss breit-eiförmig bis rundlich und am Rand gekerbt-gesägt
- Am Ende stumpf oder kurz zugespitzt
- Blattstiel 1–2 cm lang und meist ohne Drüsen
- Oberseits glänzend dunkelgrün und kahl; unterseits blaugrün und bei der Mittelader oft etwas behaart

Rhámnus – Kreuzdorn

N8N8

Blattoberseite
774 **Zwerg-Kreuzdorn**

Rhámnus púmila
Zwergkreuzdorn
Abb. 774 – siehe S. 202/203

- Laubblätter 2–5 cm lang, im Umriss elliptisch, verkehrt-eiförmig oder rundlich und am Rand sehr fein kerbig gesägt
- Am Ende plötzlich kurz zugespitzt
- Blattstiel 4–9 mm lang
- Oberseits dunkelgrün und kahl; unterseits heller grün und bei den Adern etwas behaart

M6M6	Laubblätter im Umriss schmal-elliptisch bis breit-elliptisch, 2–12 cm lang und am Ende sehr kurz zugespitzt, stumpf oder abgerundet	Richtig, siehe **N9** oder **N9N9** (S. 116) Falsch, siehe **M6M6M6** (S. 117)

N9	Laubblätter bei der Spreitenbasis **schmal** keilförmig verschmälert (Abb. 775, 776)	Richtig, siehe **O** (S. 116) oder **OO** (S. 116) Falsch, siehe **N9N9** (S. 116)

800 ***Táxus baccáta – Eibe***
Immergrüner, bis 20 m hoher, sehr langsam wachsender Nadelbaum mit grünen Trieben

Táxus baccáta L. Eibe (mit vielen Sorten)

Taxáceae – Eibengewächse S. 65

Grösse: 1–3 cm lang und 2–3 mm breit

Aussehen der Nadel: Linealisch, abgeflacht, eine Strecke am Zweig herablaufend, etwas sichelförmig gebogen und stets einzeln stehend; Lebensdauer 3–8 Jahre

Stiel: 2–3 mm lang und grün

Nadelende: Fein zugespitzt

Nadelbasis: Beim Stiel verschmälert und an der Basis mit dem Zweig breit verwachsen

Nadelrand: Ganzrandig

Ober-/Unterseite: Oberseits glänzend dunkelgrün und mit erhabener Mittelader; unterseits hell- oder gelbgrün, mit gut erkennbarer Mitteläder und beiderseits davon 2 breite, etwas undeutliche Spaltöffnungsstreifen

Anordnung am Spross: An Langtrieben spiralig angeordnet

Standort: Von der kollinen bis in die montane Stufe; meist an steilen Hängen und in Taleinschnitten in lichten bis schattigen Buchen-, Tannen-, Eschen- oder Ahornwäldern

801 ***Sequóia sempérvirens – Küstenmammutb.***
Immergrüner, 65–100 m hoher Baum mit unregelmässig gabelig verzweigten, grünen Trieben

Sequóia sempérvirens (D. Don) Endl. Küstenmammutbaum, Redwood

Taxodiáceae – Sumpfzypressengewächse S. 65

Grösse: An Langtrieben 6–10 mm lang, an Kurztrieben 4–20 mm lang und 1–2,5 mm breit

Aussehen der Nadel: Linealisch bis lanzettlich, abgeflacht, gerade oder schwach gebogen, zur Sprossspitze hin allmählich kleiner werdend und mit einer Lebensdauer von 2–4 Jahren

Stiel: Ungestielt

Nadelende: Abrupt zugespitzt

Nadelbasis: Mit ganzer Nadelbreite am Trieb einige mm herablaufend

Nadelrand: Ganzrandig

Ober-/Unterseite: Oberseits dunkelgrün und bei jüngeren Kurztrieben hellgrün; unterseits an den Rändern und in der Mitte mittelgrün, dazwischen mit 2 weisslichen Spaltöffnungsstreifen

Anordnung am Spross: Nadeln spiralig stehend

Standort: Ursprünglich im Flachland und der Hügelregion der nebelfeuchten Küstengebiete des südlichen Oregons.

802 ***Araucária araucána – Andentanne***
Immergrüner, mehrstämmiger, bis 30 m hoher Nadelbaum mit dicken Ästen

Araucária araucána (Mol.) K. Koch Andentanne

Araucariáceae – Araukariengewächse S. 65

Grösse: 2,5–5 cm lang und 1–2,5 cm breit

Aussehen der Blätter: Nadelförmig, dreieckig, steif, ziemlich derb, dicklich und zur Triebspitze gerichtet; Lebensdauer von 10–15 Jahren und später mit den abgestorbenen Zweigen abfallend

Stiel: Ungestielt

Nadelende: In eine Stachelspitze auslaufend und stechend

Nadelbasis: Am Grunde stark verbreitert und an der Sprossachse etwas herablaufend

Nadelrand: Ganzrandig

Ober-/Unterseite: Beiderseits glänzend dunkelgrün, kahl und parallelnervig

Anordnung am Spross: Nadelblätter spiralig angeordnet und sich dachziegelig überlappend

Standort: In den chilenischen und argentinischen Anden beheimatet; im Mittelmeergebiet häufig als Zierbaum in Parkanlagen angepflanzt; in Irland und England schöne Exemplare vorhanden

803 ***Ábies álba – Weisstanne***
Immergrüner, bis 50 m hoher Baum mit graubraunen und reichlich behaarten Zweigen

Ábies álba Mill. Weisstanne, Tanne

Pináceae – Föhrengewächse (Kieferngewächse) S. 58, 59, 66

Grösse: Bis 3 cm lang und 2–3 mm breit

Aussehen der Nadel: Abgeflacht, linealisch, nicht stechend, ohne Scheiden und nach dem Abfallen breit-elliptische bis kreisrunde Narben hinterlassend; Lebensdauer 7–11 Jahre

Stiel: Ungestielt

Nadelende: Stumpf oder deutlich ausgerandet

Nadelbasis: Gegen den Grund zu verschmälert und mit kreisrunder Fläche am Zweig angewachsen

Nadelrand: Ganzrandig

Ober-/Unterseite: Oberseits dunkelgrün, ohne-, oder nur an der Spitze mit feinen Spaltöffnungslinien und mit schwach eingesenkter Mittelader; unterseits hell- bis mittelgrün und mit 2 markanten, silberweissen Spaltöffnungsstreifen; Mittelader etwas erhoben

Anordnung am Spross: Nadeln spiralig angeordnet

Standort: Wichtiger Waldbaum von der kollinen bis in die montane (hier ursprünglich) Stufe; in schattigen Lagen mit hoher Luftfeuchtigkeit Bestände bildend

804 ***Ábies nordmanniána – Nordmannstanne***
Immergrüner, 30–50 m hoher Nadelbaum mit anfangs gerieften, olivgrünen Zweigen

Ábies nordmanniána (Stev.) Spach Nordmannstanne

Pináceae – Föhrengewächse S. 66

Grösse: 2–3,5 cm lang und 2–2,5 mm breit

Aussehen der Nadel: Linealisch, starr, derb, am Zweig etwas nach vorn gerichtet und deutlich gefurcht

Stiel: Ungestielt

Nadelende: Stumpf, abgerundet oder leicht ausgerandet

Nadelbasis: Gegen den Grund zu Nadel verschmälert, abgedreht und mit breitelliptischer bis runder Ansatzstelle

Nadelrand: Ganzrandig

Ober-/Unterseite: Oberseits dunkelgrün, ohne Spaltöffnungsstreifen und in der Mitte vertieft; unterseits gescheitelt (= dunkelgrüner Streifen) und mit 2 breiten Spaltöffnungsbändern

Anordnung am Spross: Nadeln schraubig angeordnet und dicht stehend

Standort: Im westlichen Kaukasus und pontischen Gebirge zwischen 900 m und 2200 m mit der Kaukasus-Fichte und der Orient-Buche vergesellschaftet; in Zentraleuropa ein geschätzter Parkbaum

805 ***Ábies veítchii – Veitchs Tanne***
Immergrüner, 15–40 m hoher Nadelbaum mit graugrünen und reichlich behaarten Jungtrieben

Ábies veítchii Lindl. Veitchs Tanne

Pináceae – Föhrengewächse S. 66

Grösse: 1–2,5 cm lang und bis 2 mm breit

Aussehen der Nadel: Linealisch, weich und am Zweig oft bürstenförmig schräg nach vorn gerichtet, so dass die kreideweissen Unterseiten zu sehen sind

Stiel: Ungestielt

Nadelende: Flach und deutlich ausgerandet

Nadelbasis: Gegen den Grund zu Nadel verschmälert, etwas abgebogen und mit elliptischer oder rundlicher Ansatzstelle

Nadelrand: Ganzrandig

Ober-/Unterseite: Oberseits mittel- bis dunkelgrün, ohne Spaltöffnungsstreifen und in der Mitte etwas vertieft; unterseits gescheitelt (hell- bis mittelgrüner Streifen) und mit 2 breiten, kreideweissen Spaltöffnungsbändern

Anordnung am Spross: Nadeln schraubig angeordnet

Standort: In Japan heimisch; 1860 von J.G. Veitch in Japan entdeckt und 1861 nach England gebracht; in Europa winterhart und gelegentlich in Parkanlagen gepflanzt

806 ***Ábies procéra – Edeltanne***
Immergrüner, im Ursprungsland bis 80 m hoher Nadelbaum mit olivgrünen bis braunen Trieben

Ábies procéra Rehd. Edel-Tanne

Pináceae – Föhrengewächse (Kieferngewächse) S. 66

Grösse: 2,5–3,5 cm lang und 1,5 mm breit

Aussehen der Nadel: Linealisch, derb, sehr dicht gedrängt und deutlich aufwärts gebogen

Nadelende: Meist stumpf

Nadelbasis: Nadeln mit ihrer Basis dem Zweig aufliegend und dann abrupt aufwärts gebogen

Nadelrand: Ganzrandig

Ober-/Unterseite: Oberseits graugrün, flach gefurcht, mit Spaltöffnungslinien, die als breiter Streifen bis zum Grunde hinabreicht; unterseits kammförmig mit 2 grauen Längsbändern

Anordnung am Spross: Nadeln spiralig angeordnet und dicht stehend

Standort: Im pazifischen Nordamerika beheimatet; in Mitteleuropa winterhart; häufig in Parkanlagen und Gärten angepflanzt; 1830 nach Europa gebracht

807 ***Pseudotsúga menziésii – Douglasie***
Immergrüner, 50–60 m hoher Nadelbaum mit gelblichen bis olivgrünen und behaarten Trieben

Pseudotsúga menziésii (Mirbel) Franco Douglasie

Pináceae – Föhrengewächse (Kieferngewächse) S. 66

Grösse: 1,8–3,5 cm lang und 1–1,5 mm breit

Aussehen der Nadel: Gerade oder schwach gebogen, flach, lederig, weich, beim Abreissen eine vorstehende, polsterartige Narbe hinterlassend und beim Zerreiben nach Orange duftend

Stiel: Klein und vom Zweig schräg abstehend

Nadelende: Stumpf oder etwas zugespitzt

Nadelrand: Ganzrandig

Ober-/Unterseite: Oberseits matt mittel- bis dunkelgrün und gefurcht; unterseits mit 2 schmalen, silbergrauen Spaltöffnungsstreifen

Anordnung am Spross: Nadeln dicht stehend und spiralig angeordnet

Standort: Ursprünglich nur in den küstennahen Gebirgen des westlichen Nordamerikas; 1827 von D. Douglas in England eingeführt; in Parkanlagen angepflanzt und in grossem Umfang forstlich kultiviert

808 ***Juniperus commúnis – Gemeiner Wacholder***
Immergrüner und säulenförmiger Strauch oder bis 15 m hoher Baum mit 3-eckigen Trieben

Juniperus commúnis L. ssp. commúnis Gemeiner Wacholder

Cupressáceae – Zypressengewächse S. 67

Grösse: 1–2 cm lang und 1–2 mm breit

Aussehen der Nadel: Linealisch, gerade, nicht am Trieb herablaufend und etwas stechend

Stiel: Ungestielt

Nadelende: Scharf zugespitzt

Nadelbasis: Dem Zweig mit breitem Grund ansitzend und meist rechtwinklig abstehend

Nadelrand: Ganzrandig

Ober-/Unterseite: Oberseits mit einem breiten, weissen Mittelband und schwach rinnig; unterseits glänzend grün und gekielt

Anordnung am Spross: Nadeln in 3-zähligen Wirteln angeordnet

Standort: Von der kollinen bis in die montane Stufe; häufig auf sonnigen Magerweiden, an Felsen, in lichten Wäldern und Heiden

809 ***Juniperus nána – Zwerg-Wacholder***
Immergrüner, niederliegender und 20–50 cm hoher Zwergstrauch mit kurzen und dicken Zweigen

Juniperus commúnis L. ssp. alpina Čelak. (J. nána Willd.) Alpen-Wacholder, Zwerg-W.

Cupressáceae – Zypressengewächse S. 67

Grösse: 4–8 mm lang und 1–2 mm breit

Aussehen der Nadel: Meist sichelförmig gekrümmt, linealisch und mit breiter Basis am Trieb angewachsen; Nadelquirle eng stehend und nur etwa 1–3 mm voneinander entfernt

Stiel: Ungestielt

Nadelende: Kurz zugespitzt; nicht stechend

Nadelrand: Ganzrandig

Ober-/Unterseite: Oberseits an den Rändern dunkelgrün und mit breitem Spaltöffnungsstreifen; unterseits dunkelgrün und etwas gekielt

Anordnung am Spross: Nadeln wirtelig angeordnet

Standort: In der subalpinen Stufe; in Zwergstrauchgesellschaften, Schutthalden und an besonnten Abhängen; stark kälteresistente Pflanze der Gebirge

810 ***Juniperus chinénsis – Chinesischer W.***
Aus China, Japan und der Mongolei stammender, immergrüner Nadelbaum von 5–20 m Höhe

Juniperus chinénsis L. Chinesischer Wacholder «Blaauw»

Cupressáceae – Zypressengewächse S. 67

Grösse: Jugendblätter 6–10 mm lang und 1 mm breit; Altersblätter 3–5 mm lang und 1–2,5 mm breit

Aussehen der Blätter: Jugendblätter nadelförmig, spitzwinklig abgespreizt; Altersblätter schuppenförmig, rhombisch, dicht anliegend und sich dachziegelig deckend

Stiel: Ungestielt

Nadelende: Jugendblätter stechend zugespitzt; Altersblätter stumpf oder zugespitzt

Nadelrand: Ganzrandig

Ober-/Unterseite: Jugendblätter oberseits mit 2 getrennten blaugrünen Spaltöffnungsstreifen und unterseits dunkelgrün; Altersblätter am Grunde mit 2 undeutlichen Spaltöffnungsfeldern

Anordnung am Spross: Nadelförmige Blätter meist zu 3 quirlig; aber auch gegenständig

Standort: 1767 durch W. Kerr nach England gebracht; in England bis 18 m hoch; in Parkanlagen und Gärten angepflanzt

811 ***Picea abies – Rottanne***
Immergrüner, 30–55 m hoher Nadelbaum mit rötlichbraunen, ziemlich dicken und matten Zweigen

Picea abies (L.) Karst; P. excélsa (Lam.) Link Gemeine Fichte, Rottanne

Pináceae – Föhrengewächse (Kieferngewächse) S. 58, 59, 67

Grösse: 0,5–2,5 cm lang und 1 mm breit

Aussehen der Nadel: Ziemlich starr, steif, im Querschnitt fast quadratisch, vom Zweig seitlich und aufwärts gerichtet und oft etwas säbelförmig gekrümmt; Lebensdauer 5–7 Jahre

Stiel: Sehr kurz und bräunlich gestielt

Nadelende: Stumpflich bis zugespitzt

Nadelbasis: Gegen das Stielchen zu nur schwach verschmälert

Nadelrand: Ganzrandig

Ober-/Unterseite: Allerseits dunkelgrün und mit feinen Spaltöffnungslinien

Anordnung am Spross: Nadeln spiralig angeordnet

Standort: Ursprünglich subalpin; von der kollinen bis zur montanen Stufe forstlich gepflanzt; Flachwurzler, daher nicht sturmfest

812 ***Picea orientális – Kaukasus-Fichte***
Immergrüner, 40–50 m hoher Nadelbaum mit hellbraunen und dicht krausig behaarten Zweigen

Picea orientális (L.) Link Kaukasus-Fichte, Orient-Fichte

Pináceae – Föhrengewächse (Kieferngewächse) S. 67

Grösse: 5–11 mm lang und 1–1,3 mm breit

Aussehen der Nadel: 4-kantig, im Querschnitt fast quadratisch, dicht gedrängt, gerade oder etwas gekrümmt und kurz gestielt

Stiel: 0,3–0,8 mm lang, bräunlich und schwach bräunlich behaart

Nadelende: Stumpf

Nadelbasis: Gegen den Stiel zu verschmälert

Nadelrand: Ganzrandig

Färbung: Glänzend dunkelgrün; allseitig mit weissen Spaltöffnungsstreifen

Anordnung am Spross: Spiralig angeordnet

Standort: Im Kaukasus und nördlichen Kleinasien zwischen 600 m und 2100 m beheimatet; bei uns verschiedentlich in Parkanlagen angepflanzt

813 ***Picea omorika – Serbische Fichte***
Immergrüner 30–35 m hoher Nadelbaum mit hellbraunen und dicht braun behaarten Trieben

Picea omorika (Panč.) Purk. Serbische Fichte

Pináceae – Föhrengewächse (Kieferngewächse) S. 68

Grösse: 1–1,9 cm lang und 1,5–2 mm breit

Aussehen der Nadel: Deutlich abgeflacht, etwas gebogen und nach dem Zweigende zu gerichtet und dichtstehend, ober- und unterseits gekielt; Lebensdauer 10–12 Jahre

Stiel: Sehr kurz und bräunlich gefärbt

Nadelende: Stumpf oder etwas zugespitzt, aber nicht stechend

Nadelbasis: Abgerundet

Nadelrand: Ganzrandig

Ober-/Unterseite: Oberseits anfangs hell-, später dunkelgrün; auf der Unterseite beiderseits des Kiels mit deutlich sichtbaren Spaltöffnungsstreifen

Anordnung am Spross: Spiralige Anordnung

Standort: In Südosteuropa beheimatet; erstes Saatgut um 1890 nach Mitteleuropa gelangt; in Gärten und Parkanlagen als Ziergehölz angepflanzt

814 ***Picea púngens – Stechfichte***
Immergrüner, 25–35 m hoher Nadelbaum mit hell- bis orangebraunen, kahlen Trieben

Picea púngens Engelm. «Glauca» Stechfichte

Pináceae – Föhrengewächse (Kieferngewächse) S. 68

Grösse: 1,5–3 cm und bis 1,5 mm dick

Aussehen der Nadel: Oft schwach sichelförmig gebogen, starr und vierkantig; Lebensdauer 4–8 Jahre

Stiel: Mit 1 mm langem und nach dem Nadelfall bleibenden Höcker

Nadelspitze: Kurz stechend zugespitzt

Nadelbasis: Zum Höcker hin etwas verschmälert

Nadelrand: Ganzrandig

Ober-/Unterseite: Besonders junge Nadeln stark blauweiss; sprossunterseits schwach gescheitelt; jede Seite mit einem Spaltöffnungsstreifen

Anordnung am Spross: Nadeln schraubig stehend

Standort: In den Rocky Mountains (USA) zwischen 1800 m und 3300 m heimisch; in Europa in vielen Varietäten kultiviert und in Gärten und Parkanlagen angepflanzt

815 ***Tsúga canadénsis – Hemlocktanne***
Immergrüner, 20–30 m hoher Nadelbaum mit dicht bräunlich behaarten Trieben

Tsúga canadénsis (L.) Carr. Hemlocktanne, Schierlingstanne

Pináceae – Föhrengewächse (Kieferngewächse) S. 68

Grösse: 7–15 mm lang und 1,5–2,5 mm breit

Aussehen der Nadel: Abgeflacht, beiderseits vom Zweig abstehend, zur Spitze hin verschmälert und ungleich gross; Nadeln der mittleren Reihe häufig umgedreht und kleiner als seitliche Nadeln

Stiel: Nadeln deutlich gelblichweiss gestielt; Stielchen dem Zweig meist etwas anliegend

Nadelende: Abgerundet

Nadelbasis: Abgerundet oder gestutzt

Nadelrand: Fein gesägt; Zähnchen weit auseinander liegend

Ober-/Unterseite: Oberseits glänzend dunkelgrün; unterseits bläulichgrün mit 2 silbrigen Spaltöffnungsbänden

Anordnung am Spross: Schraubig angeordnet

Standort: Heimisch im östlichen Nordamerika; der Baum gelangte 1730 nach Europa und wird seither in Parkanlagen und gelegentlich in Wäldern angepflanzt

816 ***Metasequóia glyptostrob – Rotholz***
Sommergrüner, 10–30 m hoher Nadelbaum mit dünnen und rötlich braungrünen Trieben

Metasequóia glyptostroboides Hu et Cheng Chinesisches Rotholz, Urwelt-Mammutbaum

Taxodiáceae – Sumpfzypressengewächse S. 68

Grösse: 1–4 cm lang und 2–3 mm breit

Aussehen der Nadel: Im Umriss linealisch, abgeflacht, auffallend weich; Kurztriebnadeln etwas gebogen, einander praktisch gegenüberliegend und im Herbst zusammen mit dem Kurztrieb abfallend; Langtriebnadeln im Herbst einzeln abfallend

Stiel: 0,5–1 mm lang

Nadelende: Abgerundet oder mit ganz kurzer Spitze

Nadelbasis: Abgerundet

Nadelrand: Ganzrandig

Ober-/Unterseite: Beim Austrieb beiderseits hellgrün; später oberseits dunkelgrün und unterseits etwas heller grün; unterseits mit schwach gezeichnetem Mittelband

Anordnung am Spross: An Langtrieben spiralig-, an Kurztrieben

Standort: Im Südwesten Chinas beheimatet; 1941 entdeckt und seit 1948 in Europa in Kultur; in Parkanlagen angepflanzt

817 ***Taxódium distichum – Sumpfzypresse***
Sommergrüner, 20–50 m hoher Nadelbaum mit auffällig dünnen Zweigen

Taxódium distichum (L.) L. C. Rich. Sumpfzypresse

Taxodiáceae – Sumpfzypressengewächse S. 68

Grösse: 1–2 cm und 1–2 mm breit

Aussehen der Nadel: Nadeln der Kurztriebe regelmässig gescheitelt, sehr kurz gestielt oder sitzend, linealisch und abgeflacht

Stiel: Sitzend oder kurz gestielt

Nadelende: Etwas zugespitzt

Triebe: Langtriebe verholzend, braun bis rotbraun, schwach bereift, kahl, entfernt stehend und Nadeln im Herbst einzeln abfallend; Kurztriebe grün, bis 1 mm dick, nicht verholzend und im Herbst zusammen mit den Nadeln abfallend

Nadelrand: Ganzrandig

Ober-/Unterseite: Beim Austrieb frischgrün, später hell- bis mittelgrün und im Herbst rostbraun; unterseits mit feinen Längsleisten

Anordnung am Spross: An Langtrieben spiralig-, an Kurztrieben wechselständig und zweizeilig angeordnet

Standort: In Florida und im Mississippigebiet heimisch; gelangte 1640 nach Europa; seit geraumer Zeit als Parkbaum in Europa gepflanzt

818 ***Pinus múgo – Bergkiefer***
Immergrüner, ein- bis mehrstämmiger Strauch oder bis 25 m hoher Baum

Pinus múgo Turra
Berg- oder Krummholzkiefer
Pináceae – Föhrengewächse (Kieferngewächse) S. 69

Grösse: 2–8 cm lang und 1–3 mm breit
Aussehen der Nadel: Steif, gerade oder etwas sichelförmig zurückgekrümmt, im Querschnitt halbkreisförmig und am Zweig sehr dicht stehend; Scheiden an der Basis bei jungen Nadeln bis 1 cm lang und bräunlich-weiss, bei Nadeln an älteren Trieben nur noch kurz; Lebensdauer 5–10 Jahre
Stiel: Ungestielt
Nadelende: Kurz zugespitzt, nicht stechend
Nadelrand: Nadeln am Rand fein gesägt (beim Abwärtsstreichen etwas rauh anzufühlen)
Ober-/Unterseite: Beiderseits dunkelgrün und mit zahlreichen feinen Spaltöffnungslinien
Anordnung am Spross: Nadeln zu 2 in Kurztrieben; diese spiralig angeordnet
Standort: In der subalpinen Stufe; Gehölz mit grosser oekologischer Amplitude; an sonnigen Hängen, in schattigen Nordlagen mit langer Schneebedeckung und in einer besonderen Sippe auf Hochmooren

819 ***Pinus sylvéstris – Wald-Föhre***
Immergrüner, bis 40 m hoher Nadelbaum mit kahlen, hellbraunen und gerieften Trieben

Pinus sylvéstris L.
Gemeine Föhre, Waldföhre, gemeine Kiefer
Pináceae – Föhrengewächse (Kieferngewächse) S. 60, 61, 69

Grösse: 3–7 cm lang und bis 2 mm breit
Aussehen der Nadel: Steif, meist deutlich gedreht, zu 2 in Kurztrieben, im Querschnitt halbmondförmig, etwas abgeflacht und am Ende der Triebe büschelig gehäuft; Scheiden an der Basis 0,3–0,6 cm lang und bleibend; Lebensdauer 2–7 Jahre je nach Rasse
Stiel: Ungestielt
Nadelende: Zugespitzt
Nadelrand: Nadeln am Rand fein gesägt (beim Abwärtsstreichen etwas rauh anzufühlen
Ober-/Unterseite: Ober- und unterseits blau- oder graugrün mit sehr feinen Spaltöffnungslinien (beim Abwärtsstreichen etwas rauh anzufühlen)
Anordnung am Spross: Nadeln zu 2 in Kurztrieben; diese spiralig angeordnet
Standort: Von der kollinen bis in die subalpine Stufe; auf Felskuppen, Mergelrutschhängen, nährstoffarmem Deckenschotter und nährstoffarmen und sauren Moorböden; wichtiger Forstbaum

820 ***Pinus leucodérmis – Schlangenhautkiefer***
Immergrüner, 15–20 m hoher Nadelbaum mit anfangs etwas bereiften und kahlen Trieben

Pinus leucodérmis Ant.
Schlangenhautkiefer
Pináceae – Föhrengewächse (Kieferngewächse) S. 69

Grösse: 6–10 cm lang und 1–2 mm breit
Aussehen der Nadel: Kräftig, oft etwas gebogen, im Querschnitt halbkreisförmig, steif, zu 2 in Kurztrieben und an den Zweigenden gehäuft; Scheiden an der Basis der Kurztriebe 0,5–1,5 cm lang, dunkelgrau und bleibend; Lebensdauer 5–7 Jahre
Stiel: Ungestielt
Nadelende: Zugespitzt und nur schwach stechend
Nadelrand: Nadeln am Rand sehr fein gezähnelt (beim Abwärtsstreichen etwas rauh anzufühlen)
Ober-/Unterseite: Überall dunkelgrün; Spaltöffnungsstreifen auf der gesamten Oberfläche
Anordnung am Spross: Nadeln zu 2 in Kurztrieben; diese spiralig angeordnet
Standort: In den Gebirgsregionen (800–2200 m) des Balkans weit verbreitet; in Mitteleuropa hin und wieder angepflanzt; 1864 von Fr. Maly entdeckt und 1865 nach Wien gebracht

821 ***Pinus pináster – Strandkiefer***
Immergrüner, 20–30 m hoher Nadelbaum mit anfangs dunkelbraunen Zweigen

Pinus pináster Ait
Strandkiefer
Pináceae – Föhrengewächse (Kieferngewächse) S. 69

Grösse: 13–25 cm lang und 1–2 mm breit
Aussehen der Nadel: Derb, stechend, im Querschnitt halbkreisförmig und zu 2 in Kurztrieben (bei jüngeren Bäumen auch 3-nadelig); Lebensdauer 3–4 Jahre; dunkelbraune bis schwarze Scheiden bis zum 3./4. Jahr erhalten
Stiel: Ungestielt
Nadelende: Kurz zugespitzt und stechend
Nadelrand: Nadeln am hellgelben Rand fein gesägt (beim Abwärtsstreichen etwas rauh anzufühlen)
Ober-/Unterseite: Beiderseits dunkel- oder graugrün und mit zahlreichen feinen Spaltöffnungslinien
Anordnung am Spross: Nadeln zu 2 in Kurztrieben; diese spiralig angeordnet
Standort: Im westlichen Mittelmeergebiet beheimatet und dort weit verbreitet; in Zentraleuropa stellenweise in Parkanlagen angepflanzt

822 ***Pinus nigra – Schwarz-Kiefer***
Immergrüner, 20–40 m hoher Nadelbaum mit kräftigen, dicken Zweigen

Pinus nigra ssp. nigra Arnold
Schwarz-Kiefer
Pináceae – Föhrengewächse (Kieferngewächse) S. 69

Grösse: 10–18 cm lang und 1–2 mm breit
Aussehen der Nadel: Sehr kräftig, meist etwas gekrümmt, im Querschnitt halbkreisförmig, abgeflacht, starr und zu 2 in Kurztrieben; Scheiden an der Basis der Kurztriebe 0,8–1,5 cm lang, dunkelgrau und bleibend; Lebensdauer 4–8 Jahre
Stiel: Ungestielt
Nadelende: Zugespitzt, etwas stechend
Nadelrand: Nadeln am Rand fein gezähnelt (beim Hinauffahren rauh anzufühlen
Ober-/Unterseite: Überall dunkelgrün; Spaltöffnungsstreifen auf der gesamten Oberfläche
Anordnung am Spross: Nadeln zu 2 in Kurztrieben; diese spiralig angeordnet
Standort: In Süd- und Osteuropa beheimatet; wichtiger waldbildender Baum in den trockenen Lagen der Kalkgebirge Mittel- und Südeuropas; nicht selten in Parkanlagen zu finden

823 ***Pinus aristáta – Grannenkiefer***
Immergrüner, 13–18 m hoher Nadelbaum mit rötlichbraunen Trieben

Pinus aristáta Engelm.
Grannenkiefer
Pináceae – Föhrengewächse (Kieferngewächse) S. 70

Grösse: 2,5–4 cm lang und 1 mm breit
Aussehen der Nadel: Zu 5 in Kurztrieben, oft gekrümmt, mit weissen Harzflecken und im Querschnitt dreieckig; Scheiden an der Basis der Kurztriebe aufreissend und als zurückgerollte Lappen bis zum 4. Jahr bleibend; Lebensdauer 12–15 Jahre
Stiel: Ungestielt
Nadelende: Fein und schmal zugespitzt
Nadelrand: Ganzrandig
Ober-/Unterseite: Oberseite dunkelgrün und ohne Spaltöffnungsstreifen; die beiden restlichen Seiten mittelgrün und mit Spaltöffnungsstreifen
Anordnung am Spross: Nadeln zu 5 (seltener 3 oder 4) in Kurztrieben; diese spiralig angeordnet
Standort: Im westlichen Nordamerika heimisch; 1861 entdeckt und später nach Europa gebracht; in Parkanlagen verschiedentlich angepflanzt; bis 4700 Jahre alte Bäume vorhanden

824 ***Pinus parviflóra – Mädchen-Kiefer***
Immergrüner, 15–30 m hoher Nadelbaum (in Europa nur 10 m hoch) mit hellgrauen Zweigen

Pinus parviflóra Sieb. et Zucc.
Mädchen-Kiefer
Pináceae – Föhrengewächse (Kieferngewächse) S. 70

Grösse: 4–7 cm lang und 0,5–1 cm breit

Aussehen der Nadel: Deutlich gedreht und gekrümmt, im Querschnitt dreieckig, zu 5 in Kurztrieben und an den Zweigenden pinselartig gehäuft; Scheiden an der Basis der Kurztriebe bereits im 1. Jahr abfallend

Stiel: Ungestielt

Nadelende: Stumpf

Nadelrand: Nadeln am Rand fein gesägt (beim Abwärtsstreichen rauh anzufühlen)

Ober-/Unterseite: Oberseite dunkel blaugrün; die beiden Innenseiten mit Spaltöffnungsstreifen und daher bläulichweiss erscheinend

Anordnung am Spross: Nadeln zu 5 in Kurztrieben; diese spiralig angeordnet

Standort: In Japan zwischen 1300 m und 1800 m heimisch; 1861 durch J.G. Veitch nach England eingeführt; in Parkanlagen gepflanzt

825 ***Pinus stróbus – Weymouthskiefer***
Immergrüner, 30–50 m hoher Nadelbaum mit anfangs behaarten Zweigen

Pinus stróbus L.
Weymouthskiefer, Strobe
Pináceae – Föhrengewächse (Kieferngewächse) S. 70

Grösse: 5–12 cm

Aussehen der Nadel: Ziemlich schlank und biegsam, im Querschnitt dreieckig und zu 5 in Kurztrieben; Scheiden an der Basis bereits im 1. Jahr ganz abfallend; Lebensdauer 3 Jahre

Stiel: Ungestielt

Nadelende: Vorne zugespitzt; nicht stechend

Nadelrand: Nadeln am Rand sehr fein gezähnelt (beim Abwärtsstreichen etwas rauh anzufühlen

Ober-/Unterseite: Oberseits anfangs hellgrün, im 2. Jahr dunkelgrün; auf den Innenseiten graugrün mit je 2 oder 3 blauweissen Spaltöffnungsstreifen

Anordnung am Spross: Nadeln zu 5 in Kurztrieben; diese spiralig angeordnet

Standort: Ursprünglich nur im östlichen Nordamerika; Ende des 16. Jahrhunderts wurde die Art in Europa eingeführt; seither forstlich kultiviert oder als Parkbaum angepflanzt

826 ***Pinus cémbra – Zirbelkiefer***
Immergrüner, 10–25 m hoher Nadelbaum mit anfangs rostrot filzigen Zweigen

Pinus cémbra L.
Zwirbelkiefer, Arve
Pináceae – Föhrengewächse (Kieferngewächse) S. 60, 61, 70

Grösse: 5–12 cm lang und 0,8–1,5 mm breit

Aussehen der Nadel: Ziemlich gerade, im Querschnitt dreieckig, starr aufrecht, zu 5 in Kurztrieben und an den Zweigenden gehäuft; Scheiden an der Basis bereits im 1. Jahr abfallend; Lebensdauer 4–6 Jahre

Stiel: Ungestielt

Nadelende: Zugespitzt und nicht stechend

Nadelrand: Nadeln am Rand sehr fein gezähnelt (beim Abwärtsstreichen etwas rauh anzufühlen)

Ober-/Unterseite: Oberseits dunkelgrün; auf den Innenseiten graugrün mit je 3–5 blauweissen Spaltöffnungsstreifen

Anordnung am Spross: Nadeln zu 5 in Kurztrieben; diese spiralig angeordnet

Standort: Ursprünglich nur in den Zentralalpen und Karpaten zwischen 1600 m und 3000 m; hin und wieder in der Ebene in Parkanlagen gepflanzt

827 ***Sequoiadéndron giganteum – Mammutb.***
Immergrüner, 50–100 m hoher Nadelbaum mit derben, sehr steifen und grünlich-grauen Trieben

Sequoiadéndron giganteum (Lindl.) Buchh.
Mammutbaum
Taxodiáceae – Sumpfzypressengewächse S. 71

Grösse: 3–6 mm lang (an Haupttrieben bis 12 mm) und 0,8–1,2 mm breit

Aussehen der Nadel: Pfriemenförmig bis lanzettlich oder schuppenförmig, beim Trieb meist abstehend und beim Zerreiben nach Anis duftend; Lebensdauer 3–4 Jahre; Nadeln mit den Zweigen abfallend

Stiel: Ungestielt

Nadelende: Zugespitzt

Nadelbasis: Mit breiter Basis am Trieb angewachsen

Nadelrand: Ganzrandig

Ober-/Unterseite: Oberseits dunkelgrün und etwas abgerundet; unterseits dunkelgrün und längsfurchig; allseitig mit feinen, weissen Spaltöffnungslinien und Flächen

Anordnung am Spross: Nadeln spiralig angeordnet (3 Reihen bildend)

Standort: An den Westhängen der Sierra Nevada in Kalifornien beheimatet; in Europa überall als Zier- und Parkbaum eingeführt

828 ***Lárix decidua – Europäische Lärche***
Sommergrüner, 25–40 m hoher Nadelbaum mit strohgelben bis hellbraunen und kahlen Trieben

Lárix decidua Mill.
Europäische Lärche
Pináceae – Föhrengewächse S. 36, 37, 70

Grösse: 1,5–3 cm lang und 0,5–0,9 mm breit

Aussehen der Nadel: Schmal-lineal, weich, abgeflacht, an Kurztrieben zu 30–40 und an Langtrieben einzeln und ziemlich dicht stehend

Stiel: Ungestielt

Nadelende: Stumpf oder kurz zugespitzt

Nadelbasis: Mit breitem Grund am Trieb angewachsen

Nadelrand: Ganzrandig

Ober-/Unterseite: Nadeln hell- bis dunkelgrün und im Herbst vor dem Abfallen goldgelb; unterseits mit 2 helleren Spaltöffnungsstreifen

Anordnung am Spross: An Langtrieben spiralig angeordnet; bei Kurztrieben zu 30–40 büschelig

Standort: Ursprünglich nur subalpin in Gebirgen Mitteleuropas; Charakterart des Arven-Lärchenwaldes; heute auch in der Ebene durch Forstkultur weit verbreitet

829 ***Lárix káempferi – Japanische Lärche***
Sommergrüner, bis 30 m hoher Nadelbaum mit hellgrünen und bereiften Jungtrieben

Lárix káempferi (Lamb.) Carr.
Japanische Lärche
Pináceae – Föhrengewächse S. 71

Grösse: 1,5–3,5 cm lang und 1–1,5 mm breit

Aussehen der Nadel: Abgeflacht, weich, an Langtrieben einzeln und an Kurztrieben zu 20–40 gebüschelt

Stiel: Ungestielt

Nadelende: Stumpf oder zugespitzt

Nadelbasis: Mit breitem Grund am Trieb angewachsen

Nadelrand: Ganzrandig

Ober-/Unterseite: Nadeln anfangs hellgrün, später im Jahr bläulichgrün und vor dem herbstlichen Laubfall goldgelb; unterseits mit 2 deutlich sichtbaren Spaltöffnungsstreifen

Anordnung am Spross: In Kurztrieben büschelig, an Langtrieben spiralig angeordnet

Standort: Ursprünglich nur in Japan; 1861 durch J.G. Veitch nach Europa gebracht; in Mitteleuropa völlig winterhart und häufig angepflanzt

830 ***Cédrus deódera – Himalayazeder***
Immergrüner, bis 40 m hoher Baum mit abgerundeten bis 3-kantigen Langtrieben

Cédrus deódera (D. Don) G. Don
Himalayazeder (S. 71)
Pináceae – Föhrengewächse (Kieferngewächse)

Grösse: 2–6,5 cm lang und bis 1 mm breit

Aussehen der Nadeln: Im Querschnitt rundlich oder 4-kantig, weich und mit einer Lebensdauer von 2–3 Jahren

Stiel: Ungestielt

Nadelende: Fein zugespitzt und etwas stechend

Blattrand: Ganzrandig

Ober-/Unterseite: Allseitig dunkelgrün und überall mit feinen Spaltöffnungsstreifen

Anordnung am Spross: Nadeln der Langtriebe entfernt schraubig stehend, diejenigen der Kurztriebe zu je 25–30

Standort: Im westlichen Himalayagebiet beheimatet; südlich der Alpen häufiger in Gärten und Parkanlagen angepflanzt als in Mitteleuropa

831 ***Cédrus libani – Libanonzeder***
Immergrüner, 25–30 m hoher Baum mit bis 2 cm langen, bis 10-jährigen Kurztrieben

Cédrus libani A. Rich
Libanonzeder (S. 71)
Pináceae – Föhrengewächse (Kieferngewächse)

Grösse: 1–3,5 cm lang und 1–1,2 mm breit

Aussehen der Nadeln: Steif, stechend, im Querschnitt dreieckig bis rhombisch und durch die abgeflachte Oberfläche stets breiter als hoch

Stiel: Ungestielt

Nadelende: Zugespitzt, stechend

Nadelbasis: Gegen den Grund zu etwas verschmälert

Nadelrand: Ganzrandig

Ober-/Unterseite: Allseitig mit ganz feinen Spaltöffnungsstreifen; Nadeln hell- bis dunkelgrün erscheinend

Anordnung am Spross: An den Langtrieben entfernt schraubig stehend; an den Kurztrieben zu 10–20 rosettig genähert

Standort: In Klein- und Westasien beheimatet (Libanon, Syrien); gelangte 1638 nach Europa; seither in Gegenden mit wintermildem Klima in Parkanlagen und Gärten angepflanzt

832 ***Cédrus atlántica – Atlaszeder***
Immergrüner, 30–40 m hoher Nadelbaum mit gekanteten Langtrieben

Cédrus atlántica
(Endl.) Manetti ex Carr.
Atlaszeder (S. 71)
Pináceae – Föhrengewächse (Kieferngewächse)

Grösse: 1–3 cm lang und 1–1,3 mm breit

Aussehen der Nadeln: Starr, am Ende etwas gebogen, im Querschnitt unregelmässig viereckig und etwas dicker und steifer als diejenigen der Libanonzeder; Lebensalter 4–7 Jahre

Stiel: Ungestielt

Nadelende: Sehr kurz zugespitzt; nicht stechend

Nadelbasis: Gegen den Grund zu verschmälert

Nadelrand: Ganzrandig

Ober-/Unterseite: Allseitig mit Spaltöffnungsstreifen, daher weisslich-blaugrün erscheinend

Anordnung am Spross: An Langtrieben entfernt schraubig stehend; an Kurztrieben zu je 10–40 rosettig genähert

Standort: Im westlichen Nordafrika beheimatet (Algerien, Atlasgebirge); gelangte 1839 nach Europa; in Parkanlagen besonders in der blaunadeligen Form angepflanzt

833 ***Cupréssus sempérvirens – Echte Zypresse***
Immergrüner, 20–30 m hoher Nadelbaum mit Zweigen, die von Blättern berindet sind

Cupréssus sempérvirens L.
Echte Zypresse (S. 72)
Cupressáceae – Zypressengewächse

Länge: Blätter der Haupttriebe 2–5 mm, diejenigen der Seitensprossen 1 mm lang

Aussehen der Blätter: Schuppenförmig, an jüngeren Zweigen angepresst und sich dachig überlappend und später etwas auseinanderrückend; Lebensdauer 2–3 Jahre und später mit den Zweigen abfallend

Stiel: Ungestielt

Blattende: Zugespitzt und an Seitensprossen stumpf endend

Blattrand: Ganzrandig

Ober-/Unterseite: Beiderseits dunkelgrün; auf dem Rücken mit länglicher, oft sehr undeutlicher Drüse

Anordnung am Spross: Kantenblätter gegenständig angeordnet

Standort: In Südosteuropa beheimatet; im Mittelmeerraum ein Baum der Gärten, Alleen und Friedhöfe

834 ***Juniperus sabina – Sadebaum***
Immergrüner, reich verzweigter, 1–2 m langer Strauch mit 1–1,5 mm dicken und grünen Zweigen

Juniperus sabina L.
Sadebaum, (S. 72)
Cupressáceae – Zypressengewächse

Grösse: Jugendblätter nadelförmig, 4–5 mm lang und 0,5–1 mm breit; Folgeblätter bis 2,5 mm lang

Aussehen der Blätter: Jugendblätter nadelförmig und in 3er Wirteln stehend; Folgeblätter schuppenförmig und dachziegelig angeordnet

Stiel: Ungestielt

Blattende: Stumpf oder zugespitzt

Blattrand: Ganzrandig

Ober-/Unterseite: Flächenfolgeblätter dunkelgrün, mit einer langgezogenen Drüse und weisslichen Wachsstreifen; Kantenfolgeblätter dunkelgrün und seitlich mit Spaltöffnungsflächen

Anordnung am Spross: Kantenfolgeblätter gegenständig angeordnet

Standort: Von der kollinen bis in die subalpine Stufe; an heissen, trockenen Hängen der kontinentalen Inneralpen, in offenen Trockenrasen unter Föhren; oft grosse Bestände bildend

835 ***Thujópsis dolabráta – Hiba-Lebensbaum***
Immergrüner, bis 35 m hoher Baum mit flachen, fächerförmig verzweigten Zweigen

Thujópsis dolabráta (L.f.)
Sieb. et Zucc.
Hiba-Lebensbaum (S. 72)
Cupressáceae – Zypressengewächse

Grösse: 3–8 mm lang und 1–4 mm breit

Aussehen der Schuppenblätter: Flächenblätter länglich verkehrteiförmig, etwas kleiner als Kantenblätter, abgeflacht, lederig und sich dachziegelig deckend; Kantenblätter grösser als Flächenblätter und gekielt; Lebensdauer der Blätter 2–6 Jahre

Blattende: Bei Flächenblättern stumpf; bei Kantenblättern zugespitzt

Blattrand: Schuppenblätter alle ganzrandig

Ober-/Unterseite: Beide Blatt-Typen oberseits glänzend hell- bis dunkelgrün; Flächenblätter unterseits mit 2 schmalen und silberweissen Spaltöffnungsfeldern; Kantenblätter unterseits mit einem breiten Spaltöffnungsfleck

Anordnung am Spross: Kantenblätter gegenständig angeordnet

Standort: Aus Japan stammender Baum; 1853 durch Ph. F. Siebold nach Europa gebracht; heute in vielen Parkanlagen angepflanzt; in Mitteleuropa winterhart

836 ***Thúja orientális – Morgenländ. Lebensbaum*** *Immergrüner Strauch oder bis 10 m hoher Baum mit beschuppten Jungtrieben*

Thúja orientális L. Morgenländ. Lebensbaum

Cupressáceae – Zypressengewächse (S. 72)

Länge: An Hauptsprossen 7–8 mm; an Seitensprossen 1,5–2,5 mm lang

Aussehen der Blätter: Schuppenförmig, den Zweigen dicht ziegelig anliegend, dunkelgrün und mit schwachem Harzduft; Flächenblätter von den Kantenblättern seitlich leicht überlappt; Lebensdauer 1–3 Jahre und später mit den Zweigen abfallend

Stiel: Ungestielt

Blattende: Schuppenblätter abgestumpft und an den Enden leicht einwärts gekrümmt

Blattrand: Ganzrandig

Ober-/Unterseite: Beiderseits gleichfarbig und mit zerstreuten, weissen Spaltöffnungen; Drüsen auf Flächenblättern unauffällig

Anordnung am Spross: Kantenblätter gegenständig angeordnet

Standort: In China und Korea beheimatet; zu Beginn des 18. Jahrhunderts in Europa angepflanzt; besonders in Gärten, Parkanlagen und Friedhöfen in vielen Variationen angepflanzt

837 ***Thúja occidentális – Abendländ. Lebensbaum*** *Immergrüner, 15–20 m hoher Nadelbaum mit abgeflachten und grünlichen Trieben*

Thúja occidentális L. (S. 73) Abendländ. Lebensbaum

Cupressáceae – Zypressengewächse

Länge: An Haupttrieben 4–7 mm, sonst 2–3 mm

Aussehen der Schuppenblätter: Flächenständige Blätter spitz-verkehrt-eiförmig, dachziegelartig an den Zweig gedrückt, stark abgeflacht und von Kantenblättern etwas überlappt; Kantenblätter elliptisch bis dreieckig, gekielt; Lebensdauer der Blätter 2–3 Jahre und zusammen mit dem Zweig abfallend

Blattende: Stumpf oder kurz zugespitzt

Blattrand: Schuppenblätter ganzrandig

Ober-/Unterseite: Sprossoberseits dunkelgrün, Flächenblätter mit gut sichtbarer Öldrüse; Unterseite der Sprosse gelbgrün; Spaltöffnungen in unregelmässigen grauen Streifen oder Flecken; beim Zerreiben der Blätter aromatisch duftend

Anordnung am Spross: Kantenblätter gegenständig angeordnet

Standort: Aus dem östlichen Nordamerika stammend; bereits 1536 nach Europa eingeführt; heute in zahlreichen Varietäten als Zierholz in Gärten und Parkanlagen angepflanzt

838 ***Chamaecýparis lawsoniána – Oregonzeder*** *Immergrüner, in Europa bis 20 m hoher Baum mit abgeflachten und grünen Zweigen*

Chamaecýparis lawsoniána (A. Murr.) Parl. Lawsons Scheinzypresse, Oregonzeder (S. 73)

Cupressáceae – Zypressengewächse

Länge: An Seitensprossen 1–2,5 mm, an Haupttrieben 3–7 mm

Aussehen der Schuppenblätter: Sichtbarer Teil der Flächenblätter rhombisch oder schmal-elliptisch und mit deutlich sichtbarer länglicher Harzdrüse; Kantenblätter mit 2 unauffälligen Harzdrüsen

Stiel: Ungestielt

Blattende: Stumpf bis zugespitzt

Blattrand: Ganzrandig

Ober-/Unterseite: Sprossoberseits dunkel- bis graugrün und unterseits heller grün

Anordnung am Spross: Kantenblätter gegenständig angeordnet

Standort: Ursprünglich nur im westlichen Nordamerika beheimatet; seit 1854 in Europa; heute in ganz Europa in zahlreichen Gartenformen als Zierbaum angepflanzt

839 ***Thúja plicáta – Riesen-Lebensbaum*** *Immergrüner, 20–50 m hoher Nadelbaum mit anfangs grünen Zweigen*

Thúja plicáta Donn ex D. Don Riesen-Lebensbaum (S. 73)

Cupressáceae – Zypressengewächse

Länge: Blätter der Haupttriebe 6–8 mm, sonst 2–3 mm lang

Aussehen der Blätter: Schuppenförmig, dachziegelig angedrückt und beim Zerreiben aromatisch duftend; Kantenblätter die Flächenblätter am Rande deckend; Lebensdauer 2–3 Jahre

Stiel: Ungestielt

Blattende: Blätter der primären Zweige in abstehende Spitze ausgezogen; Blätter der seitlichen Zweige stumpflich oder etwas zugespitzt

Blattrand: Ganzrandig

Ober-/Unterseite: Oberseits kräftig grün und bei Flächenblättern mit Drüse; sprossunterseits graugrün und Spaltöffnungen in fast 3-eckige silbergraue Felder gut sichtbar

Anordnung am Spross: Kantenblätter gegenständig angeordnet

Standort: 1854 durch J. Jeffrey aus den Bergwäldern der Küstengebirge (westl. USA) nach Europa gebracht; in Parkanlagen und grossen Gärten angepflanzt

840 ***Chamaecýparis nootkaténsis – Nootka-Scheinzypresse*** *Immergrüner, 20–35 m hoher Baum mit abgeflachten grünen Trieben*

Chamaecýparis nootkaténsis (D. Don) Spach Nootka-Scheinzypresse (S. 73)

Cupressáceae – Zypressengewächse

Länge: An Haupttrieben 5–6 mm lang, sonst 2–3 mm

Aussehen der Schuppenblätter: Sichtbarer Bereich der Flächenblätter spitz-rhombisch und ziegelartig übereinander liegend; Kantenblätter dreieckig, etwas gekielt und im oberen Teil abstehend

Stiel: Ungestielt

Blattende: Alle Blätter scharf zugespitzt

Blattrand: Schuppenblätter ganzrandig

Ober-/Unterseite: Beiderseits dunkelgrün; Flächenblätter auf dem Rücken mit je einer mehr oder weniger gut sichtbaren Drüsenfurche

Anordnung am Spross: Kantenständige Blätter gegenständig angeordnet

Standort: Im pazifischen Nordamerika beheimatet; 1851 nach Europa gebracht; als Zierbaum in Parkanlagen verwendet, aber nicht so häufig wie die «Pendula-Form»

841 ***Chamaecýparis obtúsa – Feuer-Scheinzypresse*** *Immergrüner, bis 40 m hoher Baum mit flachen und grünen Trieben*

Chamaecýparis obtúsa (Sieb. et Zucc.) Sieb et Zucc. ex Endl. Feuer-Scheinzypresse, Hinoki (S. 73)

Cupressáceae – Zypressengewächse

Länge: An Hauptsprossen 4–5 mm, sonst nur 1,5–2,5 mm

Aussehen der Schuppenblätter: Flächenständige Blätter schmal verkehrt-eiförmig, dicklich und dem Trieb dicht anliegend; Kantenblätter sichelförmig, dicht ziegelig angeordnet und etwas kleiner als die flächenständigen Blätter

Blattende: Flächen- und kantenständige Blätter stumpf oder abgerundet

Blattrand: Alle Blätter ganzrandig

Ober-/Unterseite: Oberseits glänzend dunkelgrün und bei Flächenblättern eine Drüsenfurche; unterseits graugrün und mit weissen Spaltöffnungsstreifen

Anordnung am Spross: Kantenständige Blätter gegenständig angeordnet

Standort: In Japan heimisch; die Art gelangte 1861 erstmals nach Europa; heute in zahlreichen Formen in Gärten und Parkanlagen angepflanzt

Zusammengesetzte Laubblätter

842 ***Colútea arboréscens* – Blasenstrauch**
Dornenloser, reichverzweigter Strauch mit grünen Ästen und einer Wuchshöhe von 2–4 m

Colútea arboréscens L. Blasenstrauch (S. 75)

Leguminósae – Hülsenfrüchtler

Länge: 4–10 cm

Aussehen: Unpaarig gefiedert, mit 3–6 Paaren von Fiederblättern; Endfiederblatt lang gestielt

Stiel: 0,5–1,5 cm lang

Aussehen der Fiederblätter: Elliptisch bis verkehrt-eiförmig, 1–3,5 cm lang, 0,5–2 cm breit und kurz gestielt

Ende der Fiederblätter: Deutlich ausgerandet

Basis der Fiederblätter: Breit keilförmig

Rand der Fiederblätter: Ganzrandig

Ober-/Unterseite: Oberseits kahl und mittel- bis dunkelgrün; unterseits weissfilzig (im Alter verkahlend) und daher graugrün

Anordnung am Spross: Laubblätter wechselständig angeordnet

Standort: An den Rändern von Flaumeichenwäldern, in Hecken, lichten Gehölzen und auf trockenen Felshängen, besonders in Süd-Europa und Nordafrika; Verbreitungsschwerpunkt im Mittelmeerraum

843 ***Coronilla émerus* – Strauchwicke**
Sommergrüner und dicht verzweigter Strauch von 30–100 cm Wuchshöhe, Zweige grün, kantig

Coronilla émerus L. Strauchwicke, Strauchige Kronwicke (S. 75)

Leguminósae – Hülsenfrüchtler

Länge: 2–6 cm

Aussehen: Unpaarig gefiedert, mit 7 oder 9 Fiederblättern, Endfieder ungestielt

Stiel: Bis 1 cm lang

Aussehen der Fiederblätter: Verkehrt-eiförmig, 1–2 cm lang, 0,5–1 cm breit und kurz gestielt oder sitzend

Ende der Fiederblätter: Meist ausgerandet oder seltener rund und stachelspitzig

Basis der Fiederblätter: Schmal bis breitkeilförmig verschmälert

Rand der Fiederblätter: Ganzrandig

Ober-/Unterseite: Oberseits dunkelgrün und kahl; unterseits graugrün und in der Jugend anliegend behaart

Anordnung am Spross: Laubblätter wechselständig angeordnet

Standort: Auf sommerwarmen und trockenen, kalkreichen Felshängen und in lichten Eichen- und Kiefernwäldern von der kollinen bis in die montane Stufe

844 ***Júglans nigra* – Schwarznussbaum**
Sommergrüner Laubbaum, der im östlichen Nordamerika eine Wuchshöhe von 50 m erreicht

Júglans nigra L. Schwarznussbaum (S. 74)

Juglandáceae – Walnussgewächse

Länge: 30–60 cm

Aussehen: Unpaarig gefiedert, mit 5–12 Fiederblattpaaren; Endfiederblatt oft fehlend oder sehr klein, daher auch «unecht paarig gefiedert»

Stiel: 1–6 cm lang und an der Basis oft verbreitert

Aussehen der Fiederblätter: Lanzettlich bis schmal-eiförmig, 6–12 cm lang, einander gegenüberliegende Fiederblätter am Blattstiel meist wechselständig angeordnet

Ende der Fiederblätter: Kurz zugespitzt

Basis der Fiederblätter: Regelmässig oder unregelmässig breit keilförmig verschmälert oder abgerundet

Rand der Fiederblätter: Unregelmässig gesägt oder gezähnt, gegen den Grund zu meist ganzrandig

Ober-/Unterseite: Oberseits dunkelgrün und kahl; unterseits etwas heller grün und auf der Mittelrippe oft behaart

Standort: In Parkanlagen und Gärten angepflanzt

845 ***Ceratónia siliqua* – Johannisbrotbaum**
Immergrüner Laubbaum, der im östlichen Mittelmeergebiet eine Wuchshöhe von 10 m erreicht

Ceratónia siliqua L. Johannisbrotbaum (S. 75)

Leguminósae – Hülsenfrüchtler

Länge: 10–20 cm

Aussehen: Paarig gefiedert, mit 2–6 Paaren von Fiederblättern

Stiel: 2–5 cm lang und zusammen mit der Spindel rötlich gefärbt

Aussehen der Fiederblätter: Verkehrt-eiförmig oder elliptisch bis rundlich, 3–7 cm lang und 2–4 cm breit, sitzend oder kurz gestielt und lederig; einander gegenüberliegende Fiederblätter vorwiegend gegenständig angeordnet

Ende der Fiederblätter: Abgerundet und meist dazu ausgerandet oder deutlich eingeschnitten

Basis der Fiederblätter: Breit keilförmig

Rand der Fiederblätter: Ganzrandig oder leicht gewellt

Ober-/Unterseite: Beiderseits kahl; oberseits glänzend dunkelgrün; unterseits graugrün

Anordnung am Spross: Laubblätter wechselständig angeordnet

Standort: In Hartlaubwäldern, an sommertrockenen Hängen und auf Steinböden des Mittelmeerraumes

846 ***Acácia dealbáta* – Silber-Akazie**
Immergrüner Laubbaum, der in seiner Heimat (Australien) 30 m hoch wird

Acácia dealbáta Link. Silber-Akazie (S. 74)

Leguminósae – Hülsenfrüchtler

Länge: 7–15 cm

Aussehen: Doppelt paarig gefiedert, mit jederseits der Spindel 15–25 Paaren von Fiederblättern; diese tragen ihrerseits 20–40 Blättchen 2. Ordnung (= Fiederchen); einander gegenüberliegende Fiederchen gegenständig angeordnet

Stiel: 1–3 cm lang

Aussehen der Fiederchen: Schmal-lineal, 3–5 mm lang und sitzend

Ende der Fiederchen: Abgerundet oder kurz zugespitzt

Basis der Fiederchen: Keilförmig verschälert oder abgerundet

Rand der Fiederchen: Ganzrandig

Ober-/Unterseite: Achsen und Fiederchen beiderseits silbrig behaart; oberseits mehr blaugrün; unterseits meist heller grün

Anordnung am Spross: Laubblätter wechselständig angeordnet

Standort: Immergrüner Baum, der 1864 nach Frankreich eingeführt wurde

847 ***Allánthus altissima* – Götterbaum**
Sommergrüner Laubbaum, der in Ostasien eine Wuchshöhe von 25 m erreicht

Allánthus altissima (Mill) Swingle Götterbaum (S. 74)

Simaroubáceae – Bitteréschen-Gewächse

Länge: 40–75 cm

Aussehen: Meist unpaarig gefiedert, mit 10–18 Paaren von Fiederblättern

Stiel: 8–20 cm lang, an der Basis verbreitert und grünlich oder kräftig rot

Aussehen der Fiederblätter: Länglich-eiförmig bis schief-oval, 5–15 cm lang und meist kurz gestielt; einander gegenüberliegende Fiederblätter am Blattstiel gegenständig (selten) oder wechselständig angeordnet

Ende der Fiederblätter: Verschmälert und zugespitzt

Basis der Fiederblätter: Breit keilförmig, abgerundet oder seltener herzförmig

Rand der Fiederblätter: Mit Ausnahme von 1–4 ungleich grossen Zähnen im unteren Teil ganzrandig

Ober-/Unterseite: Oberseits matt dunkelgrün; unterseits etwas heller grün

Anordnung am Spross: Laubblätter wechselständig angeordnet

Standort: In grossen Gärten und Parkanlagen angepflanzt; 1751 aus China nach England eingeführt

848 ***Pistácia lentiscus – Pistazie***
Immergrüner und dicht verzweigter Strauch von 4–6 m Wuchshöhe

Pistácia lentiscus L.
Pistazie, Mastixstrauch
Anacardiáceae – Sumach-Gewächse (S. 74)

Länge: 3–7 cm

Aussehen: Paarig oder unpaarig gefiedert, mit 4–12 Fiederblättern

Stiel: 1–3 cm lang und geflügelt

Aussehen der Fiederblätter: Schmal oval bis schmal verkehrt-eiförmig, 2–4 cm lang, lederartig, sitzend und einander gegenüberliegende Fiederchen am Blattstiel wechsel- und gegenständig angeordnet

Ende der Fiederblätter: Meist abgerundet und mit aufgesetzter kurzer Spitze

Basis der Fiederblätter: Keilförmig verschmälert

Rand der Fiederblätter: Ganzrandig

Ober-/Unterseite: Beiderseits kahl; oberseits dunkelgrün; unterseits hellgrün

Anordnung am Spross: Laubblätter wechselständig angeordnet

Standort: In lichten Laub- und Kiefernwäldern und auf felsigen Hängen im Mittelmeergebiet

849 ***Robinia pseudoacácia – Robinie***
Sommergrüner Baum mit stark dornigen Zweigen und einer Wuchshöhe von 25 m

Robinia pseudoacácia L.
Robinie, Scheinakazie (S. 75)
Leguminósae – Hülsenfrüchtler

Länge: 15–30 cm

Aussehen: Unpaarig gefiedert, mit 3–12 Paaren von Fiederblättern; Endfiederblatt lang gestielt; Nebenblätter zu starken Dornen umgebildet

Stiel: 3–4 cm lang und am Grunde knotig verdickt

Aussehen der Fiederblätter: Länglich-elliptisch bis eiförmig, 3–6 cm lang und kurz, aber deutlich gestielt

Ende der Fiederblätter: Abgerundet, stumpf oder undeutlich ausgerandet

Basis der Fiederblätter: Breit keilförmig oder abgerundet

Rand der Fiederblätter: Ganzrandig

Ober-/Unterseite: Oberseits matt frischgrün bis dunkelgrün und verkahlend; unterseits graugrün und nur anfangs behaart

Anordnung am Spross: Laubblätter wechselständig angeordnet

Standort: In Gärten und Parkanlagen angepflanzt; stellenweise verwildert; um 1640 durch den französischen Botaniker JEAN ROBIN aus Nordamerika nach Europa eingeführt

850 ***Rúbus idáeus – Himbeere***
Sommergrüner Strauch mit unterirdischen Ausläufern und einer Wuchshöhe von 2 m

Rúbus idáeus L.
Himbeere (S. 76)
Rosáceae – Rosengewächse

Länge: 5–15 cm

Aussehen: Unpaarig gefiedert, mit 3 (an Blütentrieben), 5 oder seltener 7 Fiederblättern; Endfiederblatt deutlich gestielt

Stiel: 3–8 cm lang, behaart und zusammen mit der Spindel oft bewehrt

Aussehen der Fiederblätter: Elliptisch bis breit-eiförmig, 6–10 cm lang und mit Ausnahme des Endfiederblattes sitzend

Ende der Fiederblätter: Zugespitzt

Basis der Fiederblätter: Herzförmig, abgerundet oder auch breit keilförmig

Rand der Fiederblätter: Einfach und oft noch doppelt gesägt

Ober-/Unterseite: Oberseits dunkelgrün, fein behaart und später verkahlend; unterseits dicht silbern weissfilzig

Anordnung am Spross: Laubblätter am Spross wechselständig angeordnet

Standort: In lichten Wäldern, Gebüschen, Hochstaudenfluren

851 ***Rúbus fruticósus – Brombeere***
Buschiger, bis 2 cm hoher Strauch mit auf der Lichtseite geröteten Trieben; formenreiche Sippe

Rúbus fruticósus
Gemeine Brombeere (S. 76)
(Sammelart)
Rosáceae – Rosengewächse

Länge: 5–15 cm

Aussehen: Unpaarig gefiedert, mit 3,5 oder 7 Fiederblättern

Stiel: 2–6 cm lang; die zahlreichen Stacheln gegen den Stielgrund gerichtet

Aussehen der Fiederblätter: Breit-elliptisch bis verkehrt-eiförmig, 2–8 cm lang und 3–6 cm breit, Endfiederblatt lang gestielt; seitliche Fiederblätter schmaler und kurz gestielt

Ende der Fiederblätter: Zugespitzt

Basis der Fiederblätter: Abgerundet oder kurz gestutzt

Rand der Fiederblätter: Einfach und doppelt gesägt

Ober-/Unterseite: Oberseits dunkelgrün und etwas glänzend; unterseits graugrün und mehr oder weniger dicht behaart – auch verkahlend; Hauptadern unterseits bewehrt

Anordnung am Spross: Laubblätter wechselständig angeordnet

Standort: In Laub- und Nadelwäldern, Hecken, an Wegrändern

852 ***Júglans régia – Walnussbaum***
Sommergrüner Baum mit kahlen Zweigen und einer Wuchshöhe von 30 m

Juglans régia L.
Walnussbaum (S. 34, 35, 76)
Juglandáceae – Walnuss-Gewächse

Länge: 20–50 cm

Aussehen: Unpaarig gefiedert, mit 2–4 Paaren von Fiederblättern; Endfiederblatt lang gestielt; geriebene Blätter stark aromatisch duftend

Stiel: Bis 20 cm lang und am Grunde verdickt

Aussehen der Fiederblätter: Länglich-elliptisch bis länglich-eiförmig, 6–15 cm lang und mit Ausnahme des Endfiederblattes sitzend;

Ende der Fiederblätter: Zugespitzt

Basis der Fiederblätter: Keilförmig verschmälert oder abgerundet

Rand der Fiederblätter: Ganzrandig

Ober-/Unterseite: Beim Blattaustrieb braun-orange Farbe; oberseits später glänzend dunkelgrün und kahl; unterseits heller grün

Anordnung am Spross: Laubblätter wechselständig angeordnet

Standort: Aus Südeuropa und dem Balkan stammender Baum

853 ***Staphyléa pinnáta – Pimpernuss***
Sommergrüner Strauch oder kleiner Baum von 1,5–5 m Wuchshöhe mit anfangs grünen Zweigen

Staphyléa pinnáta L.
Pimpernuss (S. 77)
Staphyléaceae – Pimpernuss-Gewächse

Länge: 15–25 cm

Aussehen: Unpaarig gefiedert, mit 2–3 Paaren von Fiederblättern; Endfiederblatt lang gestielt

Stiel: 5–9 cm lang

Aussehen der Fiederblätter: Elliptisch bis schmal-eiförmig, 6–9 cm lang, 3–5 cm breit und mit Ausnahme des Endfiederblattes sitzend

Ende der Fiederblätter: Kurz zugespitzt

Basis der Fiederblätter: Keilförmig verschmälert

Rand der Fiederblätter: Sehr fein gezähnt oder gesägt

Ober-/Unterseite: Oberseits dunkelgrün und kahl; unterseits bläulich bis graugrün und auf den Adern mit kurzen, weisslichen Haaren, später verkahlend

Anordnung am Spross: Laubblätter gegenständig angeordnet

Standort: In der kollinen Stufe besonders in Föhngebieten; zerstreut an warmen Hängen, Waldrändern und in krautreichen Buchen-, Ahorn- oder Eichen-Wäldern

854 ***Fráxinus órnus – Manna-Esche***
Sommergrüner, bis 20 m hoher Baum, der aus dem östlichen Mittelmeergebiet stammt

Fráxinus órnus L.
Blumen-Esche (S. 77)
Oleáceae – Ölbaumgewächse

Länge: 15–30 cm

Aussehen: Unpaarig gefiedert, mit 3–5 Paaren von Fiederblättern; Endfiederblatt deutlich länger gestielt als die Seitenfiederblätter

Stiel: 3–8 cm lang und oft fein behaart

Aussehen der Fiederblätter: Länglich-eiförmig, 3–7 cm lang, bis 2,5 cm breit und gestielt

Ende der Fiederblätter: Zugespitzt

Basis der Fiederblätter: Keilförmig verschmälert oder abgerundet

Rand der Fiederblätter: Unregelmässig gesägt oder gezähnt

Ober-/Unterseite: Oberseits mittelgrün und kahl; unterseits heller grün und entlang der Mittelrippe rötlich braun oder bräunlichweiss behaart

Anordnung am Spross: Laubblätter gegenständig angeordnet; Blattpaare zueinander kreuzgegenständig

Standort: Besonders in der kollinen Stufe an sonnigen und trockenen Hängen; vor allem in Südeuropa als Zier- und Strassenbaum angepflanzt

855 ***Fráxinus excélsior – Gewöhnliche Esche***
Sommergrüner Baum mit einer Wuchshöhe bis 40 m und grauen Zweigen

Fráxinus excélsior L.
Gewöhnliche Esche
Gemeine Esche (S. 32, 33, 78)
Oleáceae – Ölbaum-Gewächse

Länge: 20–30 cm

Aussehen: Unpaarig gefiedert, mit 3–7 Paaren von Fiederblättern; Endfiederblatt gestielt

Stiel: 3–6 cm lang

Aussehen der Fiederblätter: Oval bis eiförmig, 4–10 cm lang, 2–3 cm breit und ungestielt

Ende der Fiederblätter: Kurz zugespitzt

Basis der Fiederblätter: Schmal- oder breitkeilförmig und bei den untersten Fiederblättern oft auch abgerundet

Rand der Fiederblätter: Ungleich gesägt; im untersten Bereich mehrheitlich ganzrandig

Ober-/Unterseite: Oberseits dunkelgrün und kahl; unterseits heller grün und entlang der Adern wollig rotbraun behaart

Anordnung am Spross: Laubblätter gegenständig angeordnet; Blattpaare zueinander kreuzgegenständig

Standort: In Auen-, Laubmisch- und Schluchtwäldern, entlang von Gewässern, an steinigen Hängen

856 ***Sórbus aucupária – Vogelbeerbaum***
Sommergrüner, nicht selten mehrstämmiger Baum mit Pioniercharakter und von 5–20 m Wuchshöhe

Sórbus aucupária L.
Vogelbeerbaum (S. 52, 53, 78)
Rosáceae – Rosengewächse

Länge: 10–20 cm lang und 8–11 cm breit

Aussehen: Unpaarig gefiedert, mit 4–9 Paaren von Fiederblättern; Endfiederblatt lang gestielt

Stiel: 2–3 cm lang und oberseits rötlich und grünlich gefärbt

Aussehen der Fiederblätter: Länglich-lanzettlich, 2–6 cm lang, 1–2,5 cm breit, sitzend oder sehr kurz gestielt

Ende der Fiederblätter: Zugespitzt

Basis der Fiederblätter: Beide Fiederblatthälften verschieden tief an der Hauptader endend

Rand der Fiederblätter: Grob gesägt und im unteren Bereich ganzrandig

Ober-/Unterseite: Oberseits dunkelgrün und kurz nach dem Austrieb grausilbrig behaart; unterseits filzig graugrün

Anordnung am Spross: Laubblätter wechselständig angeordnet

Standort: In lichten Laub-, Fichten- und Arvenwäldern; von der kollinen bis in die subalpine Stufe

857 ***Sórbus doméstica – Speierling***
Sommergrüner und besonders in Südeuropa heimischer Baum von 15–20 m Wuchshöhe

Sórbus doméstica L.
Speierling
Rosáceae – Rosengewächse S. 78

Länge: 10–25 cm

Aussehen: Unpaarig gefiedert, mit 5–10 Paaren von Fiederblättern

Stiel: 3–5,5 cm lang

Aussehen der Fiederblätter: Schmal-elliptisch, 3–8 cm lang, bis 2 cm breit und sitzend oder kurz gestielt

Ende der Fiederblätter: Kurz zugespitzt

Basis der Fiederblätter: Stets schmal keilförmig und Fiederhälften meist symmetrisch an der Hauptader endend

Rand der Fiederblätter: Im unteren Drittel nahezu ganzrandig; restliche Bereiche einfach oder andeutungsweise doppelt gesägt;

Ober-/Unterseite: Oberseits dunkelgrün und kahl; unterseits heller grün und besonders den Adern entlang flockig behaart

Anordnung am Spross: Laubblätter wechselständig angeordnet

Standort: In trockenen Eichen-, Hainbuchen- und Flaumeichenwäldern

858 ***Sambúcus racemósa – Roter Holunder***
Sommergrüner Strauch von 2 m Wuchshöhe und dünnen, glatten Zweigen; Mark braun

Sambúcus racemósa L.
Roter Holunder
Caprifoliáceae – Geissblatt-Gewächse S. 77

Länge: 10–25 cm

Aussehen: Unpaarig gefiedert, mit 2–3 Paaren von Fiederblättern; Endfiederblatt deutlich gestielt

Stiel: 7–10 cm lang; am Grunde ein bis mehrere rundliche Drüsen

Aussehen der Fiederblätter: Lanzettlich bis schmal-eiförmig, 4–8 cm lang, bis 3,5 cm breit

Ende der Fiederblätter: Lang zugespitzt

Basis der Fiederblätter: Ungleich schmal und breit keilförmig oder abgerundet

Rand der Fiederblätter: Unregelmässig gesägt

Ober-/Unterseite: Oberseits dunkelgrün und kahl; unterseits bläulich graugrün und anfangs behaart

Anordnung am Spross: Laubblätter gegenständig angeordnet

Standort: In schattigen Wäldern, auf Blockschutt und Felsen

859 ***Sambúcus nigra – Schwarzer Holunder***
Sommergrüner Strauch oder bis 7 m hoher Baum mit grauen Zweigen, die weisses Mark enthalten

Sambúcus nigra – Schwarzer Holunder
Caprifoliáceae – Geissblatt-Gewächse S. 77

Länge: 10–30 cm

Aussehen: Unpaarig gefiedert, mit meist 2, seltener 3 Paaren von Fiederblättern; Endfiederblatt deutlich gestielt und viel breiter als beim roten Holunder

Stiel: 4–10 cm lang und oberseits rinnig

Aussehen der Fiederblätter: Elliptisch, 10–15 cm lang und 3–5 cm breit; oberes Fiederblattpaar meist sitzend, unteres meist gestielt

Ende der Fiederblätter: Kurz zugespitzt

Basis der Fiederblätter: Keilförmig und abgerundet; Fiederblatthälften oft asymmetrisch

Rand der Fiederblätter: Unregelmässig grob gesägt

Ober-/Unterseite: Oberseits dunkelgrün und kahl; unterseits bläulich bis graugrün

Anordnung am Spross: Laubblätter gegenständig angeordnet

Standort: In feuchten Wäldern, an Ufern, Schuttplätzen; kollin bis montan

Óstrya – Hopfenbuche

N7N7
N7

Blattunterseite
770 **Hopfenbuche**

Óstrya carpinifólia Scop.
Hopfenbuche

Abb. 770 – siehe S. 200/201

- Laubblätter 5–12 cm lang, im Umriss eilänglich oder eiförmig und am Rand scharf einfach und doppelt gesägt
- Am Ende zugespitzt
- Blattstiel 4–12 mm lang
- Oberseits dunkelgrün; unterseits gelbgrün und in den Adernwinkeln etwas behaart; zwischen den Adern nicht gewellt

---

K3K3 Seitenadern der Laubblätter nach dem Blattende zu gekrümmt — Richtig, siehe **L5** oder **L5L5**; Falsch, zurück zu **K3** (S. 114)

L5 Seitenadern der Laubblätter unterseits deutlich hellgelb bis weisslichgelb hervorleuchtend (Abb. 771, 772) — Richtig, siehe **M5** oder **M5M5**; Falsch, siehe **L5L5**

Mórus – Maulbeerbaum

M5

Blattunterseite
771 **Weisser Maulbeerbaum**

Mórus álba L.
Weisser Maulbeerbaum

Abb. 771 – siehe S. 200/201

- Laubblätter 7–18 cm lang und im Umriss vielgestaltig; oft ungelappt und dabei breit-eiförmig
- Am Ende kurz zugespitzt oder abgerundet und mit einem kurzen Endzahn
- Blattstiel 2–5 cm lang, oberseits rinnig und etwas behaart
- Oberseits dunkelgrün und glatt oder etwas rauh; unterseits blaugrün und bei den Adern behaart

---

M5M5

Blattunterseite
772 **Schwarzer Maulbeerbaum**

Mórus nigra L.
Schwarzer Maulbeerbaum

Abb. 772 – siehe S. 200/201

- Laubblätter 6–18 cm lang und im Umriss vielgestaltig; oft breit-oval bis herzförmig und am Rand grob gesägt
- Am Ende viel feiner und länger zugespitzt als beim weissen Maulbeerbaum
- Blattstiel 1–2 cm lang
- Oberseits glänzend dunkelgrün und sehr rauh behaart; unterseits heller blaugrün und behaart

---

L5L5 Seitenadern unterseits **nicht** deutlich hellgelb bis weisslichgelb, sondern hell- bis blaugrün — Richtig, siehe **M6**, **M6M6** oder **M6M6M6** (S. 117); Falsch, zurück zu **L5**

M6 Laubblätter im Umriss elliptisch bis meist rundlich, 2–6 cm lang und am Ende stumpf oder plötzlich kurz zugespitzt (Abb. 773, 774) — Richtig, siehe **N8** oder **N8N8**; Falsch, siehe **M6M6** oder **M6M6M6** (S. 117)

Prúnus – Kirsche

N8

Blattunterseite
773 **Steinweichsel**

Prúnus máhaleb L.
Felsen-Kirsche, Steinweichsel

Abb. 773 – siehe S. 202/203

- Laubblätter 3–6 cm lang, im Umriss breit-eiförmig bis rundlich und am Rand gekerbt-gesägt
- Am Ende stumpf oder kurz zugespitzt
- Blattstiel 1–2 cm lang und meist ohne Drüsen
- Oberseits glänzend dunkelgrün und kahl; unterseits blaugrün und bei der Mittelader oft etwas behaart

---

Rhámnus – Kreuzdorn

N8N8

Blattoberseite
774 **Zwerg-Kreuzdorn**

Rhámnus púmila
Zwergkreuzdorn

Abb. 774 – siehe S. 202/203

- Laubblätter 2–5 cm lang, im Umriss elliptisch, verkehrt-eiförmig oder rundlich und am Rand sehr fein kerbig gesägt
- Am Ende plötzlich kurz zugespitzt
- Blattstiel 4–9 mm lang
- Oberseits dunkelgrün und kahl; unterseits heller grün und bei den Adern etwas behaart

---

M6M6 Laubblätter im Umriss schmal-elliptisch bis breit-elliptisch, 2–12 cm lang und am Ende sehr kurz zugespitzt, stumpf oder abgerundet — Richtig, siehe **N9** oder **N9N9** (S. 116); Falsch, siehe **M6M6M6** (S. 117)

N9 Laubblätter bei der Spreitenbasis **schmal** keilförmig verschmälert (Abb. 775, 776) — Richtig, siehe **O** (S. 116) oder **OO** (S. 116); Falsch, siehe **N9N9** (S. 116)

Prúnus – Kirsche

O

775 Blattoberseite **Zwerg-Mandel**

Prúnus tenélla Batsch
Zwerg-Mandel
Abb. 775 – siehe S. 202/203

- Laubblätter 3–7 cm lang, im Umriss schmal-elliptisch und am Rand fein und regelmässig gesägt/gezähnt
- Am Ende zugespitzt
- Blattstiel 5–15 mm lang
- Oberseits glänzend dunkelgrün und unterseits hellgrün; beiderseits kahl; nur Hauptader deutlich hervortretend

---

OO

776 Blattoberseite **Zwetschgenbaum**

Prúnus doméstica L. ssp. doméstica
Zwetschgenbaum
Abb. 776 – siehe S. 202/203

- Laubblätter 3–10 cm lang, im Umriss elliptisch oder verkehrt-eiförmig und am Rand fein gesägt und gekerbt
- Am Ende abgerundet, stumpf oder zugespitzt
- Blattstiel 10–15 mm lang
- Oberseits dunkelgrün und später kahl; unterseits hellgrün und oft lange behaart bleibend

---

N_9N_9 Laubblätter bei der Spreitenbasis **breit** keilförmig verschmälert oder abgerundet — Richtig, siehe **O_1** oder **O_1O_1**; Falsch, zurück zu **N_9** (S. 115)

O_1 Blattstiel oberseits deutlich rötlich gefärbt (Abb. 777) — Richtig, siehe **P**; Falsch, siehe **O_1O_1**

Prúnus – Kirsche

P

777 Blattoberseite **Schwarzdorn**

Prúnus spinósa L.
Schlehdorn, Schwarzdorn
Abb. 777 – siehe S. 204/205

- Laubblätter 2–5 cm lang, im Umriss breit-lanzettlich bis länglich-elliptisch und am Rand gesägt und stellenweise gekerbt
- Am Ende stumpf oder kurz zugespitzt
- Blattstiel 5–12 mm lang und oberseits oft rötlich gefärbt
- Oberseits dunkelgrün und unterseits blassgrün; in der Jugend behaart

---

O_1O_1 Blattstiel oberseits **nicht** oder nur schwach rötlich gefärbt — Richtig, siehe **P_1** oder **P_1P_1**; Falsch, zurück zu **O_1**

P_1 Blattstiel 1–3 cm lang, kahl, oberseits etwas rinnig und Adern sehr stark nach der Spitze zu gekrümmt (S. 778) — Richtig, siehe **Q**; Falsch, siehe **P_1P_1**

Rhámnus – Kreuzdorn

Q

778 Blattoberseite **Purgier-Kreuzdorn**

Rhámnus cathárticus L.
Purgier-Kreuzdorn
Abb. 778 – siehe S. 202/203

- Laubblätter 4–7 cm lang, im Umriss elliptisch bis rundlich und am Rand fein kerbig gesägt
- Am Ende meist mit kurzer und aufgesetzter Spitze
- Blattstiel 1–3 cm lang und oberseits etwas rinnig
- Oberseits matt dunkelgrün und unterseits mittel blaugrün; beiderseits meist kahl; jederseits der Hauptader mit 2–4 bogenförmigen Seitenadern

---

P_1P_1

779 Blattunterseite **Wolliger Schneeball**

Blattstiel höchstens 1 cm lang; wenn grösser, dieser dann dicht graufilzig behaart; (Abb. 779); Adern **nicht** wie bei P_1 gestaltet — Richtig, siehe **Q_1**, **Q_1Q_1** (S. 117) oder **$Q_1Q_1Q_1$** (S. 117); Falsch, zurück zu **P_1**

Vibúrnum – Schneeball

Q_1

780 Blattoberseite **Wolliger Schneeball**

Vibúrnum lantána L.
Wolliger Schneeball
Abb. 780 – siehe S. 206/207

- Laubblätter 5–12 cm lang, im Umriss eiförmig bis länglich-eiförmig und am Rand regelmässig und fein gezähnt
- Am Ende zugespitzt
- Blattstiel bis 15 mm lang und dicht filzig behaart
- Oberseits mittel- bis dunkelgrün und etwas runzelig; unterseits mittelgrün und dicht mit Sternhaaren besetzt

Sórbus – Mehlbeere, Eberesche

Q_1Q_1

781 Blattoberseite **Zwergmehlbeere**

Sórbus chamaeméspilus (L.) Crantz
Zwergmehlbeere
Abb. 781 – siehe S. 204/205

- Laubblätter 3–8 cm lang, im Umriss schmal-elliptisch bis elliptisch, mit der grössten Breite meist unterhalb der Mitte und am Rand einfach und fein gesägt
- Am Ende stumpf oder schwach zugespitzt
- Blattstiel 5–10 mm lang
- Oberseits glänzend dunkelgrün und unterseits heller grün; beiderseits kahl; Formen mit unterseits filzigen Blättern sind Bastarde

Méspilus – Mispel

Q_1Q_1
Q_1

782 Blattoberseite **Mispel**

Méspilus germánica L.
Mispel
Abb. 782 – siehe S. 206/207

- Laubblätter 5–12 cm lang, im Umriss länglich-oval bis verkehrt-eiförmig und am Rand fein gesägt/gezähnt; abschnittsweise auch ganzrandig
- Am Ende sehr kurz zugespitzt
- Blattstiel bis 10 mm lang oder Blatt sitzend
- Oberseits trübgrün, etwas flaumig und leicht runzelig; unterseits hell- bis graugrün und weisslich filzig behaart; Adern oberseits tief eingesenkt

M_6M_6 **M_6**	Laubblätter im Umriss schmal- bis breit-elliptisch oder eiförmig, 4–15 cm lang und am Ende meist lang zugespitzt (Abb. 785–793)	Richtig, siehe **N_{10}** oder **$N_{10}N_{10}$** (S. 118) Falsch, zurück zu **M_6** (S. 115)
N_{10}	Die meisten Laubblätter mit 1–4 grünlichen oder rötlichen Nektardrüsen am Blattstiel (Abb. 783, 784)	Richtig, siehe **O_2**, **O_2O_2** oder **$O_2O_2O_2$** Falsch, siehe **$N_{10}N_{10}$** (S. 118)

783 Nektardrüsen
Kirschbaum

784 Nektardrüsen
Traubenkirsche

O_2	Ränder der Laubblätter sehr fein und regelmässig gesägt; Zähne weniger hoch als 0,7 mm (Abb. 785)	Richtig, siehe **P_2** Falsch, siehe **O_2O_2**

Prúnus – Kirsche

P_2

785 Blattoberseite **Traubenkirsche**

Prúnus pádus L.
Traubenkirsche
Abb. 785 – siehe S. 204/205

- Laubblätter 5–12 cm lang, im Umriss länglich-elliptisch bis verkehrt-eiförmig und am Rand fein und regelmässig gesägt
- Am Ende mit schlanker und feiner Spitze
- Blattstiel bis 2 cm lang, oberseits rot und mit 1–3 meist grünlichen Nektardrüsen
- Oberseits matt dunkelgrün und unterseits hell- oder bläulich-grün; beiderseits kahl

O_2O_2	Ränder der Laubblätter fein gesägt und stellenweise gekerbt (Abb. 786)	Richtig, siehe **P_3** Falsch, siehe **$O_2O_2O_2$**

Prúnus – Kirsche

P_3

786 Blattoberseite **Weichselkirsche**

Prúnus cérasus L.
Sauerkirsche, Weichselkirsche
Abb. 786 – siehe S. 204/205

- Laubblätter 4–12 cm lang, im Umriss elliptisch bis eiförmig, flach, etwas lederig und am Rand fein gesägt und stellenweise gekerbt
- Am Ende zugespitzt
- Blattstiel 1–3 cm lang und meist mit grünen Nektardrüsen
- Oberseits glänzend dunkelgrün und unterseits hellgrün; unterseits Adern deutlich hervortretend

O_2O_2 **O_2**	Ränder der Laubblätter regelmässig oder unregelmässig etwas grob gesägt (Abb. 787, 788)	Richtig, siehe **P_4** oder **P_4P_4** (S. 118) Falsch, zurück zu **O_2**

Prúnus – Kirsche

P_4

787 Blattoberseite **Blüten-Kirsche**

Prúnus serruláta Lindl.
Japanische Blüten-Kirsche
Abb. 787 – siehe S. 204/205

- Laubblätter 8–14 cm lang, im Umriss schmal-eiförmig und am Rand scharf und unregelmässig gesägt
- Am Ende lang zugespitzt
- Blattstiel 2–4 cm lang, oberseits rötlich und meist mit 2–4 Nektardrüsen
- Oberseits glänzend dunkelgrün und unterseits bläulichgrün; beiderseits kahl; Adern deutlich hervortretend

P4P4

[788] Blattoberseite **Kirschbaum**

Prúnus ávium L.
Kirschbaum
Abb. 788; siehe S. 204/205

- Laubblätter 6–15 cm lang, im Umriss länglich-oval bis verkehrt-eiförmig und am Rand unregelmässig gesägt
- Am Ende mit schlanker, aufgesetzter Spitze
- Blattstiel 2–4 cm lang und mit 2–4 rot gefärbten Nektardrüsen
- Oberseits dunkelgrün und kahl; unterseits grün und in der Jugend fein behaart; in den Winkeln der grösseren Adern mit kleinen Achselbärtchen

---

N10
N10 Laubblätter ohne Nektardrüsen am Blattstiel (Abb. 789–793)

Richtig, siehe **O3, O3O3, O3O3O3** oder **O3O3O3O3**
Falsch, zurück zu **N10** (S. 117)

[789] Blattunterseite **Pfaffenhütchen**

Euónymus – Spindelstrauch

O3

[790] Blattoberseite **Pfaffenhütchen**

Euónymus (Evónymus) europáeus L.
Pfaffenhütchen
Abb. 790; siehe S. 206/207

- Laubblätter 3–8 cm lang, im Umriss elliptisch bis eiförmig und sehr fein und regelmässig gesägt
- Am Ende schmal zugespitzt
- Blattstiel 5–9 mm lang und rinnig
- Oberseits mittel- bis dunkelgrün und unterseits hell blaugrün; beiderseits kahl

---

Forsýthia – Forsythie

O3O3

[791] Blattoberseite **Hybrid-Forsythie**

Forsýthia × intermédia Zab.
Hybrid-Forsythia
Abb. 791; siehe S. 206/207

- Laubblätter 6–11 cm lang, im Umriss lanzettlich bis länglich-eiförmig (an wüchsigen Trieben auch dreiteilig) und am Rand unregelmässig gesägt und gezähnt
- Am Ende zugespitzt
- Blattstiel 1–2 cm lang und oberseits meist rinnig
- Oberseits dunkelgrün und unterseits heller grün bis hell graugrün; beiderseits kahl

---

O3O3
O3

[792] Blattoberseite **Forsythie**

Forsýthia europáea Deg. et. Bald.
Forsythie
Abb. 792; siehe S. 206/207

- Laubblätter 5–8 cm lang, im Umriss schmal-elliptisch bis schmal-eiförmig und meist im oberen Teil fein gesägt
- Am Ende zugespitzt
- Blattstiel 5–10 mm lang und oberseits rinnig
- Oberseits dunkelgrün und unterseits heller grün; beiderseits kahl

---

O3O3
O3O3

[793] Blattoberseite **Grüne Forsythie**

Forsýthia viridíssima Lindl.
Grüne Forsythie
Abb. 793; siehe S. 206/207

- Laubblätter 4–14 cm lang, im Umriss lanzettlich bis schmal-elliptisch und oberhalb der Mitte mit fein gesägt/gezähntem Rand
- Am Ende zugespitzt
- Blattstiel 5–30 mm lang und oberseits meist rinnig
- Oberseits dunkelgrün und unterseits hellgrün; beiderseits kahl

---

H1H1
H1H1 Laubblätter spatelförmig (1–4 cm lang), schmal- bis breit-lanzettlich und unterseits weiss, graugrün oder grünlich gefärbt

Richtig, siehe **I3** oder **I3I3** (S. 119)
Falsch, zurück zu **H1** (S.110)

I3 Laubblätter 1–4 cm lang, an der Basis sehr schmal keilförmig und am Rand mit 0,5–1,5 mm langen, abstehenden und weissen Haaren (Abb. 794)

Richtig, siehe **K4**

Falsch, siehe **I3I3** (S. 119)

K4

[794] Blattoberseite **Alpen-Bärentraube**

Arctostáphylos alpínus (L.) Spreng.
Alpen-Bärentraube
Abb. 794; siehe S. 208/209

- Laubblätter 1–4 cm lang, im Umriss spatelförmig oder schmal verkehrt-eiförmig und am Rand fein und dicht gesägt; gegen den Grund zu ganzrandig
- Am Ende stumpf
- Blattstiel nur einige mm lang oder Blatt ungestielt
- Oberseits dunkelgrün und gewölbt; unterseits weisslich grün und mit dunkelgrünen Adern

I3I3	Laubblätter am Rand ohne lange, abstehende und weisse Haare (Abb. 795–799)	Richtig, siehe **K5** oder **K5K5** Falsch, zurück zu **I3** (S. 118)

K5	Laubblätter unterseits grün bis blaugrün gefärbt (Abb. 795, 796)	Richtig, siehe **L6** oder **L6L6** Falsch, siehe **K5K5**

L6	Hauptader beiderseits sehr hell gelblichweiss und Unterseite hell blaugrün gefärbt (Abb. 795)	Richtig, siehe **M7** Falsch, siehe **L6L6**

Prúnus – Kirsche

M7

795 Blattunterseite **Mandelbaum**

Prúnus dúlcis (Mill.) D. A. Webb
Mandelbaum
Abb. 795; siehe S. 208/209

- Laubblätter 4–12 cm lang, im Umriss lanzettlich bis länglich-oval und am Rand sehr fein gesägt/gezähnt
- Am Ende stumpf oder zugespitzt
- Blattstiel 10–25 mm lang
- Oberseits mittel- bis dunkelgrün und unterseits hell blaugrün; beiderseits kahl

L6L6	Hauptader beiderseits hellgrün und Unterseite mittel blaugrün gefärbt (Abb. 796)	Richtig, siehe **M8** Falsch, zurück zu **L6**

Prúnus – Kirsche

M8

796 Blattunterseite **Pfirsichbaum**

Prúnus pérsica (L.) Batsch
Pfirsichbaum
Abb. 796; siehe S. 208/209

- Laubblätter 5–15 cm lang, im Umriss schmal- bis breit lanzettlich und am Rand fein gesägt/gezähnt
- Am Ende lang zugespitzt
- Blattstiel 5–15 mm lang
- Oberseits glänzend dunkelgrün und unterseits mittelgrün bis mittel blaugrün; beiderseits kahl

K5K5	Laubblätter unterseits graugrün oder weiss gefärbt	Richtig, siehe **L7** oder **L7L7** Falsch, zurück zu **K5**

L7	Laubblätter nur im oberen Teil gesägt; im unteren Teil ganzrandig (Abb. 797)	Richtig, siehe **M9** Falsch, siehe **L7L7**

Sálix – Weide

M9

797 Blattunterseite **Purpur-Weide**

Sálix purpúrea L.
Purpur-Weide
Abb. 797; siehe S. 208/209

- Laubblätter 5–10 cm lang, im Umriss lanzettlich mit der grössten Breite meist im oberen Drittel und nach der Spitze zu fein gesägt; im unteren Teil ganzrandig
- Am Ende kurz zugespitzt
- Blattstiel 5–8 mm lang und oft rötlich angelaufen
- Oberseits bläulichgrün und kahl; unterseits hell bläulichgrün und ebenfalls kahl

L7L7	Laubblätter über den ganzen Rand grob buchtig gesägt (Abb. 798) oder fein und regelmässig gesägt/gezähnt (Abb. 799)	Richtig, siehe **M10** oder **M10M10** Falsch, zurück zu **L7**

Sálix – Weide

M10

798 Blattunterseite **Knackweide**

Sálix frágilis L.
Knackweide
Abb. 798; siehe S. 208/209

- Laubblätter 5–16 cm lang, im Umriss länglich-lanzettlich, meist im unteren Drittel am breitesten und grob buchtig gesägt
- Am Ende sehr lang und fein zugespitzt
- Blattstiel bis 1 cm lang
- Oberseits dunkelgrün und schwach glänzend; unterseits anfangs seidig, später hell- oder bläulichgrün

M10M10

799 Blattunterseite **Silberweide**

Sálix álba L.
Silberweide
Abb. 799; siehe S. 208/209

- Laubblätter 5–10 cm lang, im Umriss schmal-lanzettlich bis lanzettlich, im oberen Teil oft seitlich gekrümmt und fein und regelmässig gesägt/gezähnt
- Am Ende schmal und fein zugespitzt
- Blattstiel 5–10 mm lang
- Anfangs beiderseits mit silbrigem Haarkleid; später oberseits dunkelgrün und Haare meist verlierend; unterseits durch bleibende Haare silbrigweiss

800 ***Táxus baccáta* – Eibe**
Immergrüner, bis 20 m hoher, sehr langsam wachsender Nadelbaum mit grünen Trieben

Táxus baccáta L.
Eibe (mit vielen Sorten)
Taxáceae – Eibengewächse S. 65

Grösse: 1–3 cm lang und 2–3 mm breit
Aussehen der Nadel: Linealisch, abgeflacht, eine Strecke am Zweig herablaufend, etwas sichelförmig gebogen und stets einzeln stehend; Lebensdauer 3–8 Jahre
Stiel: 2–3 mm lang und grün
Nadelende: Fein zugespitzt
Nadelbasis: Beim Stiel verschmälert und an der Basis mit dem Zweig breit verwachsen
Nadelrand: Ganzrandig
Ober-/Unterseite: Oberseits glänzend dunkelgrün und mit erhabener Mittelader; unterseits hell- oder gelbgrün, mit gut erkennbarer Mittelader und beiderseits davon 2 breite, etwas undeutliche Spaltöffnungsstreifen
Anordnung am Spross: An Langtrieben spiralig angeordnet
Standort: Von der kollinen bis in die montane Stufe; meist an steilen Hängen und in Taleinschnitten in lichten bis schattigen Buchen-, Tannen-, Eschen- oder Ahornwäldern

801 ***Sequóia sempérvirens* – Küstenmammutb.**
Immergrüner, 65–100 m hoher Baum mit unregelmässig gabelig verzweigten, grünen Trieben

Sequóia sempérvirens (D. Don) Endl.
Küstenmammutbaum, Redwood
Taxodiáceae – Sumpfzypressengewächse S. 65

Grösse: An Langtrieben 6–10 mm lang, an Kurztrieben 4–20 mm lang und 1–2,5 mm breit
Aussehen der Nadel: Linealisch bis lanzettlich, abgeflacht, gerade oder schwach gebogen, zur Sprossspitze hin allmählich kleiner werdend und mit einer Lebensdauer von 2–4 Jahren
Stiel: Ungestielt
Nadelende: Abrupt zugespitzt
Nadelbasis: Mit ganzer Nadelbreite am Trieb einige mm herablaufend
Nadelrand: Ganzrandig
Ober-/Unterseite: Oberseits dunkelgrün und bei jüngeren Kurztrieben hellgrün; unterseits an den Rändern und in der Mitte mittelgrün, dazwischen mit 2 weisslichen Spaltöffnungsstreifen
Anordnung am Spross: Nadeln spiralig stehend
Standort: Ursprünglich im Flachland und der Hügelregion der nebelfeuchten Küstengebiete des südlichen Oregons.

802 ***Araucária araucána* – Andentanne**
Immergrüner, mehrstämmiger, bis 30 m hoher Nadelbaum mit dicken Ästen

Araucária araucána (Mol.) K. Koch
Andentanne
Araucariáceae – Araukariengewächse S. 65

Grösse: 2,5–5 cm lang und 1–2,5 cm breit
Aussehen der Blätter: Nadelförmig, dreieckig, steif, ziemlich derb, dicklich und zur Triebspitze gerichtet; Lebensdauer von 10–15 Jahren und später mit den abgestorbenen Zweigen abfallend
Stiel: Ungestielt
Nadelende: In eine Stachelspitze auslaufend und stechend
Nadelbasis: Am Grunde stark verbreitert und an der Sprossachse etwas herablaufend
Nadelrand: Ganzrandig
Ober-/Unterseite: Beiderseits glänzend dunkelgrün, kahl und parallelnervig
Anordnung am Spross: Nadelblätter spiralig angeordnet und sich dachziegelig überlappend
Standort: In den chilenischen und argentinischen Anden beheimatet; im Mittelmeergebiet häufig als Zierbaum in Parkanlagen angepflanzt; in Irland und England schöne Exemplare vorhanden

803 ***Ábies álba* – Weisstanne**
Immergrüner, bis 50 m hoher Baum mit graubraunen und reichlich behaarten Zweigen

Ábies álba Mill.
Weisstanne, Tanne
Pináceae – Föhrengewächse (Kieferngewächse) S. 58, 59, 66

Grösse: Bis 3 cm lang und 2–3 mm breit
Aussehen der Nadel: Abgeflacht, linealisch, nicht stechend, ohne Scheiden und nach dem Abfallen breit-elliptische bis kreisrunde Narben hinterlassend; Lebensdauer 7–11 Jahre
Stiel: Ungestielt
Nadelende: Stumpf oder deutlich ausgerandet
Nadelbasis: Gegen den Grund zu verschmälert und mit kreisrunder Fläche am Zweig angewachsen
Nadelrand: Ganzrandig
Ober-/Unterseite: Oberseits dunkelgrün, ohne-, oder nur an der Spitze mit feinen Spaltöffnungslinien und mit schwach eingesenkter Mittelader; unterseits hell- bis mittelgrün und mit 2 markanten, silberweissen Spaltöffnungsstreifen; Mittelader etwas erhoben
Anordnung am Spross: Nadeln spiralig angeordnet
Standort: Wichtiger Waldbaum von der kollinen bis in die montane (hier ursprünglich) Stufe; in schattigen Lagen mit hoher Luftfeuchtigkeit Bestände bildend

804 ***Ábies nordmanniána* – Nordmannstanne**
Immergrüner, 30–50 m hoher Nadelbaum mit anfangs gerieften, olivgrünen Zweigen

Ábies nordmanniána (Stev.) Spach
Nordmannstanne
Pináceae – Föhrengewächse S. 66

Grösse: 2–3,5 cm lang und 2–2,5 mm breit
Aussehen der Nadel: Linealisch, starr, derb, am Zweig etwas nach vorn gerichtet und deutlich gefurcht
Stiel: Ungestielt
Nadelende: Stumpf, abgerundet oder leicht ausgerandet
Nadelbasis: Gegen den Grund zu Nadel verschmälert, abgedreht und mit breitelliptischer bis runder Ansatzstelle
Nadelrand: Ganzrandig
Ober-/Unterseite: Oberseits dunkelgrün, ohne Spaltöffnungsstreifen und in der Mitte vertieft; unterseits gescheitelt (= dunkelgrüner Streifen) und mit 2 breiten Spaltöffnungsbändern
Anordnung am Spross: Nadeln schraubig angeordnet und dicht stehend
Standort: Im westlichen Kaukasus und pontischen Gebirge zwischen 900 m und 2200 m mit der Kaukasus-Fichte und der Orient-Buche vergesellschaftet; in Zentraleuropa ein geschätzter Parkbaum

805 ***Ábies veitchii* – Veitchs Tanne**
Immergrüner, 15–40 m hoher Nadelbaum mit graugrünen und reichlich behaarten Jungtrieben

Ábies veitchii Lindl.
Veitchs Tanne
Pináceae – Föhrengewächse S. 66

Grösse: 1–2,5 cm lang und bis 2 mm breit
Aussehen der Nadel: Linealisch, weich und am Zweig oft bürstenförmig schräg nach vorn gerichtet, so dass die kreideweissen Unterseiten zu sehen sind
Stiel: Ungestielt
Nadelende: Flach und deutlich ausgerandet
Nadelbasis: Gegen den Grund zu Nadel verschmälert, etwas abgebogen und mit elliptischer oder rundlicher Ansatzstelle
Nadelrand: Ganzrandig
Ober-/Unterseite: Oberseits mittel- bis dunkelgrün, ohne Spaltöffnungsstreifen und in der Mitte etwas vertieft; unterseits gescheitelt (hell- bis mittelgrüner Streifen) und mit 2 breiten, kreideweissen Spaltöffnungsbändern
Anordnung am Spross: Nadeln schraubig angeordnet
Standort: In Japan heimisch; 1860 von J.G. Veitch in Japan entdeckt und 1861 nach England gebracht; in Europa winterhart und gelegentlich in Parkanlagen gepflanzt

860 ***Rósa pendulina – Alpen-Hecken-Rose***
Strauch von 0,5–3 m Wuchshöhe mit grünen oder rötlichen Trieben

Rósa pendulina L.
Alpen-Hecken-Rose

Rosáceae – Rosengewächse S. 78

Länge: 5–10 cm

Aussehen: Unpaarig gefiedert, mit 9 oder 11 Fiederblättern; an den Blütenzweigen oft 7fach gefiedert

Stiel: 1,5–3 cm lang, mit feinen Stieldrüsen; oberseits oft rötlich und unterseits grünlich; Nebenblätter lang, schmal, nach oben verbreitert, auswärts gespreizt und zugespitzt

Aussehen der Fiederblätter: Länglich-elliptisch, seltener oval oder rundlich, 1–4 cm lang, 0,5–2,5 cm breit, sitzend oder ganz kurz gestielt

Ende der Fiederblätter: Kurz zugespitzt

Basis der Fiederblätter: Meist keilförmig verschmälert

Rand der Fiederblätter: Einfach gezähnt (selten), meist aber doppelt gesägt; Zähne fein zugespitzt und mit Stieldrüsen

Ober-/Unterseite: Beiderseits meist kahl; oberseits matt dunkelgrün; unterseits heller grün und auf der Hauptader oft mit Stieldrüsen

Standort: Auf alpinen Grasmatten, in Schluchten, Zwergstrauchheiden und Hochstaudenfluren

861 ***Rósa gláuca – Rotblättrige Rose***
Wuchshöhe 1–3 m; Äste glänzend rotbraun; Zweige hechtblau bereift oder rötlich

Rósa gláuca Pourr.
Rotblättrige Rose, Bereifte Rose

Rosáceae – Rosengewächse S. 78

Länge: 4–8 cm

Aussehen: Unpaarig gefiedert, mit 7 oder 9 Fiederblättern; Blätter an den Blütenzweigen auch 5fach gefiedert

Stiel: 1–4 cm lang, kahl, bläulichviolett bereift; Nebenblätter zugespitzt und meist grünrot bis violett gefärbt

Aussehen der Fiederblätter: Elliptisch oder länglich-oval, 1,5–4,5 cm lang, 1–3 cm breit und kurz gestielt

Ende der Fiederblätter: Schmal zugespitzt

Basis der Fiederblätter: Keilförmig verschmälert oder abgerundet

Rand der Fiederblätter: Meist einfach gezähnt; Zähne nach vorn gerichtet; Fiederblätter im unteren Teil oftmals ganzrandig

Ober-/Unterseite: Beiderseits meist kahl; oberseits blaugrün oder kupferrot; unterseits heller blaugrün mit oftmals violetten Flächen

Standort: In Gebüschen, Felsspalten, auf Schlagflächen der montanen und subalpinen Stufe

862 ***Rósa canina – Hunds-Rose***
Strauch von 1–3 m Wuchshöhe mit aufrechten oder bogig überhängenden Ästen

Rósa canina
Hunds-Rose (formenreiche Art)

Rosáceae – Rosengewächse S. 79

Länge: 6–11 cm

Aussehen: Unpaarig gefiedert, mit 5 oder 7 Fiederblättern

Stiel: 2–4 cm lang, etwas bestachelt, oft mit Stieldrüsen und an der Basis verbreitert; Nebenblätter schmal, zugespitzt und auf die Seite gespreizt

Aussehen der Fiederblätter: Eiförmig bis elliptisch, 2–4 cm lang, 1–2,5 cm breit, sitzend oder sehr kurz gestielt

Ende der Fiederblätter: Kurz zugespitzt

Basis der Fiederblätter: Breit keilförmig oder abgerundet

Rand der Fiederblätter: Mehr oder weniger gleichmässig einfach, mitunter auch doppelt gesägt; zugespitzte Zähne nach vorn gerichtet

Ober-/Unterseite: Beiderseits meist kahl; oberseits matt- bis dunkel grau-grün; unterseits bläulich-grün und oft fein seidig behaart

Standort: In Hecken, Waldlichtungen und auf nicht mehr bewirtschafteten Wiesen und Weiden von der kollinen bis in die subalpine Stufe

863 ***Rósa villósa – Apfel-Rose***
Gedrungener Strauch von 1,5–2 m Wuchshöhe mit anfangs rötlichen und etwas bereiften Trieben

Rósa villósa L.
Apfel-Rose

Rosáceae – Rosengewächse S. 79

Länge: 4–9 cm

Aussehen: Unpaarig gefiedert, mit 5 oder 7 Fiederblättern; seltener 3- oder 9fach gefiedert

Stiel: 1–3 cm lang, grün und meist mit Stieldrüsen; Nebenblätter klein, schmal, oben verbreitert und einwärts gekrümmt

Aussehen der Fiederblätter: Elliptisch oder länglich-elliptisch, 1–4 cm lang, 0,5–2 cm breit und sitzend

Ende der Fiederblätter: Kurz zugespitzt

Basis der Fiederblätter: Abgerundet oder seltener etwas herzförmig

Rand der Fiederblätter: Doppelt gesägt; Zähne breit und mit Drüsen versehen

Ober-/Unterseite: Oberseits graugrün bis dunkelgrün und anliegend behaart; unterseits heller grün, dicht anliegend behaart, mit zahlreichen Stieldrüsen und etwas harzig

Standort: An felsigen Hängen und in Hecken der montanen und subalpinen Stufe

864 ***Rósa rubiginósa – Weinrose***
Strauch von 2–3 m Wuchshöhe mit kurzen, sparrigen und stacheligen Ästen und Zweigen

Rósa rubiginósa L.
Wein-Rose, Schottische Zaun-Rose

Rosáceae – Rosengewächse S. 79

Länge: 4–7 cm

Aussehen: Unpaarig gefiedert, mit 5, 7 oder seltener 9 Fiederblättern

Stiel: 0,5–2,5 cm lang, kahl oder flaumig behaart, mit Stieldrüsen und hakig gekrümmten, kleinen Stacheln; Nebenblätter breit, am Rande dicht drüsig gewimpert und die Spitzen nach vorn gerichtet oder auf die Seite gespreizt

Aussehen der Fiederblätter: Oval oder rundlich, 1–2,5 cm lang, 1–2 cm breit und sitzend

Ende der Fiederblätter: Abgerundet oder mit kleiner Spitze

Rand der Fiederblätter: Doppelt gezähnt; Zähne abstehend und mit zahlreichen Stieldrüsen

Ober-/Unterseite: Oberseits kahl oder zerstreut flaumig behaart, dunkelgrün und selten mit Drüsen; unterseits zerstreut bis dicht flaumig behaart, heller grün und mit zahlreichen rötlichen Stieldrüsen

Standort: Auf Heidewiesen, felsigen Hängen, in Hecken von der kollinen bis in die subalpine Stufe

865 ***Rósa tomentósa – Filz-Rose***
Strauch von 0,5–2 m Wuchshöhe mit bogig überhängenden und oft bläulich bereiften Zweigen

Rósa tomentósa Sm.
Filz-Rose, Wald-Rose

Rosáceae – Rosengewächse S. 79

Länge: 5–10 cm

Aussehen: Unpaarig gefiedert, mit 5 oder 7 Fiederblättern

Stiel: 1–3 cm lang, filzig behaart, mit meist beinahe sitzenden Drüsen und mehreren hakigen Stacheln; Nebenblätter zugespitzt und etwas abgewinkelt

Aussehen der Fiederblätter: Breit oval bis elliptisch, 2–4 cm lang, 1–2,5 cm breit und sitzend oder kurz zugespitzt

Ende der Fiederblätter: Meist abgerundet, aber mit kleiner Spitze

Basis der Fiederblätter: Breit keilförmig oder abgerundet

Rand der Fiederblätter: Einfach und doppelt gezähnt; Zähne sehr gross, breit und zugespitzt

Ober-/Unterseite: Oberseits dunkelgrün und anliegend behaart; unterseits heller grün, weichhaarig filzig und mit oder ohne Drüsen

Standort: An Waldrändern und in lichten Gebüschen von der kollinen bis in die montane Stufe

Zusammengesetzte Laubblätter

866 *Ácer griseum – Grauer Ahorn*
Aus Mittelchina stammender, bis 12 m hoher Baum mit zimtbrauner Rinde

Ácer griseum (Franch.) Pax. Grauer Ahorn Zimt-Ahorn

Aceráceae – Ahorngewächse S. 80

Länge: 6–10 cm

Aussehen: 3-zählig; Endfiederblatt bis 5,5 cm lang, Seitenfiederblätter bis 3,5 cm lang

Stiel: 1–5 cm lang, oft behaart und oberseits meist rötlich

Aussehen der Fiederblätter: Elliptisch bis verkehrt-eiförmig, 3–6 cm lang und mit Ausnahme des Endfiederblattes sitzend

Ende der Fiederblätter: Stumpf oder kurz zugespitzt

Basis der Fiederblätter: Endfieder schmal keilförmig

Rand der Fiederblätter: Mittleres Fiederblatt in der oberen Hälfte gelappt oder mit je 3–5 groben Zähnen und im restlichen Bereich ganzrandig; Seitenfiederblätter oft bis unterhalb der Mitte unregelmässig grob gezähnt

Ober-/Unterseite: Oberseits dunkelgrün und kahl; unterseits deutlich blaugrün und auf den Mitteladern bräunlich behaart

Anordnung am Spross: Laubblätter gegenständig angeordnet

Standort: In Gärten und Parkanlagen angepflanzt

867 *Cýtisus purpúreus – Roter Geissklee*
Sommergrüner Halbstrauch mit bogig aufsteigenden Zweigen von 30–75 cm Höhe

Cýtisus purpúreus Scop. Roter Geissklee

Leguminósae – Hülsenfrüchtler S. 80

Länge: 2–5 cm

Aussehen: 3-zählig

Stiel: 1–3 cm lang, kahl und rinnenförmig

Aussehen der Fiederblätter: Schmal verkehrt-eiförmig, 1,5–2,5 cm lang, 0,5–1 cm breit und sitzend

Ende der Fiederblätter: Abgerundet oder stumpf

Basis der Fiederblätter: Schmal keilförmig

Rand der Fiederblätter: Ganzrandig

Ober-/Unterseite: Beiderseits zerstreut behaart oder kahl; oberseits etwas dunkler grün als unterseits

Anordnung am Spross: Laubblätter wechselständig angeordnet;

Standort: An felsigen Hängen und in lichten Wäldern Mittel- und Südeuropas von der kollinen bis in die montane Stufe; bereits seit dem 18. Jahrhundert in Steingärten kultiviert

868 *Clématis vitálba – Gemeine Waldrebe*
Sommergrüner, bis 10 m emporkletternde, raschwüchsige Schlingpflanze

Clématis vitálba L. Gewöhnliche Waldrebe

Ranunculáceae – Hahnenfuss-Gewächse S. 80

Länge: 3–10 cm

Aussehen: Unpaarig gefiedert, mit 3 oder 5 Fiederblättern; die beiden unteren können auch 3-lappig sein

Stiel: 1–6 cm lang, oberseits weinrot bis violett gefärbt und rankend

Aussehen der Fiederblätter: Spitzeiförmig, 3–5 cm lang, 2–4 cm breit und gestielt

Ende der Fiederblätter: Stumpflich oder kurz zugespitzt

Basis der Fiederblätter: Herzförmig

Rand der Fiederblätter: Im oberen Drittel ganzrandig, im unteren Teil grob gezähnt oder gelappt

Ober-/Unterseite: Oberseits dunkelgrün und unterseits heller grün oder graugrün

Anordnung am Spross: Laubblätter gegenständig angeordnet

Standort: In Auenwäldern, feuchten Waldrändern, schattigen Hängen

869 *Clématis alpina – Alpen-Waldrebe*
Bis 3 m hoch kletternder, sommergrüner Schlingstrauch, der nicht sehr häufig anzutreffen ist

Clématis alpina (L.) Miller Alpen-Waldrebe

Ranunculáceae – Hahnenfuss-Gewächse S. 79

Länge: 10–15 cm

Aussehen: Unpaarig gefiedert, mit drei 2–3-teiligen Fiederblättern

Stiel: 3–7 cm lang

Aussehen der Fiederblätter: Abschnitte der Fiederblätter schmaleiförmig, 2–4 cm lang und 1–2 cm breit

Ende der Fiederblätter: Abschnitte jeweils lang zugespitzt

Basis der Fiederblätter: Abgerundet oder unregelmässig herzförmig

Rand der Fiederblätter: Fein und auch grob und tief gesägt

Ober-/Unterseite: Oberseits mittelgrün und unterseits heller grün; beiderseits behaart

Anordnung am Spross: Laubblätter gegenständig angeordnet

Standort: In kraut- und strauchreichen, halbschattigen Nadelwäldern, strauchigen Hochstaudenfluren, im Alpenrosen-Legföhrengebiet und an Felsen besonders in der subalpinen Stufe

870 *Fráxinus americána – Weiss-Esche*
Sommergrüner, winterharter, bis 15 m hoher Baum mit stets kahlen Zweigen

Fráxinus americána L. Weiss-Esche

Oleáceae – Ölbaumgewächse S. 77

Länge: 15–40 cm

Aussehen: Unpaarig gefiedert, mit 2–4 Paaren von Fiederblättern; alle deutlich gestielt

Stiel: 5–12 cm lang

Aussehen der Fiederblätter: Oval bis schmal-eiförmig, bis 8 cm lang; Endfiederblatt 5–12 mm lang gestielt

Ende der Fiederblätter: Zugespitzt

Basis der Fiederblätter: Beim Endfiederblatt meist keilförmig verschmälert; bei seitlichen Fiederblättern abgerundet

Rand der Fiederblätter: Meist ganzrandig

Ober-/Unterseite: Oberseits dunkelgrün und kahl; unterseits hell graugrün bis weisslich grün und etwas behaart, später verkahlend

Anordnung am Spross: Laubblätter gegenständig angeordnet;

Standort: Gelegentlich in Parkanlagen angepflanzt; in den USA in Sümpfen lebend

871 *Ácer negúndo – Eschen-Ahorn*
Sommergrüner, oft mehrstämmiger Baum von 10–20 m Wuchshöhe und meist grünen Zweigen

Ácer negúndo L. Eschen-Ahorn

Aceráceae – Ahorngewächse S. 80

Länge: 7–15 cm

Aussehen: Unpaarig gefiedert, mit 3,5 oder seltener 7 oder 9 Fiederblättern; Endfiederblatt kurz oder lang gestielt

Stiel: 5–8 cm lang, kahl oder fein behaart und oberseits vielfach rötlich gefärbt

Aussehen der Fiederblätter: Schmal-elliptisch bis eiförmig, 5–10 cm lang, gelegentlich 2–3 lappig und sitzend oder gestielt

Ende der Fiederblätter: Lang zugespitzt

Basis der Fiederblätter: Keilförmig, gestutzt oder abgerundet

Rand der Fiederblätter: Im oberen Bereich grob gesägt und im unteren Teil ganzrandig

Ober-/Unterseite: Oberseits mittel- bis dunkelgrün und kahl; unterseits graugrün

Anordnung am Spross: Laubblätter gegenständig angeordnet

Standort: Aus den USA; besonders in Parkanlagen angepflanzt

873 ***Labúrnum alpinum – Alpen-Goldregen***
Sommergrüner Strauch oder kleiner Baum mit einer Wuchshöhe von 5 m; Kulturformen bis 10 m hoch

Labúrnum alpínum (Mill.)
Bercht et J.S. Presl.

Alpen-Goldregen
Leguminósae – Hülsenfrüchtler S. 81
Länge: 8–16 cm
Aussehen: 3-zählig gefingert
Stiel: 5–9 cm lang und kahl oder abstehend behaart
Aussehen der Fiederblätter: Schmal-eiförmig bis schmal-elliptisch, 3–8 cm lang, 1,5–4,5 cm breit und sitzend
Ende der Fiederblätter: Zugespitzt oder seltener stumpf und zuweilen mit kurzer Stachelspitze
Basis der Fiederblätter: Keilförmig und abgerundet
Rand der Fiederblätter: Ganzrandig und in der Jugend mit 0,5–1 mm langen Haaren
Ober-/Unterseite: Oberseits dunkelgrün und meist kahl; unterseits heller grün und besonders behaart an der Mittelader
Anordnung am Spross: Laubblätter an den Langtrieben wechselständig; an den seitlichen Kurztrieben büschelig angeordnet
Standort: An Felshängen, auf Kahlschlägen und in lichten Wäldern von der Ebene bis in die montane (seltener supalpine) Stufe in warmen, doch feuchten Lagen

872 ***Labúrnum anagyroides – Gewöhnlicher Goldregen***
Sommergrüner Strauch oder bis 7 m hoher Baum, Kulturformen bis 9 m hoch

Labúrnum anagyroides Med.
Gewöhnlicher Goldregen
Gemeiner Goldregen
Leguminósae – Hülsenfrüchtler S. 81
Länge: 6–12 cm
Aussehen: 3-zählig gefingert
Stiel: 2–7 cm lang und angedrückt seidenhaarig
Aussehen der Fiederblätter: Breit elliptisch bis verkehrt-eiförmig, 1,5–8 cm lang, 1,5–3 cm breit und sitzend
Ende der Fiederblätter: Abgerundet und meist mit kurzer Stachelspitze
Basis der Fiederblätter: Meist breit keilförmig
Rand der Fiederblätter: Ganzrandig
Ober-/Unterseite: Oberseits dunkelgrün und kahl; unterseits bläulich oder graugrün und wie die Blattstiele angedrückt behaart
Anordnung am Spross: Laubblätter an den Langtrieben wechselständig, an den seitlichen Kurztrieben büschelig angeordnet
Standort: Auf steinigen Hängen, an Felsen, in lichten Buschwäldern und Kiefernwäldern von der Ebene bis in die montane (seltener subalpine) Stufe; giftig!

874 ***Áesculus parviflóra – Strauch-Rosskastanie***
Sommergrüner, ausläuferbildender und bis 4 m hoher Strauch mit hell graubraunen Zweigen

Áesculus parviflóra Walt.
Strauch-Rosskastanie
Hippocastanáceae – Rosskastaniengewächse S. 81

Länge: 20–30 cm

Aussehen: 5- oder 7-zählig gefingert

Stiel: 10–18 cm lang und rot gefärbt

Aussehen der Fiederblätter: Schmal verkehrt-eiförmig, 9–18 cm lang; die drei mittleren deutlich, die beiden unteren nur kurz gestielt

Ende der Fiederblätter: Lang zugespitzt

Basis der Fiederblätter: Schmal keilförmig

Rand der Fiederblätter: Kerbig gesägt oder fein gesägt/gezähnt

Ober-/Unterseite: Oberseits mittel- bis dunkelgrün und unterseits blaugrau-grün; beiderseits kahl

Anordnung am Spross: Laubblätter wechselständig angeordnet

Standort: In Gärten und Parkanlagen verschiedentlich angepflanzt; Heimat: Südöstliches Nordamerika

875 ***Áesculus octándra – Gelbe Pavie***
Sommergrüner, bis 20 m hoher Zierbaum mit graubraunen Zweigen

Áesculus octándra Marsh.
(A. fláva Ait., A. lútea Wangenh.)

Gelbe Pavie
Hippocastanáceae – Rosskastaniengewächse S. 81

Länge: 10–30 cm

Aussehen: Meist 5-zählig gefingert

Stiel: 3–15 cm

Aussehen der Fiederblätter: Länglich-elliptisch, 10–15 cm lang; die drei mittleren deutlich gestielt, die beiden unteren nur kurz gestielt

Ende der Fiederblätter: Zugespitzt

Basis der Fiederblätter: Schmal keilförmig verschmälert

Rand der Fiederblätter: Fein gesägt

Ober-/Unterseite: Oberseits dunkelgrün und kahl; unterseits gelbgrün und anfangs behaart, später verkahlend

Anordnung am Spross: Laubblätter gegenständig angeordnet

Standort: Aus dem östlichen Nordamerika stammender Zierbaum; wird wegen seinen gelbrosa gefärbten Blüten oft in Mischbeständen mit ihren beiden Verwandten angepflanzt

876 ***Áesculus hippocástanum – Gemeine Rosskastanie***
In Bergwäldern der Balkanhalbinsel heimischer, sommergrüner Baum von 20–25 m Höhe

Áesculus hippocástanum L.
Gemeine Rosskastanie
Hippocastanáceae – Rosskastaniengewächse S. 24, 25, 81

Länge: 10–30 cm lange Spreite
Aussehen: 5- oder 7-zählig gefingert
Stiel: 5–15 cm lang und oberseits rinnig
Aussehen der Fiederblätter: Länglich verkehrt-eiförmig (grösste Breite immer im oberen Drittel), 5–15 cm lang und sitzend; Fiederblätter gegen den Blattgrund zu an Grösse abnehmend
Ende der Fiederblätter: Kurz zugespitzt
Basis der Fiederblätter: Schmal keilförmig
Rand der Fiederblätter: Unregelmässig einfach und stellenweise doppelt gesägt
Ober-/Unterseite: Oberseits dunkelgrün und kahl; unterseits hell- bis graugrün und in der Jugend an den Adern braun behaart
Anordnung am Spross: Laubblätter gegenständig angeordnet
Standort: In Parkanlagen, Gärten, bei Bauernhöfen und Gasthäusern als Schattenspender sehr beliebt

877 ***Áesculus cárnea – Fleischrote Rosskastanie***
Sommergrüner Baum von 15–20 m Wuchshöhe und graubraunen Zweigen

Áesculus cárnea Hayne
A. hippocástanum x A. pavia)

Fleischrote Rosskastanie
Hippocastanáceae – Rosskastaniengewächse S. 81

Länge: 10–25 cm lange Spreite

Aussehen: Meist 5-zählig gefingert

Stiel: 5–15 cm lang

Aussehen der Fiederblätter: Elliptisch (mit der grössten Breite in der Mitte), 6–16 cm lang und meist sitzend; die dem Blattstiel zugekehrten Fiederblätter am kleinsten

Ende der Fiederblätter: Zugespitzt

Basis der Fiederblätter: Keilförmig

Rand der Fiederblätter: Unregelmässig einfach gezähnt und stellenweise doppelt gesägt

Ober-/Unterseite: Oberseits matt dunkelgrün und oft etwas runzelig; unterseits gelbgrün

Anordnung am Spross: Laubblätter gegenständig angeordnet

Standort: Die rotblühende Rosskastanie ist ein fruchtbarer Bastard zwischen der südosteuropäischen Gemeinen Rosskastanie und der in den USA beheimateten Roten Kastanie; an Strassen angepflanzt

878 ***Cratáegus monógyna – Eingr. Weissdorn***
Sommergrüner, dicht verzweigter und dorniger Strauch oder kleiner Baum von 1–8 m Wuchshöhe

Cratáegus monógyna Jacq. Eingriffliger Weissdorn

Rosáceae – Rosengewächse S. 83

Länge: 3–6 cm

Aussehen der Spreite: Im Umriss breit-eiförmig oder rautenförmig und tief 3-, 5-, 7- oder seltener 9-lappig

Stiel: 1–2 cm lang, kahl oder auf der Rinne behaart; Nebenblätter halbmondförmig und gezähnt

Lappen: Lang, schmal und kurz zugespitzt; die beiden unteren Lappen fast bis zur Mittelrippe reichend; Buchten zwischen den Lappen spitz

Blattende: Endlappen meist abgeflacht; in der Mitte oft eine kleine Spitze vorhanden

Spreitenbasis: Keilförmig, gestutzt oder herzförmig

Blattrand: Lappen im unteren Teil ganzrandig, darüber fein gesägt

Ober-/Unterseite: Oberseits glänzend dunkelgrün und kahl; unterseits bläulichgrün und in den Adernwinkeln etwas behaart

Anordnung am Spross: Laubblätter wechselständig angeordnet; an Kurztrieben büschelige Anordnung; Dornen 1–2,5 cm lang

Standort: In Hecken, Laubwäldern, an Böschungen, Zäunen von der kollinen bis in die montane Stufe

879 ***Cratáegus laevigáta (Poir.) – DC-Zweigriffliger Weissdorn*** *Sommergrüner, 2–8 m hoher, stark dorniger Strauch, oder kleiner Baum*

Cratáegus laevigáta (Poir) Zweigriffliger Weissdorn

Rosáceae – Rosengewächse S. 83

Länge: 3–5 cm

Aussehen der Spreite: Meist eiförmig, verkehrt-eiförmig oder rundlich und im vorderen Abschnitt 3- oder 5-lappig

Stiel: 0,8–1,5 cm lang, kahl oder spärlich behaart und rinnig; Nebenblätter lanzettlich bis eiförmig, drüsig gesägt und kahl

Lappen: Kurz, breit abgerundet oder kurz zugespitzt; Einschnitte höchstens bis zur Mitte jeder Blattseite reichend

Blattende: Stumpf oder abgeflacht und mit kleinen Zähnen

Spreitenbasis: Keilförmig verschmälert

Blattrand: Lappen ungleichmässig gesägt; im untersten Teil des Blattes ganzrandig

Ober-/Unterseite: Oberseits glänzend dunkelgrün und unterseits weissgrün

Anordnung am Spross: Laubblätter wechselständig angeordnet; an Kurztrieben büschelige Anordnung; Dornen 6–15 mm lang

Standort: In Hecken, an Waldrändern, als Pioniergehölz auf Feldern und Weinbergen; bis in die montane Stufe

880 ***Ríbes-úva-críspa – Stachelbeere***
Sommergrüner, 60–150 cm hoher Strauch mit graubraunen Zweigen

Ríbes-úva-críspa L. Stachelbeere

Saxifragáceae – Steinbrechgewächse S. 82

Länge: 2–6 cm lang und ebenso breit

Aussehen der Spreite: Im Umriss herzförmig bis rundlich und 3- oder 5-lappig

Stiel: 1–2 cm lang und am Grunde etwas verbreitert

Blattende: Oberster Lappen abgerundet oder mit kurzer Spitze

Lappen: Meist 3; diese rundlich und am Ende nur kurz zugespitzt; Buchten zwischen den Lappen spitz

Spreitenbasis: Schwach herzförmig oder gestutzt

Blattrand: Lappen oberhalb der Einbuchtungen tief gekerbt und gesägt

Ober-/Unterseite: Oberseits dunkelgrün, glänzend und oft schwach behaart; unterseits mittelgrün und weich behaart

Anordnung am Spross: Laubblätter an den Langtrieben wechselständig, an den Kurztrieben büschelig angeordnet

Standort: In Hecken, lichten Wäldern, Auen- und Schluchtwäldern und an Zäunen

881 ***Liriodéndron tulipífera – Tulpenbaum***
Aus dem östlichen USA stammender, sommergrüner und in Europa bis 35 m hoher Baum

Liriodéndron tulipífera L. Tulpenbaum

Magnoliáceae – Magnoliengewächse S. 82

Länge: 10–25 cm

Aussehen der Spreite: Viereckiger Umriss; Spreite mit 2 oder 4 ungleich grossen Lappen deren Längsseiten nahezu parallel verlaufen (Blatt hat eine unverwechselbare Form!)

Stiel: 6–12 cm lang und an der Basis schwach verdickt

Lappen: 2 oder 4, ungleich gross, zugespitzt; an jungen Bäumen Blätter auch 4- oder 6-lappig; Buchten zwischen den Lappen stumpfwinklig und abgerundet

Blattende: Oberster Lappen abgeschnitten, ausgerandet oder deutlich eingeschnitten

Spreitenbasis: Herzförmig, abgerundet oder gestutzt

Blattrand: Lappen ganzrandig

Ober-/Unterseite: Oberseits mittel- bis dunkelgrün und kahl; unterseits bläulichgrün und in den Adernwinkeln mit rinnenförmigen und behaarten Vertiefungen oder kahl

Standort: Seit 1688 in Europa in Kultur; in Parkanlagen und Gärten angepflanzt

882 ***Mórus nigra – Schwarzer Maulbeerbaum***
Sommergrüner Baum mit einer Wuchshöhe von 10–20 m; besonders im Weinbaugebiet kultiviert

Mórus nigra L. Schwarzer Maulbeerbaum

Moráceae – Maulbeergewächse S. 82

Länge: 5–15 cm

Aussehen der Spreite: Im Umriss breit-ei- oder herzförmig, ungleich grob gesägt oder unregelmässig zwei- oder mehrlappig

Stiel: 1–4 cm lang und oft behaart

Lappen: Seitenlappen ungleich gross und abgerundet; Endlappen lang und fein zugespitzt und an seiner Basis schmaler als in der Mitte

Blattende: Oberster Lappen lang und fein zugespitzt

Spreitenbasis: Tief herzförmig

Blattrand: Lappen bis zu den Einbuchtungen ungleich grob gesägt; in den spitzen oder abgerundeten Buchten ganzrandig

Ober-/Unterseite: Oberseits dunkelgrün und durch angedrückte Haare rauh anzufühlen; unterseits heller grün, mit stark hervortretenden hellgelben Adern und angedrückt weichhaarig

Anordnung am Spross: Laubblätter wechselständig angeordnet

Standort: In wärmeren Gebieten in Gärten angepflanzt

883 ***Ficus cárica – Echter Feigenbaum***
Sommergrüner kleiner Baum bis 6 m Höhe; in warmen Ländern in Plantagen

Ficus cárica L. Echter Feigenbaum

Moráceae – Maulbeergewächse S. 82

Länge: 20–30 cm

Aussehen der Spreite: Mit vielgestaltigem Umriss; meist aber rundlich und mit 3,5 oder 7 ungleich grossen Lappen

Stiel: 5–8 cm lang, dicklich und meist mit verbreiterter Basis

Lappen: Meist verkehrt-eiförmig, 6–12 cm lang, am Ende abgerundet oder seltener kurz zugespitzt; Endlappen im unteren Teil immer schmaler als oben

Blattende: Oberster Lappen meist abgerundet

Spreitenbasis: Vorwiegend herzförmig

Blattrand: Ganzrandig, gewellt und auch unregelmässig gezähnt

Ober-/Unterseite: Oberseits dunkelgrün und rauhborstig; unterseits heller grün mit hellgelben Adern und angedrückt weichhaarig

Anordnung am Spross: Laubblätter wechselständig angeordnet

Standort: An warmen, trockenen und sonnigen Hängen

884 ***Forsýthia europáea – Balkan-Forsythie***
Sommergrüner Strauch von 1,5–2,5 m Wuchshöhe; Heimat Nordalbanien und SW Jugoslawien

Forsýthia europáea Deg. et Bald. Balkan-Forsythie

Oleáceae – Ölbaumgewächse S. 83

Länge: 4–8 cm

Aussehen der Spreite: Im Umriss eiförmig bis eilanzettlich; äusserst selten gelappt

Stiel: 1–3 cm lang und oberseits meist rinnig

Lappen: Wenn vorhanden, diese dann schmal und zugespitzt; Buchten zwischen den Lappen spitz

Blattende: Zugespitzt; Spitze oft etwas seitwärts gebogen

Spreitenbasis: Schmal- oder breitkeilförmig

Blattrand: Im unteren Bereich ganzrandig, sonst deutlich gesägt

Ober-/Unterseite: Oberseits dunkelgrün und unterseits hellgrün; beiderseits kahl

Anordnung am Spross: Laubblätter gegenständig angeordnet

Standort: In Gärten angepflanzt; gärtnerisch jedoch unbedeutend

885 ***Ácer rufinérve – Rostnerviger Ahorn***
Aus den Bergwäldern Japans stammender, bis 10 m hoher, sommergrüner Baum

Ácer rufinérve Sieb. et Zucc. Rostnerviger Ahorn

Aceráceae – Ahorngewächse S. 84

Länge: 5–13 cm

Aussehen der Spreite: Im Umriss breit eiförmig; oft auch breiter als lang; deutlich dreilappig

Stiel: 2–7 cm lang, oberseits rosa bis dunkelrot gefärbt und gefurcht

Lappen: Mittellappen breitdreieckig oder eiförmig und fein zugespitzt; Seitenlappen kleiner als Mittellappen und abstehend

Blattende: Mittellappen fein zugespitzt

Spreitenbasis: Schwach herzförmig oder gestutzt

Blattrand: Lappen durchgehend ungleich scharf gesägt

Ober-/Unterseite: Oberseits dunkel- bis blaugrün; unterseits heller grün und besonders in der Jugend den Adern entlang braunrot behaart

Anordnung am Spross: Laubblätter gegenständig angeordnet; Blattpaare zueinander kreuzgegenständig

Standort: Wegen der karminroten Färbung im Herbst wird der Baum oft in Gärten angepflanzt

886 ***Ácer saccharinum – Silber-Ahorn***
Aus den Flusstälern des atlantischen USA stammender, bis 40 m hoher, sommergrüner Baum

Ácer saccharinum L. Silber-Ahorn

Aceráceae – Ahorngewächse S. 83

Länge: 10–15 cm

Aussehen der Spreite: Im Umriss breit-eiförmig und 5-lappig (oft auch nur undeutlich 5-lappig); mittlerer Lappen oft dreilappig

Stiel: 4–7 cm lang, oberseits meist rötlich, ohne Milchsaft

Lappen: Ungleich gross und zugespitzt; die mittleren nur bis zur Hälfte der Spreitenhälfte eingeschnitten

Blattende: Endlappen lang zugespitzt

Spreitenbasis: Herzförmig oder gestutzt

Blattrand: Lappen an der Basis und bei den Einschnitten ganzrandig, darüber grob gesägt und gezähnt

Ober-/Unterseite: Oberseits mittel- bis dunkelgrün und kahl; unterseits auffällig silbergrau bis graublau

Anordnung am Spross: Laubblätter gegenständig angeordnet; Blattpaare zueinander kreuzgegenständig

Standort: In Europa seit Beginn des 18. Jahrh. in zahlreichen Formen als dekorativer und winterharter Baum angepflanzt

887 ***Ácer saccharinum («Wieri) – Silber-Ahorn***
Aus dem atlantischen USA stammender, bis 20 m hoher Baum mit hängenden Zweigen

Ácer saccharinum L. f. laciniátum (Carr.) Rehd. (= Wieri) Silber-Ahorn

Aceráceae – Ahorngewächse S. 83

Länge: 8–15 cm

Aussehen der Spreite: Im Umriss breit-eiförmig bis rundlich und tief 5-lappig

Stiel: 4–7 cm lang, grün, ohne Milchsaft

Lappen: Ungleich gross (die 2 untersten am kleinsten), sehr schmal, ihrerseits tief zerschlitzt und im unteren Teil schmaler als in der Mitte; mittlerer Lappen dreilappig; Buchten zwischen den Lappen stumpf oder abgerundet

Blattende: Endlappen lang zugespitzt

Spreitenbasis: Breit pfeilförmig

Blattrand: Lappen im unteren Viertel ganzrandig und darüber mit zahlreichen spitzen Läppchen

Ober-/Unterseite: Oberseits dunkelgrün und kahl; unterseits auffällig silbergrau bis graublau gefärbt

Anordnung am Spross: Laubblätter gegenständig angeordnet

Standort: Durch VON WIER 1873 gefunden; winterharter Parkbaum

888 ***Ácer palmátum – Fächerahorn***
Sommergrüner, aus Japan stammender, 3–8 m hoher Strauch oder kleiner Baum

Ácer palmátum Thunb. Fächerahorn

Aceráceae – Ahorngewächse S. 84

Länge: 5–10 cm

Aussehen der Spreite: Im Umriss rund und bis tief unter die Mitte 3-, 5-, 7-, 9- oder 11-lappig

Stiel: 2–6 cm lang, kahl oder spärlich behaart und grün oder rot gefärbt

Lappen: Eilanzettlich und zugespitzt; unterste Lappen dem Blattstiel zu gerichtet und viel kleiner als die oberen; Buchten zwischen den Lappen spitz

Blattende: Endlappen fein zugespitzt

Spreitenbasis: Pfeilförmig, tief herzförmig oder gestutzt

Blattrand: Einfach und doppelt gesägt

Ober-/Unterseite: Oberseits mittelgrün und kahl; unterseits hellgrün und in den Adernwinkel weisslich gebärtet

Anordnung am Spross: Laubblätter gegenständig angeordnet; Zweige bei zahlreichen Formen lebhaft rot; Blattpaare zueinander kreuzgegenständig

Standort: Die zahlreichen Formen werden in Gärten und Parkanlagen häufig angepflanzt

889 ***Ácer japónicum – Japanischer Ahorn***
Aus den Bergwäldern Nordjapans stammender, sommergrüner kleiner Baum; 5–7 m hoch

Ácer japónicum Thunb. f. Aconitifólium Japanischer Ahorn

Aceráceae – Ahorngewächse S. 84

Länge: 8–15 cm

Aussehen der Spreite: Im Umriss rundlich und fast bis zum Grunde in 9 oder 11 fiederschnittige Lappen geteilt

Stiel: 3–6 cm lang und rot gefärbt

Lappen: Schmal verkehrt-eiförmig, fiederschnittig und meist lang zugespitzt; Buchten zwischen den Lappen spitz

Blattende: Endlappen fein zugespitzt

Spreitenbasis: Pfeilförmig oder tief herzförmig

Blattrand: Lappen einfach oder doppelt gesägt

Ober-/Unterseite: Oberseits mittelgrün und unterseits heller grün; nur in der Jugend seidig behaart

Anordnung am Spross: Laubblätter gegenständig angeordnet; Blattpaare zueinander kreuzgegenständig

Standort: In Gärten und Parkanlagen häufig angepflanzt

896 ***Pópulus álba – Silberpappel***
Sommergrüner, breitkroniger, 10–30 m hoher Baum mit weiss- bis graufilzigen Langtrieben

Pópulus álba L.
Silberpappel

Salicáceae – Weidengewächse S. 40, 41, 86

Länge: 5–12 cm
Aussehen der Spreite: Im Umriss vielgestaltig; an Langtrieben und Stockausschlägen oval bis eiförmig und in 3–5 grössere Lappen gegliedert
Stiel: 2–4 cm lang, abgeflacht und weiss behaart
Lappen: 3–5; diese ungleich gross, dreieckig, zugespitzt und ihrerseits oft buchtig gezähnt; Buchten zwischen den Lappen stumpf oder abgerundet
Blattende: Mittlerer Lappen zugespitzt oder leicht abgerundet
Spreitenbasis: Abgerundet, leicht herzförmig oder gestutzt
Blattrand: Lappen buchtig gezähnt
Ober-/Unterseite: Beim Austrieb beiderseits wollig-filzig behaart; später oberseits glänzend dunkelgrün und verkahlend; unterseits bleibend dicht weissfilzig
Anordnung am Spross: Laubblätter wechselständig angeordnet
Standort: Am Rande von Auenwäldern, auf Schuttplätzen, in Ufergebüschen; bis 1500 m hinaufsteigend

897 ***Ribes alpinum – Alpen-Johannisbeere***
Sommergrüner, 1–2 m hoher, reich-verzweigter und unbewehrter Strauch

Ribes alpinum
Alpen-Johannisbeere

Saxifragáceae – Steinbrechgewächse S. 86

Länge: 2–5 cm lang und ebenso breit
Aussehen der Spreite: Im Umriss breit-eiförmig bis rundlich und mit 3-, seltener 5 Lappen
Stiel: 1–2 cm lang und mit langen Drüsenhaaren bewimpert
Lappen: 3, seltener 5; diese breitdreieckig, mit groben und tiefen Zähnen und zugespitzt oder am Ende stumpflich
Blattende: Mittlerer Lappen zugespitzt, stumpflich oder abgerundet
Spreitenbasis: Schwach herzförmig, gestutzt oder abgerundet
Blattrand: Lappen grob und tief gesägt; Zähne nur kurz zugespitzt
Ober-/Unterseite: Oberseits dunkelgrün und zerstreut behaart; unterseits heller grün, glänzend und meist kahl
Anordnung am Spross: Laubblätter wechselständig angeordnet
Standort: Zerstreut in krautreichen Bergmischwäldern, Schluchtwäldern, Hochstaudenfluren, lichten Kieferwäldern der montanen und subalpinen Stufe; kollin in Auenwäldern

898 ***Ácer monspessulánum – Französischer Ahorn***
Aus dem mediterranen Raum stammender, sommergrüner, 6–10 m hoher Baum mit braungrünen Trieben

Ácer monspessulánum L.
Französischer Ahorn

Aceráceae – Ahorngewächse S. 85

Länge: 3–6 cm
Aussehen der Spreite: Im Umriss waagrecht oval und mit 3 Lappen
Stiel: 1–3 cm lang und an der Basis etwas verbreitert
Lappen: 3 (seltener 5); diese derb, lederig, breit dreieckig, abgerundet und gleiche Grösse aufweisend; Seitenlappen mehr oder weniger waagrecht abstehend; Buchten zwischen den Lappen meist rechtwinklig
Blattende: Mittlerer Lappen abgerundet
Spreitenbasis: Schwach herzförmig oder abgerundet
Blattrand: Lappen ganzrandig; seltener etwas wellig
Ober-/Unterseite: Oberseits glänzend dunkelgrün und kahl; unterseits bläulichgrün, anfangs weichhaarig und später kahl
Anordnung am Spross: Laubblätter gegenständig angeordnet; Blattpaare zueinander kreuzgegenständig
Standort: An sonnigen Felshängen, in sonnigen Eichenbusch-Hängen und Flaumeichenwäldern; im Kaukasus bis 1700 m steigend

899 ***Ácer campéstre – Feldahorn***
Sommergrüner, 10–15 m hoher Baum mit rundlicher Krone und korkleistenversehenen Zweigen

Ácer campéstre L.
Feldahorn, Massholder

Aceráceae – Ahorngewächse S. 86

Länge: 3–10 cm lang und oft ebenso breit
Aussehen der Spreite: Im Umriss rundlich bis eiförmig und mit 3 oder 5 Lappen
Stiel: 1–5 cm lang, oberseits meist rötlich und Milchsaft führend
Lappen: 3 oder 5; diese ungleich gross, stumpf oder abgerundet, grob gebuchtet oder ganzrandig; einzelne Lappen zum Grunde hin kleiner werdend
Blattende: Mittlerer Lappen stumpf oder abgerundet
Spreitenbasis: Herzförmig
Blattrand: Mit Ausnahme der groben und abgerundeten Zähne Lappen ganzrandig
Ober-/Unterseite: Oberseits dunkelgrün und kahl; unterseits heller grün und in der Jugend weichhaarig, später verkahlend
Anordnung am Spross: Laubblätter gegenständig angeordnet; Blattpaare zueinander kreuzgegenständig
Standort: In Gebüschen, Hecken, Auen- und krautreichen Eichen-Hainbuchen-Wäldern; kollin bis montan

900 ***Hédera hélix – Gemeiner Efeu***
Immergrüne, bis 20 m hoch kletternde Liane mit braungrünen, bei den Blättern bewurzelnde Sprosse

Hédera hélix L.
Gemeiner Efeu

Araliáceae – Efeugewächse S. 85

Länge: 4–10 cm
Aussehen der Spreite: Im Umriss vielgestaltig; an nichtblühenden Zweigen eiförmig bis rundlich, 3- oder 5-lappig, lederig und immergrün (3 Jahre lebensfähig)
Stiel: 3–7 cm lang und oberseits meist braun bis braunrot
Lappen: 3 (seltener 5); diese ungleich gross, breitdreieckig und stumpf oder abgerundet; Seitenlappen waagrecht abstehend; Buchten zwischen den Lappen stumpfwinklig und abgerundet
Blattende: Mittlerer Lappen stumpf oder abgerundet
Spreitenbasis: Herzförmig
Blattrand: Lappen ganzrandig; gelegentlich etwas gewellt
Ober-/Unterseite: Oberseits dunkel blaugrün mit deutlich sichtbaren hellgelben Adern und kahl; unterseits matt hellgrün und kahl
Anordnung am Spross: Laubblätter wechselständig angeordnet
Standort: Auf der Erde kriechende oder an Bäumen und Mauern kletternde Liane in Laubmischwäldern, Parkanlagen und an Felsen

901 ***Ácer sáccharum – Zuckerahorn***
Aus den USA stammender, sommergrüner, in der Heimat bis 40 m hoher Baum mit braungelben Trieben

Ácer sáccharum Marsh.
Zuckerahorn

Aceráceae – Ahorngewächse S. 85

Länge: 8–15 cm lang und ebenso breit
Aussehen der Spreite: Im Umriss rundlich oder breit herzförmig und mit 3 oder 5 Lappen
Stiel: 5–10 cm lang und vielfach rötlich gefärbt
Lappen: Meist 5; diese sind ungleich gross, breit dreieckig, lang zugespitzt und oft zusätzlich mit 1 oder 2 grossen zugespitzten Zähnen
Blattende: Mittlerer Lappen fein und lang zugespitzt
Spreitenbasis: Schwach herzförmig
Blattrand: Lappen zwischen den Zähnen ganzrandig
Ober-/Unterseite: Oberseits mittel- bis dunkelgrün und kahl; unterseits graugrün und kahl
Anordnung am Spross: Laubblätter gegenständig angeordnet; Blattpaare zueinander kreuzgegenständig
Standort: In Europa in grossen Gärten und Parkanlagen angepflanzt; in den USA für Zuckergewinnung aus dem Blutungssaft häufig angepflanzt; Laubblatt in der kanadischen Nationalflagge

890 ***Liquidámbar styraciflua* – Amberbaum**
Sommergrüner, bis 45 m hoher, kegelförmiger Baum, dessen Zweige oft mit Korkleisten versehen sind

Liquidámbar styraciflua L. Amerikanischer Amberbaum

Hamamelidáceae – Zaubernussgewächse S. 84

Länge: 10–20 cm lang und ebenso breit
Aussehen der Spreite: Im Umriss breit-eiförmig oder rundlich; Blätter bei jüngeren Bäumen nur 3-lappig, diejenigen bei älteren 5- oder 7-lappig
Stiel: 4–9 cm lang
Lappen: Länglich-dreieckig und zugespitzt; Buchten zwischen den Lappen spitz oder stumpf
Blattende: Endlappen zugespitzt
Spreitenbasis: Pfeilförmig, herzförmig oder gestutzt
Blattrand: Lappen fein gesägt
Ober-/Unterseite: Oberseits glänzend dunkelgrün; unterseits deutlich heller grün und in den Blattaderwinkeln mit langen Haarbüscheln (= Achselbärte)
Anordnung am Spross: Laubblätter wechselständig angeordnet
Standort: In Auenwäldern des atlantischen Nordamerikas häufig dominierend; in Europa seit 1688 als Zierbaum in Parkanlagen angepflanzt

891 ***Catálpa ováta* – Gelbblütiger Trompetenbaum**
Aus China stammender, bis 10 m hoher, sommergrüner Baum mit vorwiegend kahlen Zweigen

Catálpa ováta G. Don et Zucc Gelbblütiger Trompetenbaum

Bignoniáceae – Trompetenbaumgewächse S. 85

Länge: 10–25 cm
Aussehen der Spreite: Im Umriss vielgestaltig; breit-eiförmig oder herzförmig und vielfach noch mit 2, 3 oder 5 Lappen
Stiel: 4–10 cm lang, anfangs behaart, später verkahlend, oberseits vielfach dunkelrot und unterseits grün gefärbt
Lappen: Wenn vorhanden, diese breit dreieckig, ungleich gross, ganzrandig und zugespitzt; Buchten zwischen den Lappen stumpfwinklig und abgerundet
Blattende: Kurz zugespitzt
Spreitenbasis: Abgerundet oder herzförmig
Blattrand: Ganzrandig und sehr fein gewimpert
Ober-/Unterseite: Oberseits dunkelgrün und sehr fein anzufühlen; unterseits hell- bis mittelgrün und nur leicht rauh anzufühlen; Adern gelbgrün und deutlich hervortretend; in den Adernwinkeln rotschwarze Drüsenflecken
Anordnung am Spross: Laubblätter gegenständig und wechselständig angeordnet
Standort: Als Ziergehölz in Parkanlagen angepflanzt; in den USA eingebürgert

892 ***Ácer platanoídes* – Spitzahorn**
Sommergrüner, 25–30 m hoher, breitkroniger Baum mit kahlen und braunen Zweigen

Ácer platanoídes L. Spitzahorn

Aceráceae – Ahorngewächse S. 20, 21, 85

Länge: 10–20 cm lang und ebenso breit
Aussehen der Spreite: Im Umriss rundlich oder breit herzförmig und mit 3, 5 oder 7 ungleich grossen Lappen
Stiel: Bis 15 cm lang, meist rötlich gefärbt, Milchsaft führend und an der Basis etwas verdickt
Lappen: Meist 5 (seltener 3 oder 7); diese sind ungleich gross und jeweils in mehrere, sehr schlanke und lange Zähne ausgezogen; Buchten zwischen den Lappen stumpf oder abgerundet
Blattende: Mittlerer Lappen fein und lang zugespitzt
Spreitenbasis: Meist herzförmig
Blattrand: Lappen zwischen den je 3–5 lang ausgezogenen Zähnen ganzrandig
Ober-/Unterseite: Oberseits dunkelgrün und kahl; unterseits hellgrün und in den Adernwinkeln gebärtet, später aber meist verkahlend
Anordnung am Spross: Laubblätter gegenständig angeordnet; Blattpaare zueinander kreuzgegenständig
Standort: In ganz Europa in Buchen- und Laubmischwäldern (vor allem in Auen-, Eichen-, Hagebuchewäldern

893 ***Ácer cappadócicum* – Kolchischer Ahorn**
Sommergrüner, 10–15 m hoher Baum mit deutlich grünen und glatten Zweigen

Ácer cappadócicum Gled. Kolchischer Ahorn

Aceráceae – Ahorngewächse S. 84

Länge: 10–20 cm lang und ebenso breit
Aussehen der Spreite: Im Umriss rundlich oder breit herzförmig und mit 5 oder 7 Lappen
Stiel: 5–15 cm lang
Lappen: Meist 5 Lappen; diese sind breit dreieckig, ungleich gross und jeweils nur in eine lange und feine Spitze auslaufend; Buchten zwischen den Lappen stumpf oder abgerundet; unterste Lappen schräg nach unten gerichtet
Blattende: Mittlerer Lappen plötzlich fein und lang zugespitzt
Spreitenbasis: Herzförmig
Blattrand: Ganzrandig; zuweilen etwas gewellt
Ober-/Unterseite: Oberseits dunkelgrün und unterseits heller grün; beiderseits kahl
Anordnung am Spross: Laubblätter gegenständig angeordnet; Blattpaare zueinander kreuzgegenständig
Standort: In Mitteleuropa nur in grossen Gärten und Parkanlagen angepflanzt; stammt aus dem Kaukasus und Westasien

894 ***Plátanus × acerifólia* – Gemeine Platane**
Sommergrüner, bis 40 m hoher Baum mit einer blassgrünen hochgewölbten Krone

Plátanus × acerifólia (Ait.) Willd. Gemeine Platane, Hybrid-Platane

Platanáceae – Platanengewächse S. 85

Länge: 10–25 cm lang und ebenso breit
Aussehen der Spreite: Mit vielgestaltigem Umriss; meist rundlich und mit 3,5 oder 7 ungleich grossen Lappen, die höchstens bis zur Spreitenmitte reichen
Stiel: 3–10 cm lang und an der Basis zwiebelartig verdickt
Lappen: Meist 5 (an jüngeren Trieben deren 3); diese sind breit dreieckig, grob gezähnt und zugespitzt; Buchten zwischen den Lappen gerundet, stumpf oder spitz
Blattende: Mittlerer Lappen zugespitzt
Spreitenbasis: Meist gestutzt oder schwach herzförmig
Blattrand: Lappen nebst den groben Zähnen ganzrandig
Ober-/Unterseite: Oberseits glänzend grün und kahl; unterseits heller grün und später verkahlend
Anordnung am Spross: Laubblätter wechselständig angeordnet
Standort: In Mitteleuropa häufig als Park- und Strassenbaum gepflanzt; gedeiht gut in der äusserst trockenen Stadtluft; Ursprung unbekannt

895 ***Plátanus orientális* – Morgenländische Platane**
Aus dem westasiatischen Raum stammender, sommergrüner Baum mit einer Wuchshöhe von über 25 m

Plátanus orientális L. Morgenländische Platane

Platanáceae – Platanengewächse S. 84

Länge: 10–20 cm
Aussehen der Spreite: Breit-eiförmig oder rundlich und tief 5- oder 7-lappig; an jüngeren Trieben auch 3-lappig möglich
Stiel: 3–7 cm lang und an der Basis zwiebelartig verdickt
Lappen: Ungleich gross, viel länger als breit; diese oft zusätzlich gelappt und lang zugespitzt; Buchten zwischen den Lappen abgerundet; Mittellappen viel länger als am Grunde breit
Blattende: Endlappen sehr lang zugespitzt
Spreitenbasis: Meist keilförmig verschmälert
Blattrand: Lappen stark buchtig gezähnt und gegen den Grund zu ganzrandig
Ober-/Unterseite: Oberseits glänzend mittelgrün und unterseits hellgrün; in der Jugend fein und dicht behaart, später verkahlend
Anordnung am Spross: Laubblätter wechselständig angeordnet
Standort: Die in ihrer Heimat an sehr feuchten Standorten wachsende Plantane in Mitteleuropa gelegentlich in Parkanlagen angepflanzt

896 ***Pópulus álba* – *Silberpappel***
Sommergrüner, breitkroniger, 10–30 m hoher Baum mit weiss- bis graufilzigen Langtrieben

Pópulus álba L.
Silberpappel

Salicáceae – Weidengewächse S. 40, 41, 86

Länge: 5–12 cm
Aussehen der Spreite: Im Umriss vielgestaltig; an Langtrieben und Stockausschlägen oval bis eiförmig und in 3–5 grössere Lappen gegliedert
Stiel: 2–4 cm lang, abgeflacht und weiss behaart
Lappen: 3–5; diese ungleich gross, dreieckig, zugespitzt und ihrerseits oft buchtig gezähnt; Buchten zwischen den Lappen stumpf oder abgerundet
Blattende: Mittlerer Lappen zugespitzt oder leicht abgerundet
Spreitenbasis: Abgerundet, leicht herzförmig oder gestutzt
Blattrand: Lappen buchtig gezähnt
Ober-/Unterseite: Beim Austrieb beiderseits wollig-filzig behaart; später oberseits glänzend dunkelgrün und verkahlend; unterseits bleibend dicht weissfilzig
Anordnung am Spross: Laubblätter wechselständig angeordnet
Standort: Am Rande von Auenwäldern, auf Schuttplätzen, in Ufergebüschen; bis 1500 m hinaufsteigend

897 ***Ribes alpinum* – *Alpen-Johannisbeere***
Sommergrüner, 1–2 m hoher, reich-verzweigter und unbewehrter Strauch

Ribes alpinum
Alpen-Johannisbeere

Saxifragáceae – Steinbrechgewächse S. 86

Länge: 2–5 cm lang und ebenso breit
Aussehen der Spreite: Im Umriss breit-eiförmig bis rundlich und mit 3-, seltener 5 Lappen
Stiel: 1–2 cm lang und mit langen Drüsenhaaren bewimpert
Lappen: 3, seltener 5; diese breitdreieckig, mit groben und tiefen Zähnen und zugespitzt oder am Ende stumpflich
Blattende: Mittlerer Lappen zugespitzt, stumpflich oder abgerundet
Spreitenbasis: Schwach herzförmig, gestutzt oder abgerundet
Blattrand: Lappen grob und tief gesägt; Zähne nur kurz zugespitzt
Ober-/Unterseite: Oberseits dunkelgrün und zerstreut behaart; unterseits heller grün, glänzend und meist kahl
Anordnung am Spross: Laubblätter wechselständig angeordnet
Standort: Zerstreut in krautreichen Bergmischwäldern, Schluchtwäldern, Hochstaudenfluren, lichten Kieferwäldern der montanen und subalpinen Stufe; kollin in Auenwäldern

898 ***Ácer monspessulánum* – *Französischer Ahorn***
Aus dem mediterranen Raum stammender, sommergrüner, 6–10 m hoher Baum mit braungrünen Trieben

Ácer monspessulánum L.
Französischer Ahorn

Aceráceae – Ahorngewächse S. 85

Länge: 3–6 cm
Aussehen der Spreite: Im Umriss waagrecht oval und mit 3 Lappen
Stiel: 1–3 cm lang und an der Basis etwas verbreitert
Lappen: 3 (seltener 5); diese derb, lederig, breit dreieckig, abgerundet und gleiche Grösse aufweisend; Seitenlappen mehr oder weniger waagrecht abstehend; Buchten zwischen den Lappen meist rechtwinklig
Blattende: Mittlerer Lappen abgerundet
Spreitenbasis: Schwach herzförmig oder abgerundet
Blattrand: Lappen ganzrandig; seltener etwas wellig
Ober-/Unterseite: Oberseits glänzend dunkelgrün und kahl; unterseits bläulichgrün, anfangs weichhaarig und später kahl
Anordnung am Spross: Laubblätter gegenständig angeordnet; Blattpaare zueinander kreuzgegenständig
Standort: An sonnigen Felshängen, in sonnigen Eichenbusch-Hängen und Flaumeichenwäldern; im Kaukasus bis 1700 m steigend

899 ***Ácer campéstre* – *Feldahorn***
Sommergrüner, 10–15 m hoher Baum mit rundlicher Krone und korkleistenversehenen Zweigen

Ácer campéstre L.
Feldahorn, Massholder

Aceráceae – Ahorngewächse S. 86

Länge: 3–10 cm lang und oft ebenso breit
Aussehen der Spreite: Im Umriss rundlich bis eiförmig und mit 3 oder 5 Lappen
Stiel: 1–5 cm lang, oberseits meist rötlich und Milchsaft führend
Lappen: 3 oder 5; diese ungleich gross, stumpf oder abgerundet, grob gebuchtet oder ganzrandig; einzelne Lappen zum Grunde hin kleiner werdend
Blattende: Mittlerer Lappen stumpf oder abgerundet
Spreitenbasis: Herzförmig
Blattrand: Mit Ausnahme der groben und abgerundeten Zähne Lappen ganzrandig
Ober-/Unterseite: Oberseits dunkelgrün und kahl; unterseits heller grün und in der Jugend weichhaarig, später verkahlend
Anordnung am Spross: Laubblätter gegenständig angeordnet; Blattpaare zueinander kreuzgegenständig
Standort: In Gebüschen, Hecken, Auen- und krautreichen Eichen-Hainbuchen-Wäldern; kollin bis montan

900 ***Hédera hélix* – *Gemeiner Efeu***
Immergrüne, bis 20 m hoch kletternde Liane mit braungrünen, bei den Blättern bewurzelnde Sprosse

Hédera hélix L.
Gemeiner Efeu

Araliáceae – Efeugewächse S. 85

Länge: 4–10 cm
Aussehen der Spreite: Im Umriss vielgestaltig; an nichtblühenden Zweigen eiförmig bis rundlich, 3- oder 5-lappig, lederig und immergrün (3 Jahre lebensfähig)
Stiel: 3–7 cm lang und oberseits meist braun bis braunrot
Lappen: 3 (seltener 5); diese ungleich gross, breitdreieckig und stumpf oder abgerundet; Seitenlappen waagrecht abstehend; Buchten zwischen den Lappen stumpfwinklig und abgerundet
Blattende: Mittlerer Lappen stumpf oder abgerundet
Spreitenbasis: Herzförmig
Blattrand: Lappen ganzrandig; gelegentlich etwas gewellt
Ober-/Unterseite: Oberseits dunkel blaugrün mit deutlich sichtbaren hellgelben Adern und kahl; unterseits matt hellgrün und kahl
Anordnung am Spross: Laubblätter wechselständig angeordnet
Standort: Auf der Erde kriechende oder an Bäumen und Mauern kletternde Liane in Laubmischwäldern, Parkanlagen und an Felsen

901 ***Ácer sáccharum* – *Zuckerahorn***
Aus den USA stammender, sommergrüner, in der Heimat bis 40 m hoher Baum mit braungelben Trieben

Ácer sáccharum Marsh.
Zuckerahorn

Aceráceae – Ahorngewächse S. 85

Länge: 8–15 cm lang und ebenso breit
Aussehen der Spreite: Im Umriss rundlich oder breit herzförmig und mit 3 oder 5 Lappen
Stiel: 5–10 cm lang und vielfach rötlich gefärbt
Lappen: Meist 5; diese sind ungleich gross, breit dreieckig, lang zugespitzt und oft zusätzlich mit 1 oder 2 grossen zugespitzten Zähnen
Blattende: Mittlerer Lappen fein und lang zugespitzt
Spreitenbasis: Schwach herzförmig
Blattrand: Lappen zwischen den Zähnen ganzrandig
Ober-/Unterseite: Oberseits mittel- bis dunkelgrün und kahl; unterseits graugrün und kahl
Anordnung am Spross: Laubblätter gegenständig angeordnet; Blattpaare zueinander kreuzgegenständig
Standort: In Europa in grossen Gärten und Parkanlagen angepflanzt; in den USA für Zuckergewinnung aus dem Blutungssaft häufig angepflanzt; Laubblatt in der kanadischen Nationalflagge

902 **Ribes nigrum – Schwarze Johannisbeere**
Sommergrüner und 1–2 m hoher Strauch mit fein behaarten, grau bis rötlichbraunen Jungtrieben

Ribes nigrum L. Schwarze Johannisbeere

Saxifragáceae – Steinbrechgewächse S. 86

Länge: 5–10 cm lang und ebenso breit
Aussehen der Spreite: Im Umriss rundlich und 3- oder 5-lappig
Stiel: 2–5 cm lang und an der Basis verbreitert
Lappen: 3 oder 5; diese sehr breit dreieckig, doppelt gesägt und stark riechend; Buchten zwischen den Lappen spitz
Blattende: Mittlerer Lappen zugespitzt
Spreitenbasis: Deutlich herzförmig
Blattrand: Lappen doppelt gesägt
Ober-/Unterseite: Oberseits mittel- bis dunkelgrün, anfangs behaart und später verkahlend; unterseits hellgrün und mit gelblichen und punktförmigen Harzdrüsen besetzt (Lupe!)
Anordnung am Spross: Laubblätter wechselständig angeordnet
Standort: In Auenwäldern, feuchten Gebüschen und Erlenbrüchen; wild nur noch selten zu finden; erst im 16. Jahrhundert kultiviert, heute wird sie als wichtige Kulturpflanze in zahlreichen grossfrüchtigen Sorten angepflanzt

903 **Ribes rúbrum – Rote Johannisbeere**
Sommergrüner, wehrloser, 1–2 m hoher Strauch mit roten Beeren

Ribes rúbrum L. Rote Johannisbeere

Saxifragáceae – Steinbrechgewächse S. 86

Länge: 4–7 cm
Aussehen der Spreite: Im Umriss rundlich und mit 3 oder 5 Lappen
Stiel: 2–3,5 cm lang und am Grunde etwas verdickt
Lappen: 3 oder 5; diese mittel- bis breitdreieckig und zugespitzt; Buchten zwischen den Lappen zugespitzt
Blattende: Mittlerer Lappen zugespitzt
Spreitenbasis: Herzförmig oder gestutzt
Blattrand: Lappen doppelt gesägt und/oder kerbig gezähnt
Ober-/Unterseite: Oberseits dunkelgrün und glanzlos; unterseits heller grün und weichhaarig, später verkahlend und nicht punktiert
Anordnung am Spross: Laubblätter wechselständig angeordnet
Standort: In Gärten kultiviert; die rote Johannisbeere stammt von europäischen Wildarten ab. Als Eltern sind hauptsächlich die wilde rote Johannisbeere (R. spicátum) und die Felsenjohannisbeere (R. petráeum) beteiligt

904 **Vitis vinífera – Echte Weinrebe**
Sommergrüne, kletternde Liane mit längsfaseriger grau- bis rotbrauner Borke

Vitis vinífera L. ssp. vinífera Echte Weinrebe

Vitáceae – Weinrebengewächse S. 87

Länge: 5–15 cm lang und ebenso breit
Aussehen der Spreite: Im Umriss vielgestaltig; meist rundlich und in der Regel mittel bis tief 3- oder 5-lappig
Stiel: 4–8 cm lang
Lappen: 3 oder 5; diese verschieden gross, unregelmässig oder regelmässig dreieckig, zugespitzt;
Blattende: Mittlerer Lappen eine kurze Spitze aufweisend
Spreitenbasis: Tief und eng herzförmig oder mit sehr enger spitzwinkliger Stielbucht
Blattrand: Lappen im mittleren und oberen Abschnitt breit gezähnt; im unteren Abschnitt und bei den Buchten ganzrandig
Ober-/Unterseite: Oberseits dunkelgrün und in der Jugend behaart, später verkahlend; unterseits hell- bis graugrün und vielfach flockig-filzig behaart, seltener verkahlend
Anordnung am Spross: Laubblätter wechselständig angeordnet
Standort: In zahlreichen Sorten kultiviert und in der kollinen Stufe angepflanzt

905 **Vibúrnum ópulus – Gemeiner Schneeball**
Sommergrüner, 1–4 m hoher, raschwüchsiger Strauch mit kahlen, kantigen Zweigen

Vibúrnum ópulus L. Gemeiner Schneeball

Caprifóliáceae – Geissblattgewächse S. 87

Länge: 4–12 cm lang und ebenso breit oder breiter
Aussehen der Spreite: Im Umriss vielgestaltig; meist rundlich oder queroval und mit 3 oder 5 Lappen
Stiel: 2–3 cm lang, am Grunde mit 2–6 fädigen und in einer Drüse endenden Zipfeln, kurz unterhalb der Spreite mit 2–4 grünen und napfförmigen Nektardrüsen
Lappen: Seitenlappen breit dreieckig und am Ende zugespitzt oder stumpf und Endlappen oft mehr rechteckig
Blattende: Mittlerer Lappen kurz zugespitzt oder stumpf
Spreitenbasis: Herzförmig oder gestutzt
Blattrand: Lappen mit Ausnahme der Buchten und unteren Seitenabschnitte unregelmässig und grob gezähnt
Ober-/Unterseite: Oberseits dunkelgrün und kahl; unterseits graugrün, etwas flaumig behaart
Anordnung am Spross: Laubblätter gegenständig angeordnet
Standort: In Auenwäldern, Hecken, an Waldrändern, Bachufern; kollin bis montan

906 **Ácer pseudoplátanus – Bergahorn**
Sommergrüner, 30–40 m hoher, besonders im Freistand mächtig entwickelter Baum

Ácer pseudoplátanus L. Bergahorn

Aceráceae – Ahorngewächse S. 22, 23, 87

Länge: 8–20 cm lang und bis 16 cm breit
Aussehen der Spreite: Im Umriss breit-eiförmig, herzförmig oder rundlich und 3- oder 5-lappig
Stiel: Bis 10 cm lang, oberseits rot
Lappen: 5, seltener 3; diese ungleich gross (die untersten immer klein), breit dreieckig und zugespitzt; Buchten zwischen den Lappen spitz
Blattende: Mittlerer Lappen kurz zugespitzt, stumpf oder abgerundet
Spreitenbasis: Herzförmig
Blattrand: Lappen unregelmässig grob gesägt und gezähnt; bei den Buchten und am Spreitengrund ganzrandig
Ober-/Unterseite: Oberseits dunkelgrün und kahl; unterseits hell bläulichgrün, anfangs dicht behaart und später (Ausnahme: zwischen den Adern) verkahlend; Adern hellgrün
Anordnung am Spross: Laubblätter gegenständig angeordnet
Standort: An Bachufern, Schutthalden, in Schluchtwäldern, Buchen-Mischwäldern

907 **Ácer ópalus – Schneeball-Ahorn**
Sommergrüner Strauch oder bis 20 m hoher Baum mit hellbrauner Rinde

Ácer ópalus Mill. Schneeball-Ahorn

Aceráceae – Ahorngewächse S. 87

Länge: 4–10 cm und meist ein wenig breiter
Aussehen der Spreite: Im Umriss meist rundlich und mit 5 Lappen (die 2 unteren Lappen oft nur angedeutet)
Stiel: 3–9 cm lang und oberseits dunkelrot gefärbt
Lappen: Sehr breit dreieckig, viel kürzer als beim Bergahorn und am Ende meist stumpf; Buchten zwischen den Lappen abgerundet, stumpf oder spitz
Blattende: Mittlerer Lappen meist stumpf
Spreitenbasis: Herzförmig oder gestutzt
Blattrand: Lappen unregelmässig gekerbt und gezähnt; bei den Buchten nur kurze Abschnitte ganzrandig
Ober-/Unterseite: Oberseits dunkelgrün und kahl; unterseits blaugrün und anfangs behaart, bald aber verkahlend
Anordnung am Spross: Laubblätter gegenständig angeordnet
Standort: An südexponierten Hängen und südlich der Alpen in Gebirgen des westlichen Mittelmeergebietes

908 *Ácer rúbrum – Rotahorn*
Sommergrüner, in seiner Heimat bis 40 m hoher Baum mit im 1. Jahr lebhaft roten Zweigen

Ácer rúbrum L. Rotahorn

Aceráceae – Ahorngewächse S. 87

Länge: 5–10 cm
Aussehen der Spreite: Im Umriss breit-eiförmig oder rundlich und meist mit 3 Lappen (seltener 5-lappig)
Stiel: 4–6 cm lang und oberseits dunkelrot und grün gefärbt
Lappen: Sehr breit dreieckig und zugespitzt; Endlappen grösser als Seitenlappen; Buchten zwischen den Lappen stumpf
Blattende: Mittlerer Lappen zugespitzt
Spreitenbasis: Gestutzt oder abgerundet
Blattrand: Lappen grob gesägt und gezähnt; bei den Buchten ganzrandig
Ober-/Unterseite: Oberseits dunkelgrün, unterseits graublau; beiderseits kahl oder unterseits auf den Rippen behaart
Anordnung am Spross: Laubblätter gegenständig angeordnet; Blattpaare zueinander kreuzgegenständig
Standort: Heimat östliches Nordamerika; für Parkanlagen an Sümpfen geeignet; er wird wegen seiner prächtigen weinroten Herbstfärbung manchmal angepflanzt

909 *Mórus álba – Weisser Maulbeerbaum*
Aus China und Korea stammender, sommergrüner, reichverzweigter und bis 20 m hoher Baum

Mórus álba L. Weisser Maulbeerbaum

Moráceae – Maulbeergewächse S. 87

Länge: 6–18 cm
Aussehen der Spreite: Im Umriss vielgestaltig; ungelappt und mit unregelmässig gesägtem Rand oder mit 3, 5 oder 7 Lappen
Stiel: 2–4 cm lang, rinnig und anfangs flaumig
Lappen: 3, 5 oder 7; diese ungleich gross, unregelmässig geformt und abgerundet oder kurz zugespitzt; Buchten zwischen den Lappen spitz, stumpf oder abgerundet
Blattende: Mittlerer Lappen nur sehr kurz zugespitzt
Spreitenbasis: Herzförmig, ungleich herzförmig oder gestutzt
Blattrand: Unregelmässig gesägt; im unteren Teil der Lappen und bei den Buchten ganzrandig
Ober-/Unterseite: Oberseits glänzend dunkelgrün und kahl; unterseits hell blaugrün, nahezu kahl oder bei den grösseren Blattadern behaart
Anordnung am Spross: Laubblätter wechselständig angeordnet
Standort: Gelegentlich in Gärten angepflanzt

910 *Sórbus torminális – Elsbeere*
Sommergrüner, 5–20 m hoher Grossstrauch oder Baum mit kahlen, glänzend braunen Zweigen

Sórbus torminális (L.) Crantz Elsbeere

Rosáceae – Rosengewächse S. 88

Länge: 6–10 cm lang und fast ebenso breit
Aussehen der Spreite: Im Umriss eiförmig bis rundlich und mit beiderseits 3 oder 4 zugespitzten Lappen
Stiel: 2–5 cm lang und locker filzig; später kahl
Lappen: Schmal bis breit dreieckig und zugespitzt; untere Lappen grösser und meist waagrecht abstehend
Blattende: Mittlerer Lappen zugespitzt
Spreitenbasis: Gestutzt oder abgerundet
Blattrand: Einfach und doppelt gesägt; an der Basis der Spreite ganzrandig oder gewellt
Ober-/Unterseite: Oberseits glänzend dunkelgrün und nach dem Laubaustrieb noch fein behaart, später verkahlend; unterseits hell blaugrün und lockerfilzig, später Haare nur noch zwischen den Blattadern bleibend
Anordnung am Spross: Laubblätter wechselständig angeordnet
Standort: In Hainbuchen-, Eichen- und Buchenwäldern; kollin

911 *Sórbus mougeótii – Mougeot's Mehlbeere*
Sommergrüner, 4–20 m hoher Strauch oder Baum mit braunrot gefärbten Zweigen

Sórbus mougeótii Soy.-Willem. et Godr. Mougeot's Mehlbeere

Rosáceae – Rosengewächse S. 88

Länge: 6–10 cm
Aussehen der Spreite: Im Umriss länglich-elliptisch bis eiförmig und jederseits mit zahlreichen unregelmässigen Lappen; diese gegen die Spitze zu kleiner werdend
Stiel: 1–2 cm lang
Lappen: Beiderseits mit etwa 10 Lappen; diese gegen die Spitze zu kleiner werdend nicht sehr tief eingeschnitten und sehr kurz zugespitzt
Blattende: Kurz zugespitzt
Blattbasis: Meist keilförmig, seltener abgerundet
Blattrand: Lappen unregelmässig fein gesägt
Ober-/Unterseite: Oberseits dunkelgrün und später verkahlend; unterseits dicht weissfilzig und daher hellgrau gefärbt; Adern hell graugrün; Seitenaderpaare 8–12
Anordnung am Spross: Laubblätter wechselständig angeordnet
Standort: Auf ziemlich trockenen, kalkhaltigen und steinigen Böden in warmen und schattigen Lagen; zerstreut in Laubmischwäldern; kollin bis subalpin

912 *Sórbus intermédia – Schwedische Mehlbeere*
Sommergrüner Strauch oder bis 15 m hoher Baum mit olivgrünen bis braungefärbten Zweigen

Sórbus intermédia (Ehrh.) Pers. Oxelbeere, schwedische Mehlbeere

Rosáceae – Rosengewächse S. 88

Länge: 6–12 cm
Aussehen der Spreite: Im Umriss länglich-elliptisch bis elliptisch und mit jederseits 5–8 kurzen Lappen; im oberen Teil nur noch gesägt
Stiel: 1–2 cm lang und graufilzig
Lappen: Jederseits 5–8; diese nicht sehr tief reichend und nur kurz zugespitzt; Buchten zwischen den Lappen spitz
Blattende: Kurz zugespitzt
Blattbasis: Breit keilförmig oder abgerundet
Blattrand: Lappen unregelmässig gesägt
Ober-/Unterseite: Oberseits glänzend dunkelgrün; unterseits bleibend graufilzig, zuletzt etwas verkahlend; Seitenaderpaare 6–9
Anordnung am Spross: Laubblätter wechselständig angeordnet
Standort: Heimisch in Skandinavien; in Schweden, Dänemark; NE-Deutschland wegen seiner Widerstandsfähigkeit gegen Luftverschmutzung häufig bei Strassen und in Parkanlagen angepflanzt

913 *Sórbus latifólia – Breitblättrige Mehlbeere*
Sommergrüner, bis 28 m hoher Baum mit graubraunen bis olivbraunen Zweigen

Sórbus latifólia (Lam.) Pers. Breitblättrige Mehlbeere

Rosáceae – Rosengewächse S. 88

Länge: 7–12 cm lang und im unteren Drittel bis 10 cm breit
Aussehen der Spreite: Im Umriss eiförmig bis breit-eiförmig und mit beiderseits 6–9 Lappen; gegen die Blattspitze zu nur noch gesägt und nicht mehr gelappt
Stiel: 1–3 cm lang
Lappen: Jederseits 6–9; diese breit-dreieckig, zugespitzt und gegen die Blattspitze zu immer kleiner werdend; Buchten zwischen den Lappen spitz
Blattende: Kurz zugespitzt
Blattbasis: Unregelmässig oder regelmässig breit keilförmig oder abgerundet
Blattrand: Lappen unregelmässig fein gesägt
Ober-/Unterseite: Oberseits glänzend dunkelgrün und kahl; unterseits etwas graufilzig und daher hell graugrün erscheinend; Adern hell gelbgrün
Anordnung am Spross: Laubblätter wechselständig angeordnet
Standort: In wärmeren Lagen im Eichen-Hagebuchenwald auf der kollinen Stufe; seltener montan

914 ***Quércus róbur L. – Stieleiche***
Sommergrüner, in Europa beheimateter und bis 50 m hoher Baum mit hellbraunen Zweigen

Quércus róbur L.
Stieleiche

Fagáceae – Buchengewächse S. 48, 49, 89

Länge: 5–16 cm

Aussehen der Spreite: Verkehrt-eiförmig bis ovaler Umriss; die grösste Breite im oberen Drittel; mit jederseits 4 oder 5 unregelmässigen und ungleich grossen Lappen

Stiel: Meist klein; höchstens 7 mm lang

Lappen: Jederseits deren 4 oder 5; diese unregelmässig, ganzrandig, abgerundet und oft bis zur Hälfte der Blattspreite reichend; Buchten zwischen den Lappen abgerundet

Blattende: Mittlerer Lappen abgerundet

Spreitenbasis: Meist etwas herzförmig und mit 2 deutlich sichtbaren Öhrchen (= Läppchen)

Blattrand: Lappen ganzrandig

Ober-/Unterseite: Oberseits glänzend dunkelgrün und kahl; unterseits matt hell- bis blaugrün; selten etwas behaart

Anordnung am Spross: Laubblätter wechselständig angeordnet

Standort: Von der kollinen bis in die untere montane Zone in wintermilder und feuchter Klimalage

915 ***Quércus pubéscens – Flaumeiche***
Sommergrüner, 3–20 m hoher Baum mit anfangs dicht flaumig-filzig behaarten Zweigen

Quércus pubéscens Willd.
Flaumeiche

Fagáceae – Buchengewächse S. 89

Länge: 5–10 cm

Aussehen der Spreite: Im Umriss formenreich; meist aber verkehrt-eiförmig und mit grösster Breite im oberen Drittel; mit jederseits 5–7 ungleich grossen Lappen

Stiel: 8–12 cm lang

Lappen: Jederseits deren 5–7; diese am Ende stumpf oder gelegentlich mit kleiner Spitze; Buchten zwischen den Lappen meist abgerundet

Blattende: Mittlerer Lappen mit 2 oder mehreren stumpfen oder sehr kurz zugespitzten Abschnitten

Spreitenbasis: Oft abgerundet; Spreitenhälften an der Hauptader nicht immer auf gleicher Höhe endend

Blattrand: Lappen und deren Abschnitte ganzrandig

Ober-/Unterseite: Zuerst beiderseits filzig behaart; später oberseits kahl und dunkelgrün; unterseits durch vorhandenes Haarkleid hell graugrün

Anordnung am Spross: Laubblätter wechselständig angeordnet

Standort: In der kollinen Stufe, seltener montan; an sonnigen Hügeln, warmen und steinigen Abhängen; in Flaumeichen- und Föhrenwäldern

916 ***Quércus petráea – Traubeneiche***
Sommergrüner Baum von 20–45 m Wuchshöhe und kahlen, olivgrünen bis braunen Zweigen

Quércus petráea Liebl.
Traubeneiche, Wintereiche

Fagáceae – Buchengewächse S. 89

Länge: 6–12 cm

Aussehen der Spreite: Im Umriss verkehrt-eiförmig, in der Mitte am breitesten und jederseits mit 5–9 Lappen

Stiel: 10–25 mm lang

Lappen: Jederseits deren 5–9; diese abgerundet, ganzrandig und mehr oder weniger gleichmässig gestaltet; Buchten zwischen den Lappen meist spitz

Blattende: Mittlerer Lappen stumpf oder abgerundet

Spreitenbasis: Regelmässig oder unregelmässig keilförmig verschmälert oder abgerundet

Blattrand: Lappen ganzrandig

Ober-/Unterseite: Oberseits matt dunkelgrün und kahl; unterseits heller grün und mit einzelnen sehr kleinen sternförmigen Haaren

Anordnung am Spross: Laubblätter wechselständig angeordnet

Standort: Von der kollinen bis in die untere montane Stufe in wintermilden Klimalagen; in Buchen- und Eichen-Hainbuchenwäldern; in den Südalpen bis 1600 m

917 ***Quércus cérris L. – Zerreiche***
Sommergrüner Strauch oder bis 30 m hoher Baum mit zuerst olivgrünen und roten Zweigen

Quércus cérris L.
Zerreiche

Fagáceae – Buchengewächse S. 89

Länge: 6–15 cm

Aussehen der Spreite: Im Umriss formenreich; meist schmal-oval und mit grösster Breite im oberen Drittel; mit jederseits 7–9 ungleich grossen Lappen

Stiel: 7–15 mm lang

Lappen: Jederseits deren 7–9; diese am Ende stumpflich, mehrheitlich aber zugespitzt; Buchten zwischen den Lappen abgerundet oder zugespitzt

Blattende: Mittlerer Lappen fein zugespitzt, zusätzliche Abschnitte ebenfalls spitz

Spreitenbasis: Keilig verschmälert

Blattrand: Lappen und mögliche zugespitzte Abschnitte ganzrandig

Ober-/Unterseite: Oberseits nach dem Austrieb rauhhaarig, später kahl und glänzend dunkelgrün; unterseits hellgrün und mit sehr lange bleibenden weichen Flaumhaaren besetzt

Anordnung am Spross: Laubblätter wechselständig angeordnet

Standort: In der kollinen Stufe in heissen Lagen; zerstreut besonders in Flaumeichenwäldern und an steinigen Abhängen

918 ***Quércus rúbra – Roteiche***
Sommergrüner Baum mit rötlichbraunen Zweigen und einer Wuchshöhe von 20–35 m

Quércus rúbra L.
Roteiche

Fagáceae – Buchengewächse S. 89

Länge: 10–20 cm

Aussehen der Spreite: Meist oval oder verkehrt-eiförmig mit jederseits 4–6 Lappen

Stiel: Bis 5 cm lang

Lappen: Jederseits deren 4–6; diese ebenfalls zum Teil gelappt; Lappen und deren zusätzliche Läppchen lang zugespitzt und vielfach fadenförmige Enden aufweisend

Blattende: Mittlerer Lappen zusätzlich gelappt und alle Abschnitte lang zugespitzt und meist in einem langen Faden endend

Spreitenbasis: Abgerundet oder breit keilig

Blattrand: Lappen und deren Läppchen ganzrandig

Ober-/Unterseite: Oberseits matt- bis dunkelgrün und kahl; unterseits hell gelbgrün und zwischen den Haupt- und Nebenadern mit Sternhaaren

Anordnung am Spross: Laubblätter wechselständig angeordnet

Standort: Ursprünglich nur im östlichen USA beheimatet; durch forstlichen Anbau seit längerer Zeit auch in Europa eingeführt; als Zierbaum häufig in grossen Gärten und Parkanlagen angepflanzt

919 ***Quércus ilex – Steineiche***
Immergrüner, bis 25 m hoher Baum mit grau-filzigen und nur allmählich verkahlenden Zweigen

Quércus ilex L.
Steineiche

Fagáceae – Buchengewächse S. 105

Länge: 3–8 cm

Aussehen der Spreite: Im Umriss formenreich; meist länglich-eiförmig bis eiförmig und mit jederseits 4–7 scharfen Zähnen; oft auch gelappt

Stiel: 7–15 mm lang und lange weissfilzig bleibend

Lappen: Scharf zugespitzt, ganzrandig oder wellig, lederig und derb

Blattende: Scharf zugespitzt

Spreitenbasis: Breit keilförmig oder abgerundet

Blattrand: Lappen ganzrandig oder wellig

Ober-/Unterseite: Junge Blätter beiderseits behaart, ältere Blätter oberseits glänzend dunkelgrün und kahl; unterseits durch dichte Behaarung grau bis weisslich erscheinend

Anordnung am Spross: Laubblätter wechselständig angeordnet

Standort: Weit verbreitet im Mittelmeergebiet; auch in Steineichen-Wäldern erhalten; in wintermilden Klimalagen als Zierbaum in Parkanlagen angepflanzt

Ganze und ganzrandige Laubblätter

920 ***Rhododéndron hirsútum* – Behaarte Alpenrose**
Immergrüner, bis 1 m hoher Strauch mit anfangs grünen und behaarten Zweigen

Rhododéndron hirsútum L. Behaarte Alpenrose, Almenrausch

Ericáceae – Heidenkrautgewächse S. 90

Länge: 1–3,5 cm

Aussehen der Spreite: Im Umriss länglich-elliptisch; sie sind derb und lederig

Stiel: 0,3–0,8 cm lang

Blattende: Stumpf oder abgerundet

Spreitenbasis: Schmal keilförmig verschmälert

Blattrand: Ganzrandig, oft abschnittsweise gewellt; mit 1–2 mm langen, borstigen und abstehenden Haaren

Ober-/Unterseite: Oberseits glänzend dunkelgrün, etwas runzelig, kahl und vereinzelt mit Drüsenschuppen besetzt; unterseits hellgrün mit zuerst weisslichen, später gelbbraun punktierten Drüsen

Anordnung am Spross: Laubblätter wechselständig angeordnet

Standort: In der subalpinen Stufe; stets auf kalkhaltiger Unterlage im Geröll, in Felsspalten und schattigen, lang mit Schnee bedeckten Lagen

921 ***Erica tetrálix* – Moorheide**
Immergrüner, niederliegender, bis 50 cm hoher stark verzweigter Zwergstrauch

Erica tetrálix L. Moorheide

Ericáceae – Heidekrautgewächse S. 90

Länge: 3–6 mm

Aussehen der Spreite: Im Umriss schmal-lineal oder nadelförmig

Stiel: Sehr kurz; 1–2 mm lang, meist filzig behaart und sehr breit

Blattende: Stumpf oder abgerundet

Spreitenbasis: Sehr schwach in den breiten Stiel verschmälert

Blattrand: Umgerollt; am Rande mit 0,5–1 mm langen, abstehenden und weissen Haaren

Ober-/Unterseite: Oberseits dunkelgrüner Untergrund und durch feinen Filz stellenweise weisslich gefärbt; unterseits weiss mit mittelgrün hervortretender Mittelader

Anordnung am Spross: Laubblätter zu 4-, seltener zu 3 quirlständig angeordnet

Standort: Von der Ebene bis in die montane Stufe; in Torfmooren, auf Heiden und sauren, humusreichen Sandböden und in moorigen Wäldern

922 ***Lédum groenlándicum* – Labrador Porst**
Immergrüner, bis 1 m hoher Strauch mit aufrechten und braunfilzig behaarten Trieben

Lédum groenlándicum (Oed.) Hult.

(L. palústre ssp. groenlándicum)

Labrador Porst

Ericáceae – Heidekrautgewächse S. 90

Länge: 2–5 cm

Aussehen der Spreite: Im Umriss länglich bis länglich-eiförmig

Stiel: 0,3–0,6 cm lang und braun behaart

Blattende: Stumpf

Spreitenbasis: Keilförmig oder abgerundet

Blattrand: Ganzrandig; ganzer Rand nach unten umgerollt

Ober-/Unterseite: Oberseits mittel- und dunkelgrün und mit gewellter Oberfläche; unterseits hell- bis dunkelgrün und dicht mittel- bis dunkelbraun gekräuselt behaart; Mittelader hellgelb und deutlich hervortretend

Anordnung am Spross: Laubblätter wechselständig angeordnet

Standort: In Nordeuropa stark verbreitet; in kalten Torfmooren und Sümpfen; Blätter in Notzeiten als Tee-Ersatz gebraucht (Labrador-Tee)

923 ***Rhododéndron ferrugíneum* – Rostb. Alpenrose**
Immergrüner, bis 1 m hoher, rundlicher und reich verzweigter Strauch

Rhododéndron ferrugíneum L. Rostblättrige Alpenrose

Ericáceae – Heidekrautgewächse S. 90

Länge: 2–5 cm

Aussehen der Spreite: Im Umriss länglich-lanzettlich bis länglich-elliptisch, in einen 2–6 mm langen Stiel verschmälert und lederig

Stiel: Sehr kurz, bis 6 mm lang

Blattende: Abgerundet oder stumpf

Spreitenbasis: Schmal keilförmig verschmälert

Blattrand: Ganzrandig; Rand etwas zurückgerollt

Ober-/Unterseite: Oberseits glänzend dunkelgrün und etwas runzelig; unterseits durch dicht stehende, sich überlagernde Kugeldrüsen braun gefärbt; jüngere Blätter unterseits noch mit hellgelben Drüsen; Schuppen liegen übereinander

Anordnung am Spross: Laubblätter wechselständig angeordnet

Standort: In der subalpinen Stufe; seltener montan und alpin; auf mächtiger und saurer Rohhumusauflage im Gebiet der Legföhren, Arven und Lärchen oberhalb oder bei der Waldgrenze

924 ***Lédum palústre* – Sumpfporst**
Immergrüner, 1–1,5 m hoher Strauch mit anfangs behaarten Zweigen

Lédum palústre L. Sumpfporst

Ericáceae – Heidekrautgewächse S. 90

Länge: 2–5 cm

Aussehen der Spreite: Im Umriss linealisch bis lanzettlich

Stiel: 2–3 mm lang und etwas bräunlich behaart; oft so breit wie das Blatt

Blattende: Stumpf oder abgerundet und meist mit feiner, aufgesetzter und kurzer Spitze

Spreitenbasis: Etwas keilförmig; Basis und Stiel oft die gleiche Breite aufweisend

Blattrand: Ganzrandig; Ränder stark nach unten eingerollt und sich bis auf 1–2 mm nähernd

Ober-/Unterseite: Oberseits dunkelgrün und deutlich filzig behaart, später oft verkahlend; unterseits rostrot bis braun filzig behaart

Anordnung am Spross: Laubblätter wechselständig angeordnet

Standort: In der kollinen Stufe; besonders in Nordeuropa in Hoch- und Übergangsmooren, in Kiefern- und Waldmooren und nährstoffarmen, sauren Torfböden

925 ***Émpetrum nigrum* – Schwarze Krähenbeere**
Wintergrüner, niederliegender, weit kriechender, teppichbildender Zwergstrauch von 10–45 cm Höhe

Émpetrum nigrum L. ssp. hermaphroditum Schwarze Krähenbeere

Empetráceae – Krähenbeerengewächse S. 91

Länge: 4–7 mm lang

Aussehen der Spreite: Im Umriss schmal-elliptisch oder lineal und lederig

Stiel: 1–2 mm lang, breit, dunkelgrün und an der Sprossachse anliegend

Blattende: Stumpf oder kurz zugespitzt

Spreitenbasis: Keilförmig in den breiten Grund verschmälert

Blattrand: Ganzrandig, Ränder nach unten eingerollt und sich mit den randständigen weissen Haarstreifen berührend, so dass eine Längsfurche entsteht

Ober-/Unterseite: Oberseits dunkelgrün und kahl; unterseits weiss gekielt und vereinzelt behaart; Ränder dunkelgrün

Anordnung am Spross: Laubblätter scheinwirtelig angeordnet

Standort: In der montanen und subalpinen Stufe in humider Klimalage und in der Arktis; in den Alpen an schneereichen Hängen oder Rohhumusböden zusammen mit Heidelbeere, Alpenrose u. a.

926 ***Erica cárnea – Schneeheide***
Immergrüner, bis 30 cm hoher, dichte Matten bildender Zwergstrauch mit 4-kantigen Trieben

Erica cárnea L., E. herbácea L. Schneeheide
Ericáceae – Heidekrautgewächse S. 91

Länge: 4–8 mm
Aussehen der Spreite: Im Umriss nadelartig oder linealisch
Stiel: 1–2 mm lang, bräunlich-weiss gefärbt und fast so breit wie die Spreite
Blattende: Abgerundet und meist mit kurzer Stachelspitze
Spreitenbasis: In den Blattstiel abgerundet
Blattrand: Rand stark nach unten umgerollt; Ränder mit weit voneinander entfernt stehenden Drüsen
Ober-/Unterseite: Oberseits mittel- bis dunkelgrün, kahl und glänzend; unterseits der übriggebliebene Längsspalt weiss erscheinend
Anordnung am Spross: In 3- oder 4-blättrigen Wirteln stehend
Standort: In der montanen und subalpinen Stufe in Kiefern- und Bergföhrenwäldern, an sonnigen und warmen Hügeln, in lichten Lärchen- und Fichtenwäldern und auf Heidewiesen

927 ***Erica arbórea – Baumheide***
Immergrüner, bis 5 m hoher Strauch mit aufrechten und behaarten Jungtrieben

Erica arbórea L. Baumheide
Ericáceae – Heidekrautgewächse S. 91

Länge: 4–7 mm
Aussehen der Spreite: Im Umriss nadelförmig oder schmal lineal
Stiel: 1–2 mm lang, weisslich und fast so breit wie die Spreite
Blattende: Stumpf oder abgerundet
Spreitenbasis: Kurz verschmälert
Blattrand: Ganzrandig; Ränder stark nach unten eingerollt, so dass nur noch ein schmaler Spalt offen steht; Rand drüsig behaart
Ober-/Unterseite: Oberseits dunkelgrün und unterseits zwischen den umgerollten Blatträndern weisslich; Mittelader hellgrün und gut sichtbar
Anordnung am Spross: Zu 3 oder 4 quirlständig angeordnet
Standort: Besonders in Südeuropa, im Kaukasus und Nordafrika verbreitet; aus dem Holz werden die bekannten französischen Bruyère-Pfeifen hergestellt

928 ***Erica vágans – Wander-Erika***
Immergrüner, 30–80 cm hoher Zwergstrauch mit üppigem Wuchs und hellbraunen Trieben

Erica vágans L. Wander-Heide, Wander-Erika
Ericáceae – Heidekrautgewächse S. 91

Länge: 4–10 mm
Aussehen der Spreite: Im Umriss schmal-lineal
Stiel: 1–2 mm, weiss und beinahe so breit wie die Spreite
Blattende: Abgerundet oder stumpf
Spreitenbasis: Seitlich etwas verschmälert
Blattrand: Ganzrandig; mit weit voneinander stehenden Drüsen; Ränder nach unten umgebogen
Ober-/Unterseite: Oberseits dunkelgrün und kahl; unterseits weiss gefärbt mit deutlich hervortretender dunkelgrüner Mittelader
Anordnung am Spross: Laubblätter zu 4 oder 5 quirlig angeordnet
Standort: In der kollinen Stufe; an Waldrändern, buschigen Hängen besonders in Westeuropa (von Irland bis Portugal)

929 ***Loiseléuria procúmbens – Alpen-Azalee***
Immergrüner, niederliegender, teppichbildender Zwergstrauch mit 15–40 cm langen Sprossen

Loiseléuria procúmbens (L.) Desv. Felsenröschen, Alpen-Azalee
Ericáceae – Heidekrautgewächse S. 91

Länge: 4–8 cm
Aussehen der Spreite: Im Umriss schmal-elliptisch und nicht viel breiter als der Stiel
Stiel: 1–3 mm; meist hellgelb-weisslich gefärbt
Blattende: Stumpf oder kurz zugespitzt
Spreitenbasis: Etwas keilförmig
Blattrand: Ganzrandig; Ränder nach unten umgebogen
Ober-/Unterseite: Oberseits dunkelgrün, zuerst behaart und später kahl und mit wenig vertiefter Längsfurche; unterseits bläulich-weiss bis weiss, kahl und mit stark hervortretender und breiter Hauptader
Anordnung am Spross: Laubblätter gegenständig angeordnet; Blattpaare kreuzgegenständig
Standort: In der subalpinen und alpinen Stufe; auf Blockschutt, Felsen, an windexponierten Gratlagen, in Zwergstrauch- und Spalierheiden; kalkfliehende Gebirgspflanze

930 ***Andrómeda polifólia – Rosmarinheide***
Wintergrüner, 10–20 cm hoher Strauch mit weit in Hochmoorbülten kriechenden Trieben

Andrómeda polifólia L. Rosmarinheide, Lavendelheide
Ericáceae – Heidekrautgewächse S. 92

Länge: 1–5 cm
Aussehen der Spreite: Im Umriss schmal lanzettlich oder schmal lineal und lederartig
Stiel: 0,3–0,7 cm lang und meist weiss
Blattende: Fein zugespitzt oder stachelspitzig
Spreitenbasis: Schmal keilförmig
Blattrand: Ganzrandig; Ränder stark umgerollt
Ober-/Unterseite: Oberseits glänzend dunkelgrün und durch weisse Seitenadern gefeldert; unterseits silbrig, weiss oder hell blaugrün mit stark hervortretender weisser Mittelader
Anordnung am Spross: Laubblätter wechselständig angeordnet
Standort: Von der kollinen bis in die subalpine Stufe; in Hochmooren und nassen, nährstoffarmen und sauren Torfmooren; Charakterpflanze der Torfmoos- und Heidemoore

931 ***Rosmarinus officinális L. – Rosmarin***
Immergrüner, aromatisch riechender und bis 1,5 m hoher Strauch mit graufilzigen Trieben

Rosmarinus officinális L. Rosmarin
Labiátae – Lippenblütler S. 92

Länge: 3–5 cm
Aussehen der Spreite: Im Umriss sehr schmal lanzettlich oder länglich-linealisch und lederig
Stiel: Blatt sitzend oder sehr kurz gestielt; Stiel dicht sternhaarig filzig
Blattende: Stumpf oder abgerundet
Spreitenbasis: Schmal keilförmig
Blattrand: Ganzrandig, Ränder nach unten umgerollt
Ober-/Unterseite: Oberseits dunkelgrün und schwach runzelig; unterseits dicht weissfilzig; Hauptader stark hervortretend und weiss
Anordnung am Spross: Laubblätter kreuzweise gegenständig
Standort: In der kollinen Stufe in wintermilden und warmen Lagen; typischer Vertreter der Macchien und in der Felsensteppe; besonders im Mittelmeergebiet verbreitet; Rosmarin als alte Duft-, Gewürz- und Heilpflanze war bereits im Altertum bekannt

932 ***Vaccinium oxycóccus – Moosbeere***
Immergrüner, niederliegender Halbstrauch mit bis 80 cm kriechenden und verholzten Trieben

Vaccinium oxycóccus L. Moosbeere

Ericáceae – Heidekrautgewächse S. 92

Länge: 0,5–1 cm (höchstens 1,5 cm)

Aussehen der Spreite: Im Umriss oval, eiförmig oder länglich-eiförmig

Stiel: Höchstens 2 mm lang

Blattende: Stumpf oder kurz zugespitzt

Spreitenbasis: Abgerundet oder schwach herzförmig

Blattrand: Ganzrandig; Ränder nach unten eingerollt

Ober-/Unterseite: Oberseits glänzend dunkelgrün, kahl und meist mit einer hellgrünen, etwas vertieften Mittelader; unterseits blaugrün bereift

Anordnung am Spross: Laubblätter wechselständig angeordnet

Standort: Von der kollinen bis in die montane Stufe; als «Moosrasen» in Hochmooren; besonders auf den Bulten der Torfmooshochmoore mit Rosmarinheide und Sonnentau wachsend

933 ***Callúna vulgáris – Heidekraut***
Immergrüner, 20–60 cm hoher und dicht verzweigter Strauch mit zuerst 4-kantigen Trieben

Callúna vulgáris (L.) Hull Heidekraut, Besenheide

Ericáceae – Heidekrautgewächse S. 92

Länge: 1–3 mm lang

Aussehen der Spreite: Im Umriss nadelartig, schmal-eiförmig oder schuppenartig

Stiel: Blätter ungestielt

Blattende: Meist abgerundet

Spreitenbasis: Stengelumfassend und mit 2 abwärts gerichteten, spitzen, am Rande drüsigen Öhrchen

Blattrand: Ganzrandig; Ränder nach oben umgebogen und mit den kurzen Wimpern einen weissen Streifen bildend

Ober-/Unterseite: Im Sommer dunkelgrün, im Winter braunrot; oberseits tief rinnig und unterseits gekielt und kahl oder etwas behaart

Anordnung am Spross: Kreuzweise gegenständig; dachziegelig in 4 Längsreihen sich deckend

Standort: Von der kollinen bis in die alpine Stufe steigend; Charakterpflanze der europäischen Heide- und Moorlandschaften; in Mooren und Heiden, trockenen und lichten Wäldern und auf sandigen Dünen

934 ***Genista pilósa – Sandginster***
Sommergrüner, 10–30 cm hoher Zwergstrauch mit fein behaarten und kantigen Zweigen

Genista pilósa L. Sand- oder Heideginster

Leguminósae – Hülsenfruchtgewächse S. 93

Länge: 0,3–1,2 cm lang

Aussehen der Spreite: Im Umriss schmal verkehrt-eiförmig bis lanzettlich

Stiel: Laubblatt sitzend oder sehr kurz gestielt

Blattende: Ausgerandet oder eingedrückt

Spreitenbasis: Keilförmig verschmälert

Blattrand: Ganzrandig

Ober-/Unterseite: Beiderseits kurz anliegend behaart und dunkelgrün; ältere Blätter auch kahl; unterseits Hauptader hellgrün gefärbt

Anordnung am Spross: Laubblätter wechselständig angeordnet

Standort: In der kollinen Stufe; auf mageren, meist kalkarmen, sandigen, steinigen und sonnigen Heiden, in lichten Wäldern, an Felsen und Waldrändern; besonders in sonnigen, sommerwarmen und trockenen Lagen; im Schwarzwald bis auf 1100 m hinaufsteigend

935 ***Dáphne cneórum – Rosmarin-Seidelbast***
Immergrüner, 10–40 cm hoher Strauch mit kriechenden Zweigen und behaarten Jungtrieben

Dáphne cneórum L. Rosmarin-Seidelbast, Fluhröschen

Thymelaeáceae – Seidelbastgewächse S. 93

Länge: 0,5–2 cm

Aussehen der Spreite: Im Umriss lineal, lanzettlich oder spatelförmig

Stiel: Sehr kurz und breit

Blattende: Ausgerandet oder abgerundet und mit kleiner Spitze

Spreitenbasis: Keilförmig verschmälert

Blattrand: Ganzrandig; etwas nach unten umgebogen

Ober-/Unterseite: Beiderseits kahl; oberseits mittel- und dunkelgrün und mit hell gelbgrünen Adern; unterseits graublau; Hauptader dunkelgrün und hervortretend und Seitenadern weisslich gefärbt

Anordnung am Spross: Laubblätter wechselständig angeordnet

Standort: Von der kollinen bis in die montane Stufe, seltener subalpin; in wärmeren Lagen an Waldrändern, steinigen Hängen, in lichten Kiefern-Trockenwäldern, im Legföhrengürtel und auf Bergmatten

936 ***Vaccinium vítis-idáea – Preiselbeere***
Immergrüner, 10–30 cm hoher Zwergstrauch mit schuppig beblätterten und kriechenden Achsen

Vaccinium vítis-idáea L. Preiselbeere

Ericáceae – Heidekrautgewächse S. 92

Länge: 1–3 cm

Aussehen der Spreite: Im Umriss elliptisch bis verkehrt-eiförmig; Blätter derb und lederig

Stiel: 0,2–0,5 cm lang und flaumig behaart

Blattende: Meist ausgerandet

Spreitenbasis: Stumpf oder keilförmig verschmälert

Blattrand: Ganzrandig; Ränder etwas umgerollt; auch fein gezähnelt oder gekerbt

Ober-/Unterseite: Oberseite dunkelgrün und mit weisslichen Adern; Unterseite graugrün und mit kleinen braunen Drüsenhaaren (daher punktiert erscheinend)

Anordnung am Spross: Laubblätter wechselständig angeordnet

Standort: Von der kollinen bis in die alpine Stufe; auf Rohhumus in lichten Fichten-, Arven- und Lärchenwäldern, Wacholdergebüschen, Zwergstrauchgesellschaften, Heiden und Mooren

937 ***Búxus sempérvirens – Buchsbaum***
Immergrüner, dichtverzweigter Strauch oder bis 16 m hoher Baum mit anfangs 4-kantigen Trieben

Búxus sempérvirens L. Buchsbaum

Buxáceae – Buchsgewächse S. 92

Länge: 1–3 cm

Aussehen der Spreite: Schmalelliptisch bis länglich-eiförmig; am breitesten in- oder etwas unterhalb der Mitte; Spreite lederig

Stiel: Bis 2 mm lang, durch die herablaufende Spreite oft etwas geflügelt

Blattende: Meist ausgerandet, seltener abgerundet

Spreitenbasis: Keilförmig verschmälert

Blattrand: Ganzrandig, Ränder schwach nach unten umgebogen

Ober-/Unterseite: Oberseits glänzend dunkelgrün und Mittelader oft weisslich und eingesenkt; unterseits hellgrün und Mittelader deutlich hervortretend

Anordnung am Spross: Laubblätter gegenständig angeordnet

Standort: Von der kollinen bis in die montane Stufe; in Griechenland bis 2000 m hinaufsteigend; zerstreut in warmen Lagen vorkommend wie zum Beispiel in Laubmischwäldern, Trockenwiesen; als Garten- und Parkpflanze weit verbreitet

938 ***Sálix reticuláta* L. – Netzweide**
Sommergrüner, dem Boden aufliegender Zwergstrauch mit 5–30 cm langen, runden Zweigen

Sálix reticuláta L.
Netzweide
S. 93

Salicáceae – Weidengewächse

Länge: 1–4,5 cm

Aussehen der Spreite: Im Umriss breit-elliptisch bis rundlich

Stiel: 0,3–2 cm lang und beiderseits rötlich gefärbt

Blattende: Stumpf oder abgerundet

Spreitenbasis: Breit keilförmig oder abgerundet

Blattrand: Ganzrandig

Ober-/Unterseite: Oberseits dunkelgrün, zuerst behaart, später kahl und mit eingesenkten, netzartig angeordneten Adern; unterseits grau bis weisslichgrün und mit stark vortretenden Adern; Ränder schwach nach unten gebogen

Anordnung am Spross: Laubblätter wechselständig angeordnet

Standort: In der subalpinen und alpinen Stufe auf lockeren Gratrasen, Felsblöcken, in Schneetälchen; in Nordeuropa auch in der Ebene; Pionierstrauch

939 ***Vaccinium uliginósum* – Rauschbeere**
Sommergrüner, 15–90 cm hoher Strauch mit unterirdisch im Rohhumus kriechenden Zweigen

Vaccinium uliginósum L.
Rauschbeere, Echte Moorbeere
S. 94

Ericáceae – Heidekrautgewächse

Länge: 0,5–2 cm

Aussehen der Spreite: Im Umriss elliptisch, verkehrt-eiförmig oder rundlich und derb

Stiel: 1–2 mm lang und oberseits oft etwas rinnig

Blattende: Meist abgerundet; seltener auch schwach eingedrückt oder stumpf

Spreitenbasis: Abgerundet oder breit keilförmig

Blattrand: Ganzrandig

Ober-/Unterseite: Beiderseits kahl; oberseits mittelgrün und unterseits blaugrün, mit stark hervortretenden dunkelgrünen Adern und anfangs etwas behaart

Anordnung am Spross: Laubblätter wechselständig angeordnet

Standort: Von der kollinen bis in die subalpine Stufe in Birken- und Kiefernmooren, Heidemooren, lockeren Arven- und Legföhrenbeständen und in Zwergstrauchheiden der Hochgebirge

940 ***Sálix retúsa* – Stumpfblättrige Weide**
Sommergrüner, niederliegender Spalierstrauch von 5–30 cm Länge

Sálix retúsa L.
Stumpfblättrige Weide, Stutz-Weide
S. 94

Salicáceae – Weidengewächse

Länge: 0,4–2 cm

Aussehen der Spreite: Im Umriss verkehrt-eiförmig bis länglich-eiförmig oder spatelförmig

Stiel: 2–5 mm lang

Blattende: Abgerundet, stumpf oder ausgerandet

Spreitenbasis: Keilförmig verschmälert

Blattrand: Ganzrandig; seltener mit wenigen kleinen Zähnchen

Ober-/Unterseite: Oberseits glänzend mittel- bis dunkelgrün und kahl; unterseits in der Jugend schwach behaart, später kahl und glänzend mittel- bis weisslichgrün

Anordnung am Spross: Laubblätter wechselständig angeordnet

Standort: In der subalpinen und alpinen Stufe an feuchten Einhängen, auf Felsblöcken, Alluvionen und in Nordlagen mit 8–10 Monaten Schneebedeckung (Charakterpflanze der Seetälchen Gesellschaft)

941 ***Rúscus aculeátus* – Mäusedorn**
Immergrüner, 40–80 cm hoher und bewehrter Strauch mit grünen Sprossen

Rúscus aculeátus L.
Mäusedorn
S. 94

Liliáceae – Liliengewächse

Länge: 1–4 cm lange Flachsprosse

Aussehen der Spreite: Eigentliche Laubblätter nur einige mm gross, schuppenförmig, bald vertrocknend und an der Pflanze bleibend; Flachsprosse im Umriss spitzelliptisch bis spitz-eiförmig

Stiel: 1–3 mm langer Sprossteil

Blattende: Lang und fein zugespitzt und mit einem Stachel endend

Spreitenbasis: Sprossbasis keilig verschmälert

Blattrand: Ganzrandig

Ober-/Unterseite: Ober- und unterseits mittelgrün und mit dunkelgrünen, parallelen Adern; unterseits sehr oft gekielt

Anordnung am Spross: Blattartige Sprosse wechselständig angeordnet

Standort: In der kollinen und montanen Stufe; an südexponierten Hängen in den wärmsten Lagen am Jurasüdfuss, im Süden der Alpen und im Mittelmeergebiet

942 ***Ginkgo biloba* – Ginkgo**
Sommergrüner, 30–40 m hoher Baum mit spitzwinklig abgehenden und steil aufrechten Zweigen

Ginkgo biloba L.
Ginkgo, Silberbaum, Mädchenhaarbaum

Ginkgoáceae – Ginkgogewächse S. 93

Länge: 6–10 cm

Aussehen der Spreite: Im Umriss fächerförmig und mit unregelmässig gewelltem oder tief mehrlappigem Oberrand

Stiel: 2–9 cm lang

Blattende: Fächerförmig, mit unregelmässig gewelltem Rand

Spreitenbasis: Stumpf oder breitkeilförmig

Blattrand: Ganzrandig; Oberrand gewellt

Ober-/Unterseite: Beiderseits kahl und mittel- bis dunkelgrün; Adern fein gabelig verzweigt

Anordnung am Spross: An Kurztrieben zu 3–6 einander rosettig genähert, an Langtrieben wechselständig angeordnet

Standort: Aus China stammender, dekorativer Park- und Strassenbaum; alle in Europa angepflanzten Bäume (seit 1730) stammen von Exemplaren aus ostasiatischen Tempelgärten ab

943 ***Cércis siliquástrum* L. – Gemeiner Judasbaum**
Sommergrüner, bis 10 m hoher (bei uns in Gärten und Parkanlagen nur strauchförmig) Baum

Cércis siliquástrum L.
Gemeiner Judasbaum

Leguminósae – Hülsenfruchtgewächse S. 93

Länge: 6–11 cm lang und ebenso breit

Aussehen der Spreite: Im Umriss annähernd kreisrund

Stiel: 3–4,5 cm lang und beiderseits rot gefärbt

Blattende: Abgerundet oder schwach ausgerandet

Spreitenbasis: Herzförmig eingeschnitten

Blattrand: Ganzrandig; hin und wieder mit seichten Buchten

Ober-/Unterseite: Beiderseits kahl; oberseits dunkelgrün und unterseits bläulichgrün; unterseits Hauptadern hellgrün und deutlich hervortretend

Anordnung am Spross: Laubblätter wechselständig angeordnet

Standort: In der kollinen Stufe; in Hopfenbuchen-, Orient-Hainbuchenwäldern und in südexponierten Hängen in Gebüschen; besonders im Mittelmeergebiet verbreitet; dort auch als Strassenbaum gepflanzt

944 ***Fágus sylvática «Atropunicea» – Blutbuche***
Sommergrüner, bis 40 m hoher Baum mit dunkelbraunen Zweigen

Fágus sylvática «Atropunicea» Blutbuche

Fagáceae – Buchengewächse S. 94

Länge: 5–10 cm

Aussehen der Spreite: Im Umriss breit-elliptisch bis verkehrt-eiförmig; in der Mitte oder im vorderen Teil am breitesten

Stiel: 0,2–0,5 cm lang und dunkelrot bis schwärzlich gefärbt

Blattende: Kurz zugespitzt

Spreitenbasis: Breit keilförmig verschmälert oder abgerundet

Blattrand: Ganzrandig, oft etwas wellig verlaufend

Ober-/Unterseite: In der Jugend weichhaarig und am Rand gewimpert; ältere Blätter vielfach kahl; oberseits dunkelpurpurn und schwarz und unterseits dunkelgrünpurpurn und schwärzlich; Adern stark hervortretend; Seitenadern zueinander mehr oder weniger parallel verlaufend

Anordnung am Spross: Laubblätter wechselständig angeordnet (Zweizeilige Stellung)

Standort: In grossen Gärten und Parkanlagen angepflanzt

945 ***Eucalýptus glóbulus – Blaugummibaum***
Immergrüner, bis 45 m hoher Baum mit dünnen, im Querschnitt etwas kantigen Trieben

Eucalýptus glóbulus Labill. Blaugummibaum

Myrtáceae – Myrtengewächse S. 95

Länge: 7–15 cm

Aussehen der Spreite: Jugendblätter im Umriss breit lanzettlich bis eiförmig und meist abstehend

Stiel: Jugendblätter sitzend oder sehr kurz gestielt

Blattende: Zugespitzt oder stachelspitzig

Spreitenbasis: Schwach herzförmig

Blattrand: Ganzrandig

Ober-/Unterseite: Jugendblätter beiderseits kahl; oberseits dunkelgrün bis blaugrün und mit oft einer hellvioletten, weisslichen Mittelader; unterseits dunkelgrün und bläulichgrau

Anordnung am Spross: Jugendblätter an jungen Sprossen gegenständig und waagrecht angeordnet; ältere Laubblätter wechselständig angeordnet und hängend

Standort: Im ganzen Mittelmeerraum in grossem Umfang zur Trockenlegung von Feuchtgebieten angepflanzt; in Südengland bis 36 m hoch

946 ***Hippophaë rhamnoides – Sanddorn***
Sommergrüner, dorniger, dicht verzweigter Strauch oder bis 8 m hoher Baum

Hippóphaë rhamnoídes L. Sanddorn

Elaeagnáceae – Ölweidengewächse S. 95

Länge: 5–7 cm

Aussehen der Spreite: Im Umriss linealisch bis lanzettlich

Stiel: Sitzend oder mit 1–3 mm langem und weissem Stiel

Blattende: Stumpf oder zugespitzt

Spreitenbasis: Keilförmig verschmälert

Blattrand: Ganzrandig; oft etwas schwach eingerollt

Ober-/Unterseite: Beiderseits glänzend silberschilferig; oberseits graugrün und mit zerstreuten Schüppchen; unterseits silberweiss; Seitenadern kaum oder nur undeutlich zu erkennen

Anordnung am Spross: Laubblätter wechselständig angeordnet

Standort: Von der kollinen bis in die montane Stufe; an warmen Hängen, an Flussufern, Strassenböschungen, in Kiesgruben, lichten Föhrenwäldern und im Felsschutt; lichtbedürftiges Pioniergehölz

947 ***Elaeágnus angustifólia – Ölweide***
Sommergrüner, leicht dorniger, 2–7 m hoher Strauch oder kleiner Baum

Elaeágnus angustifólia L. Schmalblättrige Ölweide

Elaeagnáceae – Ölweidengewächse S. 95

Länge: 4–8 cm

Aussehen der Spreite: Im Umriss schmal-lanzettlich

Stiel: 4–9 mm lang und weiss

Blattende: Etwas zugespitzt, stumpf oder abgerundet

Spreitenbasis: Keilförmig verschmälert; oft auch etwas abgerundet

Blattrand: Ganzrandig

Ober-/Unterseite: Oberseits matt- bis dunkelgrün und silberschülferig; unterseits dicht sternhaarig und daher grauweiss erscheinend

Anordnung am Spross: Laubblätter dicht wechselständig angeordnet

Standort: In der kollinen Stufe an Fluss- und Seeufern, Küsten, auf steinigen Hügeln, in Flussbetten, Dünentälern und auch in Auenwäldern; oft in Gesellschaft mit Sanddorn und Tamarisken; in West- und Mitteleuropa als Ziergehölz

948 ***Eucalýptus glóbulus – Blaugummibaum***
Immergrüner, bis 45 m (in der Heimat bis 65 m) hoher Baum mit hängenden Alterszweigen

Eucalýptus glóbulus Labill. Blaugummibaum

Myrtáceae – Myrtengewächse S. 95

Länge: Altersblätter 10–30 cm

Aussehen der Spreite: Altersblätter (= Folgeblätter) im Umriss schmal lanzettlich, leicht sichelförmig gebogen, derb und hängend

Stiel: 1–5 cm lang und oft etwas rötlich gefärbt

Blattende: Lang zugespitzt

Spreitenbasis: Breit keilförmig oder abgerundet

Blattrand: Ganzrandig

Ober-/Unterseite: Beiderseits kahl; oberseits dunkelgrün und unterseits oft noch etwas bläulichgrün

Anordnung am Spross: Laubblätter wechselständig angeordnet; Jugendblätter im Gegensatz dazu gegenständig angeordnet

Standort: Im tropischen Amerika, in Südchina, Kalifornien, Australien und Neuseeland forstlich genutzt; im Mittelmeerraum angepflanzt. Wegen des sehr schnellen Wachstums (3–10 m pro Jahr, je nach Klima) ist das Holz nicht sehr fest

949 ***Dáphne lauréola – Lorbeerseidelbast***
Sommergrüner, nur wenig verzweigter, bis 1,2 m hoher Strauch mit anfangs grünen Sprossen

Dáphne lauréola L. Lorbeerseidelbast

Thymelaeáceae – Seidelbastgewächse S. 96

Länge: 6–14 cm

Aussehen der Spreite: Im Umriss schmal verkehrt-eiförmig mit der grössten Breite immer oberhalb der Mitte

Stiel: Ohne Stiel, oder dieser nur sehr kurz

Blattende: Kurz zugespitzt

Spreitenbasis: Keilförmig in den Stiel verschmälert, so dass dieser oft wegfällt

Blattrand: Ganzrandig

Ober-/Unterseite: Oberseits glänzend dunkelgrün mit deutlich versenkter Mittelader; unterseits hellgrün mit stark hervortretender Mittelader; beiderseits kahl

Anordnung am Spross: Laubblätter wechselständig angeordnet

Standort: Von der kollinen bis in die montane Stufe; in wärmeren, wintermilden und nicht zu trockenen Lagen; in krautreichen Buchen-, Eichen- und Eichen-Hainbuchen Mischwäldern

950 ***Dáphne mezeréum – Seidelbast***
Sommergrüner, schwach verzweigter, 30–120 cm hoher Strauch; Zweige silbrig behaart

Dáphne mezeréum L.
Seidelbast, Kellerhals
Thymelaeáceae – Seidelbastgewächse S. 95

Länge: 3–8 cm

Aussehen der Spreite: Im Umriss verkehrt-eilänglich; mit der grössten Breite oberhalb der Mitte; Blätter weich anzufühlen

Stiel: Sehr klein, zwischen 0,3 und 0,5 cm

Blattende: Kurz zugespitzt

Spreitenbasis: Keilförmig in einen kurzen Blattstiel verschmälert

Blattrand: Ganzrandig; Ränder glatt oder schwach nach unten umgebogen, kahl oder etwas behaart

Ober-/Unterseite: Beiderseits kahl; oberseits dunkelgrün und unterseits graugrün

Anordnung am Spross: Laubblätter wechselständig angeordnet und an den Zweigenden gehäuft

Standort: Von der kollinen bis in die subalpine Stufe; in krautreichen Buchenmischwäldern, Hochstaudenfluren, Lichtungen, auf Felsschutt und an Wasserzügen

951 ***Dáphne alpína – Alpenseidelbast***
Sommergrüner, 15–120 cm hoher Strauch mit anfangs fein behaarten Zweigen

Dáphne alpína L.
Alpenseidelbast
Thymelaeáceae – Seidelbastgewächse S. 96

Länge: 1–5 cm

Aussehen der Spreite: Im Umriss lanzettlich bis schmal verkehrt-eiförmig; mit grösster Breite in- oder oberhalb der Mitte

Stiel: Meist sitzend

Blattende: Stumpf oder abgerundet

Spreitenbasis: Schmal keilförmig verschmälerte Spreite bis zum Blattgrund reichend

Blattrand: Ganzrandig; fein behaart

Ober-/Unterseite: In der Jugend beiderseits behaart und daher weich anzufühlen; später oberseits matt dunkelgrün und nur noch wenig anliegend behaart; unterseits graugrün und schwach behaart bleibend

Anordnung am Spross: Blätter an den Zweigenden gehäuft

Standort: Von der kollinen bis in die subalpine Stufe; in wärmeren Lagen auf Felsen, an Felsbrocken und Mauern

952 ***Víscum álbum – Mistel***
Gabelästiger, fast kugeliger, wintergrüner, bis 1 m breiter Strauch

Víscum álbum L.
Mistel
Lorantháceae – Mistelgewächse S. 96

Länge: 2–6,5 cm

Aussehen der Spreite: Im Umriss spatelförmig, schmal verkehrt-eiförmig oder schmal elliptisch

Stiel: Ungestielt

Blattende: Abgerundet

Spreitenbasis: Keilförmig verschmälert

Blattrand: Ganzrandig

Ober-/Unterseite: Beiderseits gelbgrün, kahl und streifenaderig; im Winter Blätter mehr gelblich

Anordnung am Spross: An den Enden der Gabeläste gegenständig angeordnet

Standort: Auf Bäumen wachsend: von der kollinen bis in die montane Stufe;
1. Rasse: Laubholzmistel auf Pappeln, Weiden, Birken, Hainbuchen, Kastanien, Linden
2. Rasse: Tannen-Mistel auf der Weisstanne
3. Rasse: Föhren-Mistel auf Waldkiefer und Fichten

953 ***Púnica granátum – Granatapfelbaum***
Sommergrüner, bewehrter 1–5 m hoher Strauch oder kleiner Baum mit zuerst 4-kantigen Zweigen

Púnica granátum L.
Granatapfelbaum
Punicáceae – Granatapfelgewächse S. 96

Länge: 3–8 cm

Aussehen der Spreite: Im Umriss länglich-elliptisch

Stiel: 0,1–0,5 cm lang und oberseits meist rötlich

Blattende: Stumpf oder abgerundet

Spreitenbasis: Keilförmig verschmälert

Blattrand: Ganzrandig

Ober-/Unterseite: Beiderseits kahl; oberseits dunkelgrün und mit deutlich vertiefter Mittelader; unterseits hellgrün mit stark vortretender Mittelader

Anordnung am Spross: Laubblätter gegenständig angeordnet; an Schösslingen auch wechselständig

Standort: An sonnigen, felsigen Hängen in Orientbuchen-Mischwäldern Südosteuropas; Heimat dieser alten Kulturpflanze Persien und angrenzende Gebiete; heute im ganzen Mittelmeergebiet und nördlich im Wallis und im Südtirol

954 ***Prúnus laurocérasus – Kirsch-Lorbeer***
Immergrüner, 2–8 m hoher Strauch oder kleiner Baum mit kahlen und grünen Trieben

Prúnus laurocérasus L.
Kirsch-Lorbeer
Rosáceae – Rosengewächse S. 97

Länge: 10–25 cm

Aussehen der Spreite: Im Umriss länglich-elliptisch bis länglich-verkehrt-eiförmig; steif, lederartig und dick; im unteren Teil der Spreite meist mit 4 Drüsen

Stiel: 0,5–1 cm lang

Blattende: Kurz und schmal zugespitzt

Spreitenbasis: Schmal keilförmig

Blattrand: Ganzrandig; Ränder etwas nach unten umgebogen

Ober-/Unterseite: Beiderseits kahl; oberseits dunkelgrün und lackartig glänzend; unterseits hellgrün

Anordnung am Spross: Laubblätter wechselständig angeordnet

Standort: In der kollinen Stufe; in Gärten, Parkanlagen und auf Friedhöfen angepflanzt; seit dem 15. Jahrhundert in Mitteleuropa kultiviert; in lichten Eichenwäldern als Unterwuchs, in Gebüschen, an felsigen Hängen und Mauern; ursprüngliche Heimat in Südosteuropa

955 ***Rhododéndron lúteum – Pontische Alpenrose***
Sommergrüner, 1–4 m hoher und breiter Strauch; junge Triebe klebrig und drüsig-zottig behaart

Rhododéndron lúteum Sweet
Pontische Alpenrose
Ericáceae – Heidekrautgewächse S. 97

Länge: 6–12 cm

Aussehen der Spreite: Im Umriss länglich-lanzettlich

Stiel: 0,5–1,5 cm lang

Blattende: Zugespitzt

Spreitenbasis: Schmal keilförmig verschmälert

Blattrand: Ganzrandig; am Rand fein gewimpert

Ober-/Unterseite: In der Jugend beiderseits grau behaart; oberseits mittelgrün und etwas gewellt; unterseits gräulich mittelgrün und später nur noch spärlich behaart

Anordnung am Spross: Laubblätter wechselständig angeordnet

Standort: In Osteuropa beheimatet; in Gärten und Parkanlagen angepflanzt; winterhart und sehr wertvoll; die pontische Alpenrose ist eine sehr widerstandsfähige und winterharte Pflanze; wird als Stammart für viele Züchtungen geschätzt

Ganze und ganzrandige Laubblätter

956 *Ligústrum vulgáre – Gemeiner Liguster*
Sommergrüner, 4–7 m hoher Strauch mit anfangs fein behaarten Zweigen

Ligústrum vulgáre L. Gemeiner Liguster, Rainweide

Oleáceae – Ölbaumgewächse S. 98

Länge: 3–7 cm

Aussehen der Spreite: Im Umriss lanzettlich bis länglich-elliptisch

Stiel: 0,5–1,5 cm lang

Blattende: Zugespitzt

Spreitenbasis: Keilförmig verschmälert

Blattrand: Ganzrandig

Ober-/Unterseite: Beiderseits kahl; oberseits mittel- bis dunkelgrün; unterseits etwas heller grün und mit stark hervortretender Mittelader

Anordnung am Spross: Laubblätter gegenständig angeordnet oder zu 3 im Quirl

Standort: In der kollinen Stufe; in lichten Laub- und Kiefernwäldern, Gebüschen, Hecken, an sonnigen Rainen, Waldrändern, Ufern, Mauern und auf Magerwiesen; Hauptverbreitungsgebiet der Gattung liegt in Süd- und Ostasien; einzige in Europa lebende Art ist der Gemeine Liguster

957 *Ólea europáea – Ölbaum*
Immergrüner, 2–10 m hoher Strauch oder kleiner Baum mit graugrünen Zweigen

Ólea europáea L. Ölbaum, Olivenbaum

Oleáceae – Ölbaumgewächse S. 98

Länge: 4–7 cm

Aussehen der Spreite: Im Umriss lanzettlich, derb und lederig

Stiel: 0,2–0,6 cm lang

Blattende: Zugespitzt und oft mit einer kleinen Stachelspitze

Spreitenbasis: Keilförmig verschmälert

Blattrand: Ganzrandig; Ränder oft etwas gewellt

Ober-/Unterseite: Oberseits matt dunkelgrün bis graugrün und fast kahl; unterseits grauweiss bis silbergrau; mit schuppenförmigen Haaren bedeckt

Anordnung am Spross: Laubblätter gegenständig angeordnet

Standort: Ursprünglich eine mediterrane Pflanze; durch Kultur in wärmeren Gebieten der ganzen Erde verbreitet. Seit dem Altertum spielt der Ölbaum eine wichtige Rolle bei religiösen Handlungen. Die Ölbaumkultur ist wahrscheinlich von semitisch-hamitischen Völkern ausgegangen.

958 *Pýrus salicifólia – Weidenblättrige Birne*
Sommergrüner, 5–8 m hoher Baum mit anfangs dicht graufilzigen Trieben und hängenden Zweigen

Pýrus salicifólia Pall. Weidenblättrige Birne

Rosáceae – Rosengewächse S. 97

Länge: 3–9 cm

Aussehen der Spreite: Im Umriss schmal-elliptisch

Stiel: 1–4 cm lang

Blattende: Stumpf oder zugespitzt

Spreitenbasis: Schmal keilförmig

Blattrand: In der Regel ganzrandig; gelegentlich mit einigen Zähnchen

Ober-/Unterseite: In der Jugend beiderseits silbergrau behaart; oberseits später mittel- bis dunkelgrün und mehr oder weniger kahl; unterseits bleibend grauweiss behaart

Anordnung am Spross: Wechselständig angeordnet; an Kurztrieben büschelig; Kurztriebe oft in Dornen endend

Standort: Im Kaukasus und in Kleinasien heimisch, dort in Laubmischwäldern; als Zierbaum in Europa vielfach in Gärten angepflanzt

959 *Nérium oleánder – Oleander*
Immergrüner, aufrechter, buschiger, 2–6 m hoher Strauch mit dunkelgrünen Trieben

Nérium oleánder L. Oleander

Apocynáceae – Hundsgiftgewächse S. 98

Länge: 6–15 cm

Aussehen der Spreite: Im Umriss lineal-lanzettlich

Stiel: 0,3–0,7 cm lang; Spreite in den Stiel verschmälert

Blattende: Zugespitzt

Spreitenbasis: Keilförmig verschmälert

Blattrand: Ganzrandig; Ränder schwach nach unten eingerollt

Ober-/Unterseite: Oberseits mittel- bis dunkelgrün und kahl; unterseits grau- oder hellgrün, spärlich behaart oder kahl und mit stark hervortretender Mittelader; Seitenadern zahlreich, eng beieinander und zueinander parallel

Anordnung am Spross: Laubblätter meist zu 3 oder 4 in Quirlen; seltener gegenständig

Standort: Im Mittelmeerraum häufig in trockenen Flussbetten, auf Kiesböden und an felsigen Abhängen; Kultur des Oleanders nur in den mildesten Gebieten möglich; für eine reiche Blütenbildung ist eine winterliche Temperatur von 5–8°C notwendig

960 *Rhododéndron pónticum – Pontischer R.*
Immergrüner, 3–5 m hoher Strauch oder kleiner Baum mit anfangs klebrig behaarten Zweigen

Rhododéndron pónticum L. Pontischer Rhododendron

Ericáceae – Heidekrautgewächse S. 97

Länge: 8–15 cm

Aussehen der Spreite: Im Umriss länglich-lanzettlich bis länglich-elliptisch

Stiel: 1–3 cm lang

Blattende: Kurz zugespitzt

Spreitenbasis: Schmal keilförmig

Blattrand: Ganzrandig; Ränder oft etwas leicht umgebogen

Ober-/Unterseite: Oberseits dunkelgrün und mit hellgrüner Mittelader; unterseits hellgrün und mit stark hervortretender Mittelader; beiderseits kahl

Anordnung am Spross: Laubblätter wechselständig angeordnet

Standort: Von Spanien und Portugal bis Kleinasien; wird in der BRD auch als Veredlungsunterlage verwendet. Da die Art winterhart ist, wird sie in Mitteleuropa in Gärten und Parkanlagen verschiedentlich angepflanzt.

961 *Láurus nóbilis – Lorbeerbaum*
Immergrüner, 1–8 m hoher Strauch oder Baum mit anfangs kahlen und rötlichgrünen Zweigen

Láurus nóbilis L. Lorbeerbaum

Lauráceae – Lorbeergewächse S. 97

Länge: 5–12 cm

Aussehen der Spreite: Im Umriss länglich-lanzettlich bis schmal-elliptisch

Stiel: 1–4 cm lang und meist rötlich gefärbt

Blattende: Zugespitzt

Spreitenbasis: Keilförmig verschmälert

Blattrand: Ganzrandig und Ränder etwas gewellt; seltener schwach gekerbt

Ober-/Unterseite: Beiderseits kahl; oberseits mittel- bis dunkelgrün und unterseits hellgrün; Hauptader unterseits im unteren Abschnitt oft rötlich

Anordnung am Spross: Laubblätter wechselständig angeordnet

Standort: In der kollinen Stufe; an felsigen Hängen und in lichten Gehölzen; besonders im Mittelmeerraum kultiviert; ursprünglich aus Kleinasien; die Art ist eine wichtige Leitpflanze der mediterranen Hartlaubregion; seit der Zeit Ludwig des XIV. kultiviert in Eingangshallen und Wintergärten

962 ***Arctostáphylos úva-úrsi* – Immergrüne B.**
Immergrüner, dichte Teppiche bildender, sparriger Strauch mit vorn aufgerichteten Sprossen

Arctostáphylos úva-úrsi (L.) Spreng. Immergrüne Bärentraube

Ericáceae – Heidekrautgewächse S. 99

Länge: 1–3 cm
Aussehen der Spreite: Im Umriss verkehrt-eiförmig oder verkehrt-eilänglich, mit der grössten Breite oberhalb der Mitte, lederig und derb
Stiel: 1–3 mm lang und weiss behaart
Blattende: Stumpf oder seltener schwach ausgerandet
Spreitenbasis: Keilförmig verschmälert
Blattrand: Ganzrandig und dicht fein und weiss behaart
Ober-/Unterseite: Beiderseits mit nicht vorstehendem Adernetz und kahl; oberseits dunkelgrün und mit einer hellgrünen und gut sichtbaren Hauptader; unterseits dichtes und dunkelgrünes Adernetz
Anordnung am Spross: Laubblätter wechselständig angeordnet
Standort: Von der kollinen bis in die alpine Stufe; in lichten Föhrenwäldern, auf Lehmböden zusammen mit Heidekraut und über der Waldgrenze in Zwergstrauchbeständen

963 ***Syrínga vulgáris* – Flieder**
Sommergrüner, 2–8 m hoher Strauch oder kleiner Baum mit geraden, kahlen, olivgrünen Trieben

Syrínga vulgáris L. Flieder

Oleáceae – Ölbaumgewächse S. 98

Länge: 5–10 cm
Aussehen der Spreite: Im Umriss spitz-eiförmig oder spitz-elliptisch
Stiel: 1–3 cm lang
Blattende: Lang zugespitzt
Spreitenbasis: Gestutzt oder herzförmig
Blattrand: Ganzrandig
Ober-/Unterseite: Beiderseits kahl; oberseits dunkelgrün und unterseits heller bläulich grün
Anordnung am Spross: Laubblätter gegenständig angeordnet
Standort: Von der kollinen bis in die montane Stufe; in vielen Formen und Hybriden seit dem 16. Jahrhundert in Europa kultiviert; in Südosteuropa an sonnigen oder halbschattigen Felshängen, in Gebüschen, lichten Wäldern und an Waldrändern; der gemeine Flieder wurde um 1560 durch den Gesandten Busbecq von Konstantinopel nach Wien gebracht; rasche Verbreitung in Mitteleuropa

964 ***Catálpa bignonioídes* – Gewöhnlicher T.**
Sommergrüner, bis 15 m hoher Baum mit kurzem und drehrundem Stamm

Catálpa bignonioídes Walt. Gewöhnlicher Trompetenbaum

Bignoniáceae – Trompetenbaumgewächse S. 98

Länge: 10–20 cm lang und oft ebenso breit
Aussehen der Spreite: Im Umriss breit-oval bis herzförmig
Stiel: 7–15 cm lang
Blattende: Mit langer und feiner Spitze oder mit kurzer aufgesetzter Spitze
Spreitenbasis: Schwach herzförmig oder gestutzt
Blattrand: Ganzrandig; seltener mit kaum auffallenden Seitenlappen
Ober-/Unterseite: Oberseits mittel- bis dunkelgrün; unterseits heller grün und kurz und weich behaart; gerieben von angenehmem Duft; Adern unterseits stark hervortretend
Anordnung am Spross: Laubblätter gegenständig angeordnet oder in 3er Wirteln
Standort: Ursprünglich nur im südöstlichen Nordamerika beheimatet; bei uns häufig in grossen Gärten und in Parkanlagen als Zierbaum angepflanzt

965 ***Catálpa ováta* – Gelbbl. Trompetenbaum**
Aus China stammender, bis 10 m hoher, sommergrüner Baum mit vorwiegend nackten Zweigen

Catálpa ováta G. Don et Zucc Gelbblütiger Trompetenbaum, chinesischer T.

Bignoniáceae – Trompetenbaumgewächse S. 98

Länge: 10–25 cm
Aussehen der Spreite: Im Umriss vielgestaltig; breit-eiförmig oder herzförmig
Stiel: 4–10 cm lang, anfangs behaart, später verkahlend, oberseits vielfach dunkler gefärbt; unterseits grün
Blattende: Zugespitzt oder mit kurzer, aufgesetzter Spitze
Spreitenbasis: Meist herzförmig
Blattrand: Ganzrandig und vielfach fein gewimpert
Ober-/Unterseite: Oberseits mittel- bis dunkelgrün und sehr feinhaarig anzufühlen; unterseits hell- bis mittelgrün und nur leicht rauh anzufühlen; Adern deutlich gelbgrün und deutlich hervortretend; in den Aderwinkeln rotschwarze Drüsenflecken
Anordnung am Spross: Laubblätter gegenständig oder wechselständig angeordnet
Standort: Als Ziergehölz in grossen Gärten und Parkanlagen angepflanzt

966 ***Magnólia hypoléuca* – Magnolie**
Sommergrüner, breitkroniger und bis 30 m hoher Baum mit hell- bis dunkelbraunen Zweigen

Magnólia hypoléuca Sieb. et Zucc. Magnólia obováta Thunb. Grossblättrige Magnolie

Magnoliáceae – Magnoliengewächse S. 99

Länge: 20–40 cm
Aussehen der Spreite: Im Umriss verkehrt-eiförmig und zur Basis immer schmäler werdend
Stiel: 3–8 cm lang
Blattende: Abgerundet und mit kurzer und aufgesetzter Spitze
Spreitenbasis: Keilförmig verschmälert; an der Basis oft etwas abgerundet
Blattrand: Ganzrandig
Ober-/Unterseite: Oberseits hell- bis mittelgrün und kahl und unterseits hell bläulichgrün und leicht behaart
Anordnung am Spross: Laubblätter wechselständig angeordnet, aber an den Triebenden gehäuft
Standort: Aus Japan stammende, grossblättrige Magnolie, die in Europa verschiedentlich in Gärten und Parkanlagen angepflanzt wird

967 ***Cydónia oblónga* – Quitte**
Sommergrüner, 1–8 m hoher Strauch oder kleiner Baum; Zweige anfangs filzig behaart

Cydónia oblónga Mill. Quitte

Rosáceae – Rosengewächse S. 99

Länge: 5–10 cm
Aussehen der Spreite: Im Umriss elliptisch bis breit-eiförmig
Stiel: 1–2 cm lang und filzig behaart
Blattende: Stumpf, kurz abgerundet oder schwach zugespitzt
Spreitenbasis: Meist abgerundet, seltener herzförmig
Blattrand: Ganzrandig; an den Rändern leicht graufilzig
Ober-/Unterseite: Oberseits dunkelgrün und meist kahl; unterseits graufilzig, dabei Haare miteinander dicht verflochten
Anordnung am Spross: Laubblätter wechselständig angeordnet
Standort: Von der kollinen bis in die montane Stufe; als wertvoller Fruchtbaum in zahlreichen grossfrüchtigen Kulturformen in Gärten, Parkanlagen und Weinbergen kultiviert, selten verwildert an sonnigen Hängen, Waldrändern und in Gebüschen; die Quitte verlangt kalkhaltige, trockene und tiefgründige Böden

968 *Cotoneáster int. - Gem. Zwergmispel*
Sommergrüner, buschiger, reich verzweigter, 1-2 m hoher Strauch; Zweige anfangs behaart

Cotoneáster integérrimus Medik.
Echte Zwergmispel; Gem. Zwergmispel
Rosáceae - Rosengewächse S. 100

Länge: 2-4 cm

Aussehen der Spreite: Im Umriss breit-elliptisch, eiförmig oder rundlich

Stiel: 0,3-0,6 mm lang und fein behaart

Blattende: Stumpf oder zugespitzt; meist mit einer Stachelspitze

Spreitenbasis: Keilförmig verschmälert, stumpf oder abgerundet

Blattrand: Ganzrandig; Ränder sehr lange fein behaart

Ober-/Unterseite: Oberseits dunkelgrün und kahl; unterseits dicht weiss oder gelbgraufilzig behaart und damit graugrün gefärbt

Anordnung am Spross: Laubblätter wechselständig angeordnet

Standort: Von der Ebene bis in die subalpine Stufe; in wärmeren Lagen in Felsspalten, Wäldern, Gebüschen, an sonnigen Felsen und Zwergstrauch-Beständen

969 *Cotoneáster tomentósus - Filz-Zwergmispel*
Sommergrüner, nur mässig verzweigter, bis 5 m langer Strauch; Zweige anfangs graufilzig

Cotoneáster tomentósus (Ait.) Lindl.
Filz-Zwergmispel
Rosáceae - Rosengewächse S. 100

Länge: 3-6 cm; etwas grösser als die der echten Zwergmispel

Aussehen der Spreite: Im Umriss elliptisch bis breit-eiförmig

Stiel: 0,2-0,7 mm lang und stark filzig behaart

Blattende: Stumpf, seltener abgerundet; auch mit aufgesetzter Spitze

Spreitenbasis: Schwach herzförmig, abgerundet oder stumpf

Blattrand: Ganzrandig

Ober-/Unterseite: Oberseits dunkelgrün und lockig behaart; unterseits dicht filzig behaart und dadurch grau bis weiss erscheinend

Anordnung am Spross: Laubblätter wechselständig angeordnet

Standort: Von der Ebene bis in die subalpine Stufe; an Wald- und Gebüschsäumen, in lichten Eichen- und Mischwäldern in halbschattiger bis sonniger und sommerwarmer Lage

970 *Pýrus nivális - Schneebirne*
Sommergrüner, bis 10 m hoher Baum mit anfangs weissfilzigen Trieben

Pýrus nivális Jacq.
Schneebirne, Lederbirne
Rosáceae - Rosengewächse S. 99

Länge: 6-10 cm

Aussehen der Spreite: Im Umriss verkehrt-eiförmig

Stiel: 1-3 cm lang und weisswollig filzig

Blattende: Zugespitzt oder abgerundet und mit kurzer aufgesetzter Spitze

Spreitenbasis: Keilförmig verschmälert

Blattrand: Ganzrandig und flaumig behaart

Ober-/Unterseite: Oberseits dunkelgrün und filzig behaart; Adern weiss und deutlich sichtbar; unterseits dicht wollig filzig und dadurch graugrün

Anordnung am Spross: Laubblätter wechselständig angeordnet

Standort: Von der kollinen bis in die montane Stufe; in wintermilden Lagen; besonders in Südeuropa verbreitet

971 *Córnus controvérsa - Pagoden-Hartriegel*
Sommergrüner, bis 20 m hoher Baum (auch strauchförmig) mit anfangs bräunlichgrünen Zweigen

Córnus controvérsa Hemsl.
Pagoden-Hartriegel
Cornáceae - Hornstrauchgewächse S. 100

Länge: 7-12 cm

Aussehen der Spreite: Im Umriss eiförmig oder breit-eiförmig

Stiel: 1-3 cm lang

Blattende: Kurz oder lang zugespitzt

Spreitenbasis: Keilförmig verschmälert, gestutzt oder abgerundet

Blattrand: Ganzrandig

Ober-/Unterseite: Oberseite dunkelgrün, mit eingesenkten und deutlich sichtbaren Adern 1. oder 2. Ordnung; Unterseite graublau und auf den stark hervortretenden Adern fein behaart; Seitenadernpaare 6-9

Anordnung am Spross: Laubblätter wechselständig angeordnet

Standort: In Japan und China beheimateter Baum; in Europa in Parkanlagen und grossen Gärten angepflanzt

972 *Córnus sanguínea L. - Hartriegel*
Sommergrüner, 1-5 m hoher Strauch; Zweige sonnenseits gerötet

Córnus sanguínea L.
Hartriegel, Hornstrauch
Cornáceae - Hornstrauchgewächse S. 100

Länge: 4-10 cm
Aussehen der Spreite: Im Umriss elliptisch bis breit-eiförmig
Stiel: 0,5-1,5 cm lang, oberseits meist dunkelrot gefärbt und rinnig
Blattende: Zugespitzt; oft mit aufgesetzter Spitze
Spreitenbasis: Meist abgerundet; seltener gestutzt oder keilförmig
Blattrand: Ganzrandig; oft etwas gewellt; mit 3 oder 4 Nebenadernpaaren; Ränder oft auch etwas rötlich gefärbt
Ober-/Unterseite: Beiderseits zerstreut behaart; oberseits mittel- bis dunkelgrün und mit deutlich sichtbaren hellgrünen Adern 1. und 2. Ordnung; unterseits heller grün, nicht gebärtet aber fein kraushaarig und mit deutlich hervortretenden, hellgrünen Adern
Anordnung am Spross: Laubblätter gegenständig angeordnet
Standort: Vor allem in der kollinen Stufe, seltener montan; in Hecken, lichten Laubmischwäldern, Auenwäldern, an sommerwarmen und sommertrockenen Hängen und an Waldrändern

973 *Córnus mas - Kornelkirsche*
Sommergrüner, 3-6 m hoher Strauch oder kleiner Baum; Zweige sonnenseits gerötet

Córnus mas L.
Kornelkirsche, Tierlibaum
Cornáceae - Hornstrauchgewächse S. 100

Länge: 4-10 cm
Aussehen der Spreite: Im Umriss schmal-elliptisch, elliptisch bis eiförmig
Stiel: 0,3-1,5 cm lang, etwas rinnig, oft rötlich gefärbt und fein weisslich behaart
Blattende: Zugespitzt oder Blatthälften zusammenlaufend und abgerundet
Spreitenbasis: Keilförmig verschmälert oder abgerundet
Blattrand: Ganzrandig; oft etwas gewellt; mit 3-5 Nebenadernpaaren
Ober-/Unterseite: Beiderseits zerstreut weiss und anliegend behaart; oberseits mittel- bis dunkelgrün und nur Seitenadern 1. Ordnung stark hervortretend; unterseits hell- bis mittelgrün und Haupt- und Seitenadern stark hervortretend; in den Aderwinkeln oft weissbärtig
Anordnung am Spross: Laubblätter gegenständig angeordnet
Standort: In der kollinen Stufe; seltener montan; in trockenen Laubmischwäldern, Hecken, an sommerwarmen trockenen Hängen und Waldrändern

974 ***Fágus orientális – Orient-Buche***
Sommergrüner, in der Heimat bis 40 m hoher Baum mit anfangs olivgrünen und behaarten Zweigen

Fágus orientális Lipsky
Orient-Buche
Fagáceae – Buchengewächse S. 100

Länge: 6–12 cm

Aussehen der Spreite: Im Umriss elliptisch oder verkehrt-eiförmig; immer oberhalb der Mitte am breitesten

Stiel: 0,5–1,5 cm lang und mit seidigem Haarfilz bedeckt

Blattende: Mit aufgesetzter Spitze oder zugespitzt

Spreitenbasis: Keilförmig verschmälert oder abgerundet

Blattrand: Granzrandig, wellig und sehr lange fein und dicht behaart

Ober-/Unterseite: Oberseite dunkel blaugrün, kahl und mit hell gelbgrünen Adern; Unterseite dunkelgrün und die stark hell gelbgrünen und hervortretenden Adern mit auffälligen bräunlichen Adern

Anordnung am Spross: Laubblätter wechselständig angeordnet

Standort: In Kleinasien, dem Kaukasus und Nordpersien beheimatete Art; in Mitteleuropa gelegentlich in Parkanlagen angepflanzt

975 ***Fágus sylvática – Rotbuche***
Sommergrüner, reich verzweigter, bis 40 m hoher Baum mit anfangs behaarten Zweigen

Fágus sylvática L.
Rotbuche
Fagáceae – Buchengewächse S. 30, 31, 101

Länge: 5–10 cm

Aussehen der Spreite: Im Umriss elliptisch bis breit-eiförmig; grösste Breite in der Mitte oder im unteren Bereich

Stiel: 0,3–1,5 cm lang und oft dunkel gefärbt

Blattende: Kurz zugespitzt oder mit kurzer aufgesetzter Spitze

Spreitenbasis: Keilförmig verschmälert oder abgerundet

Blattrand: Ganzrandig; mit welligem Rand; in der Jugend mit weisslichen Haaren besetzt

Ober-/Unterseite: In der Jugend weichhaarig und am Rand gewimpert; ältere Blätter meist kahl; oberseits glänzend dunkelgrün und untersetis mittelgrün; Adern stark hervortretend; Seitenadern zueinander parallel verlaufend

Anordnung am Spross: Laubblätter wechselständig angeordnet (zweizeilige Stellung)

Standort: Von der kollinen bis in die montane Stufe; in verschiedenen Waldtypen bestandbildend

976 ***Sálix hastáta – Spiess-Weide***
Sommergrüner, kaum über 1 m hoher Strauch mit anfangs behaarten rotbraunen Trieben

Sálix hastáta L.
Spiessblättrige Weide
Spiess-Weide

Salicáceae – Weidengewächse S. 101

Länge: 2–8 cm

Aussehen der Spreite: Im Umriss elliptisch bis eiförmig

Stiel: 0,5–1,2 cm lang und oberseits rinnig

Blattende: Zugespitzt oder etwas abgerundet

Spreitenbasis: Abgerundet oder schwach herzförmig

Blattrand: Ganzrandig oder mit wenigen bis 5 mm voneinander liegenden kleinen Zähnen

Ober-/Unterseite: Oberseits dunkelgrün und kahl; unterseits hell blaugrün und anfangs auf den Adern behaart; hellgrüne Adern deutlich hervortretend

Anordnung am Spross: Laubblätter wechselständig angeordnet

Standort: Besonders in der montanen und subalpinen Stufe; auf ständig durchfeuchteten Alluvionen der Flüsse und Bäche, im Erlengebüsch der Alpen, in Hochstaudengebüschen und in Schutthalden

977 ***Parrótia pérsica – Parrotie***
Sommergrüner Strauch oder bis 10 m hoher Baum mit anfangs braungrünen Zweigen

Parrótia pérsica (DC.) C. A. Mey.
Parrotie
Hamamelidáceae – Zaubernussgewächse S. 101

Länge: 6–10 cm

Aussehen der Spreite: Im Umriss verkehrt-eiförmig oder fast kreisrund; Blätter ziemlich derb und lederig

Stiel: 0,5–0,8 cm lang

Blattende: Stumpf oder abgerundet

Spreitenbasis: Abgerundet oder keilförmig verschmälert

Blattrand: Ganzrandig; oberhalb der Mitte grob gebuchtet bis kerbig gezähnt

Ober-/Unterseite: Oberseite glänzend dunkelgrün und mit deutlich eingesenkten und gleichfarbigen Adern; Unterseite hell bläulichgrün und mit weisslichgrünen, stark hervortretenden Adern; nach dem Austrieb fein bräunlich behaart

Anordnung am Spross: Laubblätter wechselständig angeordnet; an Kurztrieben zu 2 oder mehreren zusammen

Standort: Als Heimat nördlicher Iran und der Kaukasus; in grossen Parkanlagen und botanischen Gärten angepflanzt

978 ***Citrus sinénsis – Orange***
Immergrüner, 5–10 m hoher Baum mit anfangs grünen und bedornten Zweigen

Citrus sinénsis (L.) Pers.
Orange, Apfelsine
Rutáceae – Rautengewächse S. 102

Länge: 3–7 cm

Aussehen der Spreite: Im Umriss elliptisch, breit-elliptisch oder verkehrt-eiförmig, fest und lederig; breiter als beim Zitronenbaum

Stiel: 0,5–2 cm lang und deutlich grün geflügelt

Blattende: Zugespitzt und zuoberst etwas abgerundet oder mit aufgesetzter Spitze

Spreitenbasis: Keilförmig verschmälert

Blattrand: Ganzrandig

Ober-/Unterseite: Beiderseits kahl; oberseits glänzend dunkelgrün und unterseits hellgrün; besonders Hauptader deutlich hervortretend

Anordnung am Spross: Laubblätter wechselständig angeordnet

Standort: Die ursprünglich in Ostasien beheimatete Orange wird in weiten Teilen des Mittelmeerraumes in grossem Umfang angepflanzt

979 ***Citrus limon – Zitrone***
Immergrüner, 5–10 m hoher Baum mit anfangs grünen und dornentragenden Zweigen

Citrus límon (L.) Burm.
Zitrone
Rutáceae – Rautengewächse S. 102

Länge: 3–7 cm

Aussehen der Spreite: Im Umriss schmal-elliptisch bis elliptisch, fest und lederig; den Blättern der Orange sehr ähnlich

Stiel: 0,5–2 cm lang und oft geflügelt; bei der Ansatzstelle des Stiels meist ein Dorn vorhanden

Blattende: Zugespitzt

Spreitenbasis: Keilförmig verschmälert

Blattrand: Ganzrandig oder sehr schwach gekerbt oder gezähnelt

Ober-/Unterseite: Oberseits glänzend dunkelgrün und unterseits hellgrün; Haupt- und Seitenadern stark hervortretend; beiderseits kahl

Anordnung am Spross: Laubblätter wechselständig angeordnet

Standort: In zahlreichen Sorten im Mittelmeerraum und Gebieten mit vergleichbarem Klima weltweit angepflanzt

980 ***Lonícera xylósteum* – Rote Heckenkirsche**
Sommergrüner, 1–3 m hoher Strauch mit anfangs graubraunen und weichhaarigen Zweigen

Lonícera xylósteum L.
Rote Heckenkirsche
Caprifoliáceae – Geissblattgewächse S. 101

Länge: 2–6 cm

Aussehen der Spreite: Im Umriss elliptisch, breit-eiförmig oder verkehrt-eiförmig

Stiel: 0,5–1 cm lang, oberseits oft rötlich gefärbt und dicht anliegend behaart

Blattende: Stumpf oder zugespitzt

Spreitenbasis: Keilförmig verschmälert oder abgerundet

Blattrand: Granzrandig; Ränder leicht weisslich gewimpert

Ober-/Unterseite: Beiderseits anliegend behaart; oberseits mittel- bis dunkelgrün und unterseits bläulichgrün; Adern unterseits deutlich hervortretend

Anordnung am Spross: Laubblätter gegenständig angeordnet

Standort: Von der kollinen bis in die montane Stufe; in krautreichen Eichenwäldern, Hecken, Buchen- und Nadelmischwäldern, lichten Kiefernwäldern, Lichtungen, an Waldsäumen und bei Zäunen; in Mitteleuropa ausser im westlichen N-Deutschland allgemein verbreitet und häufig

981 ***Lonícera nigra* – Schwarze Heckenkirsche**
Sommergrüner, 1–2 m hoher Strauch mit gelblichbraunen bis rötlich berindeten Zweigen

Lonícera nigra L.
Schwarze Heckenkirsche
Caprifoliáceae – Geissblattgewächse S. 104

Länge: 3–8 cm

Aussehen der Spreite: Im Umriss elliptisch, breit-elliptisch bis verkehrt-eiförmig

Stiel: 0,2–0,8 cm lang und oberseits rinnig

Blattende: Kurz zugespitzt

Spreitenbasis: Abgerundet, gestutzt oder keilförmig verschmälert

Blattrand: Ganzrandig; Ränder oft etwas gewellt

Ober-/Unterseite: Oberseits mittel- bis dunkelgrün und kahl; unterseits mittelgrün und der Hauptader entlang flaumhaarig; hell gelbgrüne Adern stark hervortretend

Anordnung am Spross: Laubblätter gegenständig angeordnet

Standort: In der montanen und subalpinen Stufe; in krautreichen Bergmischwäldern, an Waldrändern und zwischen Felsbrocken; in den Gebirgswäldern an buschigen Stellen und auf frischen, feuchten oder steinigen Böden; nicht sehr häufig

982 ***Lonícera caprifólium* – Jelängerjelieber**
Sommergrüner, meist bis 4 m hoch kletternder holziger Schlingstrauch

Lonícera caprifólium L.
Jelängerjelieber
Caprifoliáceae – Geissblattgewächse S. 102

Länge: 2–10 cm

Aussehen der Spreite: Im Umriss schmal-eiförmig bis elliptisch und kurz gestielt bei tiefer liegenden Blättern; die oberen Blätter eines jeden Zweiges am Grunde paarweise verwachsen; oberste Blätter zu einem ovalen oder kreisrunden Blatt vereinigt

Stiel: Kurz gestielt oder ungestielt

Blattende: Meist stumpf, gelegentlich kurz zugespitzt

Spreitenbasis: Keilförmig verschmälert, abgerundet oder herzförmig

Blattrand: Ganzrandig, kahl

Ober-/Unterseite: Oberseits dunkelgrün und kahl; unterseits bläulich graugrün und am Grunde anfangs behaart, jedoch bald verkahlend; unterseits Hauptader deutlich hervortretend

Anordnung am Spross: Laubblätter gegenständig angeordnet

Standort: In der kollinen Stufe; häufig in Gärten und bei Lauben kultiviert; verwildert; bei sonnigen Hecken und in Eichenmischwäldern zu finden; Rechtswinder

983 ***Lonícera caerúlea* – Blaue Heckenkirsche**
Sommergrüner, bis 1,5 m hoher Strauch mit anfangs rotbraunen und bläulich bereiften Zweigen

Lonícera caerúlea L.
Blaue Heckenkirsche
Caprifoliáceae – Geissblattgewächse S. 102

Länge: 2–8 cm

Aussehen der Spreite: Im Umriss elliptisch, länglich-elliptisch oder verkehrt-eiförmig

Stiel: 1–4 mm lang, etwas behaart und am Grunde etwas verbreitert

Blattende: Stumpf oder abgerundet und hin und wieder mit aufgesetzter Stachelspitze

Spreitenbasis: Abgerundet

Blattrand: Ganzrandig

Ober-/Unterseite: In der Jugend beiderseits behaart; oberseits dunkelgrün und schnell verkahlend; unterseits bläulichgrün und bis auf den Blattstiel verkahlend; hell gelbgrüne Hauptader deutlich hervortretend

Anordnung am Spross: Laubblätter gegenständig angeordnet

Standort: Von der montanen bis in die subalpine Stufe; in Kiefern-Hochmooren, Bergföhrenwäldern, wasserzügigen Runsen, Alpenrosen-Gesellschaften und an felsigen Stellen mit saurem Rohhumus

984 ***Lonícera periclýmenum* – Waldgeissblatt**
Sommergrüne, bis 5 m hoch kletternde und rechtswindende Liane mit sonnenseits geröteten Zweigen

Lonícera periclýmenum L.
Waldgeissblatt
Caprifoliáceae – Geissblattgewächse S. 102

Länge: 4–10 cm

Aussehen der Spreite: Im Umriss elliptisch bis verkehrt-eiförmig

Stiel: Untere Blätter bis 0,7 cm lang gestielt; oberstes Blätterpaar sitzend

Blattende: Stumpf oder zugespitzt

Spreitenbasis: Keilförmig verschmälert

Blattrand: Ganzrandig

Ober-/Unterseite: Beiderseits kahl; oberseits dunkelgrün, unterseits blaugrün und nur in der Jugend etwas behaart

Anordnung am Spross: Laubblätter gegenständig angeordnet

Standort: In der kollinen Stufe; in Eichen- und Buchenmischwäldern, Erlenbeständen, Hecken und Kahlschlägen; bevorzugt sommerwarmes und wintermildes Klima; der Verbreitungsschwerpunkt liegt im atlantischen Europa

985 ***Lonícera alpígena* – Alpenheckenkirsche**
Sommergrüner, bis 2 m hoher Strauch mit jungen Trieben, die graubraun sind

Lonícera alpígena L.
Alpenheckenkirsche
Caprifoliáceae – Geissblattgewächse S. 104

Länge: 8–12 cm

Aussehen der Spreite: Im Umriss elliptisch oder verkehrt-eiförmig

Stiel: 1–2 cm lang

Blattende: Kurz zugespitzt

Spreitenbasis: Gestutzt oder keilförmig verschmälert

Blattrand: Ganzrandig; jüngere Blätter gleichmässig und fein gewimpert

Ober-/Unterseite: Beiderseits kahl; oberseits dunkelgrün und mit deutlich versenkten Adern; unterseits heller grün, stark glänzend und der Hauptader entlang fein behaart; Adern hell- und dunkelgrün und stark hervortretend

Anordnung am Spross: Laubblätter gegenständig angeordnet

Standort: In der montanen und subalpinen Stufe; in krautreichen Buchen- und Bergmischwäldern, Schluchtwäldern, auf Lichtungen, an Waldrändern und buschigen Abhängen

Ganze und ganzrandige Laubblätter

986 ***Hédera hélix* – Efeu**
Immergrüne, bis 20 m hoch kletternde Liane mit Zweigen, die Haftwurzeln tragen

Hédera hélix L.
Efeu

Araliáceae – Efeugewächse S. 102

Länge: 4–10 cm

Aussehen der Spreite: Im Umriss vielgestaltig; Laubblätter an blühenden Zweigen eirautenförmig und ungelappt, lederartig und 3 Jahre lebensfähig

Stiel: 3–11 cm lang

Blattende: Kurz zugespitzt

Spreitenbasis: Stumpf oder gestutzt

Blattrand: Granzrandig

Ober-/Unterseite: Oberseits glänzend dunkelgrün und weissaderig; unterseits matt hellgrün; beiderseits kahl

Anordnung am Spross: Laubblätter wechselständig angeordnet

Standort: Von der kollinen bis in die montane Stufe; auf der Erde kriechend oder an Bäumen, Mauern und Felsen kletternd; bevorzugt feuchte und wintermilde Lagen; vor allem in Buchen-, Eichen- und Auenwäldern zu finden

987 ***Rhámnus frángula* – Faulbaum**
Sommergrüner, 1–3 m hoher Strauch oder bis 7 m hoher Baum mit grau- bis rotbraunen Zweigen

Rhámnus frángula L.
(Frángula álnus Mill.)
Faulbaum, Pulverholz

Rhamnáceae – Kreuzdorngewächse S. 104

Länge: 3–7 cm

Aussehen der Spreite: Im Umriss elliptisch bis breit-elliptisch

Stiel: 0,6–1,4 cm lang

Blattende: Mit kurzer aufgesetzter Spitze

Spreitenbasis: Gestutzt oder keilförmig verschmälert

Blattrand: Ganzrandig

Ober-/Unterseite: Beiderseits kahl; oberseits dunkelgrün und unterseits glänzend hellgrün mit stark vortretenden, hellgelbgrünen Adern

Anordnung am Spross: Laubblätter wechselständig angeordnet

Standort: Von der kollinen bis in die montane Stufe; in Auenwäldern, Erlenbrüchen, Birkenmooren, lichten Wäldern mit staunassen Böden und Mooren; vor allem zusammen mit Schwarz- und Grauerle, Trauben-Kirsche und Gem. Schneeball

988 ***Euónymus latifólius* – Breitbl. Pfaffenhütchen**
Sommergrüner Strauch mit 2–5 m Wuchshöhe und 4-kantig bis gerundeten Zweigen

Euónymus (Evónymus) latifólius (L.) Mill
Breitblättriges Pfaffenhütchen

Celastráceae – Spindelstrauchgewächse S. 103

Länge: 7–14 cm

Aussehen der Spreite: Im Umriss elliptisch bis verkehrt-eiförmig

Stiel: 0,5–1 cm lang und oberseits rinnig

Blattende: Zugespitzt

Spreitenbasis: Gestutzt oder keilförmig verschmälert

Blattrand: Von blossem Auge ganzrandig erscheinend; mit der Lupe gut sichtbar sehr fein und gleichmässig gesägt

Ober-/Unterseite: Beiderseits kahl; oberseits dunkelgrün und unterseits hellgrün; mit hervortretenden Adern

Anordnung am Spross: Blätter gegenständig angeordnet

Standort: Von der kollinen bis in die montane Stufe; in warmen und feuchten Lagen in krautreichen Laubmischwäldern und an Waldrändern

989 ***Forsýthia europáea* – Balkan-Forsythie**
Sommergrüner Strauch von 1,5–2,5 m Wuchshöhe; Heimat Nordalbanien und SW Jugoslawien

Forsýthia europáea
Deg. et Bald
Balkan-Forsýthie

Oleáceae – Ölbaumgewächse S. 104

Länge: 4–8 cm

Aussehen der Spreite: Im Umriss elliptisch, eiförmig oder eilanzettlich

Stiel: 1–3 cm lang und oberseits meist rinnig

Blattende: Zugespitzt; Spitze etwas seitwärts gebogen

Spreitenbasis: Gestutzt oder keilförmig verschmälert

Blattrand: Ganzrandig

Ober-/Unterseite: Oberseits dunkelgrün und unterseits hellgrün; beiderseits kahl; Adern mittelgrün und hervortretend

Anordnung am Spross: Laubblätter gegenständig angeordnet

Standort: In Gärten angepflanzt; gärtnerisch jedoch unbedeutend

990 ***Magnólia x soulangiána* – Tulpenmagnolie**
Sommergrüner Strauch oder bis 5 m hoher Baum mit grau-grünen Trieben

Magnólia x soulangiána
Soul.-Bod.
Tulpen- oder Gartenmagnolie

Magnoliáceae – Magnoliengewächse S. 103

Länge: 10–20 cm

Aussehen der Spreite: Im Umriss länglich-elliptisch oder meist schmal verkehrt-eiförmig; im vorderen Drittel immer am breitesten

Stiel: 1–4 cm lang

Blattende: Mit aufgesetzter Spitze

Spreitenbasis: Keilförmig verschmälert

Blattrand: Ganzrandig

Ober-/Unterseite: Oberseits mittel- bis dunkelgrün und unbehaart; unterseits heller grün, etwas behaart und mit stark hervortretenden, gelblichweissen Adern

Anordnung am Spross: Laubblätter wechselständig angeordnet

Standort: 1820 bei Soulange-Bodin in Fromont bei Paris entstanden; erste Pflanze blühte 1826; heute in zahlreichen Formen in Gärten und Parkanlagen angepflanzt

991 ***Magnólia grandiflóra* – Immergrüne M.**
Immergrüner, bis 25 m hoher Baum mit kräftig rotbraun filzigen Trieben

Magnólia grandiflóra L.
Immergrüne Magnolie

Magnoliáceae – Magnoliengewächse S. 103

Länge: 8–20 cm

Aussehen der Spreite: Im Umriss elliptisch bis breit-elliptisch; Blätter derb, lederig und im 2. Jahr abfallend

Stiel: 2–2,5 cm lang, dick und dicht rostbraun bis braunrot behaart

Blattende: Stumpf bis zugespitzt; mit abgerundeter Spitze

Spreitenbasis: Keilförmig verschmälert

Blattrand: Ganzrandig

Ober-/Unterseite: Oberseits glänzend dunkelgrün und kahl; unterseits heller grün und auffallend rostrot flaumhaarig

Anordnung am Spross: Laubblätter wechselständig angeordnet

Standort: Aus dem südöstlichen Nordamerika stammende, heute vor allem im Mittelmeerraum als Zierbaum angepflanzte Magnolienart

992 ***Quércus ilex – Steineiche***
Immergrüner, bis 25 m hoher Baum mit graufilzigen und nur allmählich verkahlenden Zweigen

Quércus ilex L.
Steineiche

Fagáceae – Buchengewächse S. 105

Länge: 3–8 cm

Aussehen der Spreite: Im Umriss formenreich; meist länglich-eiförmig bis eiförmig und mit jederseits 4–7 scharfen Zähnen; oft auch gelappt

Stiel: 7–15 mm lang und lange weissfilzig bleibend

Lappen: Scharf zugespitzt, ganzrandig oder wellig, lederig und derb

Blattende: Scharf zugespitzt

Spreitenbasis: Breit keilförmig oder abgerundet

Blattrand: Lappen ganzrandig oder wellig und dornig stachelig gezähnt

Ober-/Unterseite: Junge Blätter beiderseits behaart; ältere Blätter oberseits glänzend dunkelgrün und kahl; unterseits durch dichte Behaarung grau bis weisslich erscheinend

Anordnung am Spross: Laubblätter wechselständig angeordnet;

Standort: Weit verbreitet im Mittelmeergebiet; in Steineichen-Wäldern erhalten; in wintermilden Klimalagen als Zierbaum in Parkanlagen angepflanzt

993 ***Ílex aquifólium – Stechpalme***
Immergrüner Strauch oder bis 15 m hoher Baum mit hell- oder dunkelgrünen Zweigen

Ílex aquifólium L.
Stechpalme

Aquifoliáceae – Stechpalmengewächse S. 105

Länge: 3–8 cm

Aussehen der Spreite: Im Umriss elliptisch bis eiförmig; bei Altersformen auch ganzrandig und ungezähnt; Spreite derb und lederig

Stiel: 1 cm lang und oberseits rinnig

Blattende: Lang und stachelig zugespitzt

Spreitenbasis: Keilförmig verschmälert

Blattrand: Wellig und grob dornig gezähnt; Zähnung je nach Gartenform oder Alter verschieden gestaltet

Ober-/Unterseite: Oberseits glänzend dunkelgrün und unterseits hellgrün; beiderseits kahl

Anordnung am Spross: Laubblätter wechselständig angeordnet

Standort: Von der kollinen bis in die montane Stufe; besonders in Gegenden mit ozeanischem Klima; in Buchen-, Buchen-Tannen- und Eichen-Hainbuchenwäldern als Unterholz; verschiedentlich in Hecken

994 ***Castánea sativa – Edelkastanie***
Sommergrüner, bis 35 m Höhe erreichender Baum mit kantigen und kahlen Zweigen

Castánea sativa Mill.
Edelkastanie, Esskastanie

Fagáceae – Buchengewächse S. 105

Länge: 10–30 cm

Aussehen der Spreite: Im Umriss länglich-lanzettlich und stachelig gezähnt; Spreite derb und lederig

Stiel: 2–5 cm lang

Blattende: Mit kurzer und schmaler Spitze endend

Spreitenbasis: Breitkeilförmig, abgerundet oder seltener herzförmig

Blattrand: Mit sägeblattähnlichen, scharfen und sehr grossen Zähnen, die stets nach vorn gerichtet sind; die Seitenadern laufen je in eine kräftige, zahnartige Spitze aus

Ober-/Unterseite: Oberseits glänzend dunkelgrün und kahl; unterseits matt blassgrün und zuerst filzig behaart, später verkahlend; unterseits mit deutlich hervortretenden 15–20 Seitenadernpaaren

Anordnung am Spross: Laubblätter wechselständig angeordnet

Standort: In der kollinen Stufe, seltener montan; im insubrischen Gebirge waldbildend; nördlich der Alpen im Gebiet der Weinrebe und in Föhntälern gepflanzt

995 ***Bérberis vulgáris – Sauerdorn***
Sommergrüner und bis 3 m hoher Strauch mit kantigen und graubraunen Zweigen

Bérberis vulgáris L.
Sauerdorn

Berberidáceae – Sauerdorngewächse S. 105

Länge: 2–4 cm und in den Stiel verschmälert

Aussehen der Spreite: Im Umriss schmal verkehrt-eiförmig bis verkehrt-eiförmig

Stiel: 0,5–1,5 cm lang

Blattende: Abgerundet oder stumpf

Spreitenbasis: Schmal keilförmig

Blattrand: Scharf dornig gewimpert

Ober-/Unterseite: Beiderseits kahl; oberseits dunkelgrün und unterseits weisslich-grün

Anordnung am Spross: Laubblätter in Büscheln in den Achseln von meist 3-teiligen Dornen; Büschel wechselständig angeordnet; an Langtrieben Laubblätter in 1–2 cm langen und ein- bis mehrteiligen Blattdornen umgewandelt

Standort: Von der kollinen bis in die subalpine Stufe; in sonnigen Lagen an Waldrändern, in lichten Eichen- und Kiefernwäldern, Hecken und Trockenbuschgesellschaften

996 ***Córylus colúrna – Baumhasel***
Sommergrüner, bis 20 m hoher Baum, der bei uns gelegentlich in Gärten angepflanzt wird

Córylus colúrna L.
Baumhasel

Betuláceae – Birkengewächse S. 107

Länge: 8–12 cm

Aussehen der Spreite: Im Umriss breit-eiförmig bis rundlich oder herzförmig; grösste Breite meist im oberen Drittel

Stiel: 1,5–3 cm lang

Blattende: Mit aufgesetzter und mittelgrosser Spitze

Spreitenbasis: Meist herzförmig oder schief herzförmig

Blattrand: Gesägt und grob doppelt gezähnt

Ober-/Unterseite: Oberseits glänzend dunkelgrün und später kahl; unterseits mittel- bis dunkelgrün und bei den Adern behaart; Adern 2. und 3. Ordnung nicht deutlich hervortretend

Anordnung am Spross: Laubblätter wechselständig angeordnet

Standort: In der kollinen Stufe; dieser südosteuropäische Baum ist in Niederösterreich verwildert

997 ***Úlex europáeus – Europ. Stechginster***
Sehr dorniger, 0,5–2 m hoher Strauch mit zahlreichen, bis 25 mm langen, dornigen Kurztrieben

Úlex europáeus L.
Europäischer Stechginster

Leguminósae – Hülsenfruchtgewächse S. 105

Aussehen der Spreite: Laubblätter nur klein, schmal, gelegentlich an sehr wüchsigen Trieben oder an jungen Pflanzen; oft fehlend; alle späteren Laubblätter zu stechenden, grünen, 4–10 mm langen Dornen umgebildet; auch Kurztriebe verdornen

Der Strauch scheint nur aus grünen Zweigen und Dornen zu bestehen

Ober-/Unterseite: Zweige rillig und flaumig behaart; Dornen mit vielen Seitendornen und ebenfalls flaumig behaart

Anordnung am Spross: Dornen wechselständig angeordnet

Standort: Charakterpflanze der atlantischen Heide; in Mitteleuropa in der Ebene in milden Lagen; im Küstengebiet an buschigen Hängen, auf Heiden und lichten Eichen- und Föhrenwäldern

998 ***Tilia tomentósa – Silberlinde***
Bis 30 m hoher, sommergrüner Baum mit steif aufrechten Ästen und graufilzigen Jungtrieben

Tilia tomentósa Moench
Silberlinde
Tiliáceae – Lindengewächse S. 106

Länge: 6–12 cm

Aussehen der Spreite: Im Umriss rundlich-herzförmig oder schief-herzförmig

Stiel: 2–3,5 cm lang, viel kürzer als bei der Hänge-Silber-Linde

Blattende: Kurz zugespitzt; mit schlanker aufgesetzter Spitze

Spreitenbasis: Meist herzförmig (tiefer eingeschnitten als bei der Hänge-Silber-Linde) bis schief-herzförmig

Blattrand: Ziemlich regelmässig gesägt/gezähnt; Blattzähne nicht grannenartig spitzig, sondern mehr dreieckig

Ober-/Unterseite: Oberseits dunkelgrün mit sehr deutlich sichtbaren Haupt- und Nebenadern; unterseits weiss oder hellgrau filzig

Anordnung am Spross: Laubblätter wechselständig angeordnet

Standort: Aus Südosteuropa und dem nördlichen Kleinasien stammender Baum, der etwa um 1770 in Mitteleuropa erstmals angepflanzt wurde; dank seiner Rauchfestigkeit ist er ein beliebter Strassenbaum der Städte

999 ***Tilia petioláris – Hänge-Silber-Linde***
Sommergrüner, bis 30 m Wuchshöhe erreichender Baum mit überhängenden Zweigen

Tilia petioláris DC, T. álba
K. Koch non Ait.
Hänge-Silber-Linde
Tiliáceae – Lindengewächse S. 106

Länge: 7–11 cm

Aussehen der Spreite: Im Umriss schief-herzförmig

Stiel: 3–6 cm lang und filzig behaart; Blätter hängend

Blattende: Kurz zugespitzt

Spreitenbasis: Schief-herzförmig oder schief-gestutzt

Blattrand: Regelmässig und scharf gesägt/gezähnt; mit grannenartig zugespitzten Blattzähnen

Ober-/Unterseite: Oberseits zuerst behaart, später nahezu verkahlend und dunkelgrün; unterseits durch Sternhaare weiss oder grauweiss; oberseits Haupt- und Seitenadern nicht stark in Erscheinung tretend

Anordnung am Spross: Laubblätter wechselständig (hier zweizeilig) angeordnet

Standort: Die der echten Silberlinde nahe verwandte Hänge-Silber-Linde wird besonders in Parkanlagen angepflanzt

1000 ***Tilia platyphýllos – Sommerlinde***
Sommergrüner, bis 40 m hoher Baum mit anfangs rotbraunen und behaarten Trieben

Tilia platyphýllos Scop.
Sommerlinde
Tiliáceae – Lindengewächse S. 54, 55, 106

Länge: 7–15 cm

Aussehen der Spreite: Im Umriss herzförmig oder schief-herzförmig

Stiel: 2–5 cm lang und oft behaart; kürzer als die Blattspreite

Blattende: Mit kurzer und aufgesetzter Spitze

Spreitenbasis: Schief herzförmig oder schief gestutzt

Blattrand: Regelmässig kerbig gesägt; Zähne alle nach vorn weisend und ohne aufgesetzte Grannenspitze

Ober-/Unterseite: Beiderseits behaart; oberseits dunkelgrün und unterseits heller grün und in den Adernwinkeln mit weisslichen Bärtchen; alle Adern mit anstehenden Haaren; Adern unterseits deutlich hervortretend

Anordnung am Spross: Laubblätter wechselständig angeordnet (Zweizeilige Stellung)

Standort: In der kollinen Stufe; in sommerwarmen Lagen an steilen Hängen, unter Felsen; auf Hügeln gepflanzt

1001 ***Tilia x euchlóra – Krimlinde***
Sommergrüner, bis 15 m hoher Baum mit überhängenden Zweigen und hängenden Ästen

Tilia x euchlóra K. Koch
(T. cordáta x dasýstyla)
Krimlinde
Tiliacea – Lindengewächse S. 106

Länge: 5–15 cm

Aussehen der Spreite: Im Umriss schief-herzförmig

Stiel: 3–6 cm lang und meist kahl

Blattende: Zugespitzt und am Ende mit aufgesetzter Grannenspitze

Spreitenbasis: Meist schief-herzförmig

Blattrand: Unregelmässig gezähnt; alle Zähne an ihrem Ende mit einer Grannenspitze

Ober-/Unterseite: Oberseits glänzend dunkelgrün bis blaugrün und kahl; unterseits etwas heller blaugrün und mit stark vortretenden Adern; in den Adernwinkeln weisslich, meist aber hell- bis mittelbraun gebärtet

Anordnung am Spross: Laubblätter wechselständig angeordnet

Standort: Heimat: vom Kaukasus bis Nordpersien; in Zentraleuropa besonders bei Alleen und in Parkanlagen angepflanzt

1002 ***Tilia cordáta – Winterlinde***
Sommergrüner, bis 30 m hoher Baum mit anfangs olivgrünen und feinbehaarten Zweigen

Tilia cordáta Mill.
Winterlinde
Tiliáceae – Lindengewächse S. 106

Länge: 4–7 cm

Aussehen der Spreite: Im Umriss herzförmig

Stiel: 2–5 cm lang und kahl

Blattende: Mit kurzer und aufgesetzter Spitze

Spreitenbasis: Regelmässig oder schief-herzförmig; seltener gestutzt

Blattrand: Fein und scharf gesägt; Blattzähne ohne aufgesetzte Grannenspitzen

Ober-/Unterseite: Oberseits glänzend dunkelgrün bis blaugrün und kahl; unterseits hell blaugrün und in den Winkeln der Adern braunrot gebärtet (auch weisslich bei sehr jungen Blättern); Adern unterseits nicht deutlich hervortretend

Anordnung am Spross: Laubblätter wechselständig angeordnet (Zweizeilige Stellung)

Standort: In der kollinen Stufe, seltener montan; in milden, sommerwarmen Lagen an steilen Hängen, unter Felsen, in Laubmischwäldern, Gebüschen und Schluchten

1003 ***Cercidiphýllum japónicum – Katsurabaum***
Sommergrüner, bis 20 m Wuchshöhe erreichender Baum mit länglich-kegelförmiger Krone

Cercidiphýllum japónicum
Sieb. et Zucc. ex Miq.
Katsurabaum
Cercidiphylláceae – Katsuragewächse S. 107

Länge: 6–12 cm

Aussehen der Spreite: Im Umriss breit-oval bis rundlich oder herzförmig

Stiel: 3–6 cm lang und neben grüner auch rote Färbung

Blattende: Sehr kurz zugespitzt

Spreitenbasis: Herzförmig

Blattrand: Gekerbt

Ober-/Unterseite: Oberseits matt- oder graugrün; unterseits hell bläulichgrün und ebenfalls kahl; bei Blättern von Langtrieben fiedernervig, bei denjenigen von Kurztrieben mit handförmigen Adern

Anordnung am Spross: Laubblätter gegenständig angeordnet (bei Langtrieben); an Kurztrieben wechselständige Anordnung

Standort: In Japan und China heimisch; seit etwa 100 Jahren in Europa in Parkanlagen und grösseren Gärten als Zierbaum angepflanzt

Ganze Laubblätter: gezähnt, gesägt und/oder gekerbt

1004 ***Pópulus x canadénis – Kanadische Pappel***
Sommergrüner, raschwüchsiger und bis 30 m hoher Baum mit hell graubraunen und kahlen Zweigen

Pópulus x canadénsis Moench
Kanadische Pappel
(= euro-amerikanische Bastarde)
Salicáceae – Weidengewächse S. 107.

Länge: 6–10 cm, grösser als die Schwarzpappelblätter

Aussehen der Spreite: Mit meist fast dreieckigem Umriss

Stiel: 3–8 cm lang, hin und wieder etwas rötlich

Blattende: Mit aufgesetzter Spitze

Spreitenbasis: Gestutzt oder leicht herzförmig

Blattrand: Wellig und kerbig gesägt; an der aufgesetzten Spitze ganzrandig

Ober-/Unterseite: Oberseits glänzend dunkelgrün und unterseits heller grün; beiderseits kahl; Seitenadern deutlicher verzweigt als bei der Schwarzpappel

Anordnung am Spross: Laubblätter wechselständig angeordnet

Standort: Um 1750 in Frankreich spontan entstanden; überall in Europa in verschiedenen Sorten an Strassen und in Parkanlagen angepflanzt

1005 ***Pópulus nigra – Schwarzpappel***
Sommergrüner, breitkroniger und bis 30 m hoher Baum mit zwei glänzend gelbbraunen Zweigen

Pópulus nigra L.
Schwarzpappel
Salicáceae – Weidengewächse S. 107

Länge: An Langtrieben 4–9 cm, an Kurztrieben etwas kleiner

Aussehen der Spreite: Im Umriss rundlich-dreieckig bis rautenförmig und im Austrieb rötlich

Stiel: 3–6 cm lang und seitlich zusammengedrückt

Blattende: Zugespitzt

Spreitenbasis: Gestutzt oder breitkeilförmig verschmälert

Blattrand: Gekerbt und gesägt; Zähne meist abgerundet

Ober-/Unterseite: Oberseits dunkelgrün und unterseits hell blaugrün; beiderseits kahl; Seitenadern nicht so stark verzweigt wie bei der Kanadischen Pappel

Anordnung am Spross: Laubblätter wechselständig angeordnet

Standort: In der Ebene in Auenwäldern und entlang der Seen und Flüsse; vor allem in Gesellschaft mit Weiden und anderen Pappel-Arten; bevorzugt werden lichte Stellen

1006 ***Pópulus nigra – Pyramidenpappel***
Sommergrüner, bis 30 m hoher Baum mit schlank kegelförmigem Wuchs

Pópulus nigra var. itálica Muenchh.
P. nigra var. pyramidális (Roz.) Spach
Pyramidenpappel
Salicáceae – Weidengewächse S. 42, 43, 107

Länge: 4–8 cm

Aussehen der Spreite: Im Umriss rautenförmig oder rhombisch

Stiel: 1–3 cm lang und oft rötlich angelaufen

Blattende: Lang zugespitzt

Spreitenbasis: Breit keilförmig

Blattrand: Buchtig gesägt/gezähnt; an der Spitze und am Grund der Spreite ganzrandig

Ober-/Unterseite: Oberseits dunkelgrün und unterseits graugrün; beiderseits kahl

Anordnung am Spross: Laubblätter wechselständig angeordnet

Standort: Von der Ebene bis in die montane Stufe; häufig an Ufern, Landstrassen, bei Bauernhöfen und Klöstern; Heimat: Persien oder Turkestan; in Europa seit der Mitte des 18. Jahrhunderts

1007 ***Bétula péndula – Hängebirke***
Sommergrüner, 5–25 m hoher Baum; Zweige mit warzigen Harzdrüsen besetzt

Bétula péndula Roth
Hängebirke, Weissbirke
Betuláceae – Birkengewächse S. 28, 29, 108

Länge: 3–7 cm

Aussehen der Spreite: Im Umriss dreieckig, eirautenförmig oder seltener rundlich; in der Jugend klebrig; Spreiten der Stockausschläge grösser und oft herzförmig

Stiel: 2–3 cm lang

Blattende: Meist lang zugespitzt

Spreitenbasis: Keilförmig verschmälert

Blattrand: Meist grob doppelt gesägt/gezähnt; gegen den Spreitengrund zu ganzrandig

Ober-/Unterseite: Beiderseits kahl; oberseits dunkelgrün und unterseits hell graugrün

Anordnung am Spross: Laubblätter wechselständig angeordnet

Standort: Von der kollinen bis in die subalpine Stufe; in der Ebene in Eichen- und Birkenwäldern, in höheren Lagen bei Mooren, in Magerweiden und Heiden; wertvolle Schutzbaumart

1008 ***Córylus avellána – Haselnuss***
Sommergrüner, vom Boden an vielstämmiger, 2–5 m hoher Strauch; Zweige drüsig behaart

Córylus avellána L.
Haselnuss
Betuláceae – Birkengewächse S. 107

Länge: 5–10 cm

Aussehen der Spreite: Im Umriss länglich verkehrt-eiförmig, rundlich oder herzförmig

Stiel: 0,5–1,5 cm lang und drüsig behaart

Blattende: Mit kurzer aufgesetzter Spitze

Spreitenbasis: Schwach herzförmig oder abgerundet

Blattrand: Doppelt gesägt/gezähnt

Ober-/Unterseite: Beiderseits mehr oder weniger weichhaarig; oberseits mittelgrün und unterseits hell- bis mittelgrün, Adern 2. und 3. Ordnung deutlich hervortretend

Anordnung am Spross: Laubblätter wechselständig angeordnet (meist zweizeilig); an kräftigen Trieben auch ringsum gestellt

Standort: Von der kollinen bis in die subalpine Stufe in Wäldern als Unterholz, Hecken, auf Wiesen und Weiden, an Bachufern, Waldrändern, steilen Halden und Wegen; Pionierpflanze

1009 ***Álnus glutinósa – Schwarzerle***
Sommergrüner, bis 20 m Baum mit olivgrünen und später grünlich-braunen, glänzenden Zweigen

Álnus glutinósa (L.) Gaertn.
Schwarzerle
Betuláceae – Birkengewächse S. 26, 27, 108

Länge: 4–10 cm

Aussehen der Spreite: Im Umriss breit verkehrt-eiförmig bis rundlich und in der Jugend klebrig; grösste Breite der Spreite oberhalb der Mitte

Stiel: 0,5–1,5 cm lang

Blattende: Abgerundet oder meist ausgerandet

Spreitenbasis: Meist breit keilförmig

Blattrand: Einfach und doppelt gesägt/gezähnt; fast alle Zähne viel breiter als hoch

Ober-/Unterseite: Oberseits mittel- bis dunkelgrün; unterseits heller grün und in den Adernwinkeln weisslich bis rostfarbig gebärtet; Haupt- und Seitenadern unterseits deutlich hervortretend

Anordnung am Spross: Laubblätter gegenständig angeordnet

Standort: Von der kollinen bis in die montane – seltener subalpinen Stufe; in quelligen Gebirgseinschnitten, Erlenbruchwäldern, an Flussufern und als Pioniergehölz auf Mooren

Ganze Laubblätter: gezähnt, gesägt und/oder gekerbt

1010 ***Vaccinium-vitis idáea – Preiselbeere***
Immergrüner, bis 30 m hoher Zwergstrauch mit aufrechten Sprossen; Grundachsen kriechend

Vaccínium vítis-idáea L. Preiselbeere

Ericáceae – Heidekrautgewächse S. 108

Länge: 1–3 cm

Aussehen der Spreite: Schmal verkehrt-eiförmig, glatt, lederig und mit der grössten Breite immer über der Mitte; Lebensdauer der Blätter 3 Jahre

Stiel: 0,3–0,5 cm und flaumig behaart

Blattende: Stumpf oder leicht abgerundet

Spreitenbasis: Keilförmig verschmälert

Blattrand: Am Rande etwas umgerollt, schwach gekerbt und gezähnt und abschnittsweise ganzrandig

Ober-/Unterseite: Oberseits glänzend dunkelgrün mit deutlich hervortretenden weissen Adern; unterseits hell grau-blaugrün und drüsig punktiert (wichtiges Merkmal!)

Anordnung am Spross: Laubblätter wechselständig angeordnet

Standort: Von der montanen bis in die alpine Stufe meist auf Rohhumus in lichten Fichten- und Arven-Lärchenwäldern, Zwergstrauchgesellschaften, Zwischenmooren und Wacholdergebüschen

1011 ***Sálix herbácea – Zwergweide***
Sommergrüner Zwergstrauch mit bis 15 cm lang kriechenden Zweigen; bis 5 cm hoch

Sálix herbácea L. Zwergweide

Salicáceae – Weidengewächse S. 108

Länge: 0,8–2 cm

Aussehen der Spreite: Im Umriss rundlich-eiförmig bis kreisrund

Stiel: 0,3–0,6 cm lang und am Grunde etwas verbreitert

Blattende: Ausgerandet

Spreitenbasis: Herzförmig oder gestutzt

Blattrand: Kerbig gesägt; Zähne 0,1–0,2 mm lang und in der Regel breit abgerundet

Ober-/Unterseite: Beiderseits mittel- bis blaugrün und kahl; deutlich netzaderig

Anordnung am Spross: Laubblätter wechselständig angeordnet

Standort: In der alpinen Stufe; durch Herabschwemmen seltener in der subalpinen und montanen Stufe; besonders in Schneetälchen; als Pionier in Gratrasen; auf basenreichen, meist kalkhaltigen Schuttböden oder auf nacktem Fels

1012 ***Pópulus álba – Silberpappel***
Sommergrüner, breitkroniger 10–30 m hoher Baum mit weiss- bis graufilzigen Langtrieben

Pópulus álba L. Silberpappel

Salicáceae – Weidengewächse S. 40, 41, 109

Länge: 5–12 cm

Aussehen der Spreite: Im Umriss vielgestaltig; vielfach dreieckig bis eiförmig und buchtig gezähnt; an manchen Zweigen annähernd kreisrund

Stiel: 2–4 cm lang, abgeflacht und weiss behaart

Blattende: Abgerundet oder kurz zugespitzt

Spreitenbasis: Abgerundet, leicht herzförmig oder gestutzt

Blattrand: Buchtig gezähnt; zwischen den abgerundeten oder stumpfen Zähnen Buchten abgerundet

Ober-/Unterseite: Beim Austrieb beiderseits wollig-filzig behaart; später oberseits glänzend dunkelgrün und meist verkahlend; unterseits bleibend dicht weissfilzig

Anordnung am Spross: Laubblätter wechselständig angeordnet

Standort: Am Rande von Auenwäldern, auf Schuttplätzen, in Ufergebüschen vorwiegend in der kollinen Stufe; steigt in den Alpen bis in eine Höhe von 1500 m; im Norden Europas nur angepflanzt

1013 ***Drýas octopétala – Silberwurz***
Immergrüner stark kriechender Spalierstrauch mit langen und reichverzweigten Stämmchen

Drýas octopétala L. Silberwurz

Rosáceae – Rosengewächse S. 109

Länge: 0,5–3 cm

Aussehen der Spreite: Im Umriss länglich-elliptisch und regelmässig grob gekerbt; Spreite lederig-runzelig

Stiel: 0,2–1 cm lang

Blattende: Stumpf oder kurz zugespitzt

Spreitenbasis: Gestutzt oder schwach herzförmig

Blattrand: Regelmässig grob gekerbt und oft etwas eingerollt

Ober-/Unterseite: Oberseits glänzend dunkelgrün und kahl; unterseits silberweiss filzig behaart

Anordnung am Spross: Laubblätter wechselständig angeordnet

Standort: Von der montanen bis in die alpine Stufe steigend; auf Kalk-Schutthalden, Fels, Moränen, in steinigen Matten und in lichten Kiefernwäldern

1014 ***Sálix aurita – Ohrweide***
Kleiner, sparriger und sommergrüner Strauch mit 0,5–3 m Wuchshöhe und bräunlichen Zweigen

Sálix auríta L. Ohrweide

Salicáceae – Weidengewächse S. 110

Länge: 2–5 cm

Aussehen der Spreite: Im Umriss schmal- bis verkehrt-eiförmig; Nebenblätter ohrförmig, gross und lange bleibend

Stiel: 0,5–0,8 cm lang und etwas behaart

Blattende: Breit abgerundet, mit kurzer, schiefer, oft etwas gefalteter Spitze

Spreitenbasis: Keilförmig verschmälert

Blattrand: Unregelmässig grob gesägt bis ausgebissen gezähnt und oft noch wellig

Ober-/Unterseite: Oberseits trübgrün, kahl und etwas gewellt; unterseits graugrün, dichtflaumig behaart; Adern weisslich-gelb und stark hervortretend

Anordnung am Spross: Laubblätter wechselständig angeordnet

Standort: Von der kollinen bis in die subalpine Stufe; in Flachmooren, an Gewässerufern und in Erlenbrüchen

1015 ***Pópulus trémula – Zitterpappel***
Sommergrüner Strauch oder bis 10 m hoher Baum mit runden Laubblättern bei Kurztrieben

Pópulus trémula L. Zitterpappel, Espe

Salicáceae – Weidengewächse S. 109

Länge: 3–9 cm; bei Ausläufern bis 15 cm lang

Aussehen der Spreite: Im Umriss eiförmig (an den Stockausschlägen) oder rundlich; an Gipfeltrieben sind die Spreiten schwarzpappelähnlich

Stiel: 3–10 cm lang, abgeflacht und oft etwas rötlich gefärbt

Blattende: Abgerundet oder aus breitem Grund kurz zugespitzt

Spreitenbasis: Gestutzt oder schwach herzförmig

Blattrand: Unregelmässig buchtig gezähnt

Ober-/Unterseite: Anfangs seidenhaarig zottig, später oberseits kahl, glanzlos und grau blaugrün; unterseits hell graugrün

Anordnung am Spross: Laubblätter wechselständig angeordnet

Standort: Von der kollinen bis in die subalpine Stufe; verbreitet in lichten Wäldern, an Wegrändern, Kahlschlägen, in Auen, Mooren und im Gebirge in sonnigen Lagen

Ganze Laubblätter: gezähnt, gesägt und/oder gekerbt

1016 ***Úlmus glábra – Bergulme***
Sommergrüner, breitkroniger Baum von 30–40 m Höhe; Zweige zuerst behaart, rotbraun

Úlmus glábra
Huds. emend. Moss (U. scábra Mill.)

Bergulme
Ulmáceae – Ulmengewächse S. 56, 57, 109

Länge: 5–16 cm
Aussehen der Spreite: Im Umriss elliptisch, eiförmig oder verkehrteiförmig; im oberen Drittel am breitesten; hin und wieder dreizipflig
Stiel: 3–6 mm; wird oft von der einen Spreitenhälfte verdeckt
Blattende: Fein zugespitzt
Spreitenbasis: Nur schwach unsymmetrisch; Spreitenhälften nicht auf gleicher Höhe rund endend
Blattrand: Grob doppelt gesägt und im unteren Teil einfach gesägt; Doppelzähne sichelförmig gekrümmt
Ober-/Unterseite: Oberseits dunkelgrün und rauh; unterseits mittelgrün und auf den grösseren Adern fein weisshaarig; die jederseits 13–20 Seitenadern meist gegabelt
Anordnung am Spross: Laubblätter wechselständig angeordnet (zweizeilige Stellung)
Standort: Vor allem in der kollinen und montanen Stufe am Rande von Auenwäldern, in Schluchten, an Schattenhängen und in Hochstaudenfluren

1017 ***Úlmus láevis – Flatterulme***
Sommergrüner, bis 30 m hoher Baum mit anfangs dicht weichhaarigen Zweigen

Úlmus láevis Pall.
Flatterulme
Ulmáceae – Ulmengewächse S. 109

Länge: 7–12 cm
Aussehen der Spreite: Im Umriss schmal-oval, oval oder rundlich; in der Mitte am breitesten
Stiel: Nur sehr kurz, bis 5 mm lang
Blattende: Kurz und fein zugespitzt
Spreitenbasis: Auffallend schief und unsymmetrisch
Blattrand: Scharf doppelt gesägt/gezähnt; Hauptzähne nach vorn gerichtet
Ober-/Unterseite: Oberseits matt dunkelgrün; unterseits graugrün und fein behaart; jederseits mit 12–19 Seitenadern 1. Ordnung (in längerer Blatthälfte deren 2 oder 3 mehr); Seitenadern im oberen Drittel des Blattes fast niemals gegabelt
Anordnung am Spross: Laubblätter wechselständig angeordnet (zweizeilige Stellung)
Standort: In der kollinen Stufe vor allem in Auenwäldern, in feuchten Mischwäldern und an Waldrändern; als Allee- und Strassenbaum geeignet

1018 ***Úlmus campéstris – Feld-Ulme***
Sommergrüner, reich verzweigter und bis 40 m hoher Baum mit anfangs rotbraunen Zweigen

Úlmus minor Mill.
U. campéstris auct. non L.
Feld-Ulme, Feld-Rüster
Ulmáceae – Ulmengewächse S. 109

Länge: 3,5–8 cm
Aussehen der Spreite: Im Umriss vielgestaltig; meist schmal verkehrt-eiförmig oder verkehrtelliptisch und mit der grössten Breite in der Mitte
Stiel: 0,5–1,3 cm lang und meist etwas behaart
Blattende: Mit verlängerter und schmaler Spitze
Spreitenbasis: Ungleich; keilförmig oder abgerundet
Blattrand: Einfach und doppelt gesägt; Zähne zur Blattspitze weisend
Ober-/Unterseite: Oberseits dunkelgrün und kahl; unterseits heller grün und mit deutlicher, sametigen Haarbüscheln in den Adernwinkeln; mit 9–12 deutlich hervortretenden und bis in die Zähne reichenden Seitenadern
Anordnung am Spross: Laubblätter wechselständig angeordnet; zweizeilige Stellung
Standort: In der kollinen Stufe entlang von Flussauen, in sonnigen Hangwäldern und an Waldrändern

1019 ***Céltis austrális – Zürgelbaum***
Sommergrüner, bis 20 m hoher Baum mit sehr langen und grünlichen Jungtrieben

Céltis austrális L.
Zürgelbaum
Ulmáceae – Ulmengewächse S. 110

Länge: 4–15 cm
Aussehen der Spreite: Im Umriss schief länglich-oval bis schmaleiförmig
Stiel: 1–1,5 cm lang
Blattende: Schlank zugespitzt
Spreitenbasis: Schief gestutzt oder schief abgerundet
Blattrand: Scharf gesägt; Zähne nach der Blattspitze zu gerichtet und mit schlanker Spitze endend
Ober-/Unterseite: Oberseits rauh behaart und dunkelgrün; unterseits graugrün und weich behaart; neben der Mittelrippe je eine kräftige Seitenader bis gegen die Mitte der Spreite reichend
Anordnung am Spross: Laubblätter wechselständig angeordnet; zweizeilig gestellt
Standort: In der kollinen Zone; wärmeliebend; an trockenen und felsigen Hängen

1020 ***Pópulus trichocárpa – Westl. Balsam-Pappel***
Sommergrüner, bis 30 m hoher Baum mit leicht kantigen, olivgrünen Zweigen

Pópulus trichocárpa
Torr. et A. Gray ex Hook
Westliche Balsam-Pappel
Salicáceae – Weidengewächse S. 110

Länge: 8–14 cm; an kräftigen Trieben bis 25 cm
Aussehen der Spreite: Im Umriss breit-eiförmig bis rhombisch und unterhalb der Mitte am breitesten; Spreite derb und etwas lederig
Stiel: 2–5 cm lang und oberseits meist rötlich gefärbt
Blattende: Zugespitzt
Spreitenbasis: Abgerundet oder gestutzt; seltener herzförmig
Blattrand: Fein kerbig gesägt
Ober-/Unterseite: Oberseits dunkelgrün und kahl; unterseits weisslich oder rostfarbig und kahl bis fein flaumig
Anordnung am Spross: Laubblätter wechselständig angeordnet
Standort: Heimat Nordamerika; oft in Parkanlagen oder Aufforstungsgebieten angepflanzt

1021 ***Sórbus ária – Mehlbeere***
Sommergrüner, oft mehrstämmiger Strauch oder bis 15 m hoher Baum; sonnenseits rötl. Zweige

Sórbus ária (L.) Crantz
Mehlbeere
Rosáceae – Rosengewächse S. 110

Länge: 6–12 cm und bis 8 cm breit
Aussehen der Spreite: Im Umriss eiförmig, elliptisch oder seltener beinahe rundlich
Stiel: 1–2 cm lang und wollig weiss behaart
Blattende: Stumpf oder abgerundet und mit kurzer Spitze
Spreitenbasis: Breit keilförmig verschmälert
Blattrand: Einfach und doppelt gesägt/gezähnt; seltener etwas gelappt
Ober-/Unterseite: Oberseits mittelgrün und etwas seidig behaart, später verkahlend; unterseits dicht weissfilzig behaart und daher hellgrau bis weiss; 10–14 Seitenadernpaare unterseits stark hervortretend
Anordnung am Spross: Laubblätter wechselständig angeordnet (= an Langtrieben); an Kurztrieben zu 2 oder 3 angeordnet
Standort: An sonnigen, ziemlich trockenen und südexponierten Hängen, auf Felsen, Felsschutt, in lichten Laub- und Laubmischwäldern, Gebüschen von der kollinen bis in die subalpine Stufe

1022 ***Bétula nána – Zwerg-Birke***
Sommergrüner, reichverzweigter, 50–100 cm hoher Zwergstrauch mit anfangs feinfilzigen Zweigen

Bétula nána L.
Zwerg-Birke
Betuláceae – Birkengewächse S. 111

Länge: Die meisten Laubblätter kleiner als 3 cm (meist 1–1,5 cm)

Aussehen der Spreite: Im Umriss meist rundlich und auch breiter als lang; in der Jugend etwas klebrig

Stiel: 1–2 mm lang und dunkelrot gefärbt

Blattende: Mit grobem Zahn endend

Spreitenbasis: Gestutzt bis schwach herzförmig

Blattrand: Einfach gesägt; Zähne breit und stumpf

Ober-/Unterseite: Oberseits dunkelgrün, kahl und etwas gewellt; unterseits weisslich mit dunkelgrünem netzaderigem Adernwerk

Anordnung am Spross: Laubblätter wechselständig angeordnet

Standort: Im nördlichen, arktischen und nordöstlichen Europa an moorigen Standorten und in Zwergstrauch-Gesellschaften verbreitet; in Mitteleuropa in offenen Hoch- und Kiefernmooren

1023 ***Bétula intermédia***
Sommergrüner, 1–2 m hoher Strauch mit anfangs schwach behaarten Zweigen

Bétula intermédia (Hartm.) Thomas = B. nána × B. pubéscens
Betuláceae – Birkengewächse S. 111

Länge: 0,8–2,5 cm

Aussehen der Spreite: Im Umriss elliptisch bis breit verkehrt-eiförmig oder rautenförmig

Stiel: 0,3–0,7 cm lang

Blattende: Abgerundet und mit oberstem Zahn endend oder rundlich und mit 2- oder mehreren Zähnen endend

Spreitenbasis: Breit keilförmig

Blattrand: Grob einfach gesägt; Zähne breit, abgerundet oder kurz zugespitzt

Ober-/Unterseite: Beiderseits drüsig punktiert; oberseits dunkelgrün und unterseits graugrün mit dunkelgrünen Adern 2. und weiterer Ordnungen

Anordnung am Spross: Laubblätter wechselständig angeordnet

Standort: Besonders in Nordeuropa bei Seen, Flüssen und Mooren

1024 ***Nothofágus antártica – Scheinbuche***
In Chile – seiner Heimat – bis 35 m hoher, sommergrüner Baum; Zweige anfangs behaart

Nothofágus antártica (G. Forst.) Oerst.
Scheinbuche, antarktische Scheinbuche
Fagáceae – Buchengewächse S. 111

Länge: 1–3 cm

Aussehen der Spreite: Im Umriss eiförmig bis rundlich

Stiel: 2–4 mm lang

Blattende: Abgerundet

Spreitenbasis: Regelmässig oder unregelmässig gestutzt oder herzförmig

Blattrand: Unregelmässig gekerbt, gesägt und gebuchtet; Zähne abgerundet oder zugespitzt

Ober-/Unterseite: Oberseits glänzend dunkelgrün und oft leicht runzelig; unterseits graugrün und kahl; Haupt- und Seitenadern 1. Ordnung hell bräunlichgrün; Adern weiterer Ordnungen dunkelgrün und deutlich sichtbar

Anordnung am Spross: Laubblätter auffallend zweizeilig angeordnet

Standort: In Mitteleuropa selten höher als 6 m; gelegentlich in Parkanlagen angepflanzt; in GB und Irland versuchsweise forstlich angebaut

1025 ***Rhámnus saxátilis – Felsen-Kreuzdorn***
Sommergrüner, bis 1 m hoher, stark dorniger, sparrig verzweigter Strauch mit graubraunen Zweigen

Rhámnus saxátilis Jacq.
Felsen-Kreuzdorn
Rhamnáceae – Kreuzdorngewächse S. 111

Länge: 1–3 cm

Aussehen der Spreite: Im Umriss lanzettlich bis elliptisch

Stiel: 0,2–0,5 mm lang

Blattende: Zugespitzt

Spreitenbasis: Keilig verschmälert

Blattrand: Fein und unregelmässig gesägt

Ober-/Unterseite: Oberseits dunkelgrün und unterseits weisslich grün; dunkelgrüne Seitenadern bogenförmig; beiderseits kahl

Anordnung am Spross: Laubblätter gegenständig oder fast gegenständig angeordnet; an Kurztrieben zuweilen büschelig angeordnet

Standort: Von der kollinen bis in die montane Stufe in lichten, sonnigen Kiefernwäldern, Gebüschen, an Waldrändern und felsigen Hängen; in Süddeutschland, im südlichen Mitteleuropa und in Südeuropa verbreitet

1026 ***Myrica gále – Gagelstrauch***
Sommergrüner, reichverzweigter, 50–125 cm hoher Strauch; Zweige anfangs flaumig behaart

Myríca gále L.
Gagelstrauch
Myricáceae – Gagelstrauchgewächse S. 110

Länge: 2–5 cm

Aussehen der Spreite: Im Umriss länglich verkehrt-eiförmig und etwas derb

Stiel: 0,3–0,6 mm lang

Blattende: Mit ganz kurzer aufgesetzter Spitze

Spreitenbasis: Schmal keilförmig zusammenlaufend

Blattrand: In der oberen Hälfte grob gezähnt, darunter ganzrandig und oft wellig

Ober-/Unterseite: Oberseits matt dunkelgrün, etwas fein behaart und unterseits hellgrün und bei der Hauptader fein behaart; diese stark hervortretend; beiderseits mit gelblichen Harzdrüsen

Anordnung am Spross: Laubblätter wechselständig angeordnet

Standort: Von Norddeutschland bis zum 69. Breitengrad in Heidemooren, torfigen Heiden und Kiefernwäldern, Weidesümpfen und moorigen Sandböden

1027 ***Sálix glábra – Kahle Weide***
Sommergrüner, 80–150 cm hoher Strauch mit graubraunen und kahlen Zweigen

Sálix glábra Scopoli
Kahle Weide
Salicáceae – Weidengewächse S. 111

Länge: 3–9 cm

Aussehen der Spreite: Im Umriss lanzettlich bis verkehrt-eiförmig

Stiel: 0,5–1,5 cm lang und am Grunde etwas verbreitert

Blattende: Zugespitzt oder mit kurzer, aufgesetzter Spitze

Spreitenbasis: Keilförmig verschmälert

Blattrand: Regelmässig fein gesägt

Ober-/Unterseite: Oberseits glänzend dunkelgrün und unterseits weisslich blaugrün und mit dichtem Wachsbelag; beiderseits kahl

Anordnung am Spross: Laubblätter wechselständig angeordnet

Standort: In der hochmontanen und subalpinen Stufe auf steinigen Weiden und feuchten Hochstaudenfluren; nicht häufig

Ganze Laubblätter: gezähnt, gesägt und/oder gekerbt

1028 ***Sálix hastáta – Spiess-Weide***
Sommergrüner, 0,5–1,5 m hoher Strauch mit bogig aufwärts gerichteten Zweigen

Sálix hastáta L. Spiess-Weide, Spiessblättrige Weide

Salicáceae – Weidengewächse S. 112

Länge: 3–8 cm

Aussehen der Spreite: Im Umriss elliptisch bis eiförmig

Stiel: 3–8 mm lang, am Grunde etwas verbreitert und oberseits schwach rötlich gefärbt

Blattende: Kurz zugespitzt

Spreitenbasis: Herzförmig

Blattrand: Fein gesägt/gezähnt

Ober-/Unterseite: Oberseits dunkelgrün und kahl; unterseits hell grau bläulichgrün und nur anfangs behaart; etwas wachsig anzufühlen; Mittelrippe unterseits deutlich hervortretend

Anordnung am Spross: Laubblätter wechselständig angeordnet

Standort: In der montanen und subalpinen Stufe; an steinigen und grasigen Abhängen, auf feuchten Böden und auf ständig durchfeuchteten Alluvionen der Flüsse und Bäche

1029 ***Sálix cinérea – Asch-Weide***
Sommergrüner, aufrechter und bis 5 m hoher Strauch mit anfangs grauen Zweigen

Sálix cinérea L. Asch-Weide, Grau-Weide

Salicáceae – Weidengewächse S. 111

Länge: 5–9 cm

Aussehen der Spreite: Im Umriss breit-lanzettlich bis verkehrt-eiförmig

Stiel: 0,5–2 cm lang und am Grunde etwas verbreitert

Blattende: Kurz zugespitzt

Spreitenbasis: Keilförmig verschmälert

Blattrand: Wellig und unregelmässig fein bis grob gezähnt

Ober-/Unterseite: Oberseits mattgrün, glanzlos und kurzhaarig; unterseits graugrün und samtfilzig; Adern unterseits stark hervortretend

Anordnung am Spross: Laubblätter wechselständig angeordnet

Standort: Von der kollinen bis in die montane Stufe auf Mooren und nassen Wiesen, an feuchten Waldrändern, Tümpeln und in feuchtem, bodensaurem Gelände; die graue Weide ist sehr gut an ihrem abgeflachten Umriss zu erkennen

1030 ***Sálix cáprea – Salweide***
Sommergrüner Strauch oder bis 9 m hoher Baum mit anfangs graugrünen und behaarten Zweigen

Sálix cáprea L. Salweide

Salicáceae – Weidengewächse S. 112

Länge: 4–10 cm

Aussehen der Spreite: Im Umriss breit-elliptisch bis eiförmig

Stiel: 1–2 cm lang, am Grunde etwas verbreitert, leicht rötlich gefärbt und flaumig

Blattende: Mit kurzer, seitlich zurückgebogener Spitze

Spreitenbasis: Keilförmig verschmälert

Blattrand: Wellig oder grob gezähnt bis kerbig

Ober-/Unterseite: Oberseits bräunlich-dunkelgrün und kahl; unterseits durch flaumige Behaarung graugrün; Adern stark hervortretend

Anordnung am Spross: Laubblätter wechselständig angeordnet

Standort: Von der kollinen bis in die subalpine Stufe; als Erstbesiedler in Kahlschlägen, auf Brachland und in Kiesgruben; zusätzlich im Saum von Gewässern, in der Weichholzaue der Auenwälder, an Flussufern, an Waldsäumen, Schutthalden und Felsen

1031 ***Málus doméstica – Apfelbaum***
Sommergrüner Strauch oder bis 10 m hoher Baum mit rötlichbraunen und dornenlosen Zweigen

Málus sylvéstris ssp. doméstica (Borkh.) Mansf. Apfelbaum

Rosáceae – Rosengewächse S. 38, 39, 112

Länge: 5–9 cm

Aussehen der Spreite: Im Umriss schmal-elliptisch, elliptisch bis eiförmig

Stiel: 2–5 cm lang

Blattende: Mit kurzer aufgesetzter Spitze

Spreitenbasis: Keilig, abgerundet oder gestutzt

Blattrand: Regelmässig gesägt; Zähne meist über 0,5 mm lang und zum grössten Teil nach der Blattspitze zu gerichtet; gröber gesägt als beim Birnbaum

Ober-/Unterseite: Oberseits dunkelgrün, oft etwas gewellt und kahl; unterseits hell graugrün und anfangs stark filzig

Anordnung am Spross: Laubblätter wechselständig angeordnet

Standort: Als Fruchtbaum in zahlreichen Sorten von der kollinen bis in die montane Stufe kultiviert; in Gärten und Obstplantagen

1032 ***Pýrus commúnis – Birnbaum***
Sommergrüner Strauch (z. B. Spaliersträucher) oder bis 20 m hoher Baum mit braunen Zweigen

Pýrus commúnis L. Birnbaum

Rosáceae – Rosengewächse S. 44, 45, 112

Länge: 3–8 cm

Aussehen der Spreite: Im Umriss elliptisch, eiförmig oder rundlich und derb

Stiel: 1–8 cm; ebenso lang oder etwas kürzer als die Spreite

Blattende: Kurz und schmal zugespitzt

Spreitenbasis: Keilförmig oder schwach abgerundet

Blattrand: Fein gesägt und abschnittsweise ganzrandig; Zähne an ausgewachsenen Blättern 0,2–0,5 mm lang und nicht stachelspitzig

Ober-/Unterseite: Oberseits glänzend und kahl, unterseits anfangs etwas behaart, später ganz oder fast kahl und etwas heller grün

Anordnung am Spross: Laubblätter wechselständig angeordnet

Standort: Von der kollinen bis in die montane Stufe; in wintermilden Lagen in Gärten und Obstkulturen; in vielen Sorten gezüchtet

1033 ***Álnus incána – Grau-Erle***
Sommergrüner, vielstämmiger Strauch oder bis 25 m hoher Baum; Zweige zuerst rötlichbraun

Álnus incána (L.) Moench Grau-Erle, Weiss-Erle

Betuláceae – Birkengewächse S. 112

Länge: 5–10 cm

Aussehen der Spreite: Im Umriss breit-eiförmig bis breit-elliptisch

Stiel: 0,7–2 cm lang

Blattende: Kurz zugespitzt

Spreitenbasis: Breit keilförmig

Blattrand: Doppelt gesägt; alle Zähne viel breiter als hoch

Ober-/Unterseite: In der Jugend beiderseits weichhaarig; später oberseits fast kahl und dunkelgrün; unterseits bleibend graugrün, behaart bis filzig; gegen Ende der Vegetationszeit nur noch bei den Blattadern behaart

Anordnung am Spross: Laubblätter wechselständig angeordnet

Standort: Von der kollinen bis in die montane Stufe, seltener in der subalpinen Stufe; als Pionierpflanze und Bodenbefestiger in Auenwäldern, an Ufern und in Lawinenzügen; dauernde Staunässe wird gemieden, sickerfeuchte Lagen und zeitweilige Überschwemmungen werden ertragen

1034 *Vaccínium myrtíllus – Heidelbeere*
Sommergrüner, 30–50 cm hoher, straff aufrechter Strauch; Zweige grün, kahl, scharfkantig

Vaccínium myrtíllus L. Heidelbeere

Ericáceae – Heidekrautgewächse S. 113

Länge: 1–3 cm

Aussehen der Spreite: Im Umriss länglich-eiförmig, elliptisch oder eiförmig mit der grössten Breite meist unterhalb der Mitte

Stiel: Sehr kurzgestielt, 0,5–3 mm lang

Blattende: Abgerundet oder kurz zugespitzt

Spreitenbasis: Breit-keilförmig oder gestutzt

Blattrand: Fein gesägt, gezähnt und gekerbt; Zähne 0,1–0,3 mm lang, nach vorn gerichtet, oft mit Drüsen versehen und flach

Ober-/Unterseite: Oberseits dunkelgrün und unterseits heller grün; beiderseits kahl

Anordnung am Spross: Laubblätter wechselständig angeordnet

Standort: Von der kollinen bis in die subalpine Stufe; in artenarmen Laub- und Nadelwäldern Bestände bildend; auch auf mageren Weiden, versauerten Waldböden, in Mooren und in Zwergstrauchheiden

1035 *Bétula húmilis – Strauch-Birke*
Sommergrüner, bis 3 m hoher Strauch mit graubraunen Zweigen und weisslichen Lentizellen

Bétula húmilis Schrank Strauch-Birke, nordische Birke

Betuláceae – Birkengewächse S. 114

Länge: 1–3,5 cm

Aussehen der Spreite: Im Umriss elliptisch, eiförmig bis rundlich

Stiel: 0,3–0,7 cm lang und oberseits oft etwas rötlich verfärbt

Blattende: Stumpflich bis schwach zugespitzt

Spreitenbasis: Keilförmig verschmälert

Blattrand: Einfach und unregelmässig gesägt

Ober-/Unterseite: Oberseits glänzend dunkelgrün und kahl; unterseits heller grün, deutlich netzaderig und mit 4 oder 5 Paaren von Seitenadern

Anordnung am Spross: Laubblätter wechselständig angeordnet

Standort: Von der kollinen bis in die montane Stufe; in offenen Hoch- und Kiefernmooren, auf versauerten Flachmooren, in lichten Birken- und Weidengehölzen und Erlenbrüchen

1036 *Amelánchier ovális – Gem. Felsenbirne*
Sommergrüner, 1–3 m hoher Strauch mit anfangs weisswollig behaarten Zweigen

Amelánchier ovális Medik. Gemeine Felsenbirne, Felsenmispel

Rosáceae – Rosengewächse S. 113

Länge: 2–4,5 cm

Aussehen der Spreite: Im Umriss eiförmig bis rundlich

Stiel: 1–2 cm lang und besonders in der Jugend filzig behaart

Blattende: Abgerundet

Spreitenbasis: Abgerundet oder schwach herzförmig

Blattrand: Fein gesägt oder gezähnt; abschnittsweise auch ganzrandig oder gekerbt

Ober-/Unterseite: Dunkelgrün und kahl; unterseits nur leicht heller grün und in der Jugend flockig behaart, später verkahlend

Anordnung am Spross: Laubblätter wechselständig angeordnet

Standort: Von der kollinen bis in die subalpine Stufe; an warmen und steilen Hängen, in Felsspalten, felsigen Eichen- oder Kiefernwäldern, lichten Gebüschen und Legföhrenbeständen in den Alpen

1037 *Bétula pubéscens – Moor-Birke*
Sommergrüner Grossstrauch oder bis 30 m hoher Baum; Zweige anfangs dicht flaumig behaart

Bétula pubéscens Ehrh. Moor-Birke

Betuláceae – Birkengewächse S. 114

Länge: 3–5 cm

Aussehen der Spreite: Breiteiförmig bis rhombisch; in der Jugend aromatisch duftend; in der Mitte der Blattspreite am breitesten

Stiel: 1–2 cm lang und etwas behaart

Blattende: Kurz zugespitzt

Spreitenbasis: Breit-keilförmig oder abgerundet

Blattrand: Ungleich doppelt gesägt/gezähnt; am Spreitengrund ganzrandig

Ober-/Unterseite: Beiderseits mehr oder weniger behaart; oberseits dunkelgrün und verkahlend; unterseits in den Achseln der grösseren Blattadern mit feinem Flaum

Anordnung am Spross: Laubblätter wechselständig angeordnet

Standort: Von der kollinen bis in die subalpine Stufe zerstreut in Moor- und Bruchwäldern, in Zwischenmooren, Erlenbrüchen und Gebüschen

1038 *Prúnus armeníaca – Aprikose*
Sommergrüner Strauch oder bis 10 m hoher Baum mit anfangs rötlichbraunen Zweigen

Prúnus armeníaca L. Aprikose

Rosáceae – Rosengewächse S. 113

Länge: 5–10 cm

Aussehen der Spreite: Im Umriss breit-eiförmig, rundlich oder schwach herzförmig

Stiel: 3–7 cm lang und dunkelrot gefärbt; gewöhnlich mit 2 Drüsenhöckern

Blattende: Kurz zugespitzt

Spreitenbasis: Breit keilförmig, abgerundet oder gestutzt

Blattrand: Fein gesägt

Ober-/Unterseite: Beiderseits kahl; oberseits mattgrün und unterseits etwas heller grün

Anordnung am Spross: Laubblätter wechselständig angeordnet

Standort: In Weinbaugebieten kultiviert; liebt kältegeschützte und sonnige Lagen

1039 *Arbútus únedo – Erdbeerbaum*
Immergrüner, bis 10 m hoher Baum mit dichter und stark rundlich gewölbter Krone

Arbútus únedo L. Erdbeerbaum

Ericáceae – Erikagewächse S. 113

Länge: 5–10 cm

Aussehen der Spreite: Im Umriss länglich-elliptisch

Stiel: 0,5–1,5 cm lang, kräftig behaart und oft etwas rötlich

Blattende: Stumpf und mit mehreren kurzen Zähnen oder kurz zugespitzt

Spreitenbasis: Keilförmig verschmälert

Blattrand: Unregelmässig und verschieden lang gesägt; Zähnchen an der Spitze deutlich rötlich gefärbt; gegen den Spreitengrund zu ganzrandig

Ober-/Unterseite: Oberseits glänzend dunkelgrün im Wechsel mit hellgrünen Stellen und kahl; unterseits deutlich heller grün, kahl und nur Mittelrippe hervortretend

Anordnung am Spross: Laubblätter wechselständig angeordnet

Standort: Besonders im Mittelmeergebiet in Trockengebüschen und in Macchien; entlang der Atlantikküste (bis Irland); häufig als Schmuckbaum in Gärten und Parkanlagen gepflanzt

1040 ***Prúnus lusitánica – Port. Lorbeer-Kirsche***
Immergrüner Strauch oder bis 20 m hoher Baum mit roten und kahlen Zweigen

Prúnus lusitánica L. Portugiesische Lorbeer-Kirsche

Rosáceae – Rosengewächse S. 113

Länge: 6–12 cm

Aussehen der Spreite: Im Umriss länglich-eiförmig, dünn und lederig

Stiel: 1–2,5 cm lang, oft stark gerötet und oberseits rinnig

Blattende: Zugespitzt; Spitze oft etwas abgerundet

Spreitenbasis: Meist abgerundet

Blattrand: Unregelmässig gesägt/gezähnt und stellenweise auch gewellt

Ober-/Unterseite: Oberseits glänzend dunkelgrün und unterseits hellgrün; beiderseits kahl; nur Hauptader deutlich hervortretend

Anordnung am Spross: Laubblätter wechselständig angeordnet

Standort: In Spanien und Portugal heimischer Baum; in Mitteleuropa an wärmeren Lagen in Gärten gepflanzt

1041 ***Álnus víridis – Grünerle***
Sommergrüner, mehrstämmiger Strauch von 0,5–2,5 m Wuchshöhe mit rötlichbraunen Zweigen

Álnus víridis (Chaix) DC. ssp. víridis Grünerle, Alpenerle

Betuláceae – Birkengewächse S. 114

Länge: 3–6 cm

Aussehen der Spreite: Im Umriss elliptisch bis breit-eiförmig

Stiel: 1–2 cm lang und rinnig, im unteren Teil oberseits auch rötlich gefärbt möglich

Blattende: Stumpf mit kleinen Zähnen oder spitz

Spreitenbasis: Breit-keilförmig, abgerundet oder seltener gestutzt oder herzförmig

Blattrand: Einfach oder kurz doppelt gesägt oder unregelmässig gesägt; die meisten Zähne höher als breit

Ober-/Unterseite: Oberseits dunkelgrün und kahl; unterseits heller grün, kahl mit Ausnahme der Adernwinkeln, die bärtig sein können; mit 5–10 deutlich hervortretenden Seitenadernpaaren

Anordnung am Spross: Laubblätter wechselständig angeordnet

Standort: In der montanen und subalpinen Stufe, seltener kollin; an schattigen und feuchten Abhängen, Bächen, Gräben, Lawinenzügen, auf Weiden in Schneerunsen

1042 ***Cárpinus bétulus – Weissbuche***
Sommergrüner, bis 20 m hoher Baum mit anfangs behaarten und später verkahlenden Zweigen

Cárpinus bétulus L. Hagebuche, Hainbuche, Weissbuche

Betuláceae – Birkengewächse S. 114

Länge: 4–12 cm

Aussehen der Spreite: Im Umriss eiförmig bis länglich-eiförmig

Stiel: 0,5–1,5 cm lang; oberseits oft rötlich

Blattende: Stumpflich oder mehrheitlich zugespitzt

Spreitenbasis: Regelmässig oder schief abgerundet bis herzförmig

Blattrand: Einfach und doppelt gesägt; einzelne Zähne sehr klein

Ober-/Unterseite: Oberseits sattgrün und kahl; unterseits heller grün und in den Adernwinkeln spärlich behaart; Seitenadern bis zum Rand reichend, stark hervortretend und gerade; beiderseits zwischen den Seitenadern plisseeartig gefaltet

Anordnung am Spross: Laubblätter wechselständig angeordnet; streng zweizeilig gestellt

Standort: In der kollinen Stufe, seltener montan; in Eichen-, Hagebuchenwäldern als Charakterart, in Hecken, an Waldrändern und häufig bei Gartenanlagen und Parks als Abschlussstrauch

1043 ***Óstrya carpinifólia – Hopfenbuche***
Sommergrüner, bis 20 m hoher Baum mit anfangs bräunlich behaarten Zweigen

Óstrya carpinifólia Scop. Hopfenbuche

Betuláceae – Birkengewächse S. 115

Länge: 5–12 cm

Aussehen der Spreite: Im Umriss eilänglich oder eiförmig; Blätter im jungen Zustand etwas gefaltet

Stiel: 4–12 mm lang

Blattende: Zugespitzt

Spreitenbasis: Breit keilförmig oder abgerundet

Blattrand: Scharf einfach und doppelt gesägt; Zähne länger und feiner zugespitzt als bei der Hagebuche

Ober-/Unterseite: Beiderseits nur wenig behaart; oberseits dunkelgrün und glatt; unterseits gelbgrün und in den Adernwinkeln etwas behaart; mit jederseits 11–15 Seitenadern; zwischen Adern nicht gewellt; erste Seitenadern zu Beginn etwas gebogen

Anordnung am Spross: Laubblätter mit wechselständiger Anordnung (zweizeilige Stellung)

Standort: In der kollinen und montanen Stufe an buschigen, steinigen, sonnigen Abhängen, Felsen, südexponierten Hängen in der Zone der Flaumeichenwälder; Verbreitungsschwerpunkt ist das östliche Mittelmeergebiet

1044 ***Mórus álba – Weisser Maulbeerbaum***
Sommergrüner Strauch oder bis 15 m hoher Baum mit anfangs hell braungelben Zweigen

Mórus álba L. Weisser Maulbeerbaum

Moráceae – Maulbeergewächse S. 115

Länge: 7–18 cm

Aussehen der Spreite: Im Umriss vielgestaltig; oft ungelappt und dabei breit-eiförmig

Stiel: 2–5 cm lang, etwas behaart (später auch kahl) und oberseits rinnig

Blattende: Abgerundet und mit kurzem Zahn oder kurz zugespitzt

Spreitenbasis: Gestutzt oder leicht herzförmig

Blattrand: Ungleich gesägt; Zähne nicht so lang wie beim Schwarzen Maulbeerbaum und zusätzlich oft abgerundet

Ober-/Unterseite: Oberseits glatt oder etwas rauh und glänzend dunkelgrün; unterseits blaugrün und nur bei den Adern behaart; diese weisslichgelb und deutlich hervortretend

Anordnung am Spross: Laubblätter wechselständig angeordnet; meist zweizeilig gestellt

Standort: Aus China und Korea stammend und seit 4600 Jahren für die Seidenraupenzucht kultiviert; im südlichen Europa seit dem 11. Jahrhundert angepflanzt; in der kollinen Stufe stellenweise verwildert

1045 ***Mórus nigra L. – Schwarzer Maulbeerbaum***
Sommergrüner, 15–20 m hoher und reichverzweigter Baum; Blätter auch gelappt

Mórus nigra L. Schwarzer Maulbeerbaum

Moráceae – Maulbeergewächse S. 115

Länge: 6–18 cm

Aussehen der Spreite: Im Umriss vielgestaltig; vielfach breit-oval bis herzförmig

Stiel: 1–2 cm lang

Blattende: Fein zugespitzt; deutlich spitzer als beim weissen Maulbeerbaum

Spreitenbasis: Gestutzt, herzförmig bis schief herzförmig

Blattrand: Grob gesägt

Ober-/Unterseite: Oberseits glänzend dunkelgrün und sehr rauh behaart; unterseits heller blaugrün und behaart; Adern weisslichgelb und deutlich hervortretend

Anordnung am Spross: Laubblätter wechselständig angeordnet

Standort: Altes Kulturgehölz; seit dem 16. Jahrhundert besonders im Weinbaugebiet angepflanzt, vorwiegend in Klostergärten zu finden; häufiger zu finden ist er im Tessin, in Kärnten, Tirol und in der Steiermark; den Griechen und Römern war der Baum gut bekannt

1046 ***Prúnus máhaleb – Steinweichsel***
Sommergrüner, 5–10 m hoher Baum mit anfangs fein behaarten Trieben; Zweige wohlriechend

Prúnus máhaleb L. Felsen-Kirsche, Steinweichsel

Rosáceae – Rosengewächse S. 115

Länge: 3–6 cm

Aussehen der Spreite: Im Umriss breit-eiförmig bis rundlich

Stiel: 1–2 cm und meist ohne Drüsen

Blattende: Stumpf oder kurz zugespitzt

Spreitenbasis: Gestutzt, abgerundet oder leicht herzförmig

Blattrand: Gekerbt-gesägt

Ober-/Unterseite: Oberseits glänzend dunkelgrün und kahl; unterseits blaugrün und bei der Mittelader oft etwas behaart; unterseits nur Hauptader deutlich hervortretend

Anordnung am Spross: Laubblätter wechselständig angeordnet

Standort: In der kollinen und montanen Stufe in warmen Lagen; besonders an trockenen und warmen Hängen, in lichten Eichen- und Kiefernwäldern, Gebüschen und Hecken

1047 ***Rhámnus púmila – Zwerg-Kreuzdorn***
Sommergrüner, niederliegender (nur 10–20 cm hoch) Strauch

Rhámnus púmila (Turra) W. Vent Zwerg-Kreuzdorn

Rhamnáceae – Kreuzdorngewächse S. 115

Länge: 2–5 cm

Aussehen der Spreite: Im Umriss elliptisch, verkehrt-eiförmig oder rundlich

Stiel: 4–9 mm lang

Blattende: Plötzlich kurz zugespitzt

Spreitenbasis: Meist keilförmig

Blattrand: Sehr fein kerbig gesägt

Ober-/Unterseite: Oberseits dunkelgrün und kahl; unterseits heller grün und bei den Adern etwas behaart, später auch verkahlend; mit 4–9 (12) bogenförmigen und gut sichtbaren Seitenadernpaaren

Anordnung am Spross: Laubblätter wechselständig angeordnet

Standort: Vor allem in der subalpinen und alpinen Stufe an kahlen Felsen, in Felsspalten und Felsnischen; eignet sich sehr gut für Steingärten; an den Felsen breiten sich die Zweige wie bei einem Gitterwerk gleichmässig aus

1048 ***Prúnus tenélla – Zwerg-Mandel***
Sommergrüner, dünnzweigiger, aufrechter Strauch mit 1–1,5 m Wuchshöhe

Prúnus tenélla Batsch Zwerg-Mandel

Rosáceae – Rosengewächse S. 116

Länge: 3–7 cm

Aussehen der Spreite: Im Umriss schmal-elliptisch

Stiel: 0,5–1,5 cm lang

Blattende: Zugespitzt

Spreitenbasis: Keilförmig verschmälert; Spreite in den Stiel übergehend

Blattrand: Fein und regelmässig gesägt/gezähnt

Ober-/Unterseite: Oberseits glänzend dunkelgrün und unterseits hellgrün; beiderseits kahl; Hauptader deutlich hervortretend

Anordnung am Spross: Laubblätter wechselständig angeordnet

Standort: In der kollinen Stufe; in trockenen Laubgebüschen, an Weinbergen und in staudenreichen Trockenrasen; von Ostsibirien bis Ungarn und Niederösterreich vorkommend; nach dem Verzehr von Samen können Vergiftungserscheinungen auftreten

1049 ***Prúnus doméstica – Zwetschgenbaum***
Aus Westasien stammender, sommergrüner, bis 10 m hoher Baum; anfangs rötlichbraune Zweige

Prúnus doméstica L. ssp. doméstica Zwetschgenbaum

Rosáceae – Rosengewächse S. 116

Länge: 3–10 cm

Aussehen der Spreite: Im Umriss elliptisch und dann die grösste Breite oberhalb der Mitte oder verkehrt-eiförmig

Stiel: 1–1,5 cm lang

Blattende: Abgerundet, stumpf oder zugespitzt

Spreitenbasis: Schmal-keilförmig oder verschmälert

Blattrand: Fein gesägt und gekerbt

Ober-/Unterseite: In der Jugend beiderseits behaart; oberseits dunkelgrün und später kahl; unterseits hellgrün, oft lange behaart bleibend und mit vortretendem Adernetz

Anordnung am Spross: An Langtrieben wechselständig und an Kurztrieben büschelig angeordnet

Standort: In der kollinen Stufe in Gärten angepflanzt

1050 ***Rhámnus cathárticus – Purgier Kreuzdorn***
Sommergrüner, bis 3 m hoher Strauch mit grau bis graubraunen Zweigen

Rhámnus cathárticus L. Purgier Kreuzdorn

Rhamnáceae – Kreuzdorngewächse S. 116

Länge: 4–7 cm

Aussehen der Spreite: Im Umriss elliptisch bis rundlich

Stiel: 1–3 cm lang und oberseits etwas rinnig

Blattende: Meist mit kurzer, aufgesetzter Spitze

Spreitenbasis: Breit keilförmig, gestutzt oder abgerundet

Blattrand: Fein kerbig gesägt

Ober-/Unterseite: Beiderseits meist kahl; oberseits matt dunkelgrün und unterseits mittel blaugrün; jederseits der Hauptader 2–4 bogenförmige Seitenadern

Anordnung am Spross: Laubblätter gegenständig oder schief gegenständig angeordnet; Sprosse kreuzgegenständig angeordnet

Standort: Von der kollinen bis in die montane Stufe; in sonnigen Hecken, an Trockenbuschhängen, in Magerweiden und an trockenen Waldrändern

1051 ***Rhámnus alpínus – Alpenkreuzdorn***
Sommergrüner, bis 3 m hoher Strauch mit kahlen und graubraunen Zweigen

Rhámnus alpínus L. ssp. alpínus Alpenkreuzdorn

Rhámnaceae – Kreuzdorngewächse S. 114

Länge: 5–14 cm

Aussehen der Spreite: Im Umriss elliptisch bis eiförmig

Stiel: 0,8–1,5 cm lang

Blattende: Plötzlich kurz zugespitzt

Spreitenbasis: Abgerundet oder schwach herzförmig

Blattrand: Fein gesägt; im unteren Teil mehrheitlich gekerbt; Zähnchen im oberen Teil nach der Blattspitze zu gerichtet

Ober-/Unterseite: Oberseits glänzend dunkelgrün und kahl; unterseits nur wenig heller grün und meist kahl; Adern unterseits deutlich hervortretend; Hauptader jederseits mit 5–20 erst am Ende etwas nach oben geschwungenen Seitenadern 1. Ordnung

Anordnung am Spross: Laubblätter wechselständig angeordnet

Standort: In der montanen Stufe; seltener kollin und subalpin; in lichten Wäldern, auf Felsen, im Geröll und in Hecken sonniger Lagen

Ganze Laubblätter: gezähnt, gesägt und/oder gekerbt

1052 ***Prúnus serruláta* – Japanische Blütenkirsche**
Sommergrüner, bis 10 m hoher Baum mit steif abstehenden und kahlen Zweigen

Prúnus serruláta Lindl. Japanische Blüten-Kirsche

Rosáceae – Rosengewächse S. 117

Länge: 8–14 cm

Aussehen der Spreite: Im Umriss schmal eiförmig

Stiel: 2–4 cm lang, oberseits rötlich und kurz unterhalb des Spreitenansatzes meist mit 2–4 grünlichen Drüsen

Blattende: Lang zugespitzt

Spreitenbasis: Keilförmig verschmälert

Blattrand: Scharf und regelmässig gesägt

Ober-/Unterseite: Beiderseits kahl; oberseits glänzend dunkelgrün und unterseits bläulichgrün; Adern deutlich hervortretend

Anordnung am Spross: Laubblätter wechselständig angeordnet

Standort: Aus China, Korea und Japan stammender Baum, der bei uns sehr viel in Gärten gepflanzt wird

1053 ***Prúnus pádus* – Traubenkirsche**
Sommergrüner Strauch oder bis 6 m hoher Baum mit kahlen und graubraunen Zweigen

Prúnus pádus L. Traubenkirsche

Rosáceae – Rosengewächse S. 117

Länge: 5–12 cm

Aussehen der Spreite: Im Umriss länglich-elliptisch bis verkehrt-eiförmig

Stiel: Bis 2 cm lang, oberseits rot und mit 1–3 grünlichen Nektardrüsen

Blattende: Mit schlanker und feiner Spitze

Spreitenbasis: Meist abgerundet, seltener gestutzt oder keilförmig

Blattrand: Fein und regelmässig gesägt; Zähne weniger hoch als 0,7 mm

Ober-/Unterseite: Beiderseits kahl; oberseits mattdunkelgrün und unterseits hell- oder bläulichgrün

Anordnung am Spross: Laubblätter wechselständig angeordnet

Standort: Von der kollinen bis in die montane Stufe; in feuchten Gebüschen, Auenwäldern, Schluchten, Hecken, entlang von Flüssen und auf Flachmooren; oft zusammen mit Eschen, Erlen und Ulmen

1054 ***Prúnus cérasus* – Sauerkirsche**
Sommergrüner, 5–10 m hoher Baum mit anfangs grünen Trieben; diese später graubraun

Prúnus cérasus L. Sauerkirsche, Weichselkirsche

Rosáceae – Rosengewächse S. 117

Länge: 4–12 cm

Aussehen der Spreite: Im Umriss elliptisch bis eiförmig, flach und etwas lederig

Stiel: 1–3 cm lang und mit oder ohne grüne Nektardrüsen

Blattende: Zugespitzt

Spreitenbasis: Breit keilförmig oder abgerundet

Blattrand: Fein gesägt und stellenweise gekerbt

Ober-/Unterseite: Oberseits glänzend dunkelgrün und kahl; unterseits hellgrün, etwas behaart und später verkahlend; Adern deutlich hervortretend

Anordnung am Spross: Laubblätter wechselständig angeordnet

Standort: Durch die Römer nach Mitteleuropa gebracht; in Gärten angepflanzt; oft verwildert; die aus Südostasien stammende Weichselkirsche wird heute in vielen Sorten kultiviert

1055 ***Prúnus ávium* – Kirschbaum**
Sommergrüner, bis 25 m hoher Baum; Zweige braun, rundlich und mit Korkwarzen

Prúnus ávium L. Kirschbaum

Rosáceae – Rosengewächse S. 46, 47, 118

Länge: 6–15 cm

Aussehen der Spreite: Im Umriss länglich-oval bis verkehrt-eiförmig

Stiel: 2–4 cm lang und kurz unterhalb der Spreite mit 2–4 rot gefärbten Nektardrüsen

Blattende: Mit schlanker und aufgesetzter Spitze

Spreitenbasis: Breit keilförmig, gestutzt oder abgerundet

Blattrand: Unregelmässig gesägt

Ober-/Unterseite: Oberseits dunkelgrün, meist etwas runzelig und kahl; unterseits heller grün und in der Jugend fein behaart; in den Achseln der grösseren Blattadern mit kleinen Achselbärtchen; Blattadern deutlich hervortretend

Anordnung am Spross: Laubblätter wechselständig angeordnet

Standort: In der kollinen Stufe; an Waldrändern, in Laubmischwäldern, in Hecken, verlassenen Weinbergen oder auf unbewirtschafteten Wiesen und Weiden; bei den alten Griechen bereits mehrere Sorten bekannt

1056 ***Sórbus chamaeméspilus* – Zwergmehlbeere**
Kleiner, 1–3 m hoher und sommergrüner Strauch; Zweige zuerst filzig behaart

Sórbus chamaeméspilus (L.) Crantz Zwergmehlbeere

Rosáceae – Rosengewächse S. 117

Länge: 3–8 cm

Aussehen der Spreite: Im Umriss schmal-elliptisch bis elliptisch und die grösste Breite meist unterhalb der Mitte

Stiel: 0,5–1 cm lang

Blattende: Stumpf oder schwach zugespitzt

Spreitenbasis: Breit keilförmig oder abgerundet

Blattrand: Einfach und fein gesägt; Zähne etwa 1 mm lang

Ober-/Unterseite: Oberseits glänzend dunkelgrün; unterseits heller grün; beiderseits kahl; Formen mit unterseits filzigen Blättern sind Bastarde; Seitenadern nicht deutlich in die Zähne verlaufend; Adern deutlich hervortretend

Anordnung am Spross: Laubblätter wechselständig angeordnet

Standort: In der subalpinen Stufe, seltener montan; Pionierstrauch; in Felsen, auf Schutt, Weiden, in Bergföhren-, Arven- und Lärchenwäldern und in Alpenrosen- und Grünerlengebüschen

1057 ***Prúnus spinósa* – Schwarzdorn**
Sommergrüner, sparrig verzweigter, stark dorniger Strauch mit anfangs weich behaarten Zweigen

Prúnus spinósa L. Schlehdorn, Schwarzdorn

Rosáceae – Rosengewächse S. 116

Länge: 2–5 cm

Aussehen der Spreite: Im Umriss breit-lanzettlich bis länglich-elliptisch

Stiel: 0,5–1,2 cm lang und oberseits oft rot gefärbt

Blattende: Stumpf oder kurz zugespitzt

Spreitenbasis: Breit keilförmig oder abgerundet

Blattrand: Gesägt und stellenweise gekerbt

Ober-/Unterseite: In der Jugend behaart, später kahl; oberseits dunkelgrün und unterseits blassgrün

Anordnung am Spross: Laubblätter wechselständig angeordnet; Kurztriebe in Dornen endend

Standort: Von der kollinen bis in die montane Stufe steigend; an sonnigen Fels- und Schutthängen, Waldrändern, bei Zäunen, Weinbergen, in Wiesen, Hecken und als Pionierstrauch auf verlassenen Weiden

Ganze Laubblätter: gezähnt, gesägt und/oder gekerbt

1058 ***Forsýthia × intermédia* – Hybrid-Forsythie**
Sommergrüner, 2–3 m hoher Strauch mit olivgelben Zweigen

Forsýthia × intermédia Zab.
(F. suspénsa × F. viridíssima)
Hybrid-Forsythia
Oleáceae – Ölbaumgewächse S. 118

Länge: 6–11 cm

Aussehen der Spreite: Im Umriss lanzettlich bis länglich-eiförmig; an wüchsigen Langtrieben auch dreiteilig

Stiel: 1–2 cm lang und oberseits meist rinnig

Blattende: Zugespitzt

Spreitenbasis: Keilig verschmälert

Blattrand: Unregelmässig gesägt und gezähnt

Ober-/Unterseite: Oberseits dunkelgrün und unterseits heller grün bis hell blaugrün; Hauptader deutlich hervortretend

Anordnung am Spross: Laubblätter gegenständig angeordnet; Zweige mit gekammertem Mark; bei den Knoten vollmarkig

Standort: 1878 im Botanischen Garten in Göttingen gefunden; in Gärten und Parkanlagen werden zahlreiche Formen angepflanzt

1059 ***Forsýthia europáea* – Forsythie**
Sommergrüner, 1,5–2,5 m hoher Baum mit straff aufrechten und kahlen Zweigen

Forsýthia europáea Deg. et Bald.
Forsythie
Oleáceae – Ölbaumgewächse S. 118

Länge: 5–8 cm

Aussehen der Spreite: Im Umriss schmal-elliptisch bis schmal-eiförmig

Stiel: 0,5–1 cm lang und oberseits rinnig

Blattende: Zugespitzt

Spreitenbasis: Keilförmig verschmälert oder abgerundet

Blattrand: Im oberen Teil mit Ausnahme der Spitze fein gesägt; unterer Bereich meist ganzrandig

Ober-/Unterseite: Beiderseits kahl; oberseits dunkelgrün und unterseits heller grün

Anordnung am Spross: Laubblätter gegenständig angeordnet; Zweige mit gekammertem Mark

Standort: Aus Nordalbanien und SW Jugoslawien stammender Strauch, der gärtnerisch unbedeutend ist und daher nur verschiedentlich in Gärten angepflanzt wird

1060 ***Forsýthia viridíssima* – Grüne Forsythie**
Sommergrüner, aufrechter und bis 3 m hoher Strauch mit vierkantigen, grünlichen Zweigen

Forsýthia viridíssima Lindl.
Grüne Forsythie
Oleáceae – Ölbaumgewächse S. 118

Länge: 4–14 cm

Aussehen der Spreite: Im Umriss lanzettlich bis schmal-elliptisch

Stiel: 0,5–3 cm lang und oberseits meist rinnig

Blattende: Zugespitzt

Spreitenbasis: Keilförmig verschmälert

Blattrand: Meist nur im oberen Drittel fein gesägt/gezähnt; restliche Bereiche ganzrandig

Ober-/Unterseite: Beiderseits kahl; oberseits dunkelgrün und unterseits hellgrün

Anordnung am Spross: Laubblätter gegenständig angeordnet; Mark durchgehend gekammert

Standort: Aus China stammender Zierstrauch; in Gärten und Parkanlagen angepflanzt; nicht häufig

1061 ***Evónymus europáeus* – Pfaffenhütchen**
Sommergrüner, 3–7 m hoher Strauch mit grünen und kantigen Zweigen; diese später graubraun

Euónymus (Evónymus) europáeus L.
Pfaffenhütchen
Celastráceae – Spindelbaumgewächse S. 118

Länge: 3–8 cm; an blühenden und fruchtenden Zweigen 3,5–5 cm lang

Aussehen der Spreite: Im Umriss elliptisch bis eiförmig; grösste Breite in der Mitte

Stiel: 0,5–0,9 cm lang und rinnig

Blattende: Schmal zugespitzt

Spreitenbasis: Schmal- oder breit keilförmig verschmälert oder abgerundet

Blattrand: Sehr fein und regelmässig gesägt; Zähne oft abgerundet und damit Blattrand stellenweise kerbig erscheinend

Ober-/Unterseite: Beiderseits kahl; oberseits mittel- bis dunkelgrün und unterseits hell blaugrün

Anordnung am Spross: Laubblätter gegenständig angeordnet

Standort: Von der kollinen bis in die montane Stufe; in Auen- und Laubmischwäldern, an Waldsäumen, Hecken, Zäunen und bei Wegrändern

1062 ***Vibúrnum lantána* – Wolliger Schneeball**
Sommergrüner, 3–5 m hoher Strauch mit anfangs dicht filzig behaarten Zweigen

Vibúrnum lantána L.
Wolliger Schneeball
Caprifoliáceae – Geissblattgewächse S. 116

Länge: 5–12 cm

Aussehen der Spreite: Im Umriss eiförmig bis länglich-eiförmig

Stiel: Bis 1,5 cm lang und dicht graufilzig

Blattende: Zugespitzt

Spreitenbasis: Abgerundet oder schwach herzförmig

Blattrand: Regelmässig und fein gezähnt

Ober-/Unterseite: Oberseits etwas runzelig, mittel- bis dunkelgrün und mit deutlich sichtbaren Adern; unterseits mittelgrün und dicht mit Sternhaaren besetzt; beiderseits sich rauh anfühlend; Adern unterseits deutlich hervortretend; Adern 1. Ordnung bis in die Blattzähne verlaufend

Anordnung am Spross: Laubblätter gegenständig angeordnet

Standort: Von der kollinen bis in die montane Stufe; in sonnigen Lagen an Hecken, Waldrändern und in lichten Eichen- und Kiefernwäldern

1063 ***Méspilus germánica* – Mispel**
Sommergrüner, dorniger, bis 3 m hoher Strauch mit locker-filzig behaarten Zweigen

Méspilus germánica L.
Mispel
Rosáceae – Rosengewächse S. 117

Länge: 5–12 cm

Aussehen der Spreite: Im Umriss länglich-oval bis verkehrt-eiförmig

Stiel: Sitzend oder bis 1 cm lang

Blattende: Sehr kurz zugespitzt

Spreitenbasis: Meist abgerundet

Blattrand: Fein gezähnt/gesägt und abschnittsweise ganzrandig

Ober-/Unterseite: Oberseits trübgrün, etwas flaumig und leicht runzelig; unterseits hell- bis graugrün und weisslich filzig behaart; oberseits Adern tief eingesenkt

Anordnung am Spross: Laubblätter wechselständig angeordnet

Standort: In der kollinen Stufe; verwildert an sonnigen Böschungen, in Hecken und lichten Wäldern mit Zerr- und Flaumeiche oder in Hopfenbuchen-, Orient-Hainbuchen Waldgesellschaften; wärme- und feuchtigkeitsliebendes und lichtbedürftiges Gehölz; Mispel bei Griechen als Obstbaum verwendet

Ganze Laubblätter: gezähnt, gesägt und/oder gekerbt

1064 ***Arctostáphylos alpinus* – Alpen-B.**
Sommergrüner, kriechender und mattenbildender Zwergstrauch mit bis 60 cm langen Zweigen

Arctostáphylos alpinus (L.) Spreng.
Alpen-Bärentraube
Ericáceae – Heidekrautgewächse S. 118

Länge: 1–4 cm

Aussehen der Spreite: Im Umriss spatelförmig oder schmal verkehrteiförmig und im Stiel verschmälert

Stiel: Nur sehr kurz gestielt

Blattende: Stumpf

Spreitenbasis: Sehr schmal keilförmig

Blattrand: Fein und dicht gesägt und gegen den Grund zu ganzrandig; mit 0,5–1,5 mm langen, abstehenden und weissen Haaren besetzt

Ober-/Unterseite: Oberseits dunkelgrün und mit gewölbten Feldern; unterseits weisslich grün und Fläche mit dunkelgrünen Adern durchzogen

Anordnung am Spross: Laubblätter wechselständig angeordnet

Standort: In der subalpinen und alpinen Stufe in Zwergstrauchheiden, Bergföhrenwäldern, auf Felsen und im Gesteinsschutt

1065 ***Sálix purpúrea* – Purpur-Weide**
Sommergrüner, bis 3 m hoher Strauch mit anfangs rötlichbraunen Zweigen

Sálix purpúrea L.
Purpur-Weide
Salicáceae – Weidengewächse S. 119

Länge: 5–10 cm

Aussehen der Spreite: Im Umriss lanzettlich; grösste Breite meist im oberen Drittel

Stiel: 0,5–0,8 cm lang und oft rötlich angelaufen

Blattende: Kurz zugespitzt

Spreitenbasis: Keilförmig verschmälert und zuletzt oft noch etwas abgerundet

Blattrand: Nach der Spitze zu fein gesägt; im unteren Teil ganzrandig; Zähne nach der Blattspitze zu gerichtet; Rand nicht eingerollt

Ober-/Unterseite: Oberseits bläulichgrün, kahl und mit deutlich sichtbarer Hauptader; unterseits hell bläulichgrün und kahl

Anordnung am Spross: Laubblätter wechselständig angeordnet; oft auch gegenständig

Standort: Von der kollinen bis in die subalpine Stufe; an Weg- und Waldrändern, in Gebüschen, an Wasserläufen, auf Sandbänken der Alpenflüsse und bei lichten Kiefernwäldern; Rohauböden-Pionier

1066 ***Sálix álba* – Silberweide**
Sommergrüner Baum von 10–20 m Höhe; Zweige anfangs gelbbraun und anliegend behaart

Sálix álba L.
Silberweide
Salicáceae – Weidengewächse S. 50, 51, 119

Länge: 5–10 cm

Aussehen der Spreite: Im Umriss schmal-lanzettlich bis lanzettlich und anfangs mit schmalen Nebenblättern; Spreite im obersten Teil oft seitlich gekrümmt

Stiel: 0,5–1 cm lang

Blattende: Schmal und fein zugespitzt

Spreitenbasis: Schmal-keilförmig

Blattrand: Fein und regelmässig gesägt/gezähnt

Ober-/Unterseite: In der Jugend beiderseits mit dichtem, anliegendem und silbrigem Haarkleid; später oberseits dunkelgrün und Haare meist verlierend; unterseits durch bleibendes Haarkleid silbrig-weiss; Seitenadern oberseits schlecht erkennbar

Anordnung am Spross: Laubblätter wechselständig angeordnet

Standort: In der kollinen Stufe; entlang grosser Flüsse, an Bächen und Seen, in Auenwäldern zusammen mit Pappeln, Erlen und anderen Weiden; auch bei periodisch überschwemmten Böden

1067 ***Sálix frágilis* – Knackweide**
Sommergrüner Strauch oder bis 15 m hoher Baum; Zweige leicht abbrechend

Sálix frágilis L.
Knackweide
Salicáceae – Weidengewächse S. 119

Länge: 5–16 cm

Aussehen der Spreite: Im Umriss länglich-lanzettlich; in der Jugend klebrig; meist im unteren Drittel am breitesten

Stiel: Bis 1 cm lang und mit 2–4 Petiolardrüsen

Blattende: Sehr lang und fein zugespitzt

Spreitenbasis: Schmal- oder breit keilförmig

Blattrand: Grob buchtig gesägt; Zähne einwärts gebogen; beim reinen Typ sind die Drüsen an die Buchten gedrängt

Ober-/Unterseite: Oberseits dunkelgrün und schwach glänzend; unterseits anfangs seidig, später hell- oder bläulichgrün und Hauptader deutlich hervortretend; später im Jahr vollständig kahl

Anordnung am Spross: Laubblätter wechselständig angeordnet

Standort: Entlang von Flüssen und in den Flussauen der kollinen Stufe; sommerliches Hochwasser meidend

1068 ***Prúnus dúlcis* – Mandelbaum**
Sommergrüner, aufrechter Strauch oder bis 10 m hoher Baum mit sonnenseits geröteten Jungtrieben

Prúnus dúlcis (Mill.) D.A. Webb
Mandelbaum
Rosáceae – Rosengewächse S. 119

Länge: 4–12 cm

Aussehen der Spreite: Im Umriss lanzettlich bis länglich-oval

Stiel: 1–2,5 cm lang

Blattende: Stumpf oder zugespitzt

Spreitenbasis: Keilförmig verschmälert oder abgerundet

Blattrand: Sehr fein gesägt/gezähnt

Ober-/Unterseite: Oberseits mittel- bis dunkelgrün und unterseits hellblaugrün; beiderseits kahl; nur Hauptader deutlich hervortretend

Anordnung am Spross: Laubblätter wechselständig angeordnet

Standort: In der kollinen Stufe an vollsonnigen Standorten; eine der ältesten Kulturpflanzen des Mittelmeerraumes; verschiedene Rassen und Sorten waren bereits den Griechen und Römern bekannt; im 11. Jahrh. v. Chr. gelangte er nach China und um 500 v. Chr. nach Griechenland; Haupterzeugerländer sind Spanien, Italien und die USA

1069 ***Prúnus pérsica* – Pfirsichbaum**
Sommergrüner, 3–8 m hoher Strauch oder kleiner Baum mit sonnenseits roten Zweigen

Prúnus pérsica (L.) Batsch
Pfirsichbaum
Rosáceae – Rosengewächse S. 119

Länge: 5–15 cm

Aussehen der Spreite: Im Umriss schmal- bis breit-lanzettlich

Stiel: 0,5–1,5 cm lang; hin und wieder mit Drüsen

Blattende: Lang zugespitzt

Spreitenbasis: Keilförmig verschmälert

Blattrand: Fein gesägt/gezähnt

Ober-/Unterseite: Oberseits glänzend dunkelgrün und unterseits mittelgrün; beiderseits kahl; unterseits nur Hauptader stark hervortretend

Anordnung am Spross: Laubblätter wechselständig angeordnet

Standort: In vielen Sorten in Weinbaugebieten kultiviert; liebt warme, trockene Böden in sonnigen und geschützten Lagen; voraussichtlich stammt die Wildform aus China oder dem westlichen Zentralasien; heute besonders im Mittelmeergebiet in grossen Plantagen angebaut

6. Literaturnachweis - Fotonachweis

Binz, A. und Becherer, A., 1973: Schul- und Exkursionsflora für die Schweiz, 15. Auflage, Schwabe Co. Verlag, Basel

Boerner, F., 1938: Laubgehölze, Rosen und Nadelgehölze, Killinger Verlagsgesellschaft m. b. H., Nordhausen am Harz

Boetticher, C., 1856: Der Baumkultus der Hellenen, Weidmannsche Buchhandlung, Berlin

Czihak, G., 1976: Biologie, ein Lehrbuch für Studenten der Biologie, Springer Verlag, Berlin, Heidelberg, New York

Ehlers, M., 1960: Baum und Strauch in der Gestaltung der deutschen Landschaft, Verlag Paul Parey, Berlin-Hamburg

Eichler, A.W., 1878: Blütendiagramme, Verlag von Wilhelm Engelmann, Leipzig 1878; unveränderter lizenzierter Nachdruck im Verlag von Otto Koeltz, Eppenheim 1954

Escherich, W., 1981: Gehölze im Winter, Gustav Fischer Verlag, Stuttgart-New York

Fitschen, J., 1977: Gehölzflora, Quelle und Meyer, Heidelberg

Gollwitzer, G., 1980: Bäume, Bilder und Texte aus drei Jahrtausenden, Schuler Verlagsgesellschaft, Herrsching

Guggenbühl, P., 1962: Unsere einheimischen Nutzhölzer, Verlag Stocker-Schmid, Dietikon bei Zürich

Hauser, A., 1973: Bauernregeln, eine schweizerische Sammlung mit Erläuterungen, Artemis Verlag Zürich und München

Hauser, A., 1980: Waldgeister und Holzfäller, der Wald in der schweizerischen Volkssage, Artemis Verlag Zürich

Hecker, U., 1985: Laubgehölze, BLV Verlagsgesellschaft, München, Wien, Zürich

Hecker, U., 1985: Nadelgehölze, BLV Verlagsgesellschaft, München, Wien, Zürich

Hegi, G., 1907–1914: Illustrierte Flora Mitteleuropas, München

Hess, H.E. und Landolt, E., 1967: Flora der Schweiz, Birkhäuser Verlag Basel und Stuttgart

Hoffmann, E., 1927: Handwörterbuch des deutschen Aberglaubens, Walter de Gruyter und Co., Berlin und Leipzig

Höhn-Ochsner, W., 1972: Pflanzen in Zürcher Mundart und Volksleben, Verlag Hans Rohr, Zürich

Holmes, S., 1978: Bäume, Wilhelm Goldmann Verlag, München

Honnefelder, G., 1977: Das Inselbuch der Bäume, 1. Auflage, Insel-Verlag, Frankfurt

Huth, O., 1938: Der Lichterbaum, Germanischer Mythos und deutscher Volksbrauch

Kluge, F., 1957: Etymologisches Wörterbuch der deutschen Sprache, Berlin

König, E., 1956: Heimische und eingebürgerte Nutzhölzer, Stuttgart

Kremer, B. P., 1984: Bäume, Mosaik Verlags GmbH, München

Krüssmann, G., 1968: Die Bäume Europas, Verlag Paul Parey, Berlin und Hamburg

Mannhardt, W., 1875/1877: Wald- und Feldkulte, der Baumkultus der Germanen und ihrer Nachbarstämme (I); Antike Wald- und Feldkulte aus nordeuropäischer Überlieferung (II)

Mitchell, A., 1975: Die Wald- und Parkbäume Europas, Verlag Paul Parey, Berlin-Hamburg

Seiler, A., 1917: Kirsche und Kirschbaum im Spiegel schweizerdeutscher Sprache und Sitte, Schweiz. Archiv f. Volkskunde 7

Stallmann, E., 1951: Der Baum in der deutschen Volkssage

Strasburger, E., 1971: Lehrbuch der Botanik, 30. Auflage, Gustav Fischer Verlag, Stuttgart

Strassmann, R.-A., 1983: Baum-Heilkunde, Renatus-Verlagsförderungsgenossenschaft, Wilen OW

Vaucher, H., 1980: Bäume, Belser Verlag, Stuttgart und Zürich

Wagler, P.: Die Eiche in alter und neuer Zeit, Berliner Studien XIII 2,49

Wiepking, H. Fr., 1963: Umgang mit Bäumen, Bayerischer Landwirtschaftsverlag GmbH, München

Zander, R., 1980: Handwörterbuch der Pflanzennamen, Eugen Ulmer, GmbH und Co., Stuttgart

Sämtliche in diesem Buch vorhandenen Abbildungen sind Aufnahmen des Autors.

7. Verzeichnis der Baum- und Straucharten

7.1. Verzeichnis der deutschen Arts-, Gattungs- und Familiennamen

7. Verzeichnis der Baum- und Straucharten

7.2. Verzeichnis der lateinischen Arts-, Gattungs- und Familiennamen

Verzeichnis der lateinischen Arts-, Gattungs- und Familiennamen

Notizen: